Grandes civilizações do passado

POVO JUDEU

Odisséia através dos séculos

Título original:
Atlas of the Jewish World

Rambla de Catalunya,135
08008 Barcelona

Edição Brasil:

Direção:
José Luis Sánchez, Meritxell Almarza
Tradução:
Carlos Nougué, Francisco Manhães,
Maria Júlia Braga, Joana Bergman
Revisão:
Carlos Nougué, Meritxell Almarza
Diagramação:
Elizabeth Dunhofer

Impressão:
Printer Industria Gráfica

Capa:
Tiffitext, S. L. / Mauricio Restrepo

ISBN: 978-84-413-2539-5

D.L.: B-54475-2007

Printed in Spain

Frontispício. O mundo judeu, segundo a representação de trajes de época, em desenhos do século XIX.

Da esquerda para a direita: dama constantinopolitana, homem de Esmirna, casal jerosolimitano, um marroquino, nas páginas 6-7: casal polonês, casal indiano, dois argelinos, na página 8: rabi reformado de Hamburgo.

Grandes civilizações do passado

Nicholas De Lange

POVO JUDEU

Odisséia através dos séculos

folio

SUMÁRIO

Primeira parte: Fundamentos históricos

Segunda parte: Fundamentos culturais

Terceira parte: O mundo judaico atual

Artigos especiais

Lista de mapas

TABELA CRONOLÓGICA

	(1000 a. C.)	300 a. C.	1 d. C.	300	600	900
OCIDENTE		Começo da diáspora ocidental.	Rebelião 115-117.	Começo do domínio cristão.	Batismos forçados. Expansão do domínio islâmico.	

Sacrifício de um carneiro, Mari, c. 2400 a.C.

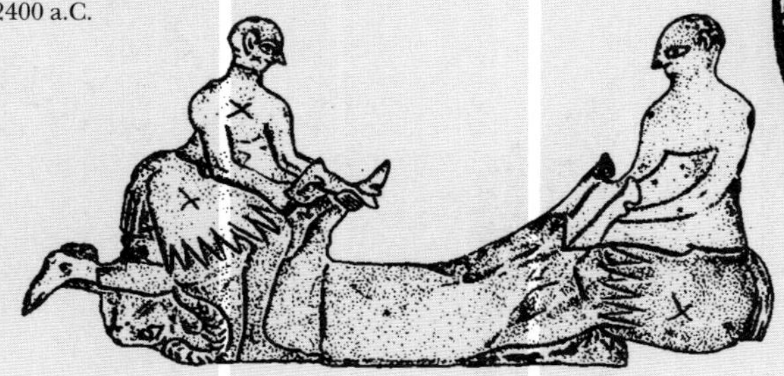

Moeda da proclamação da captura da Judéia pelos Romanos em 63 a.C.

Moisés expõe a Lei: afresco de Dura, 245 d.C.

A Arca da Aliança: um mosaico do século VI, de Beth Shaan

	(1000 a. C.)	300 a. C.	1 d. C.	300	600	900
ISRAEL	Reinado de David e Salomão. Conquistas assírias e babilônicas. Domínio persa.	Conquista macedônia. Dinastia dos hasmoneus. Conquista romana, 63. Herodes, o Grande, 40-4	Domínio romano. Primeira rebelião, 66-74. Segunda rebelião, 132-135.	Rebelião de Patrício, 351.	Domínio persa, 614-629. Conquista árabe, 634-640.	Domínio dos Cruzados.
ORIENTE	Exílio babilônico. Começo da diáspora oriental.	Império parto.	Governantes judeus na Babilônia e em Adiabene.	Império sassânida. Domínio judeu em Himyar.	Conquistas árabes. Conversão dos Kazhars.	Assentamentos na Índia e China.
EVOLUÇÃO RELIGIOSA	Primeiro templo. Segundo templo.	Influência grega.	Aparição do rabinismo.	Geonim. Aparição do caraísmo.		Influência do pensament islâmico.
MARCOS CULTURAIS	Literatura bíblica.	Literatura grega.	La Mishnah.	O Talmude.		Filosofia árabe. Poesia judaica.

1200	1500	1600	1700	1800	1880	1930
Expulsões e massacres.	Expulsão da Espanha, 1492. Guetos e mellahs	Povoamentos no Novo Mundo. Conselho das Quatro Terras. Massacres de Chmielnicki, 1648-1649		Partilhas da Polônia. Limite de povoamento russo. Começo da emancipação	Pogroms na Rússia. Grandes migrações. Aparecimento do antisemitismo. Aparecimento do sionismo. Emancipação na Rússia, 1917. Declaração Balfour, 1917.	Perseguição nazista: o holocausto. Congresso Mundial Judeu, 1936. Imigrações maciças: da Europa, 1948-1952, e dos judeus da antiga União Soviética: 1970-1990.

Salomão lê a Tora: miniatura francesa do séc. XIII

Judeu de Istambul, século XVI.

Sinagoga polonesa de madeira

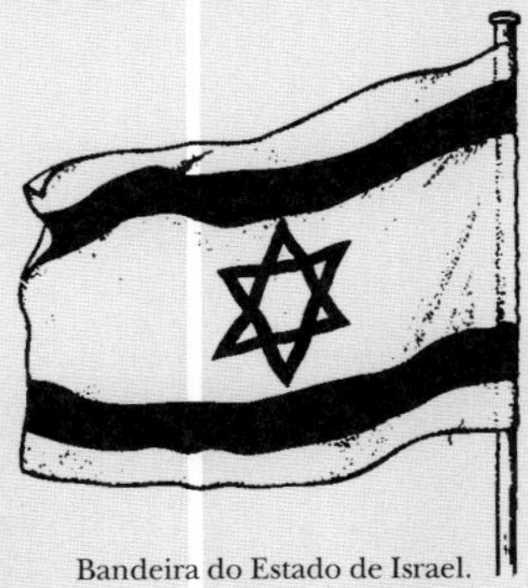

Bandeira do Estado de Israel.

1200	1500	1600	1700	1800	1880	1930
Domínio mameluco.	Domínio otomano.				Começo da colonização Mandato britânico 1920-1948	Estado judeu, 1948. Lei do Retorno, 1950 Permanentes conflitos armados com os países árabes.
Invasões mongóis.	Império otomano. Chegada dos exilados espanhóis.				Aparecimento do nacionalismo árabe Birobidzan	Emigração maciça. Operações do governo israelense trazem judeus do Irã e do Iraque, 1950.
Cabala	Shulhan Arukh. Cabala Luriânica.	Shabbetai Zvi.	Hassidismo.	Reforma. Ortodoxia.	Movimento conservador.	Reconstrucionismo
Primeiras obras judaicas impressas.		Apogeu do Bairro Judeu de Amsterdã.		Wissenschaft des Judentums. O iluminismo judeu.	Universidade Hebraica, 1925.	Florescimento da cultura vernacular. O hebraico torna-se a língua oficial de Israel. Universidade de Tel Aviv, 1950. Universidade de Haifa, 1963.

PRÓLOGO

Na complexa história humana, a dos judeus é apenas uma fina linha, mas se prolonga muito além dos estreitos limites deste povo. Ainda que jamais tenha sido poderoso, ele se viu envolvido diversas vezes nas correntes mais turbulentas, carregado de aventuras, mistérios e paradoxos. Este compromisso com a história é hoje bastante evidente, depois do inferno nazista e em um mundo dominado pelos acontecimentos do Oriente Próximo. Freqüentemente, os judeus apareceram como uma espécie rara entre as nações, o que deu lugar a muitas idéias erradas. O propósito desta obra é traçar um esboço, o mais claro possível, dos judeus: quem são e como chegaram ao ponto em que estão atualmente.

Não sei de nenhum outro atlas que tenha tentado exatamente o mesmo, e, na falta de tal modelo, tive de criar minha própria forma de apresentação, talvez exageradamente pessoal. Cada uma das três partes do livro constitui um enfoque diferente do mundo judaico. A primeira parte aborda-o historicamente, enlaçando os movimentos populares que constituíram os fundamentos flutuantes da existência judaica, junto com as condições políticas e sociais que geraram tais movimentos e impuseram sua direção. A segunda parte é uma série de ensaios muito gerais sobre diversos aspectos da experiência judaica, que cotejam o passado com o presente, e dirigem um cauteloso olhar para o futuro. A terceira parte é um percurso através das comunidades judaicas do mundo atual. Tratei aqui não só de dar os números e os fatos de uma maneira sucinta, mas também de valorizar de algum modo as condições locais, que dão a cada comunidade um caráter único. As três partes são interdependentes, mas podem ser lidas separadamente e em qualquer ordem.

Dado que esta obra é antes de qualquer coisa um atlas, os mapas são o elemento principal. O restante, ou seja, o texto escrito, é um simples comentário. Ocasionalmente, este pode adotar um tom de desencanto e até de pessimismo, o que não deve surpreender. A experiência dos judeus nem sempre foi feliz, como sabe a maioria dos leitores, e, apesar de termos saído de uma das etapas mais negras de nossa história, ainda temos muitos motivos de ansiedade. Qualquer avaliação da condição do povo judeu na atualidade deve ser, até certo ponto, subjetiva. Meu próprio ponto de vista, como judeu comprometido, baseia-se na fé e no otimismo. No entanto, creio que faria um pequeno favor a meus leitores se tentasse atravessar as decepções e dúvidas que na realidade existem. Há uns quarenta anos o panorama general era incomparavelmente mais sombrio que o de hoje. Embora no aspecto material haja na atualidade mais razões para confiar, a perspectiva espiritual e psicológica está muito longe de ser brilhante. Todos os julgamentos que formulei sobre o estado atual do povo judeu se fundamentam em fatos comprovados e minha própria experiência com indivíduos e instituições judaicas. Talvez nem todo o mundo concorde com eles. Só posso dizer que eu gostaria muito de tomar conhecimento de que se provou a falsidade de minhas opiniões mais pessimistas.

Não esteve em minhas mãos escolher as ilustrações definitivas, e não quero fazer nenhum comentário sobre a seleção realizada, salvo que algumas das imagens mais impressionantes falam por si sós do estado do mundo judaico, e quase não seria preciso colocar debaixo delas minhas legendas, que freqüentemente são sutis comentários cuja força deriva do contraste entre o passado e o presente. É um critério que está de acordo com um dos temas principais da obra.

Jamais poderia ter escrito este livro sozinho, e quero prestar aqui minha homenagem às muitas pessoas que me ajudaram. Em primeiro lugar, quero mencionar três mestres que já não estão entre nós: Ignaz Maybaum, James Parkes e Cecil Roth. Os três me ensinaram, cada um à sua maneira, não só a interpretar o passado judeu, mas também a viver uma vida melhor como ser humano. Todos eles deram contribuições específicas a este livro, porém, ainda mais que elas, foi sua recordação o que esteve comigo durante a redação desta obra. Também recebi inestimáveis lições de Alexander Scheiber, e quero expressar-lhe minha gratidão, bem como ao corpo de professores do Seminário Teológico Judaico da Hungria pela gentileza e hospitalidade que me dispensaram ao longo de minha pesquisa. Peter Brown, que generosamente aceitou participar como assessor, contribuiu com sua crítica e seus sábios conselhos. Já faz muitos anos que um destino inescrutável nos uniu, em meio a curiosas circunstâncias, e ele próprio se surpreenderia ao saber quanto me deu desde então. Também gostaria de agradecer a Susan Skilliter, por sua assessoria quanto a tudo relacionado aos otomanos, sobretudo as ilustrações, e a muitos outros amigos e colegas que colaboraram com pedaços de informação, freqüentemente sem sequer sabê-lo. Agradeço a Michael Neuberger por sua disposição para emprestar-me livros ou formular comentários humorísticos quando a ocasião o requeria. E com Michael Stewart tenho uma especial dívida de gratidão, simplesmente por estar junto a mim nos momentos em que precisava.

Reservo meu agradecimento mais profundo a Patricia, que suportou confiantemente o peso que a escrita deste livro colocou sobre sua vida, sem garantias. Sem ela, eu não teria podido dar fim à obra. Escrevi este livro para ela e para nossos filhos, para contar-lhes algo sobre nossa origem e sobre o que significa ser judeu no mundo de hoje.

PRIMEIRA
PARTE

FUNDAMENTOS HISTÓRICOS

OS JUDEUS E SUA HISTÓRIA

A própria existência dos judeus é um mistério: um povo disperso por todos os países do mundo, até pouco tempo atrás sem território próprio nem língua comum, e não obstante com um forte sentimento de unidade e identidade comum. A identidade judaica é um enigma para os próprios judeus, impossível de encerrar em uma simples frase; a única maneira de aproximar-se dela é através da história. Ser judeu não consiste em se unir a determinado credo, mas em reconhecer um passado e sentir-se ligado a ele. Individualmente, os judeus se unem entre si como as folhas de uma frondosa árvore: algumas se agrupam estreitamente ou apenas se roçam com o vento, outras se afastam, mas todas são e permanecem similares em sua classe e estão vinculadas por uma complexa estrutura de ramificações que se prolongam ou se cruzam de modo aparentemente aleatório, mas mantendo-se unidas ao tronco comum, do qual recebem seu sustento, procedente de profundas raízes invisíveis. Um judeu da Filadélfia ou de Frankfurt pode ter, em aparência, pouco a ver com um de Kiev, Casablanca, Tel Aviv ou Tashkent. A única coisa que os une é um sentimento, por mais fraco que seja, de compartilhar uma mesma origem e – quem sabe? – um idêntico destino histórico, que os levou a se estabelecer, talvez de maneira frustrada, em lugares diversos.

Os judeus são um povo pequeno e disperso. Com uma só exceção, representam uma reduzida minoria da população de todos os países em que vivem, e a maioria deles em quase todas as partes é de imigrantes, ou de filhos ou netos de imigrantes. Para entender o mundo judaico contemporâneo, é, pois, essencial, saber algo das correntes migratórias dos últimos cem anos. Porém a história pode remontar a muito mais tempo. Há um século, as comunidades judias encontravam-se um pouco menos dispersas, e em povoações um pouco mais antigas. No entanto, trata-se apenas de diferenças relativas. A dispersão, a migração e o *status* minoritário são marcas características de uma longa história que remonta há mais de 2000 anos. E não são só os aspectos superficiais e externos da história judaica o que deve ser estudado com esta prolongada perspectiva, mas também o mundo subjetivo e interno da alma judaica. Em todos os lugares, os judeus possuem uma aguda consciência de sua longa história e das infelizes e, freqüentemente, trágicas vicissitudes pelas quais o povo teve de passar. Os acontecimentos de hoje em dia e a resposta judaica a eles são profundamente influenciados pela experiência do passado judeu e pelas marcas que este deixou em sua mente coletiva. Em um primeiro plano da consciência judaica, aparecem os fatos – que marcaram época – do holocausto nazista e do estabelecimento do Estado judeu de Israel. Porém esses fatos em si mesmos não podem ser explicados em termos da história européia contemporânea. O holocausto foi o auge de séculos de isolamento e ódio aos judeus na Alemanha e em outros países cristãos. O estabelecimento de Israel foi, para muitos judeus, a realização (nas palavras de seu hino nacional) da "esperança bimilenarária / de ser um povo livre em nossa própria terra". Também as questões básicas e complexas da identidade judaica – lealdade ao povo disperso ou cidadania plena no Estado moderno, o senso de ser uma minoria étnica ou religiosa, as divisões e conflitos dentro de cada comunidade – devem ser contempladas dentro do marco da história judaica.

A configuração da história judaica: evidência e interpretação

O começo da história é uma questão controversa. Os judeus, como os cristãos, fazem remontar sua própria história até os tempos bíblicos. O historiador judeu Josefo, no final do século I d.C., destaca a antiguidade do povo judeu, e remete seus leitores à Bíblia como registro histórico autêntico deste povo, que alcançaria o principio dos tempos. Certamente, a Bíblia é um documento importante da história judaica. Apresenta um relato da origem do povo de Israel e seu desenvolvimento a partir de uma só família, até chegar a ser um reino poderoso e, depois, após um período de derrota e exílio nacionais, uma comunidade restaurada na antiga capital de Jerusalém. A história bíblica contém a maioria dos ingredientes da história posterior: migração e *status* minoritário, opressão e recuperação, aspirações nacionais e um senso de missão moral no mundo. Estes temas bíblicos exerceram uma poderosa influência, se não na configuração da história judaica, ao menos na interpretação dos fatos formulada por gerações de judeus até os nossos tempos.

Qualquer tentativa de entender os judeus e o judaísmo deve dar um papel proeminente à Bíblia hebréia. Porém a Bíblia, ao menos em suas partes mais antigas, não é uma crônica histórica. Avança uma interpretação dos acontecimentos primitivos, uma mistura de lenda, poesia e propaganda, um mito formativo das origens nacionais que oculta pelo menos tanto quanto revela. Precisamos de meios para verificar suas asserções históricas, e os próprios fatos, como sua cronologia, são objeto de uma complexa controvérsia. A arqueologia e as crônicas de povos vizinhos ajudam certamente a completar a história e a corrigir ou confirmar alguns detalhes, porém o panorama continua obscuro e fragmentário.

Só depois da entrada dos gregos no cenário histórico judaico dispomos de meios para reconstruir um quadro mais completo do curso dos acontecimentos, com seus matizes e implicações, suas causas e repercussões sobre uma cena mais ampla. Foi uma conquista peculiar dos gregos levar a sério o estudo objetivo da história e a necessidade de estabelecer uma cronologia precisa. Isto se realizou muito antes de os judeus passarem a fazer parte do mundo grego, e, oportunamente, os próprios judeus adquiriram tal hábito. Sobrevivem ainda várias obras históricas gregas escritas por judeus, das quais a última e mais importante é a *Arqueologia judaica* ou *As antiguidades dos judeus*, junto com sua crônica da primeira guerra contra os romanos *(História da guerra judaica)*. A magnitude de seu significado pode ser apreciada no fato de que, após a

Direita. Os achados arqueológicos aumentaram consideravelmente nosso conhecimento e compreensão do passado. Entre os achados mais sensacionais, cabe citar os documentos recuperados em grutas remotas nas colinas desérticas que descem até as margens do Mar Morto. Um achado de textos torna a nos apresentar, com um surpreendente frescor, a rebelião de bar Kosiba. Outro nos abre uma janela para uma seita judaica quase desconhecida até então, provavelmente da época dos Hasmoneus. Os textos deste último grupo se encontraram nas cavernas de Wadi Qumram, muito perto dos restos de uma povoação que pode ter pertencido à seita. Esses achados deram resposta a algumas velhas questões, mas criaram outras, acerca da história judia política e social, sobre idiomas e literatura, e também sobre as idéias religiosas.

morte de Josefo, nos encontramos novamente em meio a uma relativa escuridão, só iluminada por descobertas arqueológicas e informação ocasional de fontes que não são gregas nem judaicas. Mas o que nos restou serve para ilustrar as condições da vida judaica em toda a sua complexidade, de diferentes pontos de vista e em diversos lugares. Uma característica que sobressai é a relativa "normalidade" da vida judaica, comparada com povos análogos da mesma época, e com a "anormalidade" da vida judaica durante os períodos seguintes de dominação cristã e muçulmana. Ao mesmo tempo, podemos ler suas queixas e suas ambições nos escritos dos próprios judeus acerca de suas preocupações e perplexidades diante de um mundo mutável.

O período seguinte é algo como uma idade obscura, em dois sentidos: falta informação – ou pelo menos informação fragmentária – e um curso de acontecimentos trágico ou sombrio. A história medieval judaica, desde o aparecimento do cristianismo até o Iluminismo do século XVIII, faz com que a leitura seja deprimente e às vezes horripilante. Trata-se de um período de *apartheid* e opressão, coerção religiosa e violência física, durante o qual as comunidades judaicas ficaram virtualmente desarmadas para defender-se. Muitas foram destruídas ou eliminadas, e as demais sobreviveram praticamente por milagre.

Heinrich Graetz, historiador judeu do século XIX, foi criticado por escrever uma história judaica que constitui um longo catálogo de lamentos. Diz-se que houve períodos de relativa segurança e até de prosperidade e florescimento cultural. Mesmo aceitando que a crônica de Graetz carregasse nas tintas, é claro que a situação dos judeus quase em todas as partes era de dependência e inferioridade. Às vezes, protegia-os ou alentava-os, e alguns judeus alcançaram uma enorme riqueza e influência, ainda que – com algumas exceções – nunca tenham podido guiar seu próprio destino e sempre se encontrassem à mercê das mudanças políticas e ameaçados pelo ódio de fanáticos religiosos e populações hostis. Na verdade, Graetz era um otimista: acreditava no progresso e na capacidade para o bem inerente à consciência e à razão humanas. Mesmo assim, ele mesmo teve de reconhecer em suas últimas obras a crescente maré de anti-semitismo político, e desde então os fatos só parecem ter confirmado dramaticamente a incerteza da condição judaica. Os períodos brilhantes da Idade Média foram poucos e breves, e não compensam a miséria que geralmente esteve reservada aos judeus sob as leis cristãs e islâmicas, nem os horrores das matanças e da expulsão infligidas a este povo não uma ou duas vezes, mas repetidamente, na Europa cristã. A opressão e o ódio da Idade Média deixaram uma ferida na alma judaica que ainda está longe de cicatrizar.

A profunda crise da era moderna

Foi somente no século XVIII que os governos e legisladores levaram a sério pela primeira vez a reivindicação de melhores condições para os judeus. As conseqüentes reformas só beneficiaram uma minoria, sem quase nenhuma incidência sobre os grandes centros de população judaica na Europa Central e no mundo islâmico. Na verdade, intensificaram as forças da reação, que deram lugar a uma nova forma de anti-semitismo, secular e politicamente organizada. Além disso, provocaram incerteza e divisão entre os próprios judeus. Enquanto alguns abraçaram abertamente a luta pelos direitos humanos, outros assinalaram o perigo da assimilação e deram as costas para as oportunidades de uma nova era. A religião e, de fato, a própria identidade dos judeus sofreram uma profunda crise que ainda perdura.

Entretanto, as dificuldades econômicas e a opressão política na Europa Oriental e nos países islâmicos geraram uma emigração em grande escala para o Ocidente industrializado e para os países de vanguarda no hemisfério sul, com a conseqüente dissolução dos modelos tradicionais da vida e da fé judaicas. Neste difícil período, houve outros aspectos positivos, entre os quais uma melhora do nível de vida e um aumento das possibilidades culturais de grande número de judeus, e o aparecimento de várias propostas para acabar com as anomalias e as injustiças da existência judaica. A luta pela emancipação política foi iniciada e custeada com generosidade por não judeus. Também foram fundadas organizações para auxiliar os emigrantes e para desenvolver programas de repovoação, a fim de mitigar a pobreza e evitar a exploração dos imigrantes trabalhadores, combater o anti-semitismo, melhorar os níveis de educação e proteger e favorecer os direitos de cidadania dos judeus. Essas organizações alcançaram um grande desenvolvimento em um período relativamente curto. Algumas ainda continuam suas tarefas benévolas, já que lamentavelmente persiste a necessidade de seus serviços.

No entanto, os novos movimentos políticos e as organizações de beneficência não tiveram força suficiente para impedir a manifestação mais selvagem e esmagadora de desumanidade que experimentou o povo judeu, o holocausto nazista. Entre a ascensão do nazismo ao poder em 1933 e a derrota da Alemanha em 1945, uma grande maioria dos 10 milhões de judeus europeus foi exterminada ou ficou sem lar; cerca de

Esquerda. Abertura formal da Universidade Hebraica de Jerusalém, em 1º de abril de 1925: quadro de Leopold Pilichowski (1869-1933). Lord Balfour aparece falando; sentados atrás de ele, na tribuna, os rabinos-chefes sefardita e asquenaze da Palestina, o general Allenby, o alto comissário sir Herbert Samuel, o doutor Chaim Weizmann e o rabino-chefe do Império Britânico, doutor Joseph Hertz. O artista se autoretratou em pleno trabalho.

seis milhões foram levados impiedosamente à morte como parte de uma sistemática política de extermínio. É duro contemplar ou conceber uma destruição dessas proporções. Além das perdas humanas, mais de um terço da população judaica mundial, a catástrofe destruiu uma civilização inteira, ou melhor, duas civilizações inteiras: os judeus poloneses de língua iídiche, estendida também à Europa oriental, com sua florescente vida em comum e suas celebradas academias talmúdicas, e o povo judeu de língua germânica da Alemanha e da Europa central, com seus esplêndidos seminários e sinagogas e seu extraordinário número de contribuições científicas, humanitárias e culturais para a vida ocidental. Também significou um desafio às esperanças de progresso baseadas no iluminismo e no entendimento, e da normalização da existência judaica, e à fé religiosa tradicional e autoconfiança nacional. Quarenta anos depois, as questões apresentadas estão muito longe de ter obtido uma resposta. Entretanto, em parte como resultado do desastre, estabeleceu-se um Estado judeu em territórios da antiga terra de Israel, e isso por sua vez originou novas perguntas sobre a natureza da identidade judaica e de seu destino, e sobre a relação entre os judeus e os não judeus não só no Oriente Médio, mas também em todas as partes. Não é surpreendente que os judeus de hoje pareçam estar constrangidos ou confusos, ou que o mundo judaico pareça se encontrar em estado de transição.

A renovação da história judaica

Entre a confusão e a mudança, a voz da história, antes de enfraquecer-se, viu-se reforçada. O estudo do passado parece oferecer alguma esperança de certeza ou compreensão. Mesmo a historiografia judaica é uma conquista recente – ou melhor, resume-se ao período que começa com a época, não menos angustiante, de Josefo. Os judeus medievais aparentemente não tinham necessidade de história: viviam seu judaísmo e tinham pela frente poucas e simples opções. Só a partir do Iluminismo, os judeus retomaram o estudo e escreveram sua própria história. O início do século XIX, um período de desencanto com relação ao judaísmo tradicional, foi testemunha do nascimento de uma nova disciplina acadêmica que levou o nome de *Zeitschrift für die Wissenschaft des Judentums* ("Jornal para o estudo do judaísmo"), fundado por Leopold Zunz em 1822. Os acadêmicos do movimento *Wissenschaft* aplicaram modernos métodos de pesquisa à literatura judaica tradicional, e respaldaram o caminho para a pesquisa científica da história judaica. Sua conquista se engrandece se recordamos que não eram acadêmicos profissionais, mas rabinos, mestres-escolas ou comerciantes. As tentativas de integrar os estudos judeus nas universidades encontraram uma cega resistência. O estabelecimento do Seminário Teológico Judaico em Breslau (Wroclaw) em 1854 permitiu finalmente que alguns acadêmicos se dedicassem completamente à pesquisa e à preparação de uma futura geração de professores judeus, e o modelo de Breslau foi copiado em todas as partes. Porém era duro para os seminários competir com as universidades para atrair os melhores estudantes judeus, e só depois da fundação da Universidade Hebraica em Jerusalém, em 1925, os estudos judeus foram incorporados completamente ao currículo de uma universidade.

O ímpeto de *Wissenschaft des Judentums* surgiu da instabilidade do judaísmo no começo do século XIX. Seus líderes estavam influenciados, em parte, pelo desejo consciente de despertar o interesse dos judeus jovens, pouco seguros de sua fidelidade às riquezas do passado judaico, e ao mesmo tempo queriam mostrar uma imagem mais positiva do judaísmo diante do mundo. Destacavam especialmente as realizações do judeu medieval, sobretudo dos filósofos e poetas espanhóis. A idéia da idade de ouro espanhola proporcionava um antídoto para a incerteza presente; sua influência revela-se no ressurgimento da arquitetura mourisca, tão característica nas sinagogas do final do século XIX. Grandes nomes do passado, como Fílon de Alexandria, Maimônides e Spinoza, transformaram-se em símbolos poderosos: não é uma simples coincidência que pensadores judeus tenham proporcionado reconhecida contribuição à tradição cristã. Por idênticos motivos, sem dúvida, também despertou interesse a história bíblica. Porém as tensões internas do judaísmo também influenciaram a pesquisa histórica. O conflito entre a Reforma e a Ortodoxia centralizou a atenção na história do rabinismo primitivo, e promoveu o estudo científico do Talmude. O mesmo Zunz escreveu um notável tratado sobre o sermão na antiguidade, demonstrando que esta controversa característica dos serviços religiosos reformados não era uma cópia servil da Igreja, mas a recuperação de uma antiga prática da sinagoga.

Também a história local atraiu a atenção dos judeus, que buscavam suas raízes nos lugares em que tinham se

Jacques Basnage (1653-1723): protestante francês que escreveu a primeira história moderna sobre os judeus. Sua obra se converteria em modelo para obras posteriores.

Direita: A herança do passado. Nosso conhecimento sobre o passado judeu aumenta sem cessar. Este mapa mostra as principais instituições especializadas na pesquisa, bem como os lugares onde os restos mais importantes, antigos e medievais, sobrevivem *in situ*. Além disso, há numerosos pequenos museus e bibliotecas (muitos deles criados por iniciativa privada ou por alguma comunidade judia local), e outros milhares de lugares com restos históricos, a maioria à espera de uma exploração sistemática. Os cemitérios são especialmente numerosos, e constituem uma rica fonte de informação sobre o passado; não obstante, até muito recentemente os pesquisadores não os tinham levado a sério, e infelizmente muitos dos mais importantes se encontram em países onde é difícil o acesso de estudiosos judeus, e mal resta uma população judia sobrevivente que garanta a sua manutenção.

Projéteis disparados pelas forças romanas durante o cerco a Massada (72-74)

Restos da sinagoga do século VI, em Baram, Israel

Detalhe do capitel e da arquitrave nos restos de uma sinagoga dos séculos III-IV, em Óstia, Itália

Detalhe da sinagoga medieval de Córdoba, Espanha.

O Beth Hatefutsoth (Museu da Diáspora Judaica), Tel Aviv, Israel.

A Guenizá do Cairo

A palavra hebréia "getnizah" refere-se a uma devota tradição de conservar documentos que levam o nome de Deus ou que foram utilizados para fins sagrados, normalmente com a intenção de enterrá-los. Não é raro ver nos cemitérios judeus uma lápide na qual só se lê "Guenizá": provavelmente cobre antigos livros de orações. No entanto, a assombrosa descoberta de manuscritos e textos impressos conhecida como a Genizah do Cairo foi encontrada não em uma sepultura, mas em uma sinagoga, a Ben Ezra de Fustat (parte antiga do Cairo). Vários fatores extraordinários estavam conjugados para fazer deste um dos descobrimentos históricos mais excitantes que jamais foi realizado. Em primeiro lugar, a sinagoga era antiga, tinha uns mil anos. Em segundo lugar, tinha uma ampla câmara de armazenamento em uma cripta, fazendo com que não houvesse necessidade de enterrar o material "genizah" na terra. Em terceiro lugar, o clima do Egito, como é amplamente conhecido, é especialmente favorável para a conservação do pergaminho e do papel. E, por último, o Cairo tinha sido, durante a época da Guenizá, um dos principais centros do judaísmo, com fortes laços religiosos, culturais e comerciais com outros pontos do mundo judaico. Assim, os documentos ali descobertos na década de 1890 não só estão relativamente bem conservados para sua antiguidade, mas também são de uma relevante importância histórica. Inclui na Bíblia e no Talmude liturgia e poesia, documentos legais e literários, correspondência pessoal e comercial, tudo isso com datas que vão desde o século X até finais do XIX.

Abaixo. A conservação dos fragmentos é uma tarefa técnica exigente. Para poderem ser lidos, identificados e estudados, é preciso alisar e tratar cada exemplar. Em Cambridge, criou-se um departamento especial dentro da Biblioteca da universidade, para ocupar-se do material da Guenizá.

Abaixo. O mérito principal da recuperação dos documentos da Guenizá é de Solomon Schechter, professor adjunto de Rabínica em Cambridge e posteriormente presidente do Seminário Teológico de Nova York. A narração de sua viagem ao Cairo e da aquisição de todo o material para a Universidade

Esquerda. A maioria dos documentos da Guenizá data do século X em diante, mas alguns fragmentos são anteriores. A foto representa um palimpsesto, manuscrito cuja escrita original foi raspada para que o pergaminho fosse reutilizado. A escrita de cima corresponde a um poema litúrgico judaico, mas a de baixo, do século VI, que ainda é possível perceber, é uma parte da tradução grega de Áquila da Bíblia, muito popular em outros tempos, mas hoje quase inteiramente desaparecida.

Esquerda. Na Guenizá há inumeráveis documentos históricos referentes a acontecimentos importantes e também a questões mais locais ou efêmeras. Este texto é o relato, como se afirma no próprio texto, do rei dos kazares, que narra como seus antepassados se converteram ao judaísmo (ver pág. 43).

Direita. Os manuscritos da Guenizá revelam muito da vida diária numa comunidade medieval judaica, incluída a educação das crianças. As crianças judias aprendiam a ler e escrever desde bem pequenos, e textos como este nos mostram o modo como o faziam. Copiava-se várias vezes cada letra do alfabeto, com os diversos sinais vocálicos que variam seu som. Copiava-se o perfil das letras, e talvez fossem as próprias crianças que as coloriam, como parte do processo de aprendizado.

de Cambridge é em si mesma um colorido romance oriental, cheio de coincidências sublimes e confusões ridículas. Aqui o vemos trabalhando entre pacotes de empoeirados fragmentos, na antiga Biblioteca da Universidade de Cambridge. Esses fragmentos são cerca de 100.000, e outras coleções menores, mas igualmente importantes, acabaram em Leningrado, Londres, Budapeste, Nova York e outras cidades.

Abaixo. Entre os achados mais extraordinários da Guenizá se contam alguns documentos escritos por figuras históricas célebres, de seu próprio punho e letra. Esta réplica fiel foi escrita por Moisés Maimônides, chefe espiritual da comunidade do Cairo no final do século XII.

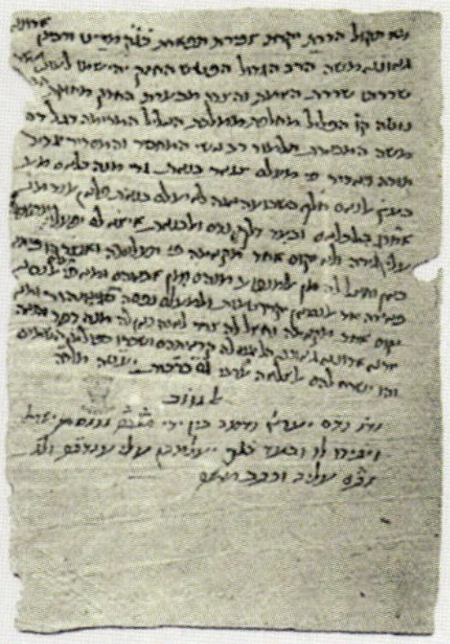

Abaixo. Os manuscritos da Guenizá são escritos numa espantosa variedade de idiomas; incluem praticamente todos os que os judeus usaram, sobretudo o hebraico, o aramaico, o árabe, o persa e o espanhol, mas, além disso, há documentos de origem não-judia. Na Idade Média, os judeus falavam em grande parte o árabe, mas costumavam escrever em caracteres hebraicos. Este calendário tem as legendas escritas em letras arábicas. O rosto central é de grande vivacidade.

estabelecido, aos quais começavam a sentir que pertenciam, e desejavam demonstrar a seus concidadãos gentios que também eles haviam tido um honroso passado na terra comum. A Sociedade Histórica Judaica da Inglaterra (fundada em 1893 e uma das primeiras sociedades eruditas de seu gênero) promoveu um estudo sobre o povo judeu medieval inglês, e foram estabelecidos grupos similares em outros países. Também se atendeu à apresentação e coleta de arquivos históricos. O arquivo judaico-alemão foi fundado em 1906 em Berlim, onde a Organização Sionista Mundial também instalou um arquivo em 1919. Com toda a prudência, este foi transferido para Jerusalém em 1933, e atualmente o Arquivo Sionista Central é uma importante fonte de documentação. Um projeto ainda mais ambicioso foram os Arquivos Gerais (agora Centrais) para a História do Povo Judaico, fundados na Universidade Hebraica em 1939. Entretanto, algumas bibliotecas e institutos de pesquisa judaicos importantes haviam surgido em vários países, bem como museus, todos apresentando o legado histórico judeu de forma visível para um público mais amplo.

As primeiras explorações arqueológicas dos lugares bíblicos no Oriente Próximo despertaram bastante interesse, mas os judeus não se encontravam bem situados para participar delas antes da fundação da Universidade Hebraica. Algumas descobertas de períodos posteriores foram feitas no decorrer do século XIX (as catacumbas judias em Roma e Venosa, a sinagoga de Hamman Lif em Tunes, a necrópole de Tell al-Yahudiyya no Egito e o espantoso tesouro de manuscritos da Guenizá do Cairo (ver ao lado), porém não conseguiram exercer uma influência decisiva na historiografia judaica nem cativar a imaginação popular. No entanto, com o crescente interesse judeu pela terra de Israel e os espetaculares achados feitos ali, a atitude foi mudando pouco a pouco. A arqueologia em Israel quase se transformou em um esporte nacional. Os estudantes judeus do exterior foram autorizados a fazer parte das escavações. A imprensa judaica de Israel e do exterior imediatamente transmitiu as descobertas importantes. Existia um entusiasmo palpável em descobrir as relíquias fazia muito tempo perdidas do passado judeu, para reconstituir o vínculo físico com a terra, e para identificar-se com as cenas mais conhecidas da história e da lenda. Importantes descobertas contribuíram para nossa compreensão da história judaica, como é o caso da necrópole rabínica de Beth Shearim, numerosos restos de sinagogas romanas e bizantinas, os documentos do Deserto judeu, ou os fascinantes túmulos e monumentos de Jerusalém. As escavações no palácio (o Heródion) e na fortaleza dos zelotes de Massada reuniram voluntários de 28 países. Esta instalação de resistência suicida à ocupação estrangeira transformou-se em poderoso símbolo para os israelenses e em santuário de peregrinação nacional.

A possibilidade de que o passado possa responder realmente às questões do presente é um ponto discutível. Muito freqüentemente, a história é invocada para apontar preconceitos políticos ou religiosos. O renovado interesse pela história judaica não é mero reflexo de uma curiosidade natural: ela corresponde a uma necessidade de reafirmar-se ante a perplexidade, a desorientação e às perdas físicas. Desde o holocausto nazista, a "sobrevivência" transformou-se em uma ordem para os judeus de qualquer lugar, o que às vezes leva a uma obsessão ofuscante. A preocupação com o passado pode muito bem refletir uma profunda ansiedade com relação ao futuro.

OS JUDEUS NO MUNDO ANTIGO

O berço do povo judeu foi o Oriente Médio, mais exatamente "o Crescente Fértil", que traça um arco desde a ponta do Golfo Pérsico até o vale do Eufrates e na direção sul através da Síria e da Palestina até o Egito. Esta região contém todas as áreas mais antigas de povoações judias que se conhecem, e é o marco dos fatos que dominam a crônica tradicional das origens judaicas. Geograficamente, consiste principalmente em terra fértil cultivada, rodeada de montanhas e desertos. Historicamente, foi o lugar em que se estabeleceram vários impérios poderosos, cujas vicissitudes proporcionam o substrato de boa parte da narrativa bíblica.

Os judeus da antiguidade acreditavam que sua história, comum com a de toda a humanidade, havia começado na Mesopotâmia, mas também consideravam o Egito, na outra extremidade do Crescente, como um elemento importante na constituição de suas origens. Acreditava-se que Abraão, o pai do povo, fosse originário de Ur, perto do Golfo Pérsico, e que tivesse vivido durante algum tempo em Haran, bem no norte da terra de Aarão, antes de viajar na direção sudoeste até a Palestina e o Egito. Sua sepultura foi localizada, e ainda hoje pode ser vista pelos visitantes, em Hebron, perto de Jerusalém. A outra figura dominante do passado remoto, Moisés, "o legislador", nasceu no Egito, mas levou o povo para o deserto como preparação para sua entrada na terra que depois levaria seu nome.

A Bíblia hebraica descreve a origem do povo em termos de história coerente, que se desdobra dos deslocamentos da família de Abraão através do cativeiro egípcio ao êxodo, de uma vida nômade ou seminômade a uma existência sedentária, e de uma organização essencialmente tribal a uma organização nacional. Depois de um período de anarquia marcado pela lide-

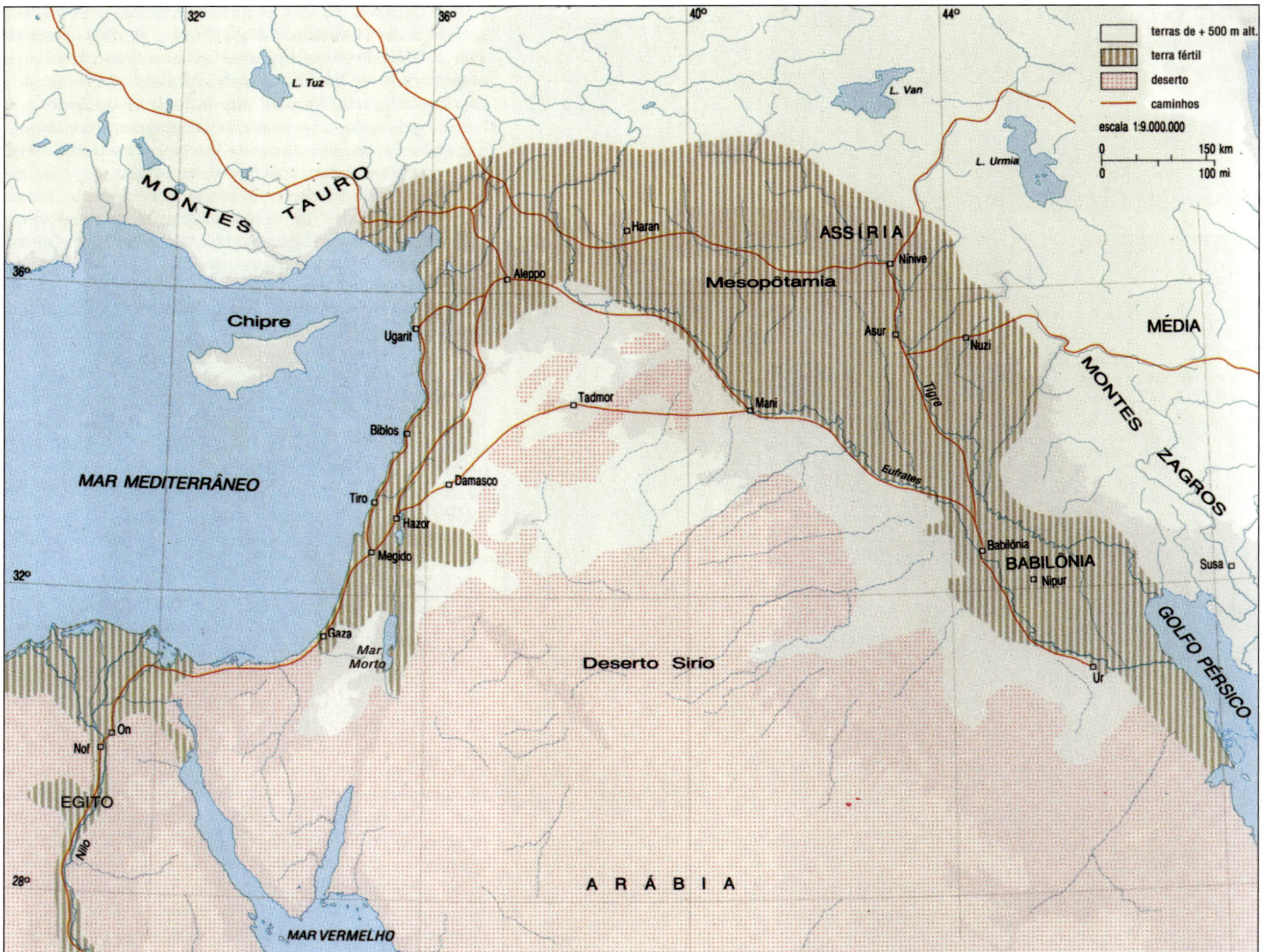

O Crescente Fértil.
A história inicial dos judeus tem como marco esta região de contrastes naturais: montanha e planície, terras férteis e deserto. O rio Eufrates banha uma longa planície rodeada de formidáveis montanhas e extensos desertos, uma rota natural para o traslado de grupos humanos e para o comércio, bem como para as conquistas militares. O território de Israel é pequeno, e sua fertilidade depende das chuvas estacionais. Mas se acha no meio da rota entre a Mesopotâmia e o Egito, cuja importância é vital, e daí seu valioso papel como ponto de encontro do comércio e da cultura, e seu destino como campo de batalha. Mesmo depois da chegada dos gregos, o palco da história judaica não se estendeu para além dos limites do Egito e do Crescente Fértil.

Os judeus no mundo atual são predominantemente uma população urbana, e assim foi durante muitos séculos. Mas atrás da experiência da cidade se encontra um período de vida agrícola que deixou muitas marcas na lei e nos costumes judaicos. E ainda mais anteriormente está a época dos "pais", nômades do deserto que são considerados os fundadores do povo judeu. As imagens do deserto e do oásis, e da vida errante, encontram-se intimamente entrelaçadas com o pensamento judeu e a experiência desse povo até os nossos dias.

rança militar dos "juízes", estabeleceu-se uma monarquia, logo dividida em dois reinos, Judá no Sul e Israel no Norte. A falta de outras fontes torna difícil avaliar com exatidão esta tradição, mas as descobertas arqueológicas apóiam a história da conquista de Canaã em termos gerais, deixando certas dúvidas sobre alguns detalhes, e sugerem que foi um lento processo que abrangeu todo o século XIII a.C., ficando alguns territórios em mãos cananéias. As descobertas externas não resolveram os principais problemas concernentes à história prévia dos conquistadores, mas existe uma informação documental cada vez mais extensa sobre dois movimentos de populações semíticas ocidentais durante o segundo milênio a.C. e sua organização social. As narrativas bíblicas mais atuais são marcadas por reelaborações editoriais posteriores às tradições antigas, algumas das quais podem ter conservado, mesmo em sua forma revisada, crônicas autênticas. Apesar da intensa pesquisa, ainda não está claro como surgiram as dozes tribos, ou, mais precisamente, como e quando se uniram em uma só nação. Os nomes das tribos estão relacionados a determinadas regiões do território, e, ainda que as divisões tribais refletissem originalmente estreitos vínculos de sangue, o que em seu momento determinou a identidade tribal foi um critério mais geográfico que genealógico, que dava maior importância às unidades menores (família e clã), bem como à identidade nacional. Durante o período da monarquia, o domínio tribal era em grande parte simbólico: havia dado passagem às novas realidades de uma administração centralizada e de um estilo de vida predominantemente agrário e urbano.

A monarquia encorajou, além disso, o desenvolvimento de uma classe mercantil forte, que participava tanto do comércio internacional quanto do local. Ainda que as provas concretas sejam escassas, é razoável supor que alguns comerciantes se tenham estabelecido temporária ou permanentemente no exterior, lançando os alicerces da posterior diáspora mercantil. Em todo o caso, a Bíblia registra a concessão (c. 860 a.C.) de um bairro comercial em Damasco ao rei Ahab (1 Reis 20:34). As repetidas agitações políticas e as invasões também podem ter levado a alguns movimentos populares, representados por prisioneiros de guerra ou refugiados políticos. Com a conquista do reino do Norte pelos assírios no final do século VIII, a incipiente diáspora começou a adquirir maior importância. Uma inscrição de Sargão menciona 27.290 deportados da Samaria em 721 a.C., e esse número deve representar apenas uma fração dos israelitas reinstalados na Mesopotâmia setentrional e mais ao leste, durante as conquistas assírias, sendo substituídos por pessoas da Síria e da Babilônia. O reino sulista de Judá continuou a viver à sombra dos assírios, e durante algum tempo, no final do século VII, enquanto a Assíria se defendia sem sucesso dos assaltos, dos medos e dos babilônios, o rei Josias restaurou a lei judaica em boa parte do território, que em outra época tinha sido governado por Davi. Mas logo os babilônios invadiram o reino e destruíram suas cidades, incluindo Jerusalém com seu templo (587). Grandes contingentes de judeus foram deportados para a Babilônia, enquanto outros fugiram para o Egito. Pode ser que já naquela época houvesse nessas regiões povoações de israelitas. Os exilados mantiveram seu apego ao velho país e sua esperança de um retorno definitivo. Além disso, persistiam em sua identidade nacional, e desde essa época o judaísmo perdeu efetivamente sua base territorial. Quando Ciro, o Grande, da Pérsia, conquistou Babilônia (539) e permitiu que os judeus voltassem a Jerusalém e reconstruíssem o Templo, muitos decidiram ficar onde estavam. Nem os babilônios nem os persas interferiram na vida social e religiosa interna das comunidades judaicas. Os judeus viviam ali em pé de igualdade com a maioria dos súditos do rei, e alguns chegaram a ocupar cargos proeminentes na corte. No Egito, tinham até seu próprio templo em Elefantina, ainda que aparentemente não houvess e nenhuma tentativa de construí-lo na Babilônia. As comunidades conservaram sua identidade baseada em um passado comum e fortalecida através da lealdade familiar e de clã. A idéia de nação já não estava associada diretamente ao território: a lei de Deus se estendia a toda a terra, ainda que sua morada estivesse, de forma especial, em Jerusalém.

A vida judaica sob o domínio grego

Depois que os macedônios conquistaram a Pérsia (331 a.C.), Alexandre, o Grande, e seus sucessores não alteraram a situação de seus súditos judeus, que continuaram a desfrutar de igualdade de tratamento e de um limitado autogoverno. Os judeus eram incentivados a estabelecer-se nas cidades recém-fundadas, e nos primeiros anos do domínio macedônio se deu uma expansão massiva da diáspora por todo o mundo grego, sobretudo pelo Oeste, pela Ásia Menor, pelo Egito e um pouco além. As comunidades judaicas eram organizadas em corporações oficialmente reconhecidas (*politeumata*), governadas por líderes e conselhos, com seus próprios tribunais, que administravam a lei judaica tradicional. Também outras minorias tinham suas *politeumata* nas cidades gregas, e em muitos sentidos o caso dos judeus não podia ser qualificado de excepcional. No entanto, sua liberdade para viver sob suas próprias leis implicava, necessariamente, certos privilégios, sobretudo a isenção de cultuar os deuses pagãos e de render honras divinas aos governantes, bem como a liberdade de observar o descanso sabático. Esses privilégios especiais eram uma condição fundamental para a vida judaica e, portanto, um requisito essencial para que os governantes pudessem contar com a lealdade dos judeus (lealdade que a maioria demonstrou). Isso constituía uma fonte de satisfação para os judeus e freqüentemente de ressentimento para os vizinhos que não o eram. Os judeus afirmaram certa vez que o privilégio – muito maior – da cidadania grega havia sido conferido a eles pelos fundadores das cidades gregas. Isso é um exagero: apesar de alguns indivíduos terem obtido a cidadania grega, o que as comunidades judaicas possuíam como tais eram privilégios e imunidades que, em termos de detalhes, variavam de um lugar para outro. A cidadania grega era, em todo o caso,

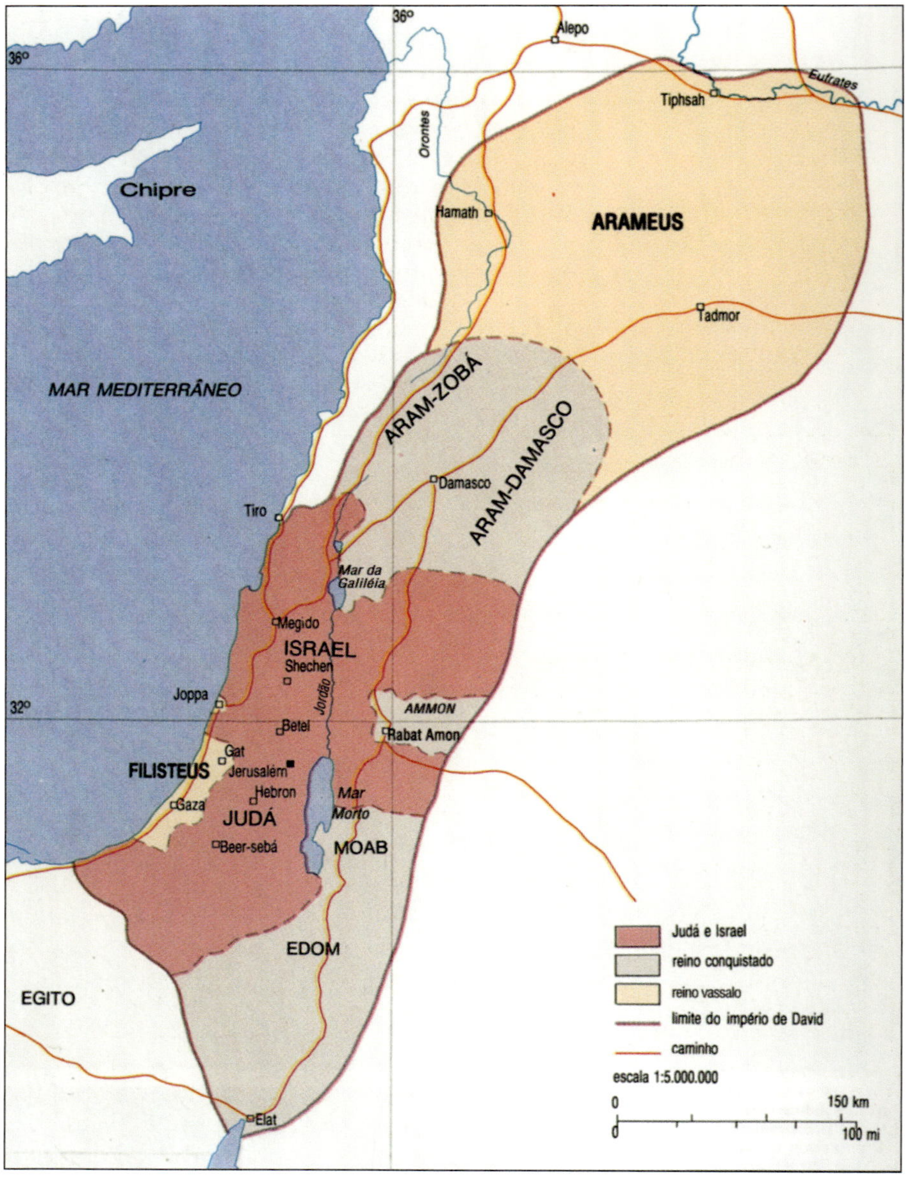

Acima: O reino de Davi e Salomão. O rei Davi e seu filho Salomão adquiriram uma reputação legendária por seu poder, riqueza e sabedoria. Como se vê no mapa, eles governavam direta ou indiretamente uma extensa região habitada por uma variedade de populações. Davi estabeleceu sua capital em Jerusalém; Salomão construiu o grande Templo, que seria o ponto de unificação do culto e da identidade israelitas. Os êxitos desse período (c. 1000-930 a.C.) deixaram uma impressão duradoura nas gerações seguintes, da qual ainda existem reminiscências na liturgia judaica, no folclore e na ideologia política do sionismo.

uma concessão a uma minoria, e a massa dos judeus, como a dos não judeus, não era membro da *pólis* (Estado ou sociedade) grega.

A situação no território de Judá (chamado Judéia por gregos e romanos) e de sua capital, Jerusalém, era diferente. Ali os judeus constituíam a maioria da população e continuaram a gozar de uma boa proporção de autogoverno, como antes sob o domínio persa. O governo em Jerusalém estava nas mãos dos sumos sacerdotes – hereditário – e de um conselho da cidade, à maneira grega. Era permitido a eles administrar o território sob suas “leis ancestrais” e aplicá-las também aos cidadãos não judeus. Ainda que a Judéia fizesse parte do reino ptolemaico, e depois (a partir de 200 a.C.) do selêucida, houve poucas interferências na autonomia judaica até o reinado de Antíoco IV (175-164 a.C.). O curso dos acontecimentos não está inteiramente claro, mas parece que, ao começar seu reinado, Antíoco depôs o sumo sacerdote, Onias, e vendeu o cargo ao irmão deste, Jasão, o qual aboliu a tradicional “teocracia” e constituiu em Jerusalém uma *pólis* grega, com o nome de Antioquia de Jerusalém. Estourou, então, uma complexa guerra civil, durante a qual Antíoco tomou Jerusalém (169), instalou ali soldados sírios e sancionou a introdução da adoração pagã no Templo (167). Não obstante, a resistência continuou, e sob a liderança de Judas Macabeu alcançou notáveis sucessos militares e diplomáticos. O resultado final foi o estabelecimento da família de Judá, os Hasmoneus, como dinastia reinante em uma Judéia independente. Seu irmão Jônatan (morto em 142 a.C.) foi reconhecido como sumo sacerdote e governador local pelo rei; sucedeu-o outro irmão, Simão, que conseguiu a independência sob a forma de imunidade do tributo à Síria (142). No ano 140 a.C., uma assembléia pública proclamou formalmente Simão líder nacional (etnarca) e sumo sacerdote, com mandato perpétuo; em outras palavras, seu cargo era hereditário. Seu filho João Hircano (135-104) sucedeu-o, e a este seus filhos Aristóbulo (104-103) e Alexandre Janeu (103-76). O domínio judaico expandiu-se progressivamente, de maneira que quando morre este último a extensão do reino podia ser comparada ao de Davi. Os judeus haviam se estabelecido nos territórios conquistados, cujas populações eram judaizadas à força e as cidades que resistiam eram arrasadas. O nome Judéia estendeu-se a todo o território e os governantes, a partir de Aristóbulo, ostentaram o título real como outros governantes da região, também helenizados. Com a morte de Alexandre, sua viúva, Salomé Alexandra, governou como

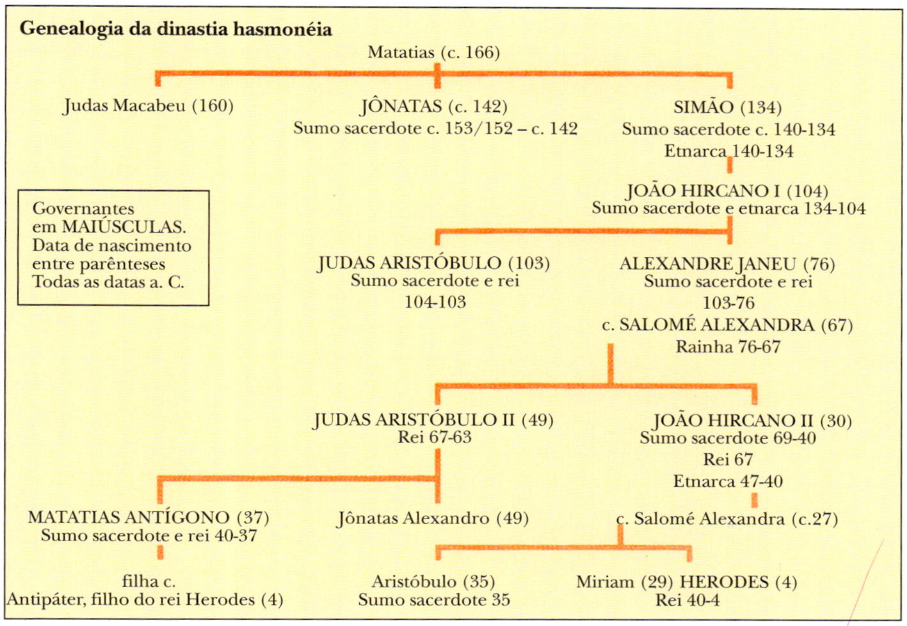

O mundo judeu em 300 a.C.
Neste mapa pode ver-se o começo da diáspora, que depois se ampliaria. Os judeus ainda se concentram na Judéia e na Babilônia, mas já começam a dar-se ramificações ao longo das principais rotas comerciais e nas cidades gregas do Mediterrâneo oriental. A distribuição reflete as duas razões principais dos traslados: as oportunidades comerciais e a política grega de conceder certos direitos aos emigrantes: por exemplo, a divisão de terras entre os que tinham servido como soldados. Já então havia começado a expansão para o Ocidente. Durante os séculos II e III a. C., seus efeitos se tornaram mais evidentes, bem como a divisão entre os judeus de fala grega e os de fala hebraica ou aramaica.

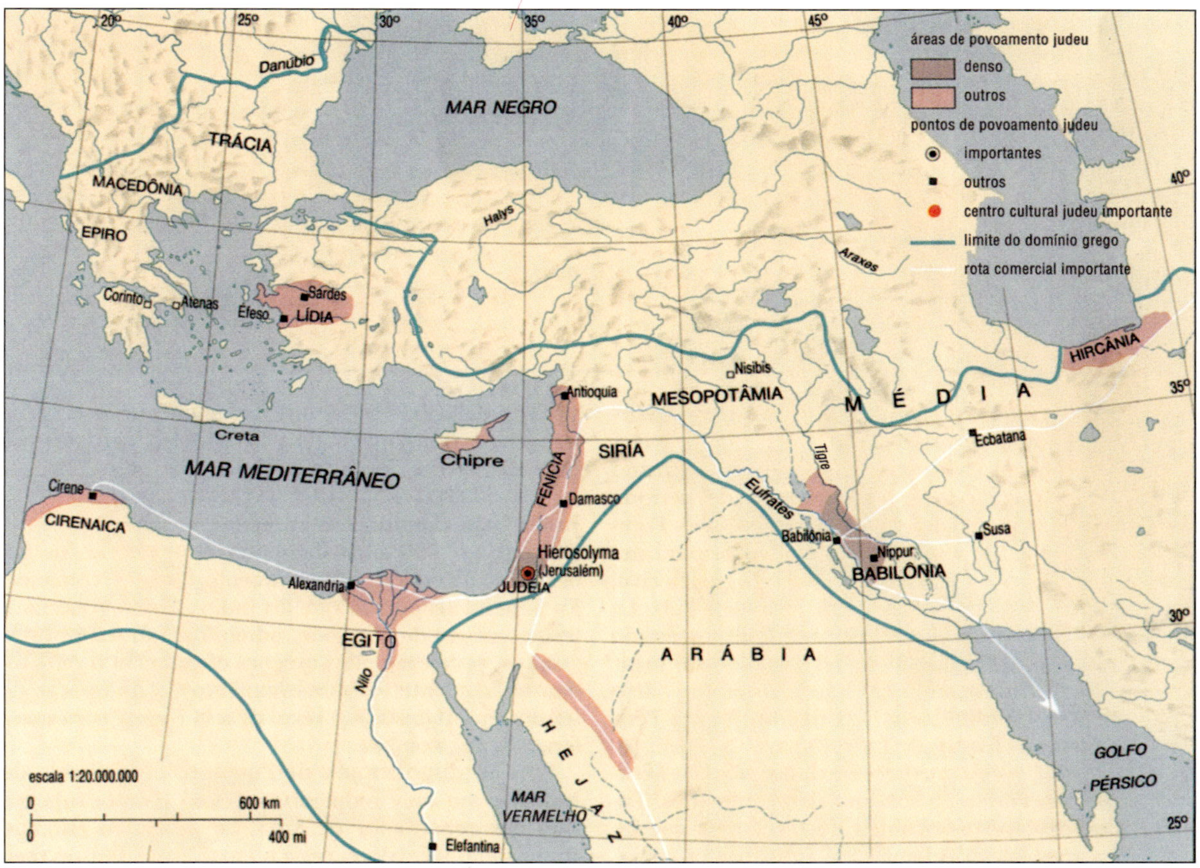

Esquerda: O reino hasmoneu
A partir de origens modestas, os Hasmoneus conseguiram, finalmente, dominar um território pouco menor que o de Davi e Salomão (ver pág. 22). O mapa mostra a expansão gradual de seu domínio. Um triunfo militar fundamental foi a conquista da cidade grega da Samaria por Hircano I, após um duro assédio (c. 108-104 a.C.), que abriu caminho para a incorporação da Galiléia ao Estado hasmoneu.

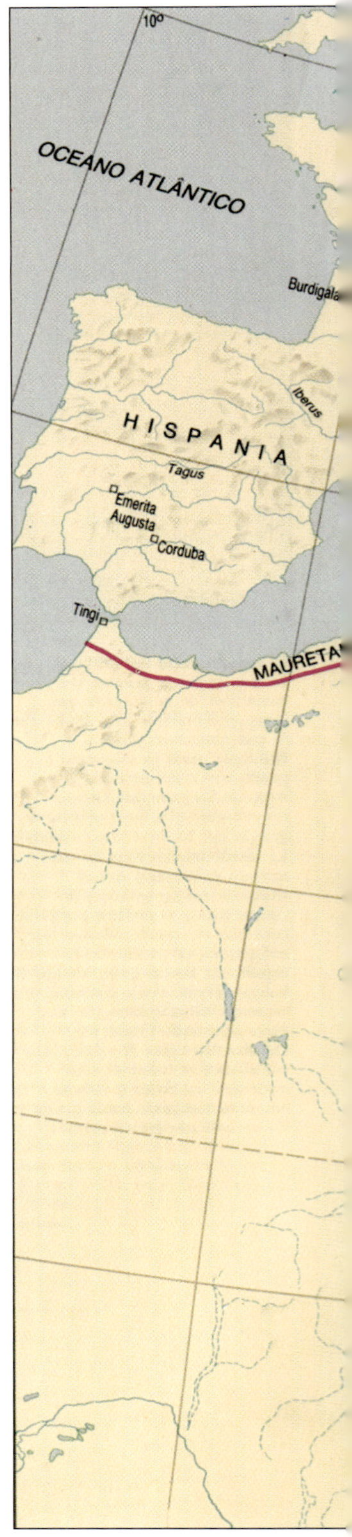

rainha (76-67), enquanto seu filho mais velho, Hircano, era o sumo sacerdote. Com a morte da rainha, estoura uma guerra civil entre Hircano e seu irmão Aristóbulo, o que deu lugar ao fim do período de independência judaica. O general romano Pompeu, comprometido na ocasião com uma vitoriosa campanha na Ásia Menor e na Síria, interveio na guerra civil, e após uma batalha de três meses tomou Jerusalém (63). A imagem do general romano entrando com seu estado maior no *Sancta Sanctorum* do Templo – um lugar reservado exclusivamente ao sumo sacerdote – deixou uma impressão duradoura nas mentes judaicas. No entanto, as conseqüências foram de muito maior alcance. Josefo expressa sucintamente o ocorrido: "Perdemos nossa liberdade e nos transformamos em súditos dos romanos. Tivemos de devolver aos sírios os territórios que havíamos conquistado. Além disso, os romanos nos cobraram em um período breve mais de mil talentos, e o reino, que antes havia sido dado aos sumos sacerdotes por herança, foi devolvido aos laicos."

A Judéia sob o domínio romano

Durante os 700 anos seguintes, o território foi governado, direta ou indiretamente, pelos romanos. Em geral eles aceitavam que os judeus, como governantes anteriores da região, administrassem seus próprios assuntos, mas eram eles que efetuavam ou ratificavam oficialmente as nomeações, e em épocas de tensão não hesitavam em recorrer à força para manter a paz romana.

Com as disposições de Pompeu, o território da Judéia viu-se muito reduzido, e ficou sob a supervisão do governador da Síria. Hircano estabeleceu-se como sumo sacerdote, porém não manteve seu título real. Depois, Julio César nomeou-o etnarca (47 a.C.), mas o poder estava nas mãos de Antípater, primeiro general de Hircano. Este período foi marcado por lutas freqüentes, muitas delas provocadas por Aristóbulo e seus filhos, que não haviam perdido a esperança de conquistar o trono. Durante alguns anos (40-37), um de seus filhos, Antígono, governou efetivamente como rei em Jerusalém, com o apoio dos partos, que haviam tomado a região; mas Herodes, filho de Antípater, que havia sido reconhecido como rei pelo Senado romano (40 a.C.), reconquistou o território com a ajuda do exército imperial, e governou até sua morte no ano 4 a.C. Sob Herodes, o sumo sacerdócio ficou reduzido a pouco mais que uma função cerimonial submetida à autoridade do rei. O Sinédrio (conselho supremo) judaico foi privado de poder político e substituído por um novo conselho real. Apesar de ser judeu, Herodes governou um extenso território, com uma numerosa população não judaica, e tentou combinar os papéis de rei judeu e governante heleno. Seu reino foi bem-sucedido e próspero, ainda que marcado por um espantoso desprezo pela vida de quem o rodeava, incluindo os membros de sua própria família. Seus grandiosos planos arquitetônicos incluíam a reconstrução do Templo de Jerusalém em estilo helênico, bem como diversos palácios e um importante porto em Cesaréia. Foi o último dos grandes reis judeus, e muitos aspectos de seu reinado lembram o de seu legendário predecessor Davi. Mas ele sempre le-

Abaixo: O mundo judeu em 1 d.C. A população judia está agora muito mais estendida por todo o mundo grego e pelo Império parto, e começa a propagar-se pelo ocidente latino. Já há provavelmente 8 milhões de judeus numa população mundial de cerca 170 milhões; mais de 2 milhões deles estão na Judéia e mais de 1 milhão, respectivamente, no Egito, na Síria, na Ásia Menor e na Babilônia. Alexandria tem uma população judia particularmente numerosa, e é o principal centro de cultura greco-judaica.

vou em conta que seu poder dependia dos romanos, e seu papel como rei era executar a política destes na região por ele governada. Com sua morte, o reino dividiu-se entre três de seus filhos, nenhum dos quais ostentava o título de rei. Mas esse arranjo não foi satisfatório nem permanente. Administrou a Judéia uma série de governantes de categoria eqüestre, excetuando um breve interlúdio (41-44) no qual governou como rei Agripa, neto de Herodes. Um dos governadores casou-se com uma filha de Agripa, o outro era um judeu nascido em Alexandria, mas nenhum deles tinha conexão real com o judaísmo, e existia uma grande rejeição por parte da população judaica. A dominação romana era sentida como uma ocupação militar e uma exploração fiscal. Os sumos sacerdotes e seu conselho em Jerusalém não tinham poder efetivo, as relações entre gregos e judeus não eram boas, e ocorreram diversos movimentos revolucionários. No ano de 66, estourou a rebelião latente, com o assassinato do sumo sacerdote e uma luta selvagem entre judeus e gregos nas cidades mistas. Os exércitos romanos precisaram de quase oito anos para sufocar a comoção, em parte pela insegurança política que se produziu em Roma após o suicídio do imperador Nero no ano de 68, porém mais que nada pela decidida resistência dos rebeldes judeus. Os romanos tomaram Jerusalém no ano 70 e incendiaram o Templo até suas bases. O último bastião rebelde, Massada, caiu no ano de 74.

A guerra marcou o fim de Jerusalém como capital judaica, e a extinção das instituições fundamentais do antigo governo teocrático: o Templo, o sumo sacerdócio e o Sinédrio. Não obstante, os romanos não tentaram abolir a religião e o autogoverno judeus. Ao contrário, permitiram a instalação de um novo conselho, constituído por sábios, mais que por sacerdotes ou autocratas. Este novo corpo se ocupou da reorganização e administração internas dos judeus, e a província ficou separada da Síria e sob a autoridade de governadores de categoria senatorial. Em 132, estourou uma segunda revolta, comandada por Simão bar Kosiba, que se auto-intitulou *nasi* (etnarca) de Israel. Esta insurreição durou três anos e meio e custou aos romanos grandes perdas. Mas custou muito mais aos judeus. Um grande número deles, incluindo os membros mais destacados da nova liderança, foi morto, vendido como escravo ou desterrado. Todos os judeus foram para o exílio, e Jerusalém foi novamente fundada como cidade romana, com o nome de Aelia Capitolina, com um considerável território ao redor. A província perdeu seu nome judaico, e recebeu o de *Syria Palaestina* por seus antigos habitantes, os filisteus. Era a origem do nome Palestina. Os judeus ficaram como minoria em todas as partes, exceto na Galiléia, que ficou repleta de refugiados. Durante um breve período, o governo tomou a medida, bastante excepcional, de proibir a circuncisão e a educação e ordenação rabínicas, com o propósito de acabar com o judaísmo. No entanto, este propósito foi rapidamente abandonado e surgiu uma nova política. Restaurou-se um autogoverno judaico limitado, sob um etnarca hereditário ou *nasi*, que presidia um conselho de sábios e administrava a lei tradicional através de uma rede de tribunais judeus. Os etnarcas acumula-

Imagens conflituosas da Judéia sob o domínio romano. *Acima.* Uma imagem romana: a Judéia personificada como um cativo abatido, com as mãos atadas às costas. *Abaixo.* Uma imagem zelote: o Templo de Jerusalém, destruído muito tempo antes, mas aqui restaurado no esplendor de sua glória. A lenda reza *Shim'on* (por Simão bar Kosiba), e acima se vê uma estrela, que alude à profecia messiânica: "Uma estrela despontará de Jacó". Os seguidores de bar Kosiba o chamavam bar Kochba: "o filho da Estrela".

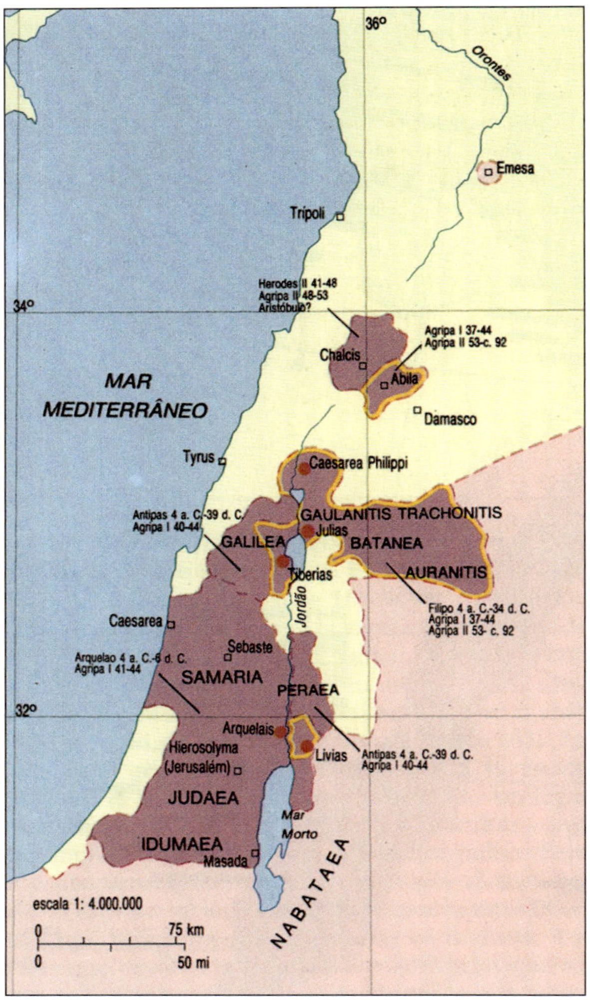

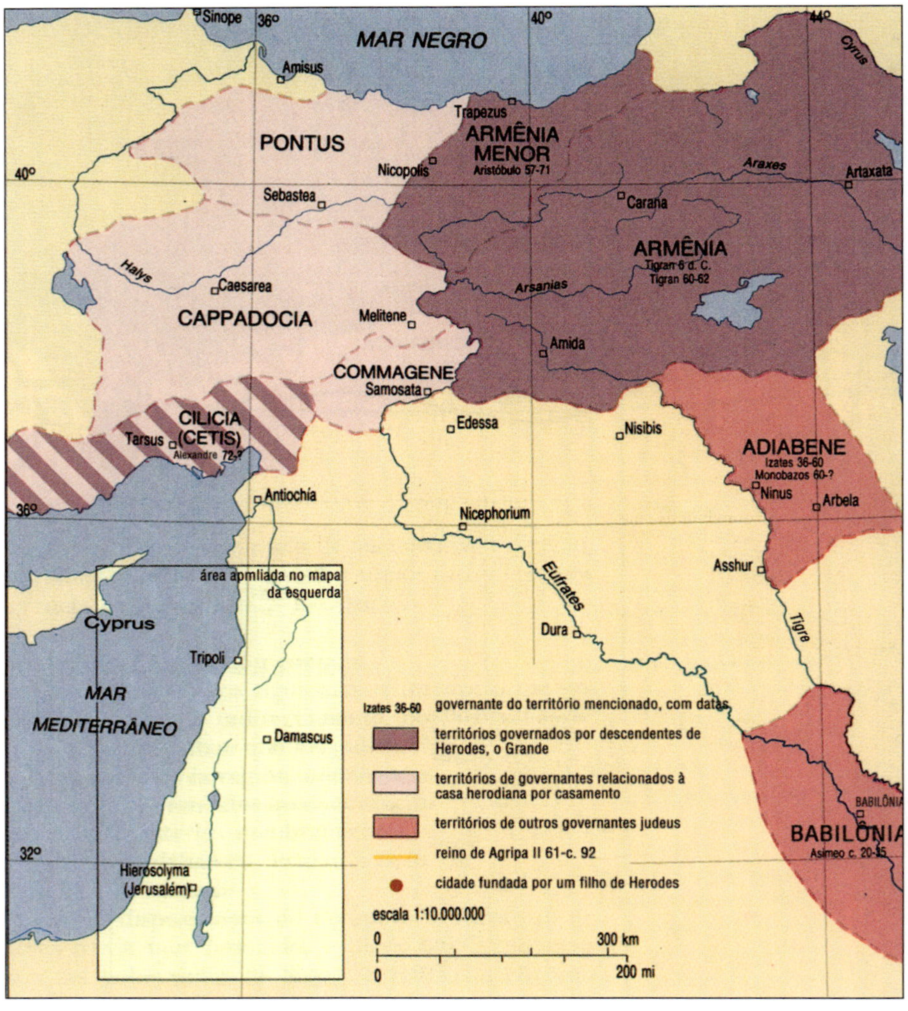

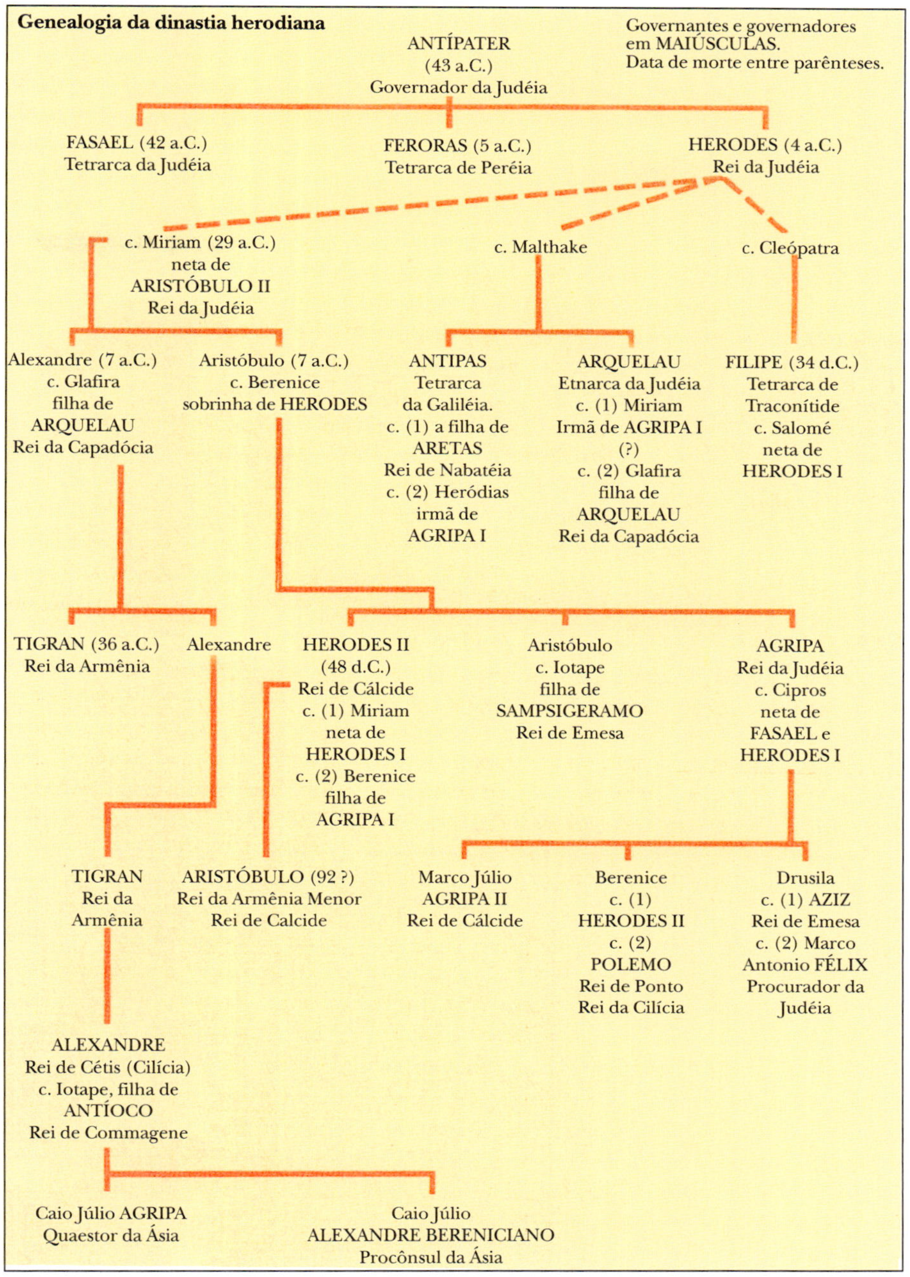

Esquerda: Governantes judeus no século I d.C.
Herodes estabeleceu uma dinastia que estreitou vínculos matrimoniais com muitas das casas reais vizinhas. Seus descendentes governaram não apenas na Judéia, mas até a Armênia. Muitos deles não governaram como judeus, mas como uma parte da complexa rede de reis submetidos a Roma. Finalmente se uniram à aristocracia senatorial romana. No Império persa, a dinastia governante de Adiabene era de conversos ao judaísmo, enquanto na Babilônia, com sua numerosa população judia, houve durante alguns anos um governador judeu.

vam consideráveis fortunas e privilégios. Contavam com uma corte de estilo régio (de fato, proclamavam-se descendentes do rei Davi), possuíam sua própria força policial e uma frota de navios para transportar seus produtos através dos mares. Um escritor não judeu afirma que, durante um período do império relativamente anárquico (235-250), os poderes do etnarca, consentidos pelo imperador, não eram diferentes dos de um rei, com o agravante de que algumas vezes o imperador fechava os olhos diante das penas capitais impostas na corte do etnarca.

A política de apoiar o etnarcado, junto com a nomeação de governadores de alto escalão e da manutenção de um exército poderoso na Palestina, teve o efeito desejado de assegurar a paz. De 135 a 351, não ocorreram revoltas judaicas, e durante a do ano de 351, na qual parece ter havido uma breve tentativa de restaurar o reino sob um certo Patrício, o etnarca permaneceu fiel a Roma. As revoltas foram posteriores – e talvez atribuíveis – à primeira legislação antijudaica dos imperadores cristãos. A partir de então, a posição dos judeus no Império Romano foi piorando, com o interlúdio excepcional do imperador pagão Juliano, que tentou reconstruir o Templo em Jerusalém (363). A tentativa foi frustrada por um terremoto e pela morte do imperador, pouco depois. Talvez tenha sido o mesmo Juliano quem conferiu ao etnarca (que agora ostentava o título de patriarca) o alto *status* honorífico de prefeito pretoriano. O imperador Teodósio II cancelou esta honra no ano de 415, e em uma lei de 429 se fala do "fim do patriarcado". Parece que Teodósio se limitou a não reconhecer como sucessor o último patriarca, e desse modo o cargo se extinguiu.

A Palestina era então dividida em três províncias, das quais só duas possuíam uma população judaica considerável. Tinham seus próprios conselhos judaicos, independentes, em Tiberíades e em Cesaréia. Os judeus da Palestina, como os da diáspora, resistiam à política de cristianização e às vezes se opunham a ela pela força, porém não ocorreram enfrentamentos graves senão no ano de 613, quando os judeus ficaram ao lado dos persas na conquista da Palestina. Jerusalém caiu em 614, e durante alguns anos (até 617) restabeleceu-se a dominação judaica, junto com o culto sacrifical. No ano de 617, a cidade foi tomada de novo pelos romanos, e os judeus foram expulsos pela segunda vez. No entanto, pouco depois o país foi conquistado pelos árabes, e desse modo se pôs fim ao domínio romano.

Os judeus da diáspora sob o domínio romano

Desde a destruição do Templo de Jerusalém no ano 70, não houve grande diferença entre os judeus da Judéia e os das demais regiões do império. A diáspora continuou a crescer e expandir-se, em parte devido ao proselitismo, ainda que também tenha havido algum movimento do judaísmo para o cristianismo ou para a religião do Estado. É difícil dispor de números precisos, mas se pode calcular que antes do ano 70 viviam dois milhões e meio de judeus na Judéia e muito mais de quatro milhões na diáspora romana. Posteriormente, sobretudo depois da revolta de 132-135, a proporção da diáspora com relação ao povo judeu-palestino cresceu consideravelmente. É provável que os judeus representassem algo como um décimo da população total do império, e nos lugares de maior concentração, as cidades das províncias orientais, podem ter chegado a constituir um quarto da população. Eram, portanto, um elemento importante na população, com poucos paralelos na história posterior, e é óbvio que os romanos levavam muito a sério as questões referentes aos judeus, isso sem contar que os judeus que viviam além da fronteira oriental chegavam, por seu lado, a somar um milhão ou mais por volta do ano 70.

A política romana, em geral, era reconhecer os direitos já existentes e manter o máximo possível o *status quo*. Os problemas que podiam surgir se resolviam segundo critérios locais, e não se tentava formular princípios fundamentais para todos os judeus, como aconteceu depois sob governos cristãos. A condição legal e os direitos civis dos judeus variavam de acordo com o lugar e também segundo os indivíduos dentro da mesma comunidade judaica. Em alguns lugares – como talvez as cidades gregas do Estela *politeuma* judaica – ela constituía uma estrutura separada, paralela e de certo modo igual à própria cidade grega. As tensões entre judeus e gregos às vezes deram lugar a explosões violentas, como a de Alexandria no ano de 38 d.C. e em diversas cidades orientais em 66. Em tais casos, o governo romano intervinha, com forças mili-

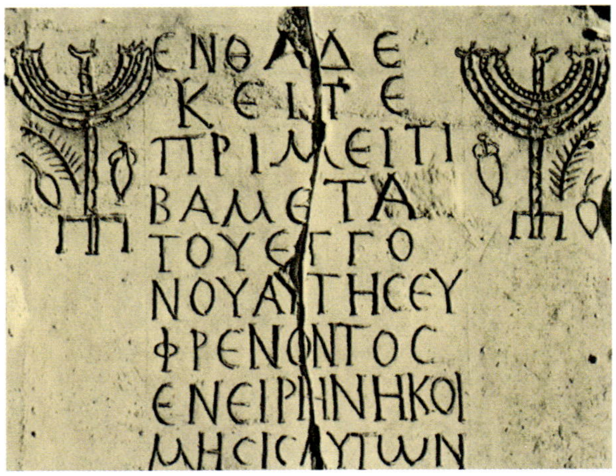

Acima, esquerda. O grande candelabro de ouro (menorá) do Templo, levado em triunfo a Roma. *Acima, direita.* Centenas de sepulturas judias foram encontradas na diáspora romana. Esta, da própria Roma, rememora Primitiva e seu neto Eufrânio. O idioma é o grego, mas Primitiva é um nome latino. Os símbolos estilizados – a menorá, *lulav*, *etrog* e perfumista – são característicos: serão uma orgulhosa afirmação da identidade judia ou traduzirão uma mensagem religiosa mais específica, como a esperança da redenção? *Esquerda.* Há várias catacumbas judias em Roma. Esta, na Via Appia, tem interessantes afrescos.

tares se preciso, para restaurar a paz e esclarecer os problemas constitucionais.

O sucesso da política pragmática dos romanos foi notável. Os poucos casos em que falhou, como os distúrbios citados anteriormente, as revoltas na Judéia ou os acontecimentos de 115-117, quando as lutas entre judeus e gregos se estenderam até o Egito, à Cirenaica e a Chipre, demonstraram quão violentas e sangrentas eram as emoções que os romanos deviam manter sob controle. Apesar de os judeus sentirem que pertenciam a uma nação, e de suas conhecidas tentativas de envolver a intervenção alheia em seus problemas, ou de orquestrar uma rebelião generalizada, os incidentes reduziam-se a uma região ou cidade. Até a grande revolta da Judéia no ano de 66 obteve pouco ou nenhum apoio dos judeus da diáspora. Por outro lado, os romanos reconheciam, sem dúvida, os fatores que congregavam os judeus em um só corpo, sobretudo sua religião. Ainda que não se autorizasse a religião judaica de forma explícita, tolerava-se sua prática e foram reconhecidos os antigos privilégios – até foram concedidos novos –, de modo que os judeus puderam continuar a observar suas práticas tradicionais. Também lhes era facilitado o envio de doações das províncias ao Templo de Jerusalém. Quando o Templo foi destruído, as contribuições regulares foram destinadas ao tesouro imperial em forma de impostos. Depois, os etnarcas – cuja autoridade era reconhecida para todos os judeus do Império – obtiveram permissão para arrecadar fundos. Estes também passaram para o tesouro imperial ao acabar o patriarcado. Essa política fiscal revelava um reconhecimento dos judeus como corpo único, ainda que disperso por todo o Império. Se a carga tributária e a desonra de tal discriminação irritavam os judeus, eles viam-se compensados pela proteção da paz romana e pelas honras dispensadas aos etnarcas e aos representantes da nação judaica. Além de ser proibida a circuncisão dos não judeus e sua instalação em Jerusalém (disposições que, porém, não parecem ter sido aplicadas com rigidez quase nunca), não havia para os judeus outras restrições além das que eles mesmos quiseram se impor.

A diáspora oriental

Além das fronteiras do Império Romano, existiam importantes comunidades, como os antigos centros da Babilônia e da Mesopotâmia, algumas das quais têm uma história contínua desde a remota antiguidade até os nossos dias. Porém, ao decaírem as antigas povoações – como a própria Babilônia –, as novas cidades e indústrias mercantis atraíram os habitantes judeus, além de alguns deslocamentos em grande escala devidos a guerras e deportações. O território de povoação judaica era enorme; incluía desde a Armênia até a Arábia no Sul, e a Média e Elam (talvez chegando até Merv) no Leste. Durante um período a respeito do qual não temos referências, os judeus também começaram a estender-se para o Leste, através das principais rotas comerciais. As povoações mais densas encontravam-se na Babilônia, mas mesmo ali os judeus constituíam – à exceção de algumas cidades – só uma entre várias minorias étnicas e religiosas.

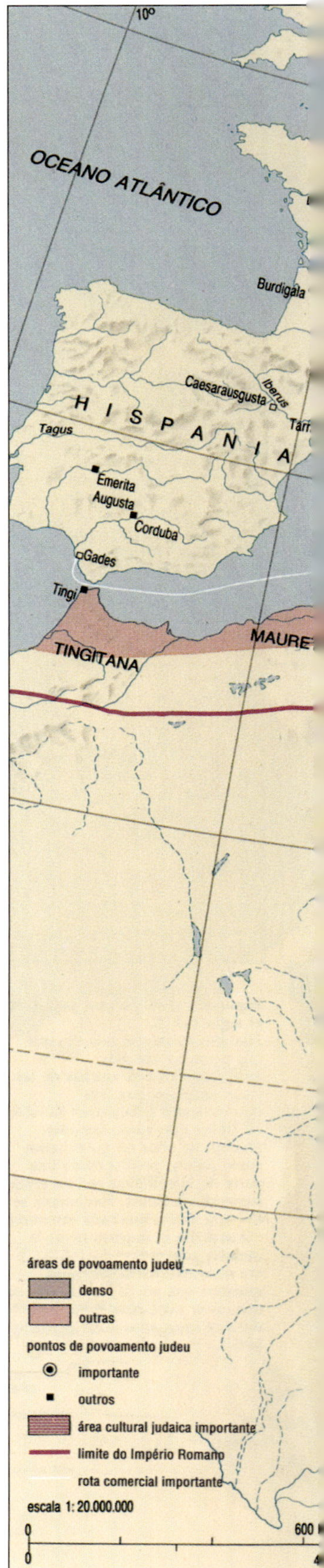

O mundo judeu em 300 d.C.
As fronteiras do Império Romano às vésperas de sua cristianização abrigam grandes territórios de populações judias. A expansão começada previamente continuou: agora já se encontram os judeus praticamente em qualquer ponto da bacia mediterrânea, e eles se estendem cada vez mais pela Europa ocidental. Fora do Império Romano, as populações mais numerosas ainda estão na Babilônia, mas se criam rapidamente comunidades novas muito mais longe, ao longo das principais rotas comerciais. Os detalhes que se conhecem sobre essas comunidades são escassos, e mesmo a própria existência de algumas é hipotética, mas é bastante provável que houvesse muito mais povoações de que não restaram vestígios. Dentro do Império Romano, a informação procede em sua maioria de inscrições e outras provas arqueológicas: também esta é uma informação fragmentária e acidental, e sem dúvida existiram outras comunidades.

Os partos, que dominaram a maior parte da região desde o final do século II a.C. até o início do século III d.C., interferiram pouco na vida de seus súditos. Os judeus acolheram-nos bem e serviram-nos com lealdade, e parecem ter prosperado sob seu domínio. Por um curto período, a Babilônia foi governada por um judeu, Asineu, entre os anos 20 e 35 d.C., com o apoio do rei parto. Os conflitos com Roma eram uma característica distintiva da política parta, que foi utilizada pelos judeus para alcançar certas finalidades. Já vimos que a monarquia hasmonéia foi brevemente restaurada pelos partos em Jerusalém no ano de 40 a.C., e alguns historiadores sugeriram que eles tiveram alguma intervenção nas revoltas de 115-117 no Egito e em outros lugares. Esses fatos ocorreram durante a invasão romana dos territórios partos, e talvez tivessem alguma relação com a participação judaica em uma revolta anti-romana que ocorreu ao mesmo tempo na Mesopotâmia, na retaguarda dos exércitos romanos que avançavam. Na Palestina havia judeus que continuavam a esperar que a Pártia os resgatasse da dominação romana, e não devem ser excluídas razões de ordem nacionalista para explicar a lealdade dos judeus aos partos, ainda que as vantajosas condições de que des-

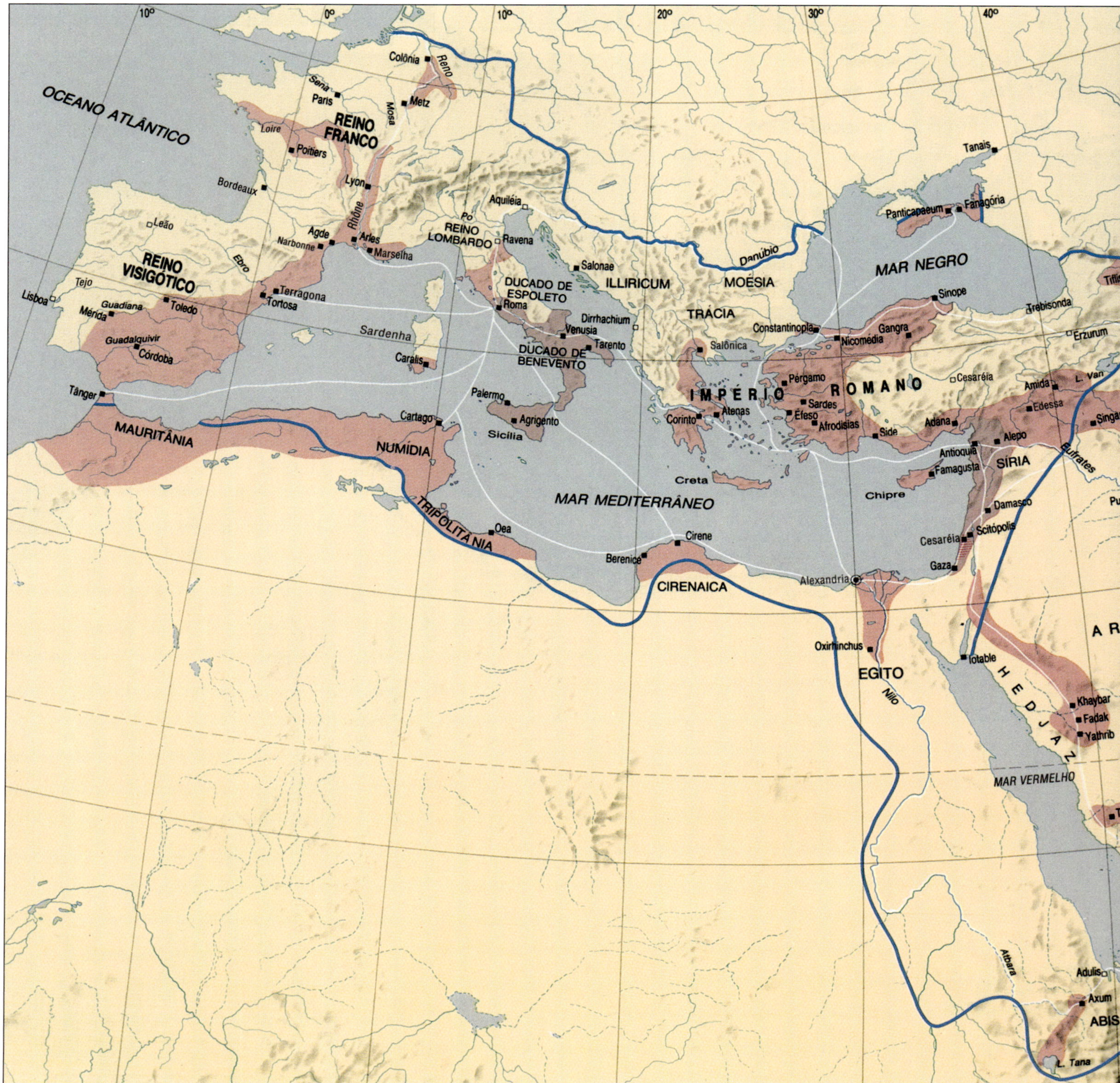

Abaixo: O mundo judeu em 600 d.C.
O cristianismo já está bem estabelecido no território do antigo Império Romano, mas os efeitos da discriminação contra os judeus quase não se fizeram notar ainda, e a decadência das fortunas dos judeus europeus ainda está longe de se dar. Cresceu consideravelmente o estabelecimento na Europa ocidental, mas talvez a Babilônia continue a ser a região mais densa de população judia e também o primeiro centro cultural do mundo judeu.

Dura-Europus foi um importante posto fronteiriço junto ao Eufrates, onde confluíam os Impérios parto e romano. A sinagoga foi novamente decorada com todo o luxo em 245 d.C., com cenas bíblicas; alguns anos antes, tinha sido parcialmente demolido o edifício para reforçar os muros da cidade contra possíveis invasões. Mas a destruição de uma parte da sinagoga permitiu a conservação do restante. *Direita.* A visão de Ezequiel no Vale dos Ossos Secos lança uma mensagem de esperança de restauração nacional.

frutavam sob o governo dos partos pareçam motivo suficiente. Está provado que os judeus orientais tentaram se emancipar da liderança judeu-palestina e que os partos reconheceram, ou talvez tenham instituído, um etnarca judeu (o *Resh Galutha* ou "chefe do exílio") análogo ao da Palestina. Os poderes e dignidades de tal cargo não eram inferiores – e às vezes chegavam a ser superiores – aos do etnarca romano, e o cargo parece ter sido criado para competir com o governador romano.

Um dos muitos principados tributários dos reis partos, Adiabene, foi governado durante algum tempo por judeus. A rainha Helena e seu filho Izates converteram-se ao judaísmo no início do século I d.C. A família construiu grandes monumentos em Jerusalém e apoiou sem reservas os rebeldes na guerra de 66-74, sendo talvez os únicos judeus estrangeiros que o fizeram. Não se pode determinar se ao agir assim estavam respaldando a política parta; a absoluta falta de resposta dos judeus da Babilônia parece sugerir o contrário. A história posterior da dinastia é desconhecida. Outra família governante, em Himiar, no Iêmen, converteu-se por um tempo ao judaísmo, no final do século IV e novamente no início do século VI.

Sob os persas sassânidas, que sucederam os partos por volta de 224 d.C., as condições continuaram a ser, em princípio, totalmente favoráveis aos judeus, apesar de periodicamente os governantes tentarem impor-lhes sua religião, o zoroastrismo, e de aqueles terem sofrido grandes perdas nas guerras. Manteve-se o cargo de chefe do exílio, e até foi reforçado; e, à medida que a posição dos judeus na Roma cristã ia se deteriorando, eles se sentiram atraídos pelos centros mais prósperos e livres do Oriente. Em meados do século V, houve um período de perseguição religiosa contra judeus e cristãos. As lendas judaicas acerca do breve estabelecimento de um Estado independente regido pelo chefe do exílio em Mahoza, no final do século V, podem estar relacionadas com tais perseguições, mas as crônicas são fantásticas e pouco confiáveis. Sobre a história posterior de um autogoverno judaico temos pouca informação, e talvez o exílio tenha sido abolido durante esses distúrbios. Ele pode ter sido restaurado no século VI, mas o último século e meio de dominação sassânida é lembrado como um período difícil e obscuro, e os judeus deram uma calorosa acolhida aos árabes que tomaram o Oriente Médio no ano de 630.

O reino de Herodes

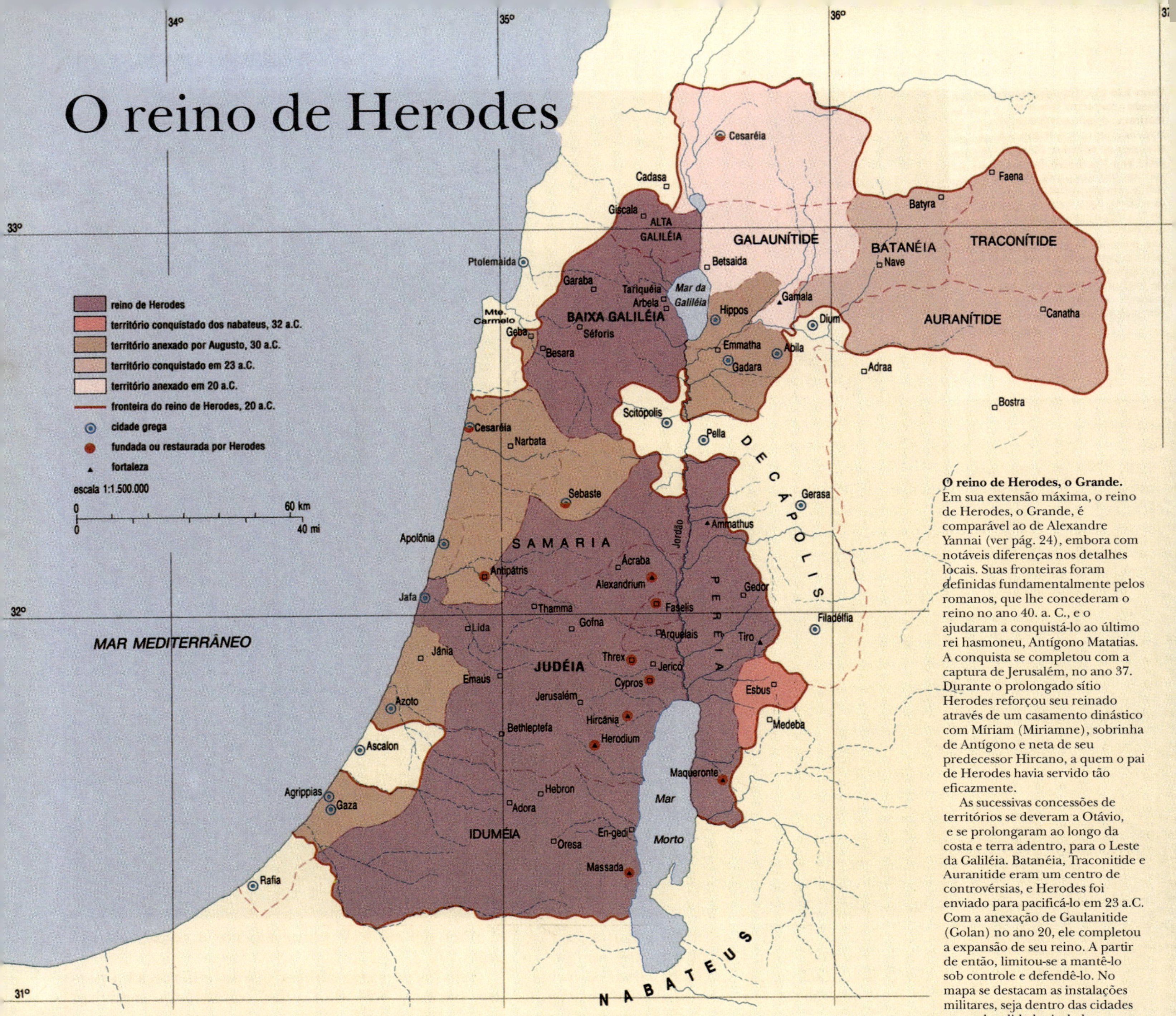

O reino de Herodes, o Grande. Em sua extensão máxima, o reino de Herodes, o Grande, é comparável ao de Alexandre Yannai (ver pág. 24), embora com notáveis diferenças nos detalhes locais. Suas fronteiras foram definidas fundamentalmente pelos romanos, que lhe concederam o reino no ano 40. a. C., e o ajudaram a conquistá-lo ao último rei hasmoneu, Antígono Matatias. A conquista se completou com a captura de Jerusalém, no ano 37. Durante o prolongado sítio Herodes reforçou seu reinado através de um casamento dinástico com Míriam (Miriamne), sobrinha de Antígono e neta de seu predecessor Hircano, a quem o pai de Herodes havia servido tão eficazmente.

As sucessivas concessões de territórios se deveram a Otávio, e se prolongaram ao longo da costa e terra adentro, para o Leste da Galiléia. Batanéia, Traconitide e Auranitide eram um centro de controvérsias, e Herodes foi enviado para pacificá-lo em 23 a.C. Com a anexação de Gaulanitide (Golan) no ano 20, ele completou a expansão de seu reino. A partir de então, limitou-se a mantê-lo sob controle e defendê-lo. No mapa se destacam as instalações militares, seja dentro das cidades ou em localidades isoladas, como o triângulo de fortalezas de Massada, Heródion e Macaero (assim chamada em homenagem ao comandante romano que colaborou na primeira conquista do reino). Essas poderosas fortalezas dominam, ainda hoje, a paisagem da região.

Direita. Um dos restos mais impressionantes da cidade herodiana de Cesaréia é o aqueduto que da encosta sul do Monte Carmelo, cerca 8 quilômetros para nordeste, abastece de água a cidade. Os arcos levam dois condutos separados; são construídos sobre areia e expostos aos constantes ventos marinhos. Ainda assim, remanesce um longo trecho, como testemunha de uma arquitetura resistente e da construção sólida do aqueduto. Cesaréia satisfazia a necessidade de um bom porto nessa faixa suave da costa, e durante muito tempo continuou a ser a porta de acesso à Judéia.

A tradição tratou Herodes com muita dureza, a mesma que ele aplicou àqueles que o rodeavam. Ele é lembrado por sua autocracia violenta e impiedosa. Também em sua época tinha fama de cruel, e sua política pró-romana ocasionou a oposição de alguns setores judeus. Mas recentemente começou a emergir uma imagem mais positiva. Herodes foi também um estadista sagaz e capaz, um dos reis vassalos de Roma com mais sucesso e dos mais poderosos de seu tempo. Sob seu governo forte e pragmático, a Judéia desfrutou de um período de considerável estabilidade e prosperidade, muito superior às décadas prévias e posteriores a seu reinado (40-4 a.C.).

O último período de governo hasmoneu havia sido de insegurança e lutas internas, tanto na Judéia como em Roma. O pai de Herodes, Antípater, tinha aproveitado a confusão da situação para consolidar seu próprio poder, ganhando o reconhecimento de Julio César. Após a morte deste, Herodes ganhou, por sua vez, o apoio de Marco Antonio, e logo, após a derrota de Antonio em Actium em 31 a.C., também o de Otávio, que se tornaria o primeiro imperador romano com o nome de Augusto. Herodes rendeu o maior tributo a César Augusto, dando seu nome a duas magníficas cidades que fundou: o porto de Cesaréia e a cidade serrana de Sebaste. Josefo descreve o esplendor do templo de César construído num lugar proeminente, em frente à saída do porto de Cesaréia. Dentro dele havia uma estátua colossal de César e outra de Roma, ambas feitas de acordo com famosos modelos gregos. Herodes aparece aqui como o típico governante helênico filorromano. Nos demais lugares, sobretudo na própria Judéia, ele mostra-se mais respeitoso às suscetibilidades religiosas judaicas, e evita o erguimento de estátuas humanas. Seu edifício judeu mais importante, o Templo de Jerusalém, foi construído em estilo helenístico, mas não continha nenhuma imagem. Os animais fabulosos que enfeitavam a base da grande lâmpada dourada (ver página 28) aparecem, no restante do mundo helênico, montadas por figuras humanas. Em Jerusalém, estas últimas não aparecem. As escavações do palácio-fortaleza de Massada proporcionaram muita informação sobre a acertada combinação de temas judeus e helênicos.

Abaixo. Herodes ampliou a cidade de Jerusalém e a embelezou; ela havia crescido consideravelmente para oeste e para norte desde a época de Davi e Salomão. O Monte do Templo continuava a ser seu ponto focal. Herodes remodelou o Templo num estilo helenístico, e seu traço característico ainda é visível no muro de contenção ocidental da plataforma. Mas a oeste dessa parede se elevava a parte alta da cidade, onde foi construída a cidade helenística de Antíoco no começo do século II, sobre o que agora era o bairro armênio e seus arredores. Os Hasmoneus tinham amuralhado dois lados dessa área, e tinham construído um palácio no Acra, a fortaleza helenística. Herodes completou a muralha, separando a parte alta da cidade da baixa, e construiu um palácio amplo e bem fortificado num ângulo da antiga muralha, junto à atual Porta de Jafa. Também reforçou a primitiva fortaleza, que dava para o Monte do Templo. Ainda que a maioria das magníficas construções de Herodes tenha desaparecido, sobrevivem as suficientes para dar-nos uma idéia de seu alcance. *Acima.* A elevação da Heródion, construída ao modo de parapeito para proteger a fortaleza-palácio. Aqui foi depositado o corpo de Herodes, com toda a solenidade, depois de sua morte, no ano 4 a.C. *Abaixo.* A fortaleza de Massada, no alto de uma imponente elevação rochosa que olha para o Mar Morto, cerca de 64km a sudeste de Jerusalém. O alto é plano e desce em três direções em forma de abruptos alcantis, que a transformam numa fortaleza natural, que se completa com a construção de muros ao redor do cume, e com grandes cisternas para recolher a água das chuvas, infreqüentes, mas abundantes. Nesse marco inóspito, Herodes construiu um palácio suntuoso, preso à extremidade setentrional do maciço (primeiro plano da fotografia), que descia em terraços e sobressaía de uma vertiginosa queda a pique. As escavações revelaram os restos de colunas e paredes ricamente decoradas, e, como ocorre na Heródion, o complexo inclui uma sinagoga e algumas termas. Foi essa uma realização surpreendente, orgulhoso testemunho do poder real, e da riqueza e espírito empreendedor do soberano. Na sublevação de 66 d.C., a fortaleza foi ocupada pelos zelotes, que a retiveram durante três anos depois da queda de Jerusalém. Posteriormente, foi construído na plataforma um mosteiro cristão.

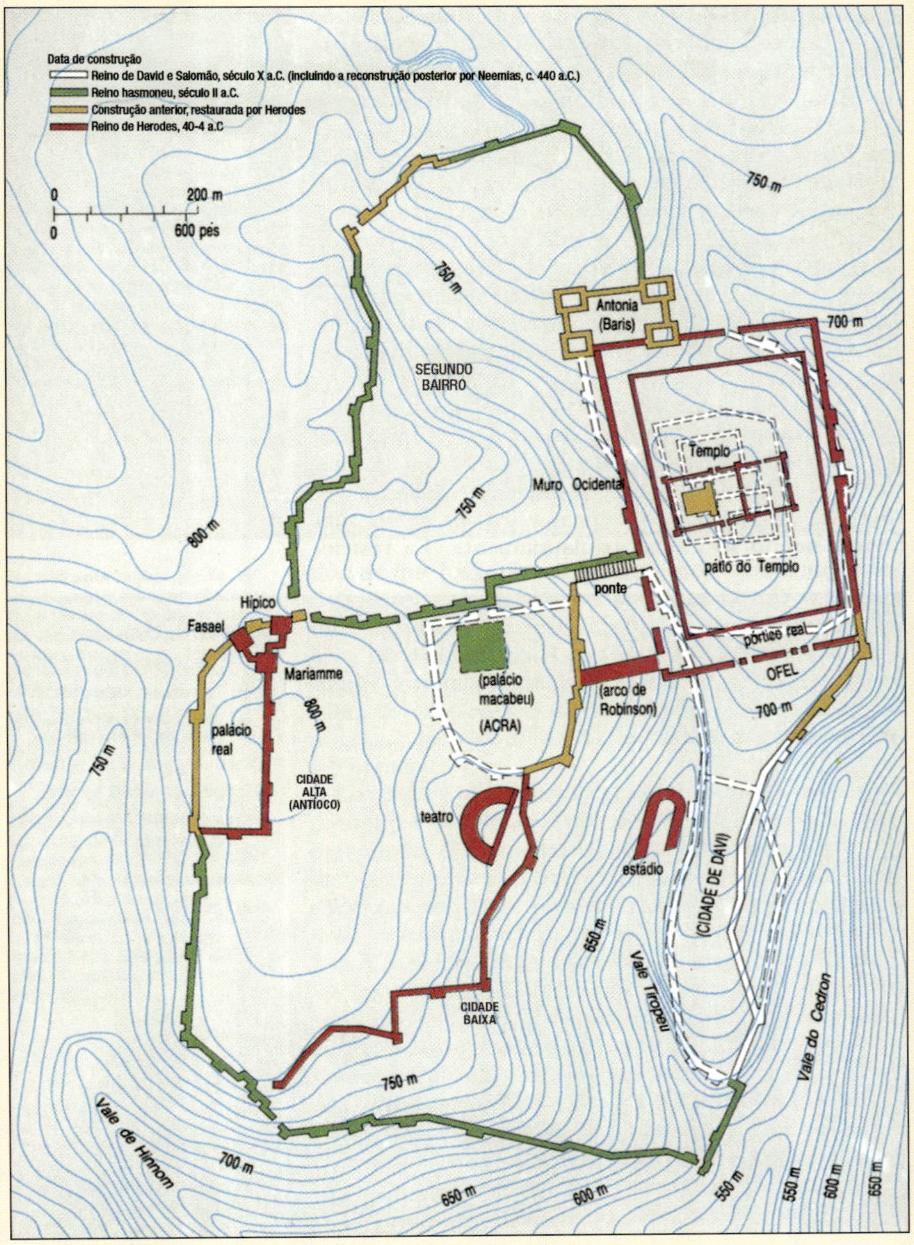

O CRISTIANISMO E OS JUDEUS

A adoção do cristianismo como religião oficial do Império Romano no século IV marcou o começo de um longo período de desolação. Junto com os cultos pagãos, o judaísmo foi vítima da intolerância religiosa aliada ao poder político. A polêmica do cristianismo contra o judaísmo é documentada desde a primeira literatura cristã; no século IV, mostra uma virulência e agressividade consideráveis, e em alguns casos chega a ter expressão prática com o incêndio de sinagogas e ataques físicos aos judeus. A legislação eclesiástica da época limita os contatos entre cristãos e judeus, e resiste às possíveis influências destes sobre aqueles. A legislação dos imperadores romanos representa um incômodo compromisso (por serem eles mesmos governantes cristãos) entre a manutenção da lei e da ordem e as concessões aos pedidos dos cristãos. A linguagem ofensiva dos pregadores cristãos foi logo introduzida nas leis, que foram se tornando cada vez mais discriminatórias, e mais duras as penas. Eram condenados à morte os senhores judeus que convertessem suas mulheres e seus escravos cristãos; o clero judeu estava submetido à carga da decúria (ofício municipal), do qual estava isento o clero cristão, e era considerado adúltero o casamento entre cristãos e judeus. No início do século V, a situação piorou consideravelmente. Os judeus não eram admitidos no serviço civil e no exército; foi abolido o patriarcado, e a jurisdição dos tribunais judeus restringiu-se a questões privadas entre judeus; as sinagogas novas seriam confiscadas e as antigas só podiam ser reparadas com uma permissão especial, caso estivessem em perigo iminente de cair.

Na verdade, a situação dos judeus era, em muitos sentidos, melhor que a dos pagãos e dos cristãos não-ortodoxos: a campanha contra eles não era uma guerra mortal, mas uma política de isolamento e desgaste. As bases econômicas e legais de sua vida foram sendo minadas paulatinamente. A restrição a que os judeus possuíssem escravos foi especialmente prejudicial para a indústria e a atividade rural, e a decúria criou

Abaixo: A Cristandade e os judeus: 300-600 d.C.
A informação histórica deste mapa foi tomada exclusivamente de fontes cristãs. Sem dúvida, foram confiscadas ou destruídas muitas outras sinagogas, destino que também foi o dos templos pagãos. Muitas outras sucumbiram ao descuido, e não se deu permissão para repará-las. Geralmente as sinagogas confiscadas eram reedificadas como igrejas, para o que existia uma cerimônia especial. O batismo dos judeus não era uma obrigação absoluta, embora, uma vez batizados, tivessem de continuar cristãos. Só a partir do século VII se decretou oficialmente o batismo em alguns reinos.

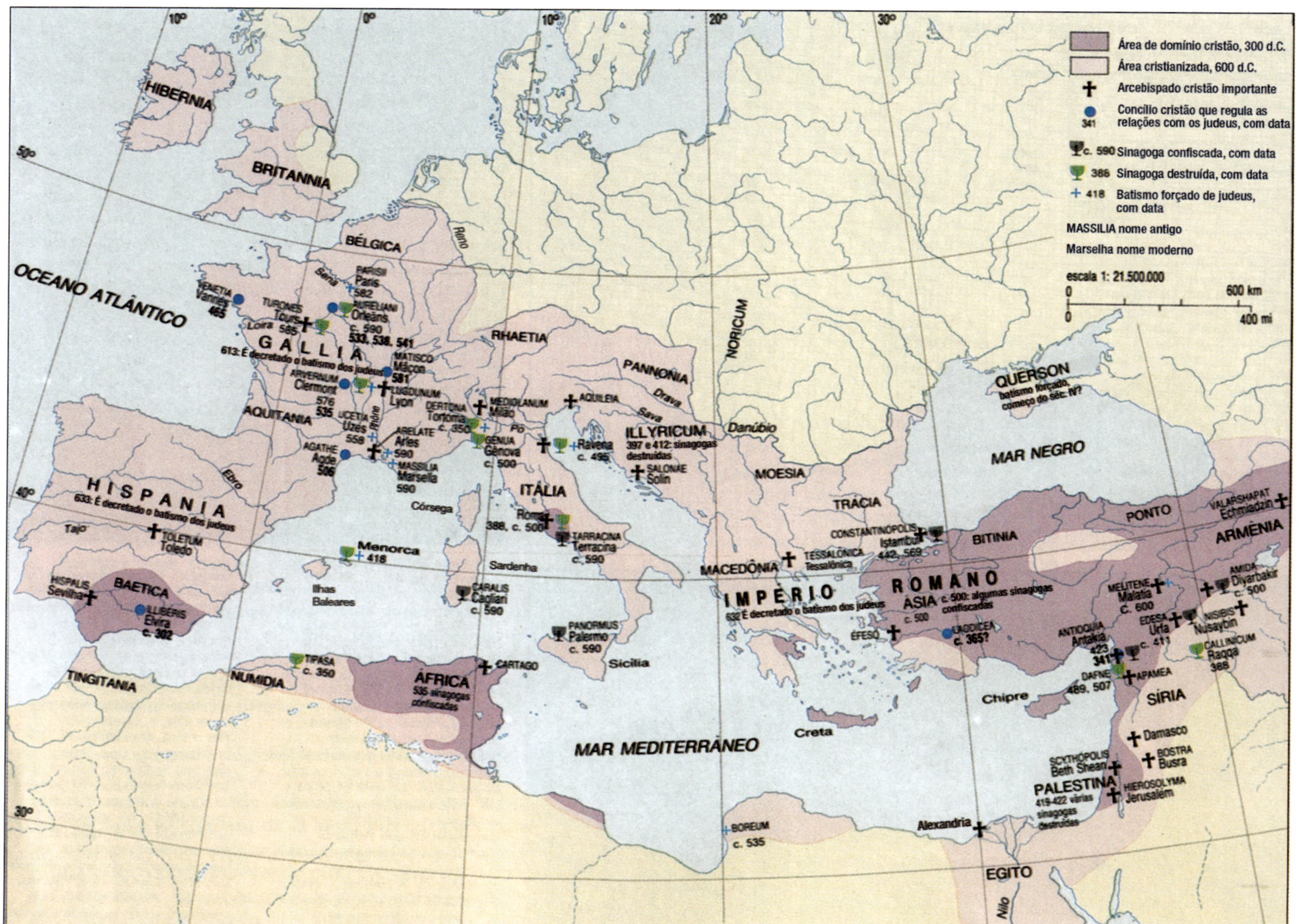

Os cristãos tinham de fazer frente a imagens contraditórias dos judeus: não é surpreendente que também as reações fossem variadas. Por um lado, Jesus, sua família e seus discípulos eram judeus. Nestas cenas da vida de Santa Ana, do século XII (*acima*), da catedral de Paris, os avós de Jesus são representados como judeus da época. São Joaquim usa o chapéu judeu, e o sacerdote parece um rabino. A estátua do século XIII da catedral de Estrasburgo (*abaixo*) mostra uma imagem diferente, que lembra a que tinham os romanos da Judéia conquistada (ver pág. 26). Ela faz parte de um casal convencional, que mostra a Igreja triunfante e a Sinagoga derrotada.

uma carga paralisante para os ricos. As sinagogas se foram arruinando gradualmente ou passaram para o culto cristão, enquanto se encorajava a conversão ao cristianismo através de diversos meios, algumas vezes com ameaças de violência.

Os judeus resistiram a esta política onde puderam, porém não se encontravam em uma posição de força para se defender do fanatismo, que gozava do apoio – nem sempre totalmente convicto – do imperador. Muitos tomaram o caminho mais fácil e tornaram-se cristãos, outros fugiram para fora dos limites do Império. Aqueles que ficaram tentaram se adaptar às novas condições. A destruição gradual da autoridade central e o desmembramento final do Império favoreceram a sobrevivência, já que alguns dos governantes locais, especialmente os de crenças arianas, eram menos hostis. Mas no início do século VII foi decretado o batismo de todos os judeus em vários reinos (Bizâncio, França, Espanha). Então alcançou seu nível mais baixo a vida judia na Europa. Nos séculos posteriores, pode-se perceber uma gradual recuperação, talvez pelo papel dos judeus na economia; a dispersão deles facilitava as transações comerciais. No entanto, ainda se passariam muitos séculos até eles recuperarem a força numérica e a liberdade.

Durante o período de supremacia cristã, os judeus tiveram de combater a superstição ignorante fomentada por um discurso raivosamente antijudaico. Durante as Cruzadas, as comunidades judaicas da Renânia sofreram assaltos, e, ainda que em alguns lugares os governantes tratassem de protegê-las, perderam-se vidas e propriedades. Esses ataques continuaram periodicamente durante séculos, e a perda de vidas foi espantosa. Os judeus, a quem em geral era proibido portar armas, não podiam se defender por si mesmos, e dependiam completamente da proteção de seus governantes e vizinhos. Freqüentemente o auxílio não chegava. Em vários lugares, os judeus suicidavam-se e matavam suas famílias antes de cair nas mãos da raça cristã.

Um pouco menos selvagens – e, sem dúvida, mais oficiais – foram os decretos de expulsão. Houve muitos no curso da Idade Média, alguns locais, outros que afetavam reinos inteiros. Ainda que freqüentemente não se cumprissem rigorosamente ou às vezes fossem derrogadas após alguns poucos anos, produziam um grande transtorno na vida judaica, e com muita freqüência também na atividade econômica das cidades e países que os promulgavam. Os judeus da Inglaterra foram expulsos em 1290, os da França (após uma longa série de exílios temporários) em 1394, e os da Espanha em 1492. Na Alemanha, uma sucessão de matanças entre os séculos XIII e XIV terminou no século XV com uma longa série de expulsões. As populações deslocavam-se de um bispado ou principado para outro, e das cidades para o campo. Também houve uma grande corrente em direção ao Leste, para a Hungria e a Polônia, ou ao Sul, para a Itália.

Na realidade, foi na Itália que os judeus encontraram melhor refúgio que em qualquer outro país europeu. A fragmentação política ofereceu, como na Alemanha, amparo contra as perseguições, e em alguns lugares eles eram protegidos contra todo tipo de provocação, ainda que seu *status* fosse muito inferior. Nos Estados papais, por exemplo, os judeus eram segregados e humilhados, mas se viram livres das matanças e das expulsões até a Contra-Reforma. De fato, Roma conta com a única comunidade judaica européia importante cuja história teve continuidade desde a Antiguidade até nossos dias.

Em geral, a política cristã era manter os judeus segregados e controlados, mas sem erradicá-los ou assimilá-los pela força. Os papas mantiveram esse tom com considerável coerência. Ainda que medidas discriminatórias, como o uso de distintivos, o gueto, a queima de livros e os sermões "de conversão" nas sinagogas, fossem escudadas em legislações papais, os próprios papas desaprovavam terminantemente o batismo pela força (embora não fosse permitido às vítimas retornar ao judaísmo) e condenavam as acusações su-

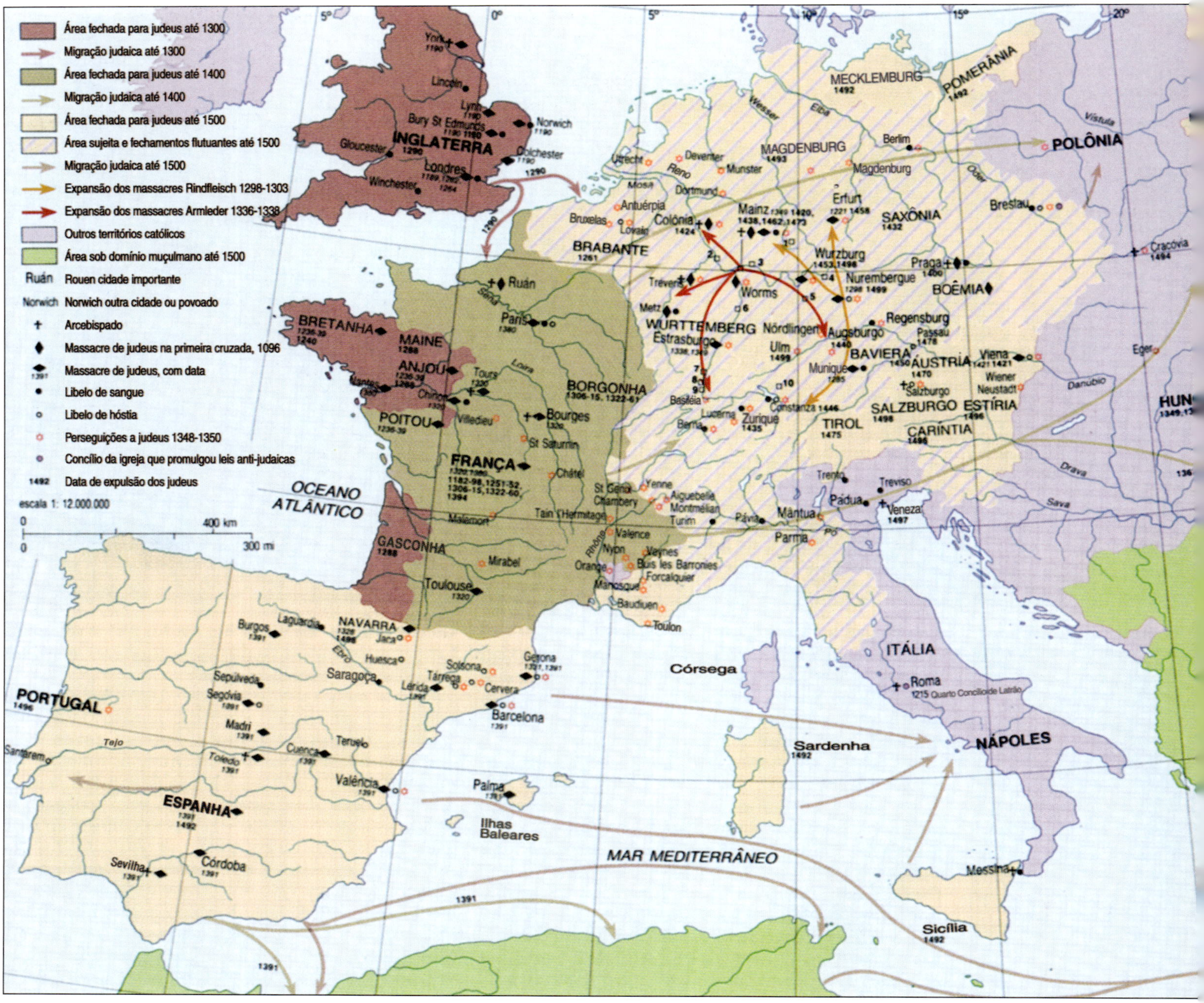

Acima: **Perseguições cristãs, c. 1200-1500.**
Relegados a uma posição inferior e sujeitos à proteção de governantes cristãos, os judeus estavam expostos a decretos arbitrários, ao fanatismo religioso, à exploração econômica e à violência das multidões. Durante a Primeira Cruzada (1096), começaram os ataques graves, e a violência aumentou durante o século XII, às vezes acompanhada de acusações de assassinatos rituais de crianças cristãs (o "libelo de sangue"), ou da profanação da hóstia consagrada, acusação reconhecida oficialmente pela primeira vez em 1215. O primeiro edito de expulsão foi promulgado na França em 1182, e em 1500 os judeus tinham sido expulsos da maioria dos reinos e principados católicos. Só a Polônia e Nápoles proporcionavam condições estáveis em que a vida judaica podia desenvolver-se. Apesar de um ódio teológico similar, a Igreja Ortodoxa dá poucos exemplos de violência antijudaica.

persticiosas, como a de que os judeus matavam crianças cristãs com propósitos rituais, profanavam as hóstias ou envenenavam os poços d'água. Com freqüência, essas acusações surgiam do clero local e serviam para avivar o ódio aos judeus. Os sacerdotes e os monges incentivavam a violência em seus sermões e às vezes faziam a cabeça das multidões. As ordens de frades pregadores eram particularmente zelosas na tarefa de agitar o povo e na promoção da legislação antijudaica, bem como no controle de seu cumprimento. Em geral, os poderes seculares opunham-se a essas atividades perturbadoras, e muitas vezes os ataques físicos aos judeus são uma indicação da fraqueza do governante. Porém nem toda a violência se iniciava por ação do clero. Os comerciantes e os fabricantes cristãos resistiam vivamente à recuperação dos judeus, que se viam excluídos dessas esferas de atividade e limitados a de prestamistas. Esta atividade estivera até então nas mãos da Igreja ou de cristãos leigos ricos, mas a sanção de normas eclesiásticas baseadas em objeções teológicas à cobrança de juros a deixou cada vez mais a cargo dos judeus. Os prestamistas judeus tinham de pagar grandes impostos, tendo de aumentar as taxas de juros, o que, por sua vez, gerava o ressentimento dos clientes, que com freqüência culminava em distúrbios, em assassinatos e na queima dos livros que registravam os empréstimos. Às batalhas teológicas somava-se agora o lema de que os judeus exploravam os cristãos.

A intolerância e a coerção provocaram, naturalmente, conversões tíbias ou falsas. Quando se impunha o batismo maciçamente, como na Espanha em 1391 e de novo em 1492, e em Portugal cinco anos depois, um grande número de conversos mantinha certo sentido de identidade judaica e até conservava às escondidas suas antigas práticas e crenças. Agora se travava a guerra contra o judaísmo dentro da própria Igreja. Os conversos e seus descendentes estavam sujeitos a medidas discriminatórias e às investigações da Inquisição. Este horrível instrumento de repressão foi introduzido na Espanha em 1478 e, posteriormente, se estendeu a Portugal e suas possessões de além-mar.

Os suspeitos de ser judaizantes sofriam torturas até reconhecer sua culpa e confessar os nomes de seus cúmplices. Já condenados, eram entregues ao braço secular para seu castigo. Os impenitentes eram queimados vivos; outros eram condenados ao garrote antes de ir para a fogueira, ou lhes eram impostas penas mais leves, como a prisão perpétua ou o serviço em galés. As penas eram executadas como "autos-de-fé", uma forma de espetáculo público com o acompanhamento de uma pompa sofisticada e extravagante. Os julgamentos dos judaizantes continuaram até o final do século XVIII (a Inquisição na Espanha só foi abolida em 1834). Milhares de vítimas morreram na fogueira e centenas de milhares de pessoas sofreram penas menores. Enquanto isso, até os judeus sinceramente convertidos sofreram discriminação e foram excluídos das ordens religiosas e dos postos de autoridade durante muitas gerações. A segregação dos "novos cristãos" foi tão efetiva, que suas comunidades isoladas ainda sobrevivem em certas regiões da Espanha e Portugal.

O movimento da Reforma, no século XVI, começou por oferecer uma esperança de melhora. Martinho Lutero declarava, no princípio, certa simpatia pelos judeus, mas, quando comprovou que esta atitude não conseguia aumentar o número de conversões, voltou contra eles uma hostilidade impiedosa. Sob sua influência, os governantes protestantes expulsaram os judeus ou impuseram a eles toda a gama de restrições medievais. Também a Contra-Reforma renovou e reforçou a antiga legislação. O papa Paulo IV segregou os judeus de Roma em um gueto, disposição que só foi abolida em 1870. A mesma medida foi tomada na década de 1630 nas outras partes da Itália de onde os judeus não haviam sido expulsos. Condições semelhantes existiam em outros países católicos da Europa, e também, até certo ponto, na Polônia, onde a monarquia e a nobreza protegeram os judeus dos piores excessos do fanatismo cristão. Juntamente com a opressão oficial, os pregadores cristãos continuavam a instilar na alma de suas comunidades um ódio e um ressentimento irracionais, que envenenavam as relações humanas e até ameaçavam explodir em ondas de violência.

A complexa trama do antijudaísmo cristão continuou a oprimir os judeus europeus mesmo muito depois de o racionalismo humanitário do Iluminismo ter começado a apontar para atitudes mais positivas. Um edito do papa Pio IV, de 1775, não só reiterava o programa medieval de degradação, mas também acrescentava novos requintes: por exemplo, era proibido aos judeus conduzir carruagens ou levantar lápides sobre as sepulturas de seus mortos. As agressões às comunidades judaicas continuaram no último quarto do século XIX. Na Alemanha, surgiram as bases do moderno anti-semitismo, do qual se serviriam os nazistas para alcançar o poder. O holocausto nazista contra os judeus levou algumas igrejas a opor-se ao ensino do preconceito. Na década de 1960, a Igreja Católica iniciou um movimento de renovação dos laços entre ambas as religiões, que desembocaria, em 1998, em um documento público do papa João Paulo II no qual se pedia perdão aos judeus pelas feridas causadas pela incompreensão.

Direita. Outra imagem totalmente estranha é a dessa pintura da Crucificação de Hieronimus (c. 1450-1516). Jesus já não é aqui um judeu mais, mas a nobre vítima de uma turba judia selvagem e desumanizada. Esta caricatura tem suas origens na pregação cristã; prefigurominosamente o estereótipo do judeu na propaganda nazista.

O ISLÃ E OS JUDEUS

Diferentemente do cristianismo, o Islã nunca formulou atitudes específicas contra os judeus. A participação completa na sociedade islâmica era reservada aos muçulmanos; os judeus, os cristãos e os zoroastristas tinham a condição subordinada de povos protegidos (*ahl ao-dhimma* ou *dhimmis*). Em vez da proteção material e da liberdade de culto, eram submetidos a impostos e restrições especiais, incluindo o uso de roupas distintivas e a proibição do proselitismo. Sugeriu-se que algumas dessas restrições fossem inspiradas na legislação discriminatória contra os judeus que já existia no Império Romano. Entretanto, esta não foi cumprida de modo uniforme e rigoroso, e os detalhes de sua aplicação variaram com o passar do tempo, ainda que o *status* de *dhimmis*, que incluía os judeus, sempre tenha sido de subordinação. Esta foi formalizada no chamado Pacto de Omar, empreendido pelo califa Omar I (634-644), embora seja possível que este não tenha sido codificado senão nos tempos de Omar II (717-720).

Os judeus já estavam estabelecidos havia muito tempo em várias partes da península arábica nos tempos de Maomé (570-632). Em Medina (nome, provavelmente, de origem judaica, e lugar onde Maomé pregou uma nova fé em 622 d.C.), eles constituíam a maioria da população. As três principais tribos judai-

Abaixo: O mundo judeu em 900
O aparecimento do islã estimulou os movimentos para o Oeste, para a África do Norte e a Espanha, enquanto o Sul da Itália constitui uma ponte entre os mundos islâmico e cristão, e o império judeu dos kazares tem um importante papel no comércio. A população judia mundial é estimada entre 750.000 e 1.500.000, divididos de forma mais ou menos igual entre o domínio cristão e o islâmico.

Direita. Maomé ordena a Banu Aus a execução dos judeus do Banu Qurayza. A expansão inicial do islã foi conseguida em parte graças às tribos judaicas. Como afirma o Alcorão: "Ele (Deus) encheu de terror seus corações. Matastes uma parte, e a outra parte tornastes cativa. E Ele os deixou herdar suas terras, suas casas e sua riqueza". Só um punhado de judeus salvou sua vida abraçando o islã: o restante escolheu o martírio. Nesta pintura otomana, de um manuscrito feito para o sultão Murad III em 1594, os judeus se distinguem por seus típicos chapéus altos e vermelhos.

cas dali foram derrotadas pelos muçulmanos a mando de Maomé: duas delas tiveram a vida poupada, mas a terceira, os Quraizas, teve destino mais duro. Os homens, entre 600 e 900, foram condenados à morte, e as mulheres e as crianças tornaram-se escravas (627). No ano seguinte, foram conquistados os judeus do rico oásis de Khaibar, e obrigados a pagar tributo, triunfo que abriu caminho para o estabelecimento da supremacia muçulmana na península.

A rápida expansão árabe resultante fez com que grandes populações judaicas ficassem sob domínio muçulmano, até as comunidades estabelecidas havia muito tempo na Babilônia, que finalmente se transformou na sede do Califado Abássida. Ainda que muitos judeus tenham aceitado o Islã, um número importante deles seguiu como *dhimmis*, pagando tributos especiais e sob a proteção da nova fé. As instituições do autogoverno interno judeu – exílio, liderança rabínica, os tribunais da lei judaica – continuaram a funcionar. Segundo a tradição, dava-se ao exilado uma princesa persa como uma de suas mulheres, um gesto que sugere a intenção do conquistador árabe de agradar a um setor influente da população.

As conquistas árabes reuniram a grande maioria dos judeus (talvez até 90%) sob uma única jurisdição política, e o estabelecimento da capital abássida em Bagdá trouxe como conseqüência que as comunidades mais ricas e numerosas ficassem perto da sede do poder. A vida judaica no Iraque transformou-se gradualmente, passando de uma existência agrária a uma predominantemente urbana, e a nova capital atraiu muitos judeus, de modo que no final do século XII (muito depois de uma considerável decadência das fortunas da cidade) Benjamin de Tudela contou nela 40.000 judeus, 28 sinagogas e 10 academias. Na mesma época, a Europa contava com poucas comunidades que superassem poucas centenas.

Enquanto isso, ocorriam grandes migrações para o Oeste, para as cidades da Síria e do Norte da África, alcançando especial proeminência dentro do mundo judaico as de Damasco, Alepo, Cairo e Kairouan. Também houve certa expansão para o Leste, até a Pérsia e além. Os mercadores judeus estendiam suas atividades da Espanha e Marrocos à Índia e à China, e cresceram muitas comunidades em diversos pontos das rotas de comércio.

Em anos recentes, um exame minucioso do notável sítio arqueológico de manuscritos do Cairo lançou uma nova luz sobre as comunidades judaicas do Norte da África, em particular a cairota. Atualmente, o Cairo é a comunidade judaica medieval mais bem documentada. A vida judaica privada e comunal, com seus tribunais de justiça e fundações de caridade, suas atividades religiosas e culturais, suas relações com o governo e com os vizinhos não judeus, e seus extensos vínculos com outras partes do mundo, pode ser reconstituída hoje com vívidos detalhes. Essa informação já serviu para completar ou revisar a imagem que se tinha, e ainda resta material para muitas outras pesquisas (ver página 18).

Assim como no Egito fatímida e aiúbida, na Espanha omíada e em muitas partes do mundo islâmico, os judeus puderam desfrutar da estabilidade e prosperidade gerais, e do florescimento cultural dos séculos X, XI e XII. A legislação discriminatória aplicou-se, em geral, com suavidade ou simplesmente foi ignorada, e fora das esferas especificamente religiosas os judeus podiam misturar-se com toda a liberdade com os não judeus e participar com eles do comércio, das ocupações intelectuais e, até certo ponto, da administração. Certamente, existia alguma hostilidade, devida em parte a ensinos religiosos, e produziam-se ocasionais explosões de violência, mas eram esporádicas e locais. A matança de judeus em Granada em 1066 foi um fato isolado quanto à sua gravidade. Também o foi a perseguição oficial dos judeus sob o excêntrico califa fatímida Al Hakim, no início do século XI; em todo o caso, seus alvos primeiros eram os cristãos, e foi uma breve exceção à regra geral. Uma interrupção mais grave e prolongada surgiu do fanatismo religioso dos almorávidas e os almôadas, que invadiram o Marrocos e o Sul da Espanha no final do século XI e durante o século XII. Muitos judeus fugiram, ou, sob o domínio dos segundos, preferiram o Islã à espada.

Durante o século XIII, quando o mundo islâmico sofria pressões dos cristãos no Oeste e dos mongóis no Leste, o clima social e econômico mudou dramaticamente, com definhamento da população não muçulmana. As leis de diferenciação (*ghiyar*) eram reforçadas severamente, e foi dada carta branca à intolerância religiosa. No Egito, já era obrigatório o uso de uma veste distintiva na decadência do governo aiúbida (1250); sob os mamelucos, a submissão dos *dhimmis* tornou-se mais severa e mais estrita. No Irã e no Iraque mongóis, prevaleceu uma situação similar enquanto a dinastia dominante aceitou o islã (1295). Na região ocidental do Norte da África, os judeus foram tratados com mais tolerância durante algum tempo, e alguns sultões do Marrocos tinham funcionários judeus. A nomeação de um vizir judeu em 1464 precipitou o fim da dinastia e a matança de judeus em Fez e em todo o país. A queda de um cortesão judeu levou igualmente à matança de Granada em 1066 e à do Iraque em 1291. Em Fez, com uma longa história de sentimento antijudaico, criou-se um bairro especial ao começarem os distúrbios, em 1438. Foi este o primeiro passo para a segregação física dos judeus em *mellahs*, que depois chegaram a ser peculiares das cidades marro-

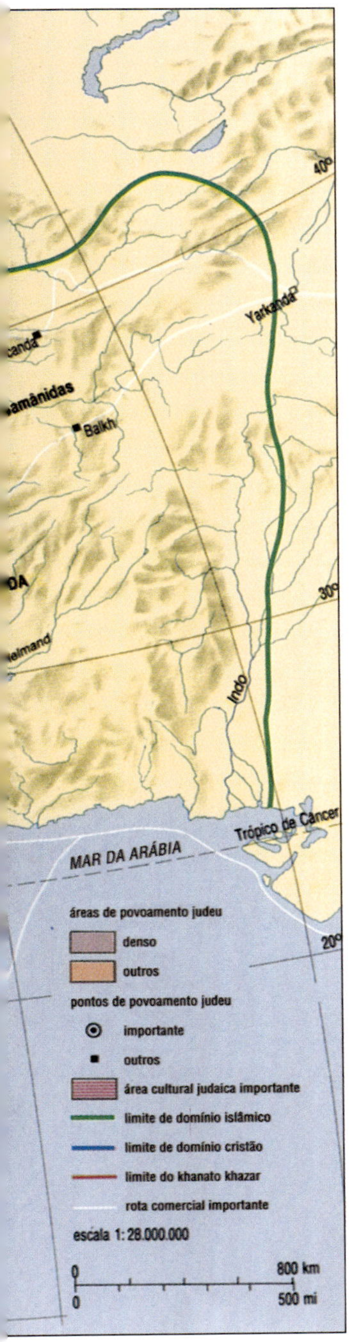

quinas. Os judeus já haviam ocupado previamente alguns bairros em muitas cidades, mas se tratava de concentrações voluntárias com raízes em épocas antigas. Os bairros não eram exclusivos dos judeus, e muitos preferiam viver fora deles. A criação da *mellah*,ainda que pensada originalmente para facilitar a autoproteção, foi considerada um ostracismo humilhante, e as *mellahs* posteriores tinham certamente este propósito, assim como os guetos da cristandade. As comunidades importantes do Marrocos continuaram segregadas e humilhadas até recentemente.

A falta de documentação torna impossível calcular com exatidão quantos judeus viviam nos diversos países do islã nas diversas épocas. Não são freqüentes os relatórios de viajantes judeus, e os números que informam devem ser confirmados. Benjamin de Tudela, que viajou por muito tempo pelo Leste durante a segunda metade do século XII, detalha o número de muitas comunidades, mas nem sempre fica claro se constitui o total da população ou somente as pessoas de uma família, e a tradição manuscrita dos números é sumamente questionável. Também é difícil determinar até que ponto existiam estatísticas confiáveis em sua época, e, além do mais, em seus escritos não constavam alguns lugares nos quais se sabe que existiam povoações. De qualquer modo, seus relatórios são valiosos, ainda que somente por indicarem a distribuição relativa dos judeus na época. As populações mais

Abaixo: O mundo judeu em 1200 As comunidades da Europa ocidental ainda são importantes, mas a perseguição religiosa se está fazendo sentir, e há importantes movimentos para o Leste, através das rotas comerciais tanto da Europa como da Ásia. A maioria da população judia (estimada entre 1 e 2 milhões) vive agora em territórios islâmicos. Dispomos de valiosa informação acerca deste período pelo livro de viagens de Benjamim de Tudela e pelos documentos da Guenizá do Cairo (ver págs. 18-19).

Abaixo, direita. "Esta é a porta do Senhor; o justo passará por ela." A inscrição hebraica no que pareceria, de outro modo, um tapete de oração muçulmana é surpreendente. Sem dúvida, foi feita (por judeus ou muçulmanos?) para ser pendurada na sinagoga. Mas o desenho lembra um *mihrab* muçulmano, e as lâmpadas são as típicas de uma mesquita, ou será que a taça que contém as nove lâmpadas pretende representar a Hanukkah? É uma obra da corte turca do século XVIII, e trata-se de peça absolutamente única.

numerosas por ele mencionadas são as do Iraque e do Irã, com o extraordinário número de 80.000 em Ghazna, 50.000 em Samarcanda, 40.000 em Bagdá e um total de 20.000 ou mais em outros lugares. Na Arábia, ele indica números de grandeza similar, e menciona comunidades judaicas independentes de todo o domínio estrangeiro. Por outro lado, na Síria e no Egito as comunidades maiores são, respectivamente, Alepo com 5.000 e Cairo com 7.000, e na Europa, sem contar Constantinopla (2.500), Tebas (2.000) e Palermo (1.500), as comunidades mais numerosas que menciona somam 600 ou menos. Enquanto alguns de seus números mais altos são postos em dúvida, sua informação revela o grande predomínio numérico dos judeus no mundo islâmico com relação aos do mundo cristão. A imagem geral confirma-se no relatório de Petahiah de Ratisbona, de alguns anos depois, apesar de discrepâncias menores. Não existem fontes semelhantes durante os 300 anos posteriores. As insistentes tentativas de deduzir os números correspondentes ao Egito a partir das listas de caridade da Genizá do Cairo só deram resultados parciais e muito locais, e os diversos números que foram propostos para a população judaica da Espanha revelam uma grande disparidade.

Parece que houve um declínio geral da população a partir do século XIII, devido à decadência econômica, à guerra e às epidemias. A perseguição só constituiu um fator secundário, e a ela se sucederam expulsões, como era freqüente no mundo cristão da mesma época. Na verdade, sem contar consideráveis migrações dentro do mundo islâmico – primeiro de leste para oeste e depois em direção inversa –, existiu um constante fluxo de judeus da Europa cristã para as terras islâmicas, que em certos momentos de grande perseguição se tornou uma verdadeira torrente. Um desses momentos foi por volta do final do século XIV, porém o êxodo mais numeroso ocorreu após a expulsão da Espanha, em 1492. Entre 50.000 e 150.000 partiram para diversos lugares, a maioria em direção ao Marrocos e ao Império Otomano, que já nas décadas anteriores haviam recebido imigrantes judeus, e que a partir de 1517 englobaria o Egito, a Síria e a Palestina. Os refugiados eram bem recebidos, e a eles era dada a oportunidade de refazer uma vida próspera e estável. As regulamentações discriminatórias, a princípio, não eram aplicadas, e em pouco tempo alguns judeus alcançaram postos proeminentes na administração, e deram uma importante contribuição para o comércio e a indústria otomanos. Lamentavelmente, com a decadência econômica e política do império a partir do século XVII, a liberdade e a prosperidade dos judeus (como as de outras coletividades) foram reduzidas, ainda que tenham sobrevivido comunidades judaicas até tempos modernos.

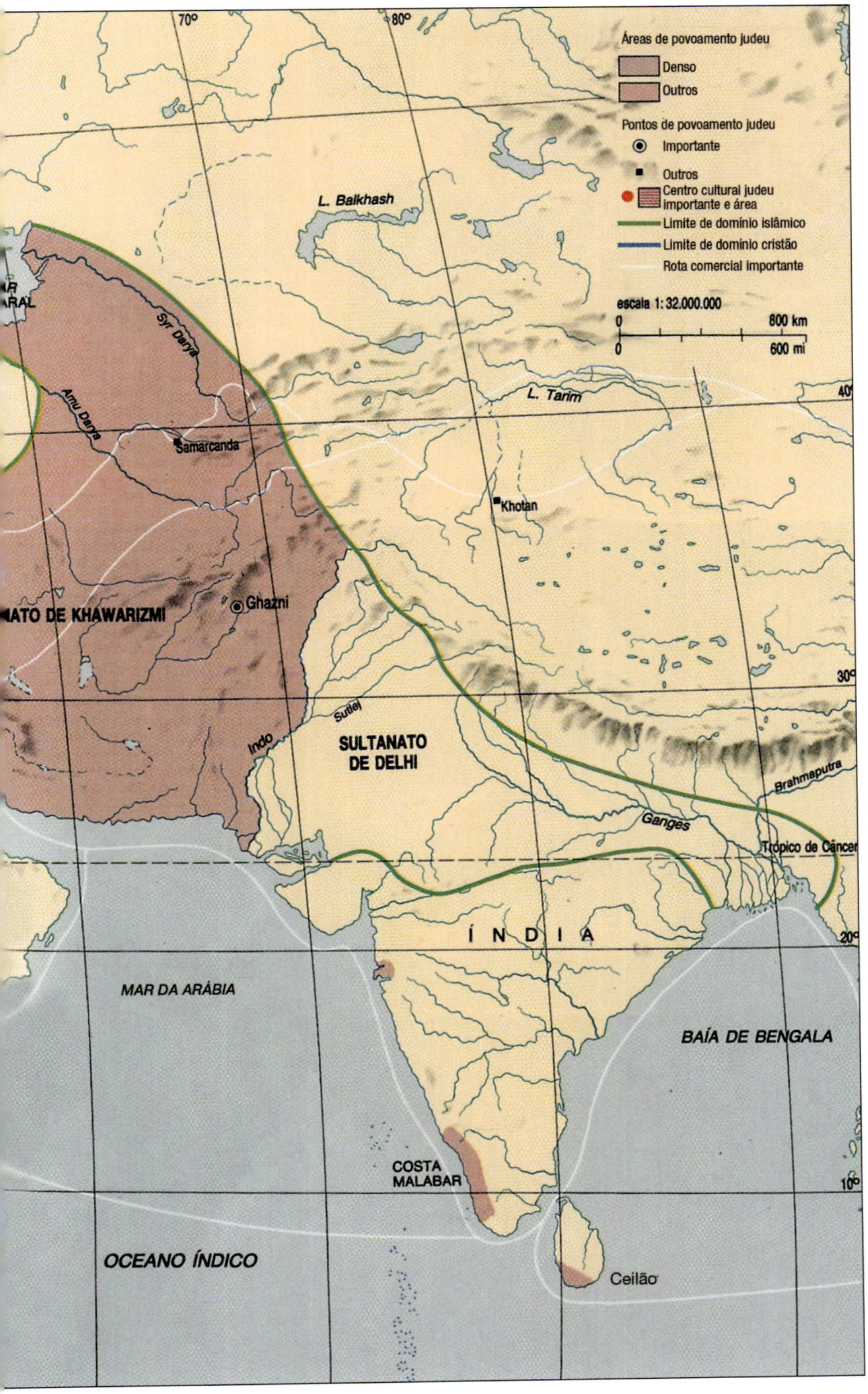

NA PERIFERIA

A imensa maioria dos judeus da Idade Média vivia sob domínio muçulmano ou cristão, mas havia exceções. Eventualmente surgiam notícias sobre tribos ou assentamentos judeus que viviam em regiões remotas livres da tutela islâmica ou cristã. A informação era um tanto vaga e exagerada, e freqüentemente se baseava em rumores ou lendas. Um aspecto significativo destas comunidades era sua falta de contato regular com os centros importantes, embora também dentro do mundo islâmico existissem comunidades muito isoladas. Atualmente se sabe que algumas desconheciam até mesmo a existência de outros judeus. Sua religião freqüentemente transcorreu através de canais independentes, sem exercer influências sobre a corrente principal, nem sofrê-las. Sua história permanece obscura: mal dispomos de precários vislumbres através dos relatos de viajantes ou das referências nos escritos de seus vizinhos, ou então pelos parcos restos de sua própria literatura e monumentos. Alguns sobrevivem, mas não podem proporcionar um relato contínuo e confiável de sua própria história. É claro, no entanto, que na Idade Média constituíam um bom número daquelas que eram chamadas de "tribos perdidas" (talvez mais do que as que conhecemos), e o que podemos reconstruir de sua história oferece um instrutivo contraste diante das comunidades mais identificáveis do "centro".

Na China existiam assentamentos judeus em várias cidades, tanto da costa quanto do interior. Uma delas, Kaifeng, existiu até recentemente, mas acabou desaparecendo; não por perseguição, mas por ser assimilada pelo meio cultural tolerante. O confucionismo não era hostil a outras formas religiosas, e não foram impostas restrições políticas ou sociais de nenhum tipo aos judeus. Os registros de Kaifeng demonstram que no século XVI os judeus exerciam uma vasta gama de ocupações, entre elas, o comércio, a agricultura e tarefas de funcionários militares e civis. Apesar de os judeus de Kaifeng haverem mantido no século passado algumas práticas judaicas, também haviam adotado outras, tipicamente chinesas. Sabiam muito pouco hebraico, e as inscrições de suas sinagogas continham citações de escritos confucionistas, e na verdade aproximavam os valores de uma religião aos da outra. O assentamento judeu chinês é um exemplo do que pode ocorrer ao judaísmo em condições de extrema tolerância: uma assimilação fácil que leva ao desaparecimento total.

Na Índia, a tolerância e o sincretismo religioso do hinduísmo combinaram-se com a segregação social derivada do sistema de castas. Os assentamentos da costa Malabar e, mais ao norte, de Konkan, permaneceram por muito tempo separados do restante dos judeus e do resto do mundo; os judeus europeus tomaram contato com os primeiros no século XVI. A barreira das castas assegurou sua sobrevivência, mas não pôde impedir que adotassem várias crenças e práticas hindus, e, de fato, ambas as comunidades judaicas criaram seu próprio sistema interno de castas.

Os mongóis, que tomaram as terras orientais do Islã no século XIII, também foram tolerantes. "Para os mongóis não há escravos nem homens livres, fiéis

É quase certo que os judeus tenham chegado à China como comerciantes, tanto por terra, vindos da Pérsia, como por mar. As primeiras referências registram uma matança de judeus em Cantão no final do século IX. A povoação mais antiga ficava em Kaifeng, capital de Honan; ela se estabeleceu por volta do ano 1000, e subsistiu até o século XIX.

Esquerda. Este curioso manuscrito do Livro de Ester tem ilustrações de estilo chinês.

Abaixo. Reconstrução da sinagoga de Kaifeng, baseada nos desenhos de um missionário jesuíta do século XVIII. A sinagoga tinha sido construída originalmente em 1163, mas em 1653 foi reconstruída por um mandarim judeu, Chao Ying Chen. À sala de oração se chegava através de quatro pátios sucessivos, que davam para o oeste, em direção a Jerusalém.

Esquerda. Os falashas da Etiópia. Sabe-se muito pouco de sua origem e de sua história. Eles davam a si mesmos o nome de "israelitas", mas sua religião não é a mesma que a dos cristãos abissínios nem a dos judeus rabínicos. Eles se mantiveram completamente separados do mundo judeu até tempos recentes.

Abaixo. Judeus da Índia (Bene Israel), c. 1830. Sua origem é desconhecida, embora segundo a lenda tenham chegado durante a época dos romanos ou até antes, e não se descarta que os marinheiros do rei Salomão chegassem ao Sul da Índia, levados pelos ventos do comércio.

nem pagãos, cristãos nem judeus, mas consideram todos os homens como membros de um mesmo rebanho." Assim descreve um cronista cristão da época (Bar Hebraeus), e cita que um médico judeu, Sa'd al-Dawla, chegou a ser o poderosíssimo vizir do governante mongol Arghun Khan (1284-1291). Tratava com desprezo os emires principais e os encarregados de assuntos públicos, e muitos judeus dos países periféricos aproximavam-se dele dizendo em uníssono: "Verdadeiramente por meio deste homem o Senhor ergueu muito alto a taça da redenção, e a esperança de glória para os filhos dos hebreus em seus últimos dias!" No entanto, a esperança foi fugaz. Quando morreu Arghun, Sa'd al-Dawla, sua família e seus protegidos foram condenados à morte, "e por sua causa os judeus de todo o mundo foram odiados e maltratados". Os mongóis aceitaram pouco depois o Islã, e assim terminou este breve período de tolerância.

Não se sabe claramente o grau de penetração judaica na África, mas ocasionalmente circularam rumores de "tribos perdidas" no centro do continente. A única tribo que conserva sua identidade judaica até hoje é a dos Beta Israel ou falashas da Etiópia. Sua origem é desconhecida; eles mesmos afirmam haver chegado à África em tempos do rei Salomão ou mesmo antes, durante o êxodo do Egito, mas em geral se acredita que sejam uma tribo africana convertida ao judaísmo em época posterior, talvez por obra de missionários do sul da Arábia. De qualquer modo, nunca receberam o Talmude, e sua religião é muito bíblica, combinada com traços locais, como, por exemplo, o equivalente feminino da circuncisão. Crônicas etíopes do século XIV ao XVII falam de guerras que os governantes cristãos da Etiópia empreenderam contra eles. Em muitas ocasiões foram vencidos e obrigados a aceitar o cristianismo, mas subseqüentemente recuperavam a independência, até serem subjugados no século XVII, e dispersarem-se por diversas regiões do país. Os que se resistiam ao batismo permaneciam num estado de segregação voluntária, pois sustentavam que qualquer contato com os intrusos equivalia a uma profanação. Seus vizinhos, seja como for, não lhes prestavam muita atenção e os deixavam seguir sua fé e seu estilo de vida.

Talvez o mais notável dos grupos judeus da periferia tenha sido o dos kazares, um povo turco da Ásia central que se estabeleceu ao norte das montanhas do Cáucaso, provavelmente no século VI. Durante vários séculos foram suficientemente poderosos para conquistar o respeito de bizantinos e árabes. Controlavam um considerável comércio de peles, escravos e outras mercadorias, e era possível encontrar mercadores da Kazaria em lugares tão distantes quanto Kiev, Constantinopla, Alexandria e Samarra. Em algum momento do século VIII adotaram a religião judaica. Não se sabe com certeza os detalhes do acontecimento, mas o certo é que não se tratou, como no caso dos Beta Israel, de uma conversão em massa, mas apenas da conversão da classe dirigente, como nos casos de Adiabene e Himyar. O reino kazar incluía muitos grupos étnicos e religiosos distintos, e não existem provas de que a população possuísse um elemento substancialmente judeu. O judaísmo dos governantes kazares estava misturado com crenças e práticas estranhas, e o principal centro judaico iraquiano parece nunca haver tido demasiado interesse pelo "império judeu" do norte. Petahiah de Regensburg viajou através da Kazaria (por volta de 1185) sem sequer mencionar suas conexões judaicas. Outros escritores judeus mencionam os judeus kazares (existe, até mesmo, a suposta crônica da conversão, enviada pelo rei kazar a Haddai Ibn Shaprut, cortesão judeu do califa espanhol Abderraman III, em meados do século X), mas é indiscutível que nem todos os kazares se encontravam integrados ao mundo judaico, e devem ser considerados, sobretudo, como uma curiosidade. Nada se sabe, tampouco, de seu destino posterior. O reino kazar deixou de existir antes da chegada dos mongóis no século XIII; fica sem solução a questão de se alguns de seus descendentes continuaram professando o judaísmo.

Nos territórios cristãos que continuaram a tolerar a presença de judeus, a vida destes se desenvolvia sob inumeráveis restrições e humilhações. Jobst Mellern, de Praga (*esquerda*) era chamado *der gelb Geckl* (o petimetre amarelo), devido ao distintivo amarelo que tinha de usar em forma de roda amarela.

O mesmo distintivo pode ser visto nesta gravura do ataque aos judeus de Frankfurt em 1614 (*extrema esquerda*). Os escudos especiais nas casas eram outra humilhante imposição. Este assalto ilustra a precariedade da existência judia sob domínio cristão: muitos judeus foram assassinados, e o restante se exilou.

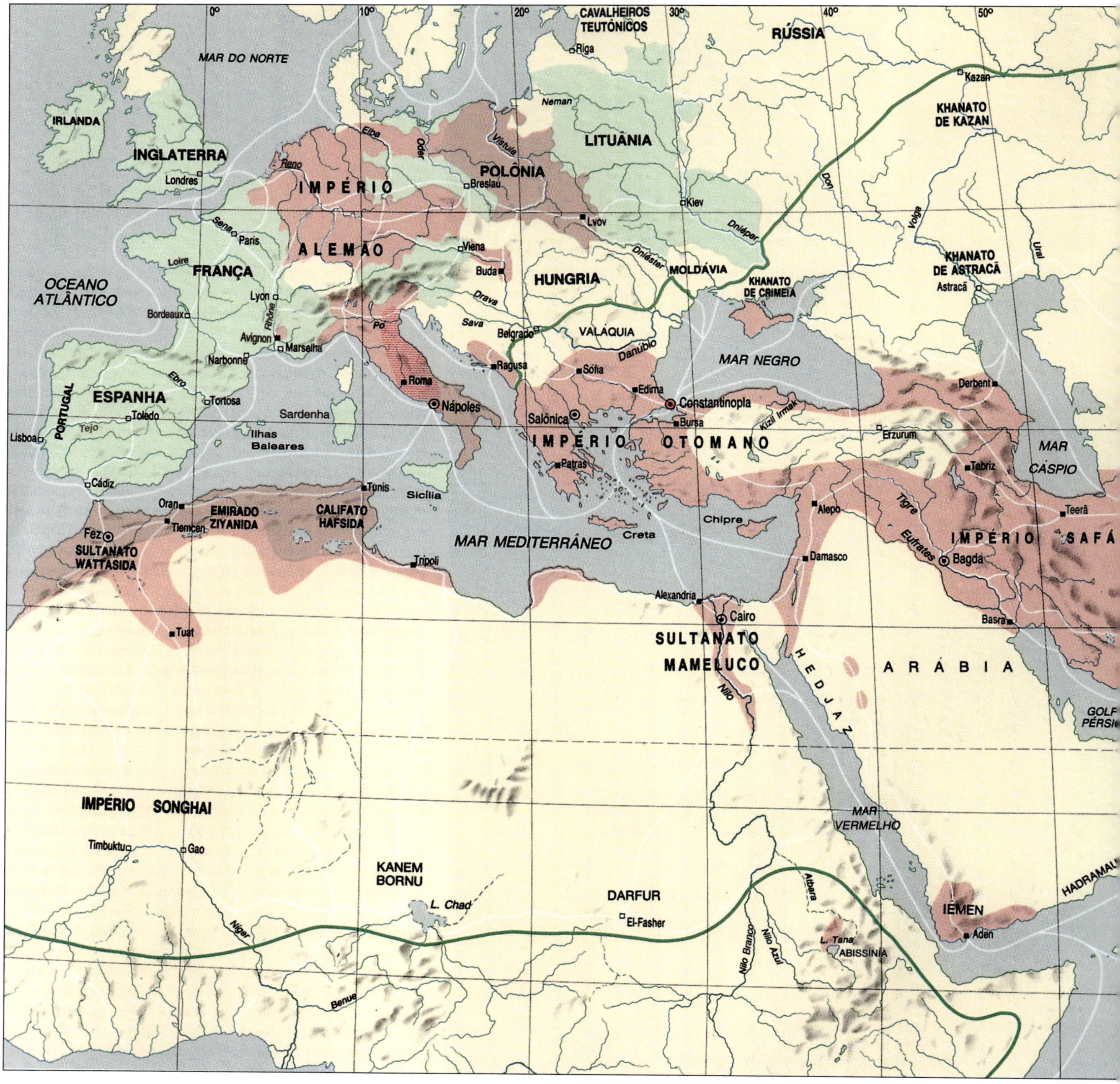

Esquerda. A expulsão da Espanha em 1492 não foi uma surpresa; era a culminação de séculos de ameaças e pressões. Esta pintura dos conselheiros do rei de Castela, instando-o a expulsar os judeus de seu reino, é do começo do século XIV.

Extrema esquerda. A Igreja militante: a Inquisição. Os frades dominicanos vão à frente da procissão, arvorando um estandarte que mostra a justiça equilibrada pela misericórdia. Depois vêm os prisioneiros que escaparam das chamas confessando seus delitos. Depois do crucifixo, os que serão queimados, junto com a efígie dos que morreram na prisão.

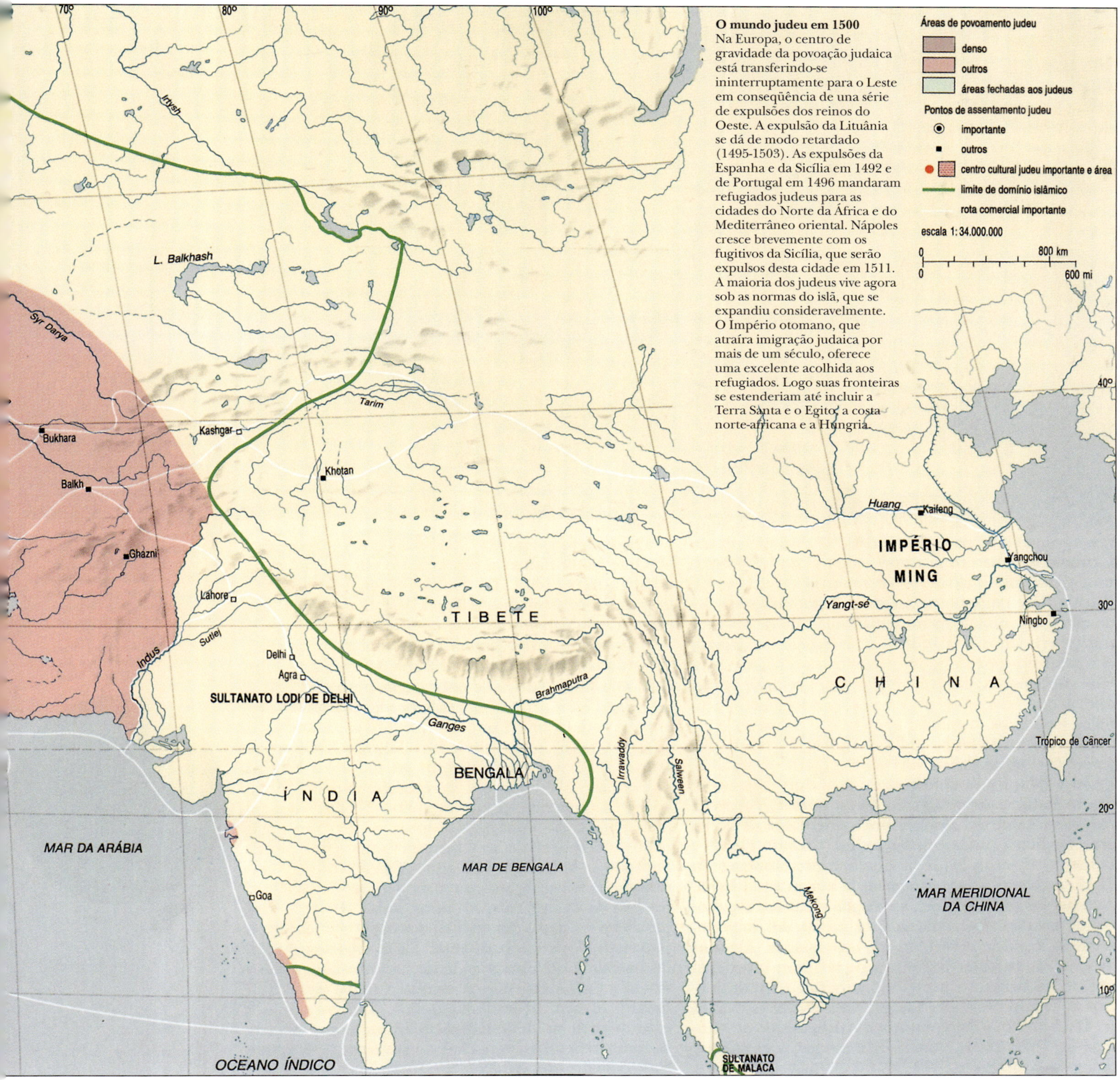

O mundo judeu em 1500
Na Europa, o centro de gravidade da povoação judaica está transferindo-se ininterruptamente para o Leste em conseqüência de una série de expulsões dos reinos do Oeste. A expulsão da Lituânia se dá de modo retardado (1495-1503). As expulsões da Espanha e da Sicília em 1492 e de Portugal em 1496 mandaram refugiados judeus para as cidades do Norte da África e do Mediterrâneo oriental. Nápoles cresce brevemente com os fugitivos da Sicília, que serão expulsos desta cidade em 1511. A maioria dos judeus vive agora sob as normas do islã, que se expandiu consideravelmente. O Império otomano, que atraíra imigração judaica por mais de um século, oferece uma excelente acolhida aos refugiados. Logo suas fronteiras se estenderiam até incluir a Terra Santa e o Egito, a costa norte-africana e a Hungria.

A DIÁSPORA SEFARDITA

A expulsão dos judeus da Espanha em 1492 é lembrada como um dos marcos históricos da vida judaica. A Espanha foi o último país cristão onde sobreviveu um considerável número de judeus (200.000 ou mais, sem contar os convertidos) e com certo grau de prosperidade. A expulsão foi decretada na recém-capturada Alhambra de Granada, em 30 de março de 1492, e em 30 de julho todos eles haviam aceitado o batismo ou partido para o exílio.

A maioria – uns 100.000 – optou pela solução mais fácil, fugir para Portugal. Foi uma decisão equivocada. Cinco anos mais tarde, pressionado pela Espanha, Portugal batizou à força todos os judeus, em meio de cenas de extrema violência.

A Itália recebeu uma parte dos exilados espanhóis, mas as condições políticas tornavam-na pouco apropriada como refúgio. Uma parte do país, que incluía a Sicília, com sua antiga e numerosa população judaica, eram domínios espanhóis, e sujeitos, portanto, ao decreto de expulsão. Outras partes tornaram-se territórios espanhóis logo depois. A Contra-reforma, no Norte, por sua vez, faria aumentar a hostilidade.

A melhor esperança para os refugiados estava fora do mundo cristão. Alguns se estabeleceram, de forma temporária ou definitiva, no Marrocos e em outras regiões do norte da África, onde outros judeus haviam se estabelecido um século antes, fugindo das perseguições cristãs. Ali sua religião não desfrutava de uma situação muito propícia. A população muçulmana não era amistosa com eles, e as regras de segregação foram bastante reforçadas. Apenas o Império Otomano acolheu bem os refugiados. O rabino de Creta, Elia Capsali, cuja família ofereceu hospitalidade a alguns fugitivos de passagem por Candia, sentiu-se inspirado a compor uma crônica muito elogiosa dos otomanos, e comenta que os turcos zombavam do rei da Espanha, que empobrecia seu reino para enriquecer o deles. Os otomanos não tinham nenhum dos preconceitos cristãos ou islâmicos, e os espanhóis – chamados sefarditas pelo nome bíblico da Espanha, *Sefarad* – obtiveram favores especiais, já que traziam ofícios úteis, conhecimentos técnicos e médicos, habilidade comercial e política. Estabeleceram-se em todas as grandes cidades e reconstruíram as ruínas de sua vida e cultura devastadas. Logo Salônica tornou-se uma cidade essencialmente judia, e seu desenvolvimento como porto comercial mais importante do Mediterrâneo oriental deveu-se em grande parte ao esforço dos judeus. Quando o Egito e a Palestina caíram sob o domínio otomano em 1517, ambas as regiões atraíram a imigração judia. Embora os sefarditas, com sua língua e cultura espanholas dominassem as comunidades judaicas do império, também chegaram refugiados de outros países. Alguns deles estavam em condições de retribuir a acolhida que recebiam prestando serviços extraordinários ao Estado otomano. Joseph Nasi, duque de Naxos (c. 1515-1579), e Salomão Aben Ayish, duque de Mitilene (c. 1520-1603), ambos de Portugal, e o italiano Salomão Asquenaze (1520-1603) contavam-se entre os mais destacados diplomatas de sua época e exerceram uma considerável influência em questões internacionais.

Os emigrados portugueses eram cristãos convertidos que renunciavam ao cristianismo assim que pisavam em terra livre. A conversão geral de 1497 havia posto muitos milhares de judeus sob o manto do cristianismo, que na verdade desejavam dispensar o quanto antes. Sempre contemplavam com ânsia a possibilidade de escapar. Muitos dos centros judeus mais importantes de épocas mais recentes devem sua origem a grupos de cristãos novos portugueses. A lista inclui Londres, Amsterdã, Hamburgo e Nova Iorque. Por volta do início do século XVII, encontravam-se pequenos assentamentos em todos os centros comerciais de importância, que desempenharam um papel fundamental no desenvolvimento e na expansão do comércio e das finanças européias. Como cristãos (apenas de nome), devido a sua fortuna e educação, puderam alcançar os estratos mais altos da sociedade, e gradualmente obtiveram, em muitos lugares, a liberdade de exercer livremente o culto judaico. Foram, portanto, os pioneiros do estabelecimento e da integração judaicos no mundo ocidental. Seu estabelecimento lançou as bases para a imigração de judeus da Alemanha e Polônia em muito maior escala. Embora numericamente logo fossem superados, os portugueses mantiveram sua identidade peculiar, junto com as tradições religiosas, e muitas de suas sinagogas continuam funcionando até hoje.

Direita: A diáspora sefardita c. 1500-1700
Na Espanha, após as matanças de 1391 e 1492, muitos judeus preferiram o batismo à morte ou ao exílio. Em Portugal foram batizados à força até muitos refugiados da Espanha, em 1497. Os "cristãos-novos", chamados pejorativamente "marranos", em muitos casos mantiveram oculta sua identidade durante gerações. Quando podiam, emigravam para terras muçulmanas ou, depois, protestantes, ou para territórios católicos onde não existia a Inquisição. Amiúde esta os perseguia mesmo em sua nova residência. Algumas comunidades de "marranos" se estabeleceram em lugares que já tinham população judia; outras, sobretudo em países onde o judaísmo era oficialmente proibido, as novas povoações lançaram os alicerces de algumas das comunidades mais prósperas e populosas de épocas posteriores. O mapa da Europa também assinala o destino de quatro refugiados da Espanha e de Portugal, todos acadêmicos célebres: sua peregrinação contém as angústias de toda uma geração.

"Não é melhor para vós viver sob os muçulmanos que sob os cristãos? Aqui cada um pode viver em paz sob sua própria vide e sob sua própria figueira." Assim escrevia um judeu de Constantinopla a seus irmãos da Renânia em 1454, e após a expulsão da Espanha foi a Turquia que atraiu a maior parte dos exilados. Estes se transformaram no elemento dominante da população judia, e prestaram valiosos serviços ao Estado otomano. Gracia Nasi (*abaixo*) dirigiu uma poderosa empresa bancária internacional; seu sobrinho foi nomeado duque de Naxos. O estilo otomano se distingue no desenho de uma sinagoga em Constantinopla (*esquerda*), c. 1840: bem poderia ser uma mesquita, não fosse pelas tábuas da lei sobre a arca.

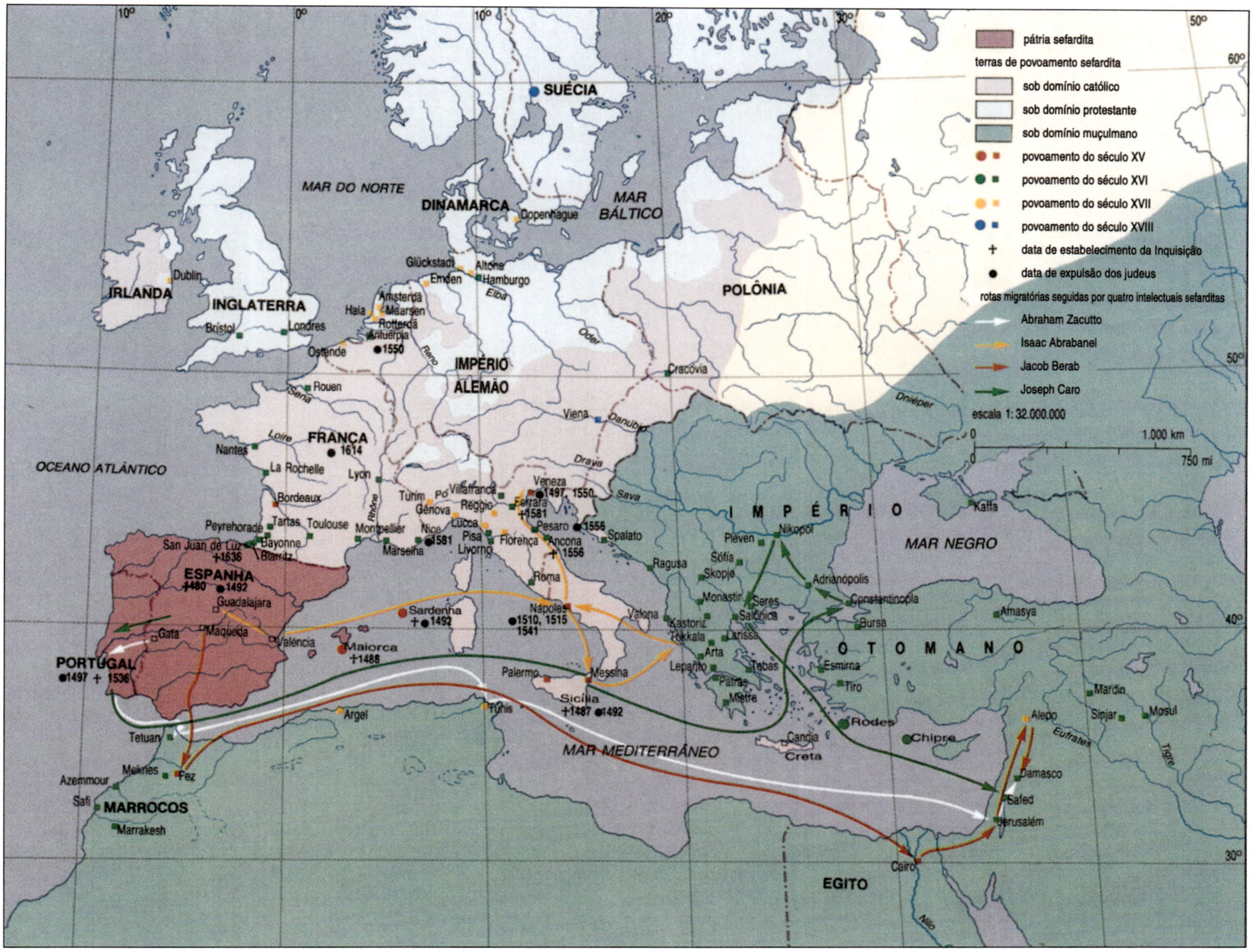
pátria sefardita
terras de povoamento sefardita
sob domínio católico
sob domínio protestante
sob domínio muçulmano
povoamento do século XV
povoamento do século XVI
povoamento do século XVII
povoamento do século XVIII
data de estabelecimento da Inquisição
data de expulsão dos judeus
rotas migratórias seguidas por quatro intelectuais sefarditas
Abraham Zacutto
Isaac Abrabanel
Jacob Berab
Joseph Caro
escala 1: 32.000.000
1.000 km
750 mi
SUÉCIA
MAR DO NORTE
DINAMARCA
Copenhague
MAR BÁLTICO
IRLANDA
Dublin
INGLATERRA
Bristol
Londres
Glückstadt
Emden
Altona
Hamburgo
Amsterdã
Haia
Rotterdã
Antuérpia
1550
Ostende
IMPÉRIO ALEMÃO
POLÔNIA
Cracóvia
Rouen
FRANÇA
1614
Nantes
La Rochelle
Lyon
Viena
OCEANO ATLÂNTICO
Bordeaux
Peyrehorade
Tartas
Toulouse
Montpellier
San Juan de Luz
Bayonne
Biarritz
ESPANHA
1480
1492
1636
Guadalajara
Gata
Maqueda
Valencia
PORTUGAL
1497
1536
Turim
Gênova
Villafranca
Reggio
Veneza
1497, 1550
Ferrara
1581
Pesaro
1556
Nice
1581
Lucca
Pisa
Livorno
Florença
Ancona
1556
Marselha
Spalato
Roma
Sardenha
1492
Nápoles
1510, 1515
1541
Maiorca
1488
Palermo
Messina
Sicília
1487
1492
Túnis
Argel
Tetuan
Fez
Mekines
Azemmour
Safi
MARROCOS
Marrakesh
IMPÉRIO OTOMANO
Kaffa
MAR NEGRO
Pleven
Nikopol
Ragusa
Sófia
Skopje
Valona
Monastir
Seres
Salônica
Adrianópolis
Constantinopla
Bursa
Amasya
Kastoria
Trikkala
Larissa
Arta
Lepanto
Tebas
Patras
Mistre
Esmirna
Tiro
Rodes
Chipre
Candia
Creta
MAR MEDITERRÂNEO
Alepo
Mardin
Sinjar
Mosul
Eufrates
Tigre
Damasco
Safed
Jerusalém
Cairo
EGITO
Nilo
Sava
Drava
Danúbio
Oder
Elba
Reno
Sena
Loire
Ródano
Pó
Dnieper

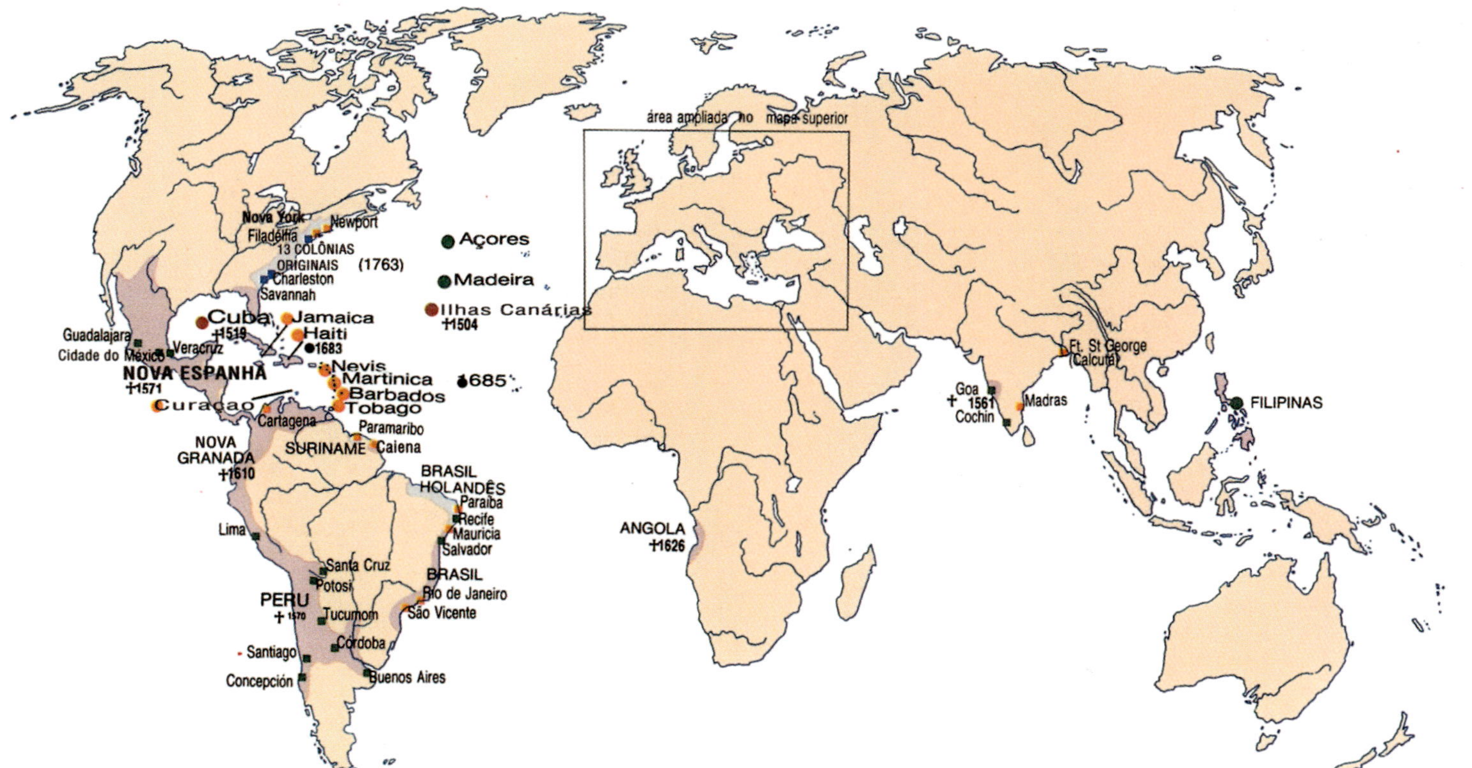
área ampliada no mapa superior
Nova York
Newport
Filadélfia
13 COLÔNIAS ORIGINAIS (1763)
Charleston
Savannah
Açores
Madeira
Ilhas Canárias
1504
Cuba
1519
Jamaica
Haiti
1683
Guadalajara
Cidade do México
Veracruz
NOVA ESPANHA
1571
Nevis
Martinica
Barbados
Tobago
1685
Curaçao
Cartagena
Paramaribo
SURINAME
Caiena
NOVA GRANADA
1610
BRASIL HOLANDÊS
Paraíba
Recife
Maurícia
Salvador
Lima
Santa Cruz
Potosí
BRASIL
Rio de Janeiro
São Vicente
PERU
1570
Tucumon
Córdoba
Santiago
Buenos Aires
Concepción
ANGOLA
1626
Goa
1561
Cochin
Madras
Ft. St George
(Calcutá)
FILIPINAS

A Idade de Ouro de Amsterdã

Bernard Picart (1663-1733) foi um pintor e gravador francês que se estabeleceu em Amsterdã em 1710. Em 1723 começou a publicar uma série de estudos sobre as "Cerimônias e costumes religiosos de todos os povos do mundo", começando pelos judeus. Teve a sorte de contar com material disponível em Amsterdã, que na época era um dos centros mais importantes do mundo judeu. Picart visitou as sinagogas e compareceu a cerimônias domésticas. Seus desenhos revelam um interesse não isento de simpatia pelos temas, uma aguçada visão de detalhe e certo senso de humor. Sua pintura proporciona um quadro vívido e fascinante da vida judaico-holandesa em seu apogeu.

A lei exposta para o povo
"Uma vez concluídas as leituras, o encarregado de elevar a Lei a toma, a abre, a levanta tão alto como pode e assim, aberta e elevada, a dirige aos quatro ventos, enquanto a congregação diz: *Eis a Lei que Moisés deu aos filhos de Israel*" (*direita*).

Simcha Torá ou júbilo pela Lei
"... Depois de algumas preces, são tirados da arca todos os livros da Lei e levados em procissão ao redor do atril, seguindo o cantor... É lido o começo e a conclusão da Lei, de dois livros diferentes. As duas pessoas encarregadas dessa leitura são chamadas Esposos da Lei" (*esquerda*).

Yom Kippur ou Dia do Perdão, como celebrado pelos judeus alemães
"Devemos oferecer aos judeus o que é justo conceder-lhes: observam tudo o que se poderia qualificar como demonstração de arrependimento, com extremo cuidado, e, dado que em tais ocasiões a imitação prevalece, o observador não pode resistir a um sentimento de agudo remorso pelos seus próprios pecados... Alguns penitentes passam a noite toda, e às vezes todo o dia seguinte, parados, sem mudar de lugar, em contínua oração e meditação" *(direita)*.

Toque de trompa no primeiro dia do ano
"No primeiro dia do ano, toca-se a trompa, para pedir aos judeus que escutem com atenção e humildade o julgamento que Deus vai pronunciar sobre os pecadores, e para que agradeçam os favores e o auxílio durante o ano que se acabou… Aquele que toca a trompa fica de pé no local onde a Lei é lida. A trompa é feita de chifre de carneiro, recordando o de Isaac. A forma curva simboliza a posição de um homem que se humilha" *(direita)*.

Consagração da sinagoga dos judeus portugueses, em Amsterdã
"Esta sinagoga, a mais bela do mundo, foi consagrada com toda a solenidade imaginável no dia 10 de Menahem de 5435, que corresponde a 2 de agosto de 1675. Os homens mais destacados entre os judeus do lugar levaram em procissão a Lei, ricamente adornada, e saudaram a entrada dos livros sagrados na sinagoga com toda a devoção e extraordinários óbolos… Os festejos duraram oito dias, e seu aniversario é celebrado em 2 de agosto, todos os anos" *(abaixo)*.

A DIÁSPORA ASQUENAZE

No hebreu medieval, a Alemanha era conhecida com o nome de Ashkenaz, e seus judeus tomaram, pois, o nome de asquenaze. As expulsões e perseguições não conseguiram extinguir por completo a vida judaica, mas as condições materiais e culturais eram ruins. Excluídos das cidades, os judeus tenderam a dispersar-se em direção a pequenos povoados e aldeias. Houve uma constante corrente de emigração em direção leste, para a Polônia, para onde os judeus foram atraídos desde o século XIII pela concessão de privilégios especiais. Esta corrente tornou-se ainda mais forte durante as agitações da Reforma.

Os imigrantes asquenazes em Polônia foram tão numerosos que – como os sefarditas na Turquia – impuseram sua própria língua e cultura religiosa aos judeus nativos. Desempenharam um importante papel econômico como classe média, entre a aristocracia feudal e os camponeses, e tinham em suas mãos a maior parte do comércio externo e interno. Nem o ódio de classe nem a intolerância religiosa ameaçavam sua segurança, e compartilharam a prosperidade e a riqueza cultural do Renascimento polonês dos séculos XVI e XVII. Com a cooperação dos governantes, desenvolveram um forte autogoverno interno, único na Diáspora, e o "Conselho das Quatro Terras" (a Grande Polônia, a Pequena Polônia, Podolia e Volhynia; a Lituânia contava com seu próprio conselho) exercia amplos poderes, quase parlamentares.

Esta idade dourada da comunidade judaica polonesa terminou brusca e violentamente durante a rebelião cossaca de 1648. Entre os objetivos de seu líder, Bogdan Chmielnicki, figurava a erradicação do judaísmo

Entre as primeiras relíquias das judias polonesas, estão várias moedas com inscrições judaicas, como essa, na qual se lê *berakhah* ("bênção").

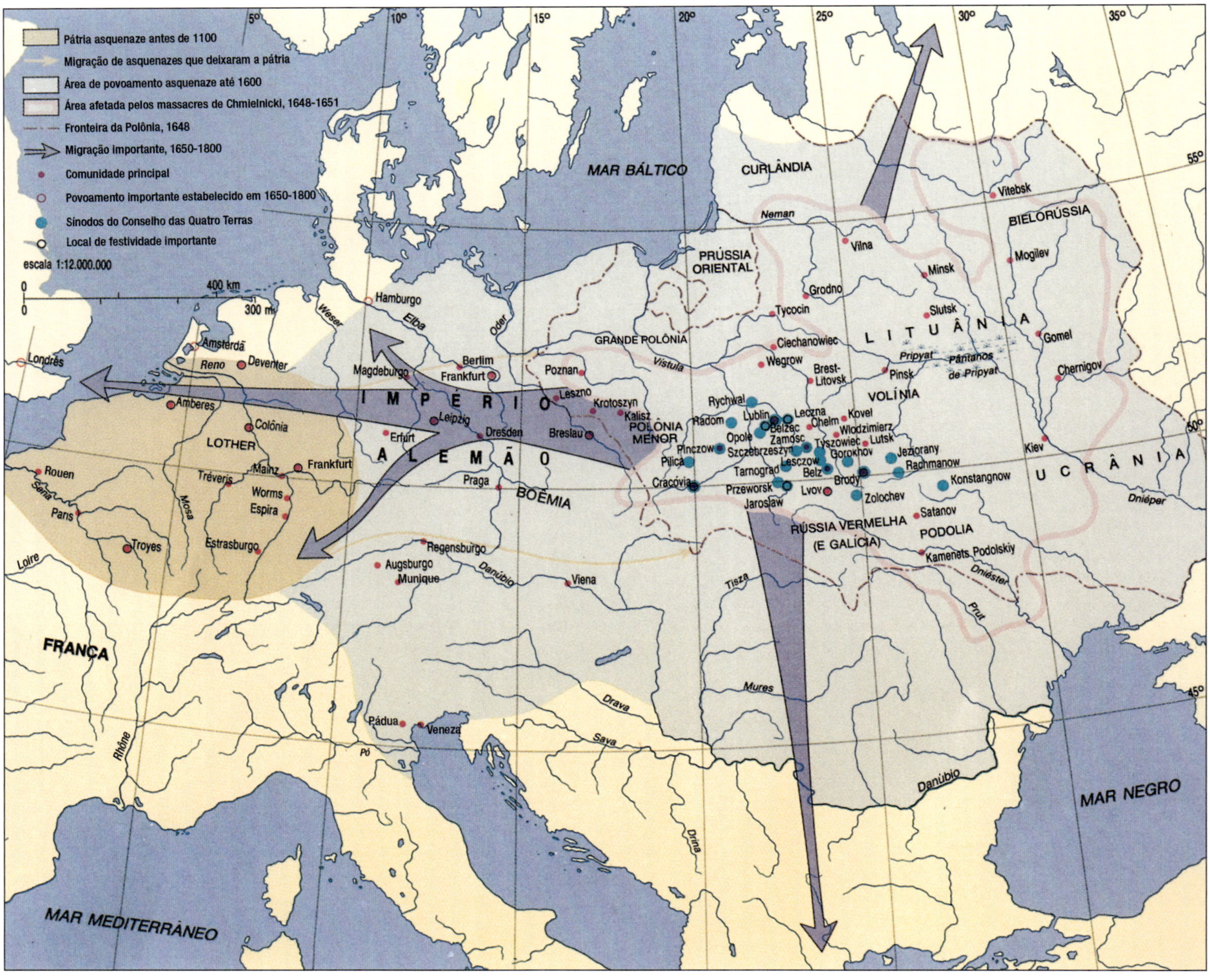

A população de judeus na Polônia, sobretudo no Oeste do país, aumentou após o caos econômico causado pelas invasões mongóis do século XIII, e foi encorajado pelas perseguições na Alemanha. *Esquerda.* Os judeus são expulsos de uma cidade alemã, c. 1428.

Na página seguinte. O teto da sinagoga de Chodorow, próxima a Lvov, a primeira sinagoga de madeira, construída em 1651, durante um período de expansão. Símbolos do zodíaco, textos piedosos, animais e motivos ornamentais vegetais foram reproduzidos.

Esquerda: A diáspora asquenaze (1600-1800)
A história das migrações dos asquenazes na Europa envolve um movimento em dois sentidos: em primeiro lugar para o Leste, até a Polônia e a Lituânia, e dali, após o pesadelo dos massacres de Chmielnicki, volta para o Oeste. Mas o centro de gravidade permanecia no Leste, onde os judeus se estabeleceram fincando raízes profundas e onde desenvolveram uma rica e personalíssima cultura. Desenvolveram até uma estrutura administrativa autônoma, o Conselho das Quatro Terras (com um Conselho separado para a Lituânia), que governava a vida dos judeus num vasto território. Os asquenazes se distinguiam dos sefarditas por sua perspectiva cultural e por sua forma de viver, na língua falada (o iídiche) e na pronúncia do hebraico, bem como nas tradições litúrgicas. A competição entre os dois grupos mal existiu, já que quase sempre estiveram separados geograficamente, mas nos locais em que coincidiram geralmente mantiveram suas diferentes identidades.

na Ucrânia. Muitíssimos judeus foram assassinados, batizados à força ou obrigados a fugir. Segundo os cronistas judeus, mais de 100.000 foram mortos e 300 comunidades foram destruídas. Os massacres deixaram uma ferida profunda na alma da comunidade judaica polonesa, e a imagem dos cossacos devastadores ainda hoje aterroriza alguns judeus asquenazes: entrou na mitologia judia na mesma categoria que as Cruzadas e a expulsão da Espanha. Os massacres de Chmielnicki foram apenas a primeira eclosão de uma violência que se abateria periodicamente sobre os judeus polacos, até a culminação no Holocausto nazista. Seu resultado imediato foi o começo de um gradual refluxo em direção ao Oeste, primeiro para a Alemanha e depois para os novos centros criados pelos portugueses.

A Polônia não permaneceu sem judeus, pelo contrário, sua população continuou espetacularmente crescente, de modo que em meados do século XIX formava a metade da população judaica mundial; mas a diáspora asquenaze tornou-se a característica permanente e dominante dentro do mapa do judaísmo mundial.

Enquanto isso, a situação na Alemanha havia se tornado mais estável. Embora os judeus ainda estivessem excluídos de muitos lugares, alguns dos Estados menores começaram a readmiti-los. Durante a Guerra dos Trinta Anos (1618-1648), os judeus foram autorizados a residir em algumas das grandes cidades, e a tendência anterior de dispersão no campo começou a inverter-se. Esta preferência pelas cidades acentuou-se muito nos séculos posteriores. A guerra ofereceu a oportunidade de enriquecimento para os pequenos comerciantes relacionados com o exército, e o fornecimento de armas foi, até o começo do século XVIII, uma ocupação tipicamente judaica em toda a Europa e até mesmo na América do Norte. As numerosas cortes alemãs, com sua pompa característica, também favoreceram o enriquecimento de financistas e comerciantes de objetos de luxo. Alguns dos "judeus cortesãos" (*Hofjuden*) do final do século XVII e começo do XVIII eram imensamente ricos e poderosos. Tratava-se de casos excepcionais, mas abriram o caminho para uma maior aceitação dos judeus como tais na sociedade, embora talvez reforçando ao mesmo tempo certos conceitos antijudaicos. Reuniram a sua volta vastos círculos de judeus que progressivamente foram sendo assimilados pela cultura dominante. Mas, enquanto isso, as comunidades alemãs cresciam com a imigração, e o luxuoso estilo de vida dos judeus cortesãos contrastava abertamente com a pobreza e a aglomeração dos *Judengassen.*

A diáspora asquenaze estendeu-se gradualmente para o Leste. Por volta do final do século XVIII havia cerca de 20.000 judeus na Alsácia (ao contrário da tendência alemã, estavam dispersos num grande número de pequenos centros populacionais), talvez alguns menos na Inglaterra (também surpreendentemente dispersos, embora a maioria estivesse em Londres) e, coisa curiosa, muitos mais em Amsterdã, cuja comunidade judaica havia sido durante um século a mais numerosa da Europa Ocidental e era então, talvez, a maior das estabelecidas em qualquer cidade do mundo. Poucos asquenazes pertenciam à de banqueiros, de joalheiros e de importadores; a maioria arrastava-se numa existência obscura como comerciantes ou operários semiqualificados. Apesar de um processo de aculturação, que ocorreu gradualmente, os asquenazes em certos lugares continuaram falando o iídiche até bem avançado o século XIX. A língua comum facilitava a integração de novos contingentes de imigrantes e o contato com outras comunidades asquenazes. Também tendia – junto com outras diferenças culturais – a distingui-los dos sefarditas. Enquanto nas regiões mediterrâneas as comunidades sefarditas assimilavam as minorias asquenazes, nos centros do Norte da Europa, como Amsterdã e Londres, onde os asquenazes constituíam a imensa maioria, existia muito pouca fusão entre os dois grupos. Os casamentos entre eles não eram bem vistos – sobretudo pelos sefarditas, imbuídos de um sentido de cultura superior e, talvez, de um sentimento de pureza racial muito acentuado, possivelmente originado nos anos difíceis vividos na Península Ibérica cristã –, e mantinham sinagogas e organizações comunais separadas. Chegou um momento no qual estas barreiras foram derrubadas, e as diferenças muito raramente ocasionaram uma animosidade real, mas os descendentes dos dois grupos seguiam experimentando um apego emocional a suas respectivas tradições.

נתחדשה
ונתפארה
בימי ר' משה
ב' ר' יאיר
בשנת עתר

NO MUNDO MODERNO

O período medieval da história judaica caracteriza-se pela segregação compulsória dos judeus pelos não judeus. O caso mais extremo e concreto é simbolizado pela barreira física das paredes do gueto. Mas, até mesmo onde havia muros físicos, havia um muro invisível separando de fato dois mundos diferentes. Os judeus não estavam separados dos não judeus apenas pela religião, como também pela situação política e legal, pelas estruturas sociais e econômicas de suas comunidades, por sua cultura intelectual e ainda pelo próprio ritmo de sua vida cotidiana.

A liderança da comunidade judaica estava nas mãos do rabinado, a classe letrada que se autoperpetuava como fiadora da cultura religiosa tradicional. Os rabinos desfrutavam de uma considerável independência, mesmo em relação a seus pares. Como juízes e autoridades religiosas, exerciam um poder efetivo, geralmente com o consentimento e o apoio dos governantes não judeus, que deixavam para os judeus uma boa margem de autonomia judicial e autogoverno. Houve algumas rebeliões contra a autoridade rabínica, mas foram muito raras e quase nunca chegaram a institucionalizar-se: inclusive o movimento caraíta, que constituiu o desafio mais coerente e de maior sucesso contra o rabinismo, desenvolveu seu próprio estilo de rabinado. Os rabinos podiam esgrimir a poderosa sanção do c*herem*, uma espécie de excomunhão, que excluía à vítima da vida econômica, religiosa e social da comunidade. Dado que para um judeu fora da comunidade não havia nada, a sanção era uma arma muito eficaz. A simples ameaça de *cherem* bastava, em geral, para assegurar a concordância.

A segregação, embora imposta e mantida pelos poderes não judeus, era geralmente aceita pelos próprios judeus. O sistema tinha a grande vantagem de permitir que eles vivessem sob suas próprias leis, consideradas como reveladas por Deus. Uma potencial fonte de conflitos graves era, portanto, eliminada. Remontando a precedentes de tempos anteriores, e a textos da Sagrada Escritura, os líderes judeus desenvolveram a noção de Israel como povo santo, separado das "nações" para o serviço do Deus único. Enquanto não fossem fisicamente maltratados, os judeus podiam ver a separação sob uma perspectiva positiva, como uma expressão legítima de sua função no mundo.

É claro que o lado negativo do sistema era evidente para quem quisesse ver. Mesmo quando judeus ascendiam a postos de poder sob a tolerância de alguns governantes, continuavam sendo, como grupo, segundo uma expressão atual, cidadãos de segunda classe, e pior ainda quando acima deles havia outros grupos hierarquicamente discriminados. As oportunidades para o abuso eram então ilimitadas, como atestam todas as expulsões e massacres, que longe de ser próprio dos bairros judeus medievais, são registrados com detalhismo cruel na história do século XIX. Mas se as próprias vítimas acomodavam àqueles acontecimentos com facilidade numa visão do mundo que lhes impunha o papel de filhos errantes condenados por pecados ancestrais, por um pai justo e amoroso cujos golpes eram freqüentemente incompreensíveis, mas jamais imerecidos. Os poetas medievais protestam pelo sofrimento do povo e clamam contra a crueldade das nações, mas raramente questionam a justiça divina. Esperam um alívio final sob a forma de uma reconciliação cósmica quando for rompido o jugo dos gentios e os dispersos se reúnam em sua terra.

Os cristãos, por sua vez, também recorreram à teologia para justificar o *status quo*: os judeus eram mantidos subjugados como testemunho de seu pecado ao rejeitar Cristo, e para que acreditassem em sua segunda vinda. Até mesmo os massacres e expulsões podiam ser justificados pela doutrina do pecado do povo judeu.

Atitudes variáveis em relação aos judeus

É impossível assinalar um momento determinado quando estas atitudes tenham começado a ser seriamente questionadas. Em meados do século XVII, em Amsterdã, enquanto Baruch Spinoza estabelecia as bases de uma filosofia universalista que limitava estritamente a validade da legislação divina, ocorreu, tanto entre os judeus quanto entre os cristãos, um grande ressurgimento do entusiasmo milenarista, e até mesmo um judeu tão imbuído da tradição humanista ocidental, como Manasseh Ben Israel, enfatizava a esperança messiânica de Israel. Explorou argumentos messiânicos em sua bem-sucedida campanha pela readmissão dos judeus na Inglaterra, que teve como um de seus resultados a precursora *Carta sobre a tolerância*, de John Locke, em 1689. Cem anos depois, a integração dos judeus na sociedade européia era amplamente propiciada pelos pensadores mais esclarecidos. Em 1781 C. W. Dohm publicou seu influente tratado *Sobre o progresso civil dos judeus*; um ano mais tarde, Moisés Mendelsohn, em sua introdução à *Reivindicação dos judeus*, de Manasseh Ben Israel, associava a melhoria das condições dos judeus ao progresso humano em geral, e dois anos depois, em 1783, publicou seu seminário *Jerusalém*, no qual advogava pela separação entre a Igreja e o Estado. Em 1785, foi celebrado em Metz um certame sobre a maneira de conseguir que os judeus franceses fossem mais úteis e felizes, que obteve algumas respostas de destaque. Sem dúvida, a questão dos judeus era uma das muitas que preocupavam os pensadores do Iluminismo, mas a proeminência que atingiu nesta época revela uma consciência crescente de que a segregação e a subordinação dos judeus eram uma enfermidade da sociedade européia. Não que o diagnóstico fosse sempre o mesmo, ou o remédio que deveria ser aplicado fosse sempre igual. Para alguns a situação era uma injustiça que deveria ser combatida em nome dos direitos humanos: deveria ser garantida aos judeus uma igualdade civil básica, ou, pelo menos, tolerância e liberdade religiosa. Outros tinham projetos mais ambiciosos: a integração total, pondo fim ao domínio da religião supersticiosa, ou, então, a conversão final ao cristianismo. Tais programas implicavam alguma medida coercitiva, e a resposta dos judeus foi naturalmente cautelosa. Mas poucos dos reformadores coincidiam com as aspira-

Estes judeus alemães, reunidos em frente à sinagoga, depois de um serviço sabático, parecem presos entre dois mundos. As crianças e as mulheres vestem roupas modernas. Os homens conservam a vestimenta tradicional para a sinagoga, mas têm a barba cuidadosamente cortada, e não há nada de exótico em sua aparência. A data é c. 1800, e os judeus ainda passariam por mudanças importantíssimas. A próxima geração contemplará o nascimento do movimento para a "cultura judaica" e as reformas religiosas, e também abandonos maciços do judaísmo. Seriam os primeiros sintomas de tais transformações o que estes judeus comentam com tanta gravidade?

ções dos próprios judeus. Supunha-se que eles se mostrariam agradecidos pelos benefícios que lhes seriam concedidos.

No começo do século XIX haviam sido efetuadas reformas em vários países. Seu alcance e objetivos variavam muito, segundo a percepção do problema e as condições locais.

Na América do Norte revolucionária a posição dos judeus como imigrantes e refugiados que fugiam da opressão religiosa mal os diferenciava de seus vizinhos. As idéias políticas liberais do Iluminismo encontravam-se firmemente estabelecidas e os judeus estavam em condições de solicitar não mais a simples "tolerância", mas sim a completa igualdade, em consonância com os princípios diretores da Revolução. A Constituição de 1787 proibia explicitamente o questionamento religioso para a obtenção de um cargo público (embora alguns estados a mantivessem até muito mais tarde), e a Ata dos Direitos Civis de 1791 garantia a total liberdade religiosa. A Revolução Americana inaugurou, portanto, a nova era da emancipação política para os judeus. Em princípio isto afetava a alguns milhares deles, mas as implicações últimas foram enormes, graças à imigração em massa de judeus e à elevação gradual dos Estados Unidos até uma posição dominante no cenário da história universal. E desde o princípio a implantação central de uma reforma tão radical teve repercussões em outros países.

Na França, do mesmo modo, foi a Revolução que extinguiu a segregação medieval dos judeus, como tantos outros abusos contra os direitos humanos. A emancipação foi debatida várias vezes na Assembléia Nacional, mas existia uma forte resistência. Por último, no final de 1789 uma votação foi perdida por 403 votos contra 408. Mas a paixão pela liberdade era suficientemente forte para que a questão fosse reconsiderada, sobretudo depois que os próprios judeus apelaram à Assembléia para obter o reconhecimento de sua igualdade cívica. Após a prisão do rei, o equilíbrio de forças na Assembléia mudou o bastante para permitir que fosse aprovado um decreto de igualdade política, em 27 de setembro de 1791. A modificação posterior de algumas de suas determinações e as ambigüidades sobre a posição dos judeus na França – que sobreviveram até recentemente – levou alguns comentaristas a subestimar a importância do decreto, ou então a considerá-lo como um retrocesso para os judeus. O fato é que, considerando a época e o lugar, constituiu uma declaração radical e teve uma considerável repercussão sobre o resto da Europa. A emancipação dos judeus tornou-se uma característica diferencial do programa revolucionário, e aonde quer que chegasse a influência ou o poder franceses a medida era debatida ou então implantada de imediato. Na Holanda, com a declaração da República da Batávia, em 1795, foi proclamada a igualdade de direitos, que incluía a liberdade religiosa; e a primeira Assembléia Nacional sancionou uma declaração de igualdade para os judeus no ano seguinte. Na segunda Assembléia, em 1797, foram eleitos dois deputados judeus por Amsterdã, e desde então os judeus holandeses viveram em pé de igualdade completa com seus concidadãos até a ocupação nazista. Na Itália, os exércitos da República derrubaram os muros do gueto, arrancaram os emblemas da roupa dos judeus e plantaram "árvores da liberdade" diante das sinagogas. Até na Alemanha ocidental os guetos foram abolidos, e nas reformas constitucionais de 1812 na Prússia a cidadania se foi temporariamente concedida aos judeus.

Na Inglaterra, a revolução acontecera muito antes, em meados do século XVII; foi concedido aos judeus o direito de livre reunião para a prática de seu culto. No final do século XVIII, os judeus mais abastados encontravam-se bem integrados nas classes mais altas da sociedade, mas afora a minoria dos que haviam nascido no país, eles não eram cidadãos (alguns imigrantes haviam adquirido os direitos limitados de "residentes"), e mesmo aqueles que tinham a cidadania compartilhavam com diversos grupos não anglicanos algum tipo de limitação jurídica. A campanha de emancipação fixou-se, portanto, em duas questões distintas: a cidadania para os imigrantes (que era em grande parte um problema judeu) e a eliminação do questionamento religioso para a admissão no serviço público e em outras atividades (que era uma reivindicação mais geral). A campanha foi realizada num estilo ordenado e pragmático, apelando à opinião pública e aos processos democráticos já estabelecidos. A questão da naturalização foi resolvida em 1826 e o questionamento religioso foi abolido em meados do século seguinte.

Muito diferente foi o caso do império dos Habsburgo. Lá os judeus estavam não apenas excluídos de qualquer participação política, como também sofriam o ostracismo social e a sujeição a toda a regulamentação cristã medieval, incluindo a obrigação de levar um

A Revolução Francesa foi um momento decisivo para os judeus da Europa. Foi então que se estabeleceu o princípio de que os judeus também podiam ser cidadãos em pé de igualdade perante a lei. Mas as conseqüências práticas de um princípio tão radical só se impuseram depois de um longo período, e não foi fácil convencer os judeus a abandonar os privilégios do separatismo. Napoleão, num de seus rompantes característicos, convocou o Grande Sinédrio em 1807 para ratificar a renúncia a tais privilégios. Nesta medalha de bronze (*esquerda*), ele aparece apresentando, com gesto autoritário, as tábuas das novas leis diante de um Moisés submisso e agradecido. *Acima.* Os judeus de Amsterdã deram a seu rei, Luís Bonaparte, uma entusiasmada acolhida. (Pode-se ver a sinagoga portuguesa, à esquerda, e a asquenaze, à direita.) Na verdade, a comunidade estava profundamente dividida, e a emancipação, que ameaçava a tradicional autonomia da *kehilla*, sofreu uma forte resistência por parte da classe dirigente conservadora.

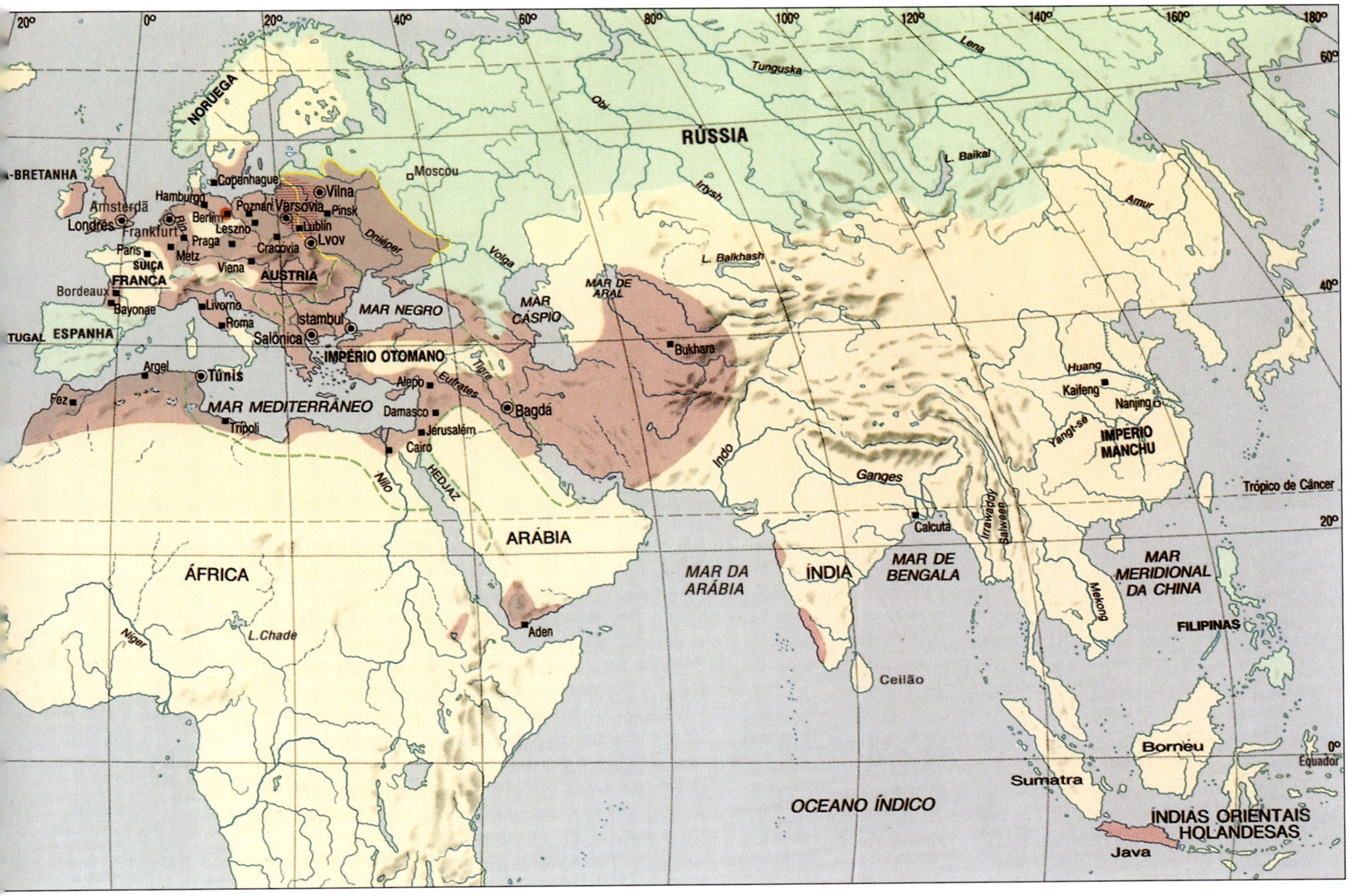

Acima: O mundo judeu em 1800
A Europa contava então com a maior parte do mundo judeu. Na Rússia, onde se estabeleceu em 1791 a jurisdição de Povoação, havia 750.000 judeus, e outros 450.000 nas áreas polonesas sob domínio austríaco e prussiano. Em muitas cidades polonesas, os judeus superaram em número os cristãos. Apesar do fluxo constante para a Europa central e ocidental, ali as cifras são muito inferiores. Fora da Europa, há algumas concentrações importantes nos principais centros sefarditas da África e da Ásia, enquanto na América do Norte há pouco mais de 3.000 judeus numa população de quatro milhões de habitantes. Os movimentos para conseguir os direitos civis para os judeus fizeram certos progressos na América e na Europa, mas os países que se comprometiam a isso eram muito poucos, e ainda havia outros países que excluíam completamente os judeus.

emblema amarelo. Eram excluídos da agricultura e da maioria dos ofícios e comércios, assim como das escolas e universidades. Também eram obrigados a pagar impostos especiais. Entre 1781 e 1789, o imperador José II promulgou uma série de Outorgas dirigidas a várias províncias, abolindo muitas das proibições e impondo, ao mesmo tempo, novas obrigações. Os judeus deveriam adotar nomes germânicos, e foram encorajados a usar a língua alemã. O ensino primário tornou-se obrigatório, fosse em escolas cristãs ou judaicas, e a educação secundária e universitária foi aberta para os judeus. Finalmente, José II permitiu que entrassem, pela primeira vez, no serviço militar, e o juramento militar foi modificado de modo que foram omitidas as referências especificamente cristãs.

Emancipação e liberdade

Estas reformas só afetaram a uma minoria da comunidade judaica mundial, e na Europa muitas delas permanecerem sem efeito durante o período de reação posterior à batalha de Waterloo (1815). Mas os progressos feitos não podiam ser simplesmente apagados, e a lembrança da emancipação sobreviveu até mesmo sob os regimes mais reacionários. Os judeus mostraram-se cada vez mais impacientes diante da discriminação, e muitos tomaram parte ativa nas revoluções de 1848, que permitiram a fugaz adoção de constituições liberais em muitos países. A emancipação dos judeus transformou-se numa parte tão característica do programa liberal, que durante a década de 1860 foi gradualmente estabelecida em muitos países da Europa Central e Ocidental. Em 1871, quando a Constituição Imperial Alemã incorporou o princípio da liberdade religiosa para todos, só se mantiveram à parte a Suíça, a Noruega, a Espanha e Portugal. A Europa Oriental era uma questão aparte, mas mesmo na Rússia – onde vivia a metade da população judia mundial, em condições de grande desigualdade, dentro de um país mal tocado pelo progresso econômico, técnico, educativo e social que já havia transformado a face da Europa Ocidental – as reformas de Alexandre II trouxeram um pouco de alívio e a promessa de melhorias futuras.

A complexidade das respostas à pressão para a integração dos judeus estende-se inclusive a eles mesmos. Para muitos, a emancipação foi um choque repentino difícil de assimilar. A imagem dos judeus cambaleantes, entorpecidos pela luz da liberdade que os esperava fora da obscuridade do gueto, descreve de modo gráfico uma experiência freqüente na Europa do século XIX. Alguns se adaptaram rapidamente às novas condições, e em muitos países havia judeus no exército, no governo, nas profissões liberais e numa ampla gama de ocupações. Mas a integração implicava uma perda da identidade judaica, que, pelo menos, os líderes judeus não estavam dispostos a aceitar. Uma assembléia de notáveis judeus convocada por Napoleão em 1806 reafirmou a irmandade de judeus e franceses, mas ofereceu uma resposta evasiva quanto à tolerância dos casamentos entre judeus e cristãos: a lei

judaica não proíbe tais casamentos, e o contraente judeu não deixa de ser judeu por causa disto, mas os rabinos opunham-se aos casamentos mistos por não poder oficiar neles. Os casamentos mistos tornaram-se bastante comuns durante o século XIX, e persistiram como um foco de ansiedade em relação à sobrevivência da identidade judaica e aos limites da integração.

Uma resposta comum diante da insegurança da nova era a conversão ao cristianismo. No princípio, os convertidos procediam da periferia da sociedade judaica, mas logo o movimento arrastou muitos outros. Em algumas cidades alemãs do princípio do século XIX, provavelmente a metade dos cidadãos judeus aceitou o cristianismo. O batismo não implica uma assimilação imediata. Os convertidos não cortavam os laços com a comunidade judaica; na verdade mesclavam-se livremente com judeus não batizados que haviam abandonado as crenças e práticas do judaísmo. Por outro lado, a sociedade cristã não os aceitava sem reservas, e havia se tornado muito sensível aos problemas derivados das conversões em massa. Alguns cristãos, como o influente teólogo protestante Schleiermacher, preveniu contra o antigo perigo da "judaização" da Igreja. Não se deixava que os convertidos esquecessem suas origens judaicas; muitos continuaram considerando-se e sendo considerados como judeus.

Os que continuaram sendo judeus tiveram algumas dificuldades, como judeus e como cidadãos, para definir sua identidade. Uma fórmula amplamente adotada, sobretudo nos países ocidentais, onde a estrutura da sociedade cristã proporcionava um modelo para a existência de minorias religiosas, era a de franceses – ou ingleses, ou alemães – "da confissão mosaica", o que sugeria que a identidade judia podia ser reduzida a uma classificação puramente religiosa. Nos Estados Unidos, uma conferência de rabinos em Pittsburgh, em 1885, proclamou: "Não nos consideramos mais uma nação, mas uma comunidade religiosa."

No entanto, a preocupação com as classificações religiosas já era, em certo sentido, um anacronismo. A era da comunidade religiosa como uma grande unidade política havia passado, e isto estava transformando-se num elemento puramente acidental dentro do Estado nacional. Esse foi o nó do "problema judeu" no mundo moderno. Os judeus que optaram pela condição de comunidade religiosa buscavam o mesmo tipo de compromisso com o Estado moderno que as denominações religiosas cristãs. Existem poucas diferenças fundamentais entre os acordos que Napoleão fez com os judeus e os que conseguiu com as Igrejas protestante e católica da França. As corporações religiosas podiam obter o reconhecimento oficial e certos privilégios limitados em troca da cessão de seus poderes políticos corporativos e aceitar a interferência estatal em seus assuntos. Mais cedo ou mais tarde a maioria dos países europeus acabou adotando este modelo. As principais alternativas eram a separação total entre a Igreja e o Estado, como nos Estados Unidos, ou uma separação parcial, como na Grã-Bretanha. Em todo o caso, no que diz respeito aos judeus, os resultados foram os mesmos. A comunidade judaica deixava de existir como entidade política autônoma, e os tribunais rabínicos perdiam quase toda jurisdição. A nova comunidade era, de fato, uma corporação privada, e a filiação era uma opção individual. Se decidisse não se filiar, não precisava sofrer nenhum tipo de discriminação. Os dirigentes religiosos, por outro lado, deveriam esforçar-se para conquistar e manter a adesão dos indivíduos. Mas, para os que decidiam não aderir, não restavam estruturas formais alternativas nas quais pudessem expressar a identidade judaica.

Enquanto isso, surgiram no leste da Europa várias tendências. Os judeus viviam rodeados de povos que estavam empenhados na luta pela autodeterminação nacional, e até mesmo as religiões tendiam a adotar uma identidade nacional. A emancipação e a integração desenvolveram-se muito lentamente, precedidas pelo secularismo. O movimento iluminista judeu, ao mesmo tempo que combatia o domínio da religião judaica tradicional, encorajava o desenvolvimento de uma cultura leiga especificamente judaica. Se os judeus deveriam desempenhar um papel corporativo no Estado moderno (argumentava-se cada vez mais) deveriam fazê-lo como minoria nacional e não religiosa. A idéia demorou a encontrar uma expressão concreta, mas finalmente produziria um efeito significativo sobre o curso da história judaica na Europa Oriental e no mundo inteiro.

A cidadania implicava tanto privilégios como responsabilidades. A admissão de Lionel de Rothschild no Parlamento Britânico em 1858, eximindo-o do juramento cristão (*acima, à esquerda*), foi um passo fundamental na luta pela emancipação judaica, mesmo que então, na prática, os judeus britânicos sofressem poucas limitações. Mas, até 1871, os que não pertenciam à Igreja oficial não tinham direito a graduar-se nas universidades de Oxford e Cambridge. As reformas que vieram depois não beneficiaram apenas os judeus: são parte da evolução do Estado moderno, com sua tolerância à dissensão. Uma obrigação fundamental do cidadão era o serviço militar, que significou um passo importante para a integração dos judeus nativos na sociedade. Até na Rússia, onde os judeus ainda não desfrutavam de todos os direitos de cidadãos, foram obrigados ao recrutamento universal pela lei de 1874, e milhares deles serviram como soldados na guerra russo-turca, três anos depois (*acima*).

OS ÚLTIMOS 150 ANOS

Os aparecimentos do povo judeu no palco da história foram dolorosos e com freqüência trágicos. Nos séculos XIX e XX, o judaísmo começou um processo de emancipação e atravessou provações terríveis num ambiente social e político que viu o surgimento de duas novas forças: o anti-semitismo e o nacionalismo judaico. As duas forças puseram judeus contra não judeus e judeus contra judeus, ocasionando, em rápida sucessão, dois novos marcos históricos: o Holocausto nazista e o estabelecimento do Estado de Israel. O mapa do mundo judaico foi mais alterado do que se admite, por devastações e migrações, e o tom otimista das décadas de 1860 e 1870 transformou-se em incerteza e autoquestionamento.

A década de 1880 começou mal para os judeus da Europa. Em 13 de março de 1881 o czar reformista Alexandre II foi assassinado. Seis semanas depois estourou uma onda de pogroms, que se prolongou por quase um ano. Em mais de 200 cidades, turbas selvagens atacaram os judeus, matando, violando e saqueando suas propriedades com impunidade e, aparentemente, com o apoio oficial. Em maio de 1882, um programa de legislação discriminatória (as Leis de Maio) anulou as reformas recentes e impôs restrições intoleráveis à vida judaica. No mesmo ano, um congresso anti-semita foi convocado na Alemanha, e o partido anti-semita obteve cadeiras no parlamento, enquanto na Hungria reaparecia a certidão de sangre, como na Idade Média.

É uma triste reflexão sobre a natureza humana que a mesma era que garantiu a liberdade dos judeus também revelou uma nova forma de hostilidade. Enquanto o antigo antijudaísmo cristão justificava-se com argumentos teológicos, o novo anti-semitismo (um termo sinistramente pseudocientífico cunhado em 1879) apelava para uma suposta inferioridade biológica e representava os judeus como um vírus estrangeiro, corruptor da sociedade européia. O anti-semitismo alimentava-se dos velhos preconceitos antijudaicos, que as igrejas – que os haviam criado e fomentado em certa época – não fizeram nada para combater; este sentimento obtinha um grande ímpeto do acelerado processo de mudança da sociedade européia – do qual a emancipação judia era um componente –, que por sua vez constituía uma ameaça, real ou imaginaria, para interesses muito enraizados. Centrando seu programa político antiliberal no "perigo judeu", os anti-semitas pretenderam produzir um diagnóstico insustentável e simplista dos males da sociedade. Uma medida das profundas raízes do sentimento antijudaico é que a doutrina se estendeu com um sucesso extraordinário a partir da Alemanha para toda a França, a Áustria e até a Rússia.

Na Alemanha, o anti-semita Partido Cristão Socialista foi fundado pelo pastor protestante Adolf Stöcker, que em 1882 presidiu o congresso anti-semita internacional de Dresden. Em diversos países foram formados partidos semelhantes, que incitavam um ódio primitivo e pressionavam para que fosse rejeitada a libertação dos judeus. Um volumoso caudal de literatura antijudaica foi publicado, que mascarava o preconceito sob o pretexto de argumentos lógicos, e logo começaram a eclodir distúrbios antijudaicos.

Na Rússia, os pogroms de 1881 foram seguidos por repetidas eclosões de terror oficialmente apadrinhado, e as Leis de Maio foram cumpridas com rigidez. Com esta combinação de violência física e agressão legal, o começo de uma integração dos judeus na vida

"É culpa sua!" Caricatura de Abel Pann (1915). Os judeus, bodes expiatórios universais, são acusados de todos os problemas da Europa.

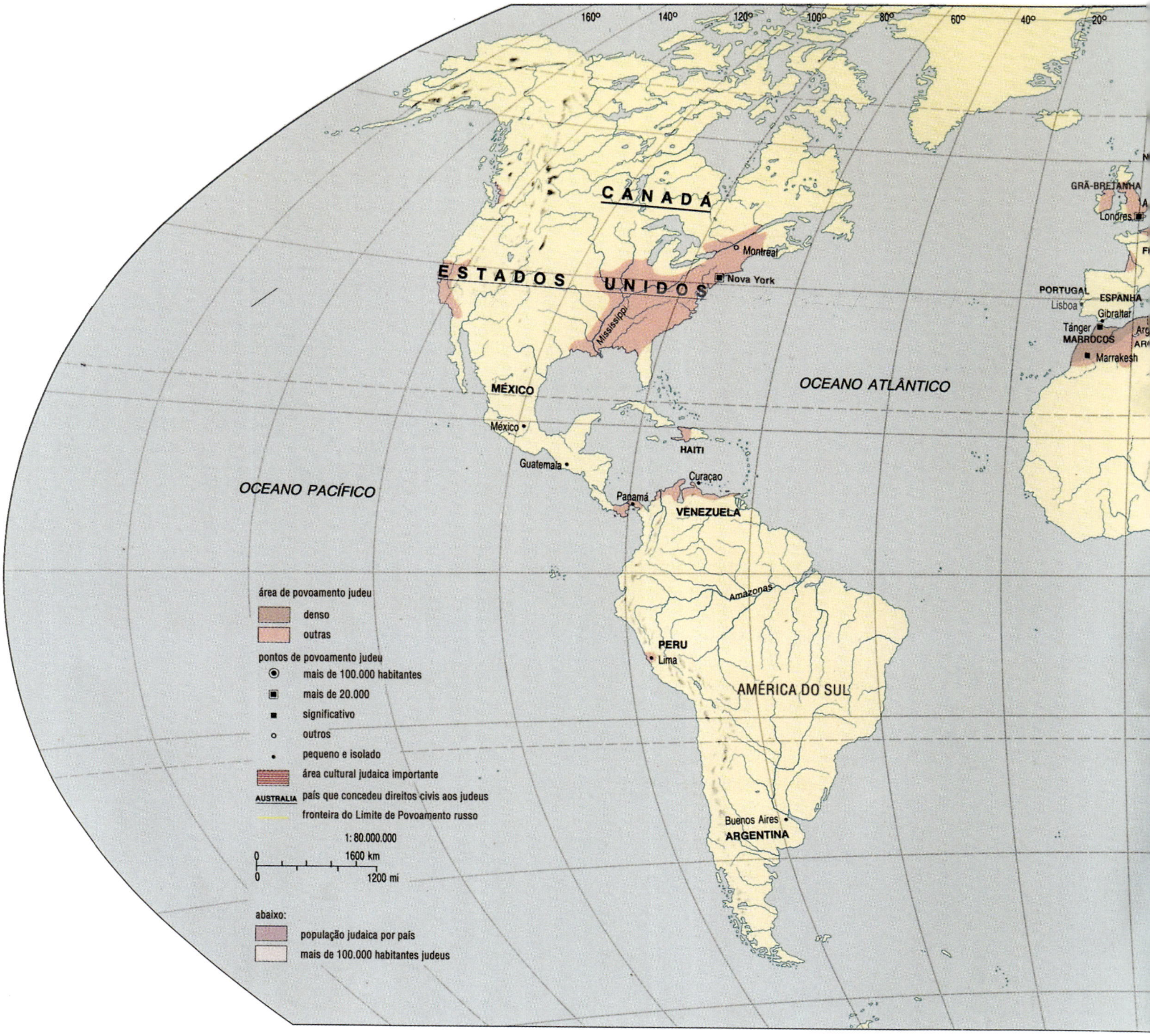

russa foi sufocado brutalmente. Também na Rússia se deu um novo rumo aos argumentos anti-semitas com a publicação de um documento espúrio que pretendia ser um plano judeu para a dominação do mundo: os *Protocolos dos Sábios do Sião.* Foi traduzido para muitas línguas e publicado em quase todos os países da Europa, assim como na América do Norte e do Sul. Os *Protocolos* ainda hoje caracterizam a propaganda anti-semita, embora se tenha demonstrado há muito tempo que são uma falsificação maliciosa. A partir daí, os judeus não apenas aparecem como uma presença estranha, mas também como um movimento político subterrâneo e subversivo. Suas riquezas e influências foram exageradas de um modo grotesco como parte do mito, e foram acusados de eventos tão diferentes quanto a Guerra dos Bôeres e a Revolução Bolchevique.

O mundo judeu em 1880
Pouco antes das grandes migrações, havia cerca de 7,7 milhões de judeus no mundo, 90% deles na Europa, e a maioria na região oriental do continente. Só em Varsóvia, havia mais judeus do que em toda a Grã-Bretanha e na França juntos. Embora a emancipação já fosse um movimento muito avançado, beneficiava apenas uma minoria dos judeus, e a maioria ainda sofria com a carência de direitos e com uma discriminação hostil. Fora da Europa ocorria o mesmo: as principais concentrações estavam no mundo islâmico, e as comunidades das Américas, da África do Sul e da Australásia eram pequenas e dispersas. Nova York é uma notável exceção: reunia 80.000 pessoas e crescia rapidamente.

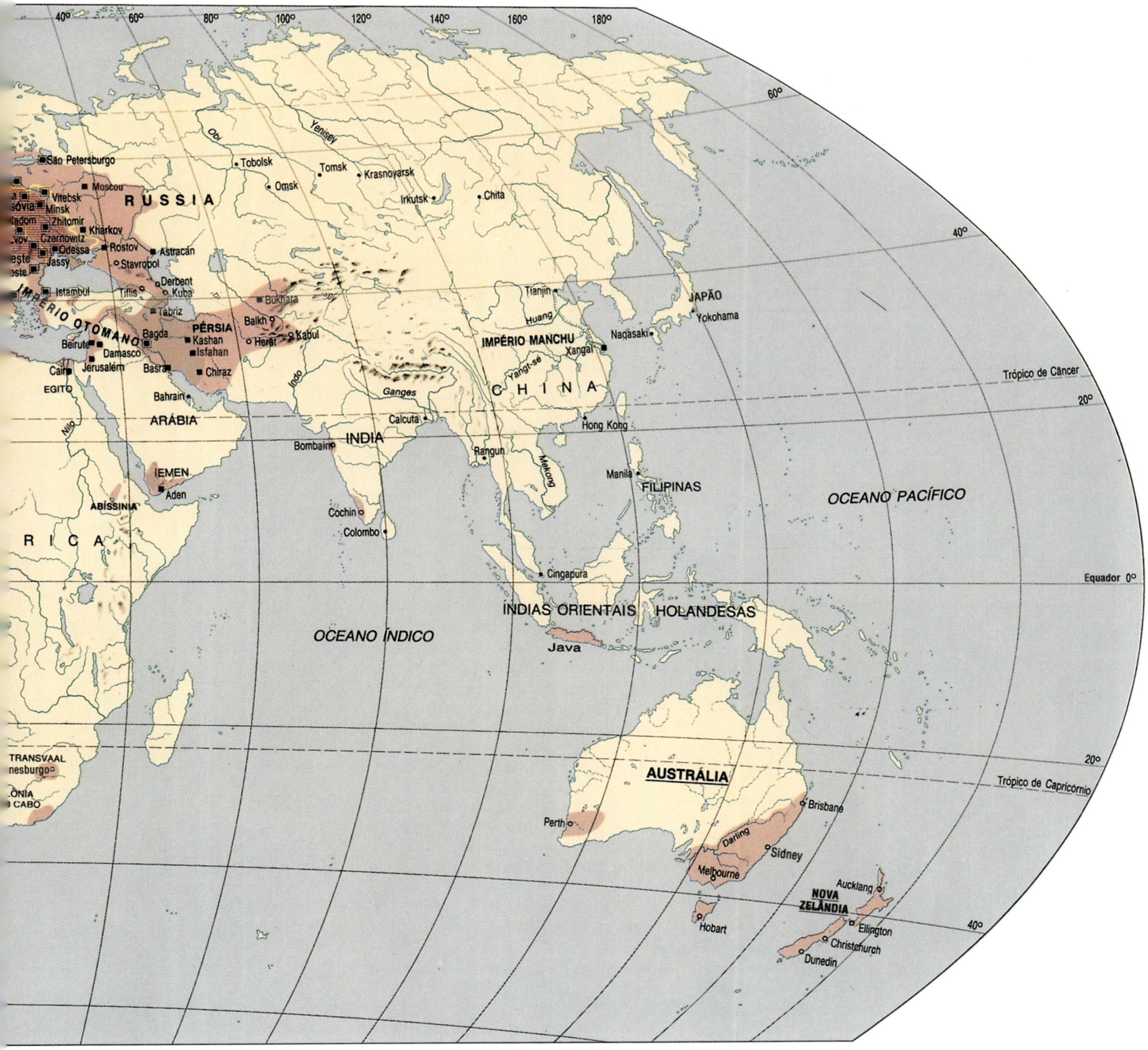

Um resultado de todo este processo foi o extraordinário crescimento da taxa de emigração, sobretudo proveniente da Rússia. O século XIX foi para os judeus um período de migração, como de fato foi para toda a Europa. Grandes grupos humanos deslocaram-se dentro do continente e para os novos territórios que se abriam no além-mar, nas Américas, na África do Sul e na Oceania. A causa principal destes movimentos era de tipo econômico. O rápido crescimento da população tornou mais penosa a situação, e a industrialização atraía um grande número de pessoas para as cidades, que tinham dificuldades para absorver todo aquele fluxo. A explosão demográfica judaica foi particularmente traumática. Entre 1800 e 1900 a população mundial praticamente duplicou, mas a população judia quadruplicou, de 2,5 para 10,6 milhões. O mais notável é que o grosso deste crescimento ocorreu na Europa Oriental, especialmente na Rússia, cuja população judia de 1,6 milhões em 1820 chegou a 4 milhões em 1880 e a perto de 5,6 milhões em 1910, apesar da emigração constante. A região constituía uma espécie de reserva, que repovoava constantemente as comunidades judaicas do centro e do oeste da Europa, que, por outro lado, diminuíam pela emigração para outros continentes, a assimilação e a redução demográfica atribuíveis aos efeitos da rápida urbanização. Após o começo dos pogroms, o que havia começado como uma fraca corrente transformou-se numa verdadeira maré. Entre 1881 e 1914, cerca de 2.750.000 judeus abandonaram a Europa Oriental: mais de um terço dos judeus da região, e mais de um quarto da população judaica mundial. Semelhante movimento populacional não tinha precedentes na história judaica e teve um notável efeito sobre o panorama geral do mundo judaico.

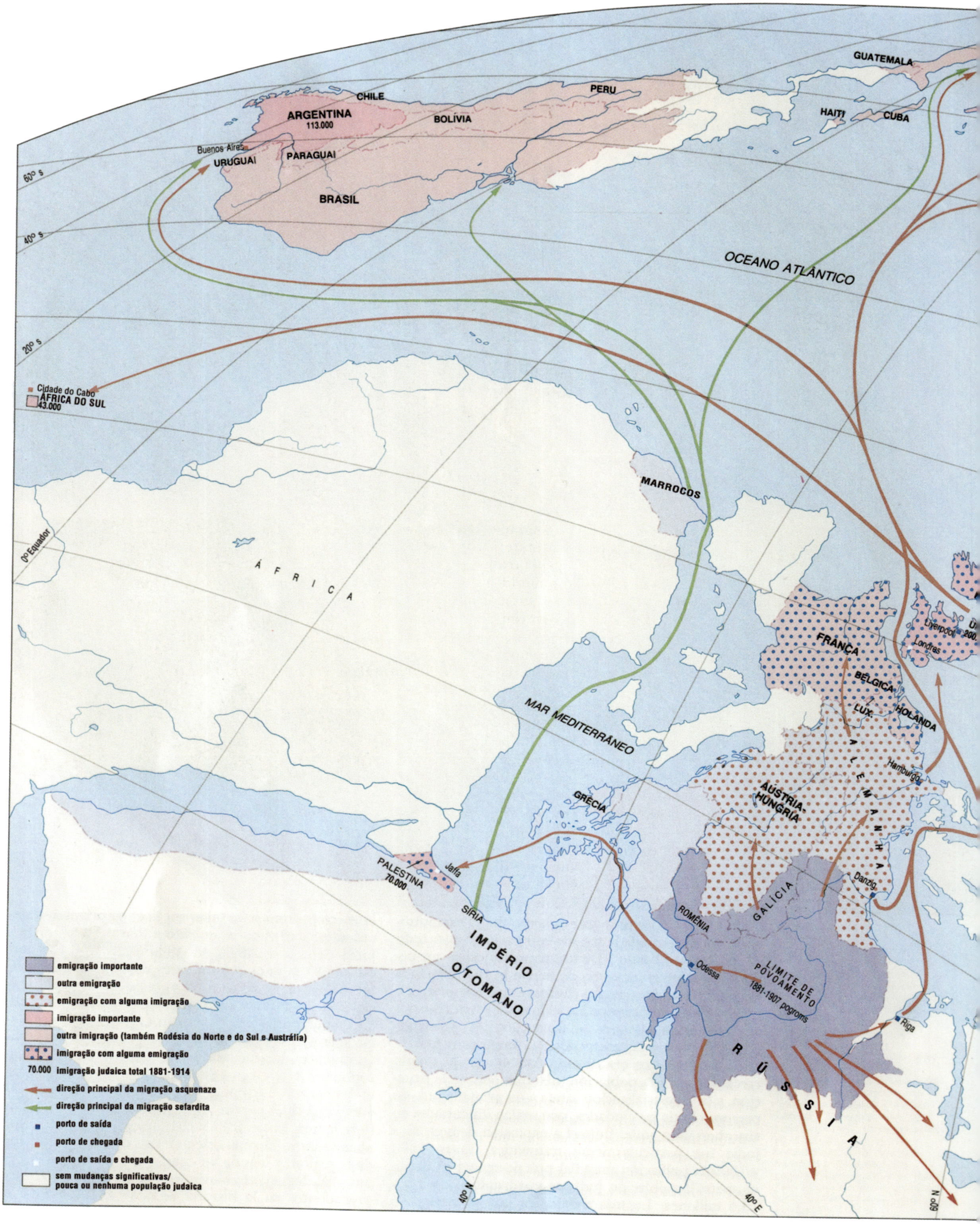
GUATEMALA
CHILE
PERU
ARGENTINA
113.000
BOLÍVIA
HAITI
CUBA
Buenos Aires
URUGUAI
PARAGUAI
BRASIL
60º S
40º S
20º S
OCEANO ATLÂNTICO
Cidade do Cabo
ÁFRICA DO SUL
43.000
MARROCOS
0º Equador
Á F R I C A
Liverpool
200
Londres
FRANÇA
BÉLGICA
LUX.
HOLANDA
MAR MEDITERRÂNEO
A L E M A N H A
Hamburgo
GRÉCIA
ÁUSTRIA-HUNGRIA
PALESTINA
70.000
Jaffa
Danzig
GALÍCIA
ROMÊNIA
SÍRIA
IMPÉRIO OTOMANO
Odessa
LIMITE DE POVOAMENTO
1881-1907 pogroms
Riga
R Ú S S I A
40º N
40º E
60º N
emigração importante
outra emigração
emigração com alguma imigração
imigração importante
outra imigração (também Rodésia do Norte e do Sul e Austrália)
imigração com alguma emigração
70.000 imigração judaica total 1881-1914
direção principal da migração asquenaze
direção principal da migração sefardita
porto de saída
porto de chegada
porto de saída e chegada
sem mudanças significativas/
pouca ou nenhuma população judaica

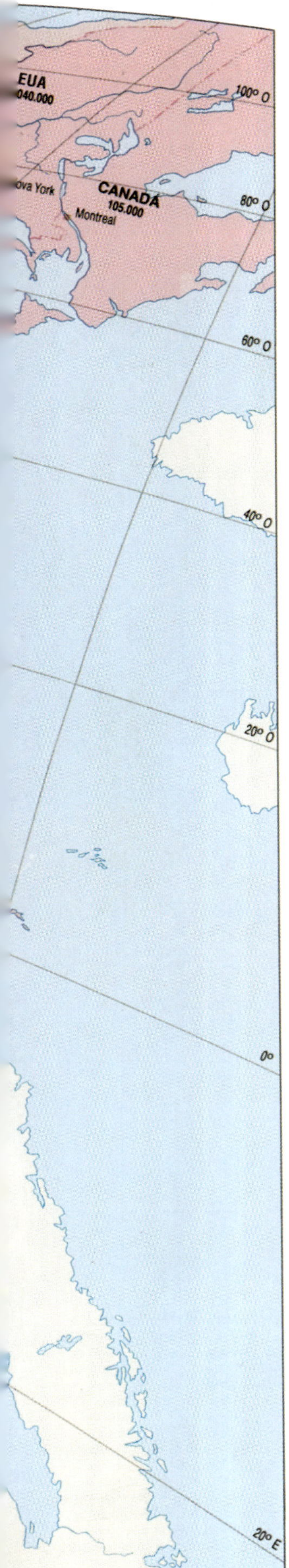

Esquerda: A Grande Migração: 1881-1914
Em muitas áreas da Europa rural, a explosão demográfica provocou tensões sociais e pobreza numa escala sem precedentes, e milhões de pessoas tiveram de deixar sua terra em busca de melhores oportunidades, fosse nas cidades em desenvolvimento, fosse em outros continentes. Essa explosão foi dramática na Europa oriental, onde condições políticas adversas deram aos judeus uma razão extra para sair. Mais de dois milhões de judeus emigraram da Europa neste período (comparados com os 200.000 dos 40 anos anteriores); e 85% deles se instalaram nos Estados Unidos, onde constituíram um dos grupos de emigrantes mais numerosos. Outros 760.000 judeus deixaram a Europa entre 1915 e 1931.

Direita. A Estátua da Liberdade, que tem gravados os famosos versos da poetisa judia Emma Lazarus, simboliza a esperança de uma nova vida para estes emigrantes europeus. As tradições religiosas que traziam com eles da Europa (*direita, abaixo*) seriam postas à prova e transformadas no Novo Mundo.

Na Europa Ocidental, as comunidades judaicas, modestas e relativamente bem integradas, viram-se inundadas de imigrantes, cuja pobreza era uma carga pesada para os recursos da comunidade e cujas diferenças culturais causavam conflitos internos. Na Grã-Bretanha, por volta de 1914, os recém-chegados quintuplicavam os judeus nativos; concentravam-se nas grandes cidades, amontoados e explorados. Nos Estados Unidos, ao que parece a terra das oportunidades ilimitadas e da liberdade, que atraiu à imensa maioria dos emigrantes, os primeiros povoadores centro-europeus haviam acompanhado a expansão do país em direção ao Oeste e ao Sul, onde facilmente podiam ganhar a vida como comerciantes e artesãos. A afluência a partir da Europa Oriental coincidiu, na década de 1880, com o crescimento da grande indústria, e originaram-se concentrações de imigrantes em Nova York, o porto de entrada mais importante, e em outras grandes cidades, onde os recém-chegados eram empregados como mão-de-obra na indústria têxtil. Deste modo, também aqui se desenvolveu um proletariado urbano judeu, com os conseqüentes problemas de pobreza e insatisfação. Os que já estavam estabelecidos prestavam ajuda aos novos emigrantes, e auxiliavam-se mutuamente. Instituíram subsídios para subvencionar a imigração vinda da Europa, que além disso era facilitada pela modernização dos meios de transporte; deste modo, a imigração se auto-sustentava. Por volta de 1900, a população dos Estados Unidos havia chegado a um milhão, e em 1914 já chegava a mais de 1.300.000. A cidade de Nova York sozinha tem hoje em dia um milhão de habitantes judeus, o que a converte, por larga margem, na maior "cidade judaica" do mundo. Enquanto isso, outros países entravam pela primeira vez no mapa judaico, ou reforçavam sua importância dentro dele. Isso foi em parte devido ao trabalho da Associação de Colonização Judaica (ICA), fundada em 1891 pelo barão Maurice Hirsch, que gastou uma imensa fortuna para aliviar a miséria judaica. Seu plano original era educar os judeus russos e ensinar-lhes agricultura e proporcionar formação profissional, mas, quando o governo russo rejeitou sua oferta, decidiu que a única solução era a emigração. A ICA tentou não apenas encarar os problemas mais urgentes da pobreza e da perseguição através de uma emigração convenientemente organizada, mas sim melhorar a vida judaica a longo prazo, estabelecendo colônias auto-suficientes em territórios virgens de países livres. A Argentina foi especialmente selecionada para a colonização agrária, mas também forneceram ajudas para o Canadá, o Brasil, a Palestina e outros lugares.

Obviamente, a Palestina foi um caso especial. Ali as oportunidades, tanto econômicas quanto políticas, não eram brilhantes. Os contingentes que foram para lá – pouco numerosos, mesmo em comparação com o modesto fluxo para o Canadá ou para a Argentina – tinham certo idealismo como motivação, frustrado freqüentemente pelas condições pouco promissoras do país. Porém, com a ajuda de benfeitores do exterior e de organizações beneficentes, o número de imigrantes foi crescendo e várias colônias agrícolas foram estabelecidas (43 por volta de 1914).

A Primeira Guerra Mundial
A guerra ocorreu em algumas das áreas de maior densidade de população judia, e produziu graves sofrimentos entre os civis, além de muitos mortos e feridos entre os soldados de ambos os lados. Os judeus da Rússia se emanciparam, finalmente, depois da Revolução de 1917, e os tratados de paz do após-guerra incorporaram garantias aos direitos da minoria judia da Europa central e oriental (ver quadro). De qualquer modo, em vários países a discriminação e as explosões de violência antijudaica continuaram.

Nacionalismo ou socialismo?

Enquanto em outros países o problema era a integração dos judeus como grupo dentro de uma sociedade predominantemente não judia, na Palestina o objetivo dos sionistas era construir uma sociedade judaica que conseguisse ser autônoma. O sionismo pode ser considerado como uma forma radical de rejeição à assimilação, ou então como uma assimilação ao modelo do nacionalismo europeu. O movimento surgiu como resposta à recusa de integração dos judeus implícita no anti-semitismo organizado das décadas de 1880 e 1890. Embora tenha absorvido e desenvolvido idéias nacionalistas anteriores, foi o anti-semitismo o que proporcionou ao sionismo os fundamentos e a popularidade. Leo Pinsker publicou sua *Auto-emancipação* como reação aos pogroms de 1881; Theodor Herzl redigiu seu *Estado judeu* (1896) após haver experimentado o anti-semitismo francês na época do julgamento de Dreyfus. Suas idéias tiveram pouco apoio entre os judeus ocidentais; foi na Rússia sacudida pelos pogroms onde pela primeira vez cativou a imaginação popular, e se estendeu posteriormente entre as massas de emigrados russos nos países ocidentais. Sua atração foi particularmente forte entre os socialistas russos, que viram no Estado judaico a possibilidade de estabelecer uma sociedade igualitária livre do domínio religioso, da exploração econômica e da maldição do anti-semitismo. O primeiro Congresso Sionista, cele-

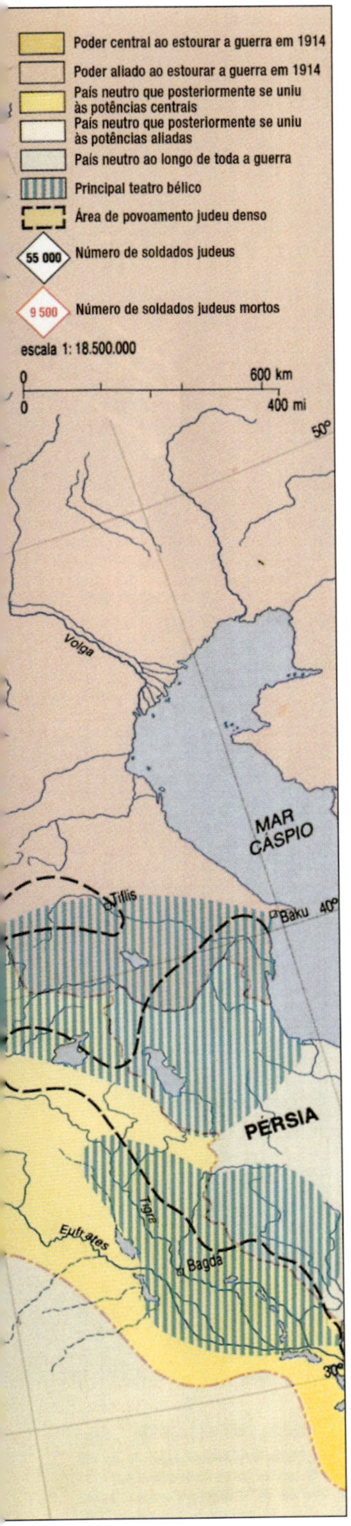

O caso do capitão Alfred Dreyfus (*abaixo*), em 1899, mostrou claramente poderosas correntes de preconceitos antijudaicos e demonstrou até que ponto os judeus estavam longe de ser aceitos mesmo num país como a França, que se jactava de seus princípios humanitários. O escândalo impulsionou a demanda do sionismo, que deixou de ser meramente um sonho quando os britânicos tomaram Jerusalém dos turcos em 1917 (*canto inferior*). Outro desafio à consciência liberal do Ocidente foi o *pogrom* de Kishinev em 1903, na Rússia, no qual 47 judeus foram assassinados brutalmente. "Maldito seja quem gritar 'Vingança!'. Nem o mesmo diabo pensaria em vingar o sangue de uma criança", escreveu o poeta judeu Bialik. As crianças que ficaram órfãs por causa do *pogrom* ficaram sob a custódia da HIAS (Sociedade de Ajuda ao Imigrante Hebreu), dos Estados Unidos (*esquerda*). Entretanto, a ORT (Organização de Reabilitação pelo Trabalho) estabeleceu fábricas como esta (*abaixo, esquerda*), na Argentina.

brado na Basiléia em 1897, escolheu uma bandeira e um hino nacional e fundou uma organização internacional que tinha como objetivo o estabelecimento de um território judeu na Palestina. Os líderes sionistas não tinham objetivo comum nem estavam de acordo quanto aos meios para alcançá-lo, mas todos concordavam que a emancipação nos países da Europa, quaisquer que fossem as oportunidades que pudessem oferecer a indivíduos judeus, não podia resolver o problema dos judeus como nação.

Nem todos os socialistas judeus sentiam-se atraídos pelo sionismo. Os judeus tinham uma longa história de compromisso com o socialismo, que remontava aos dias de Moisés Hess (1812-1875) e Ferdinand Lassalle (1825-1864). Em geral, acreditavam que a revolução social acabaria com o problema judeu, que eles definiam como produto de uma sociedade burguesa e uma economia capitalista. Após os primeiros pogroms os diversos movimentos radicais da Rússia conquistaram a adesão dos judeus, que freqüentemente vagavam de uma ideologia reformista a outra. No princípio, a barreira lingüística foi um obstáculo para a difusão do socialismo entre a massa trabalhadora judia de língua iídiche, mas, em 1897, estabeleceu-se um movimento socialista especificamente judeu, em Vilna. O Bund (chamado oficialmente "Liga Geral de Trabalhadores judeus da Lituânia, da Polônia e da

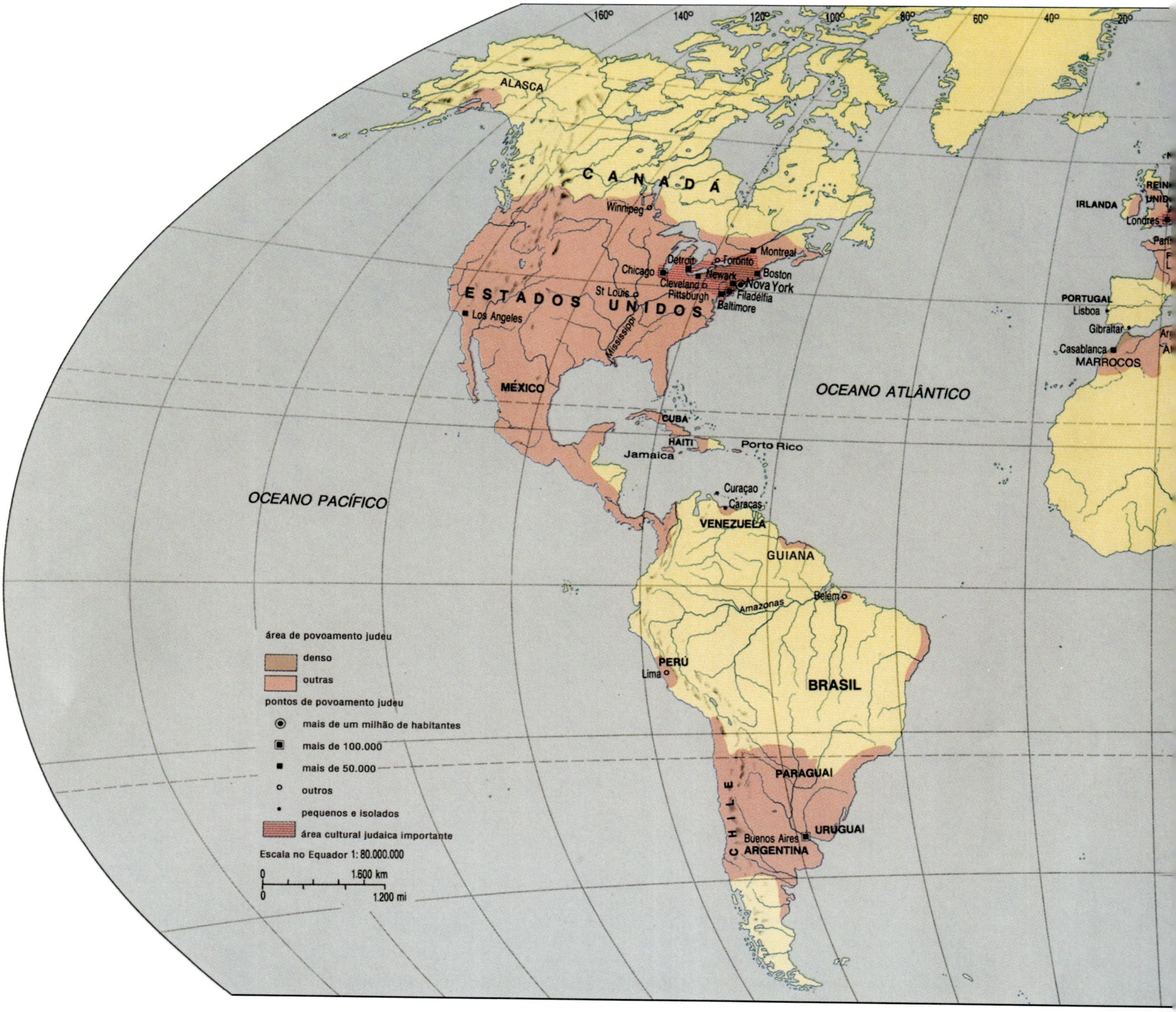

Rússia") adotou desde o princípio a resolução de defender os interesses dos trabalhadores judeus e de combater a discriminação antijudaica, "já que os trabalhadores judeus não sofrem apenas como trabalhadores, mas também como judeus". O movimento recebeu um grande apoio, e o conteúdo especificamente judeu de sua política tornou-se cada vez mais importante. Em 1901, o Bund adotou o nacionalismo judeu como política e quatro anos depois incorporou a idéia de uma autonomia cultural para os judeus russos, advogando pelo reconhecimento do iídiche como linguagem oficial. Um triplo conflito ideológico ocorreu entre os adeptos do Bund, os sionistas e os socialistas de convicções mais universalistas. Os socialistas desqualificavam os sionistas como "nacionalistas burgueses", e Lênin, profundamente sensível aos sofrimentos da comunidade judaica russa, chamou os adeptos do Bund de "sionistas com medo de vertigem". Estes dois movimentos judaicos, abertamente hostis um ao outro, eram suspeitos de possível anti-semitismo residual até dentro das filas socialistas. Ao mesmo tempo, o socialismo e o nacionalismo opunham-se dentro do mundo judaico numa ampla frente que abrangia desde os tradicionalistas religiosos, que ainda ansiavam a relativa autonomia de etapas anteriores, até os religiosos modernistas, do Ocidente, que mantinham uma fé inquebrantável no Iluminismo e no progresso. Ambos os grupos protagonizaram uma áspera polêmica. As divisões eram uma reminiscência dos conflitos sectários que caracterizaram o final do período do Segundo Templo.

A Primeira Guerra Mundial e a história judaica

A Primeira Guerra Mundial foi desastrosa para toda a Europa, mas para os judeus representou uma perda sem precedentes. Não apenas pelo número de baixas em ambos os lados (no total, morreram uns 140.000 judeus, a maioria russos), como também porque, pela primeira vez, o teatro bélico desenvolveu-se em terri-

O mundo judeu em 1930
O mundo judeu estava então no auge no que diz respeito à extensão, à população e às condições de vida em geral. Havia mais de 15 milhões de judeus no mundo. A metade deles ainda vivia na Europa central e oriental, onde representavam 6% da população total. Na Polônia, os três milhões de judeus eram quase 10% do total de habitantes, e em alguns lugares eram maioria. Mas a emigração passou por algumas mudanças muito importantes. Os Estados Unidos haviam acabado de alcançar o posto de país com a comunidade judaica mais numerosa do mundo, com mais de quatro milhões de membros (3,6% da população geral), enquanto na Palestina sob domínio britânico a reduzida mas crescente população judia de 160.000 pessoas constituía quase 18% do total. Muitas comunidades apareceram pela

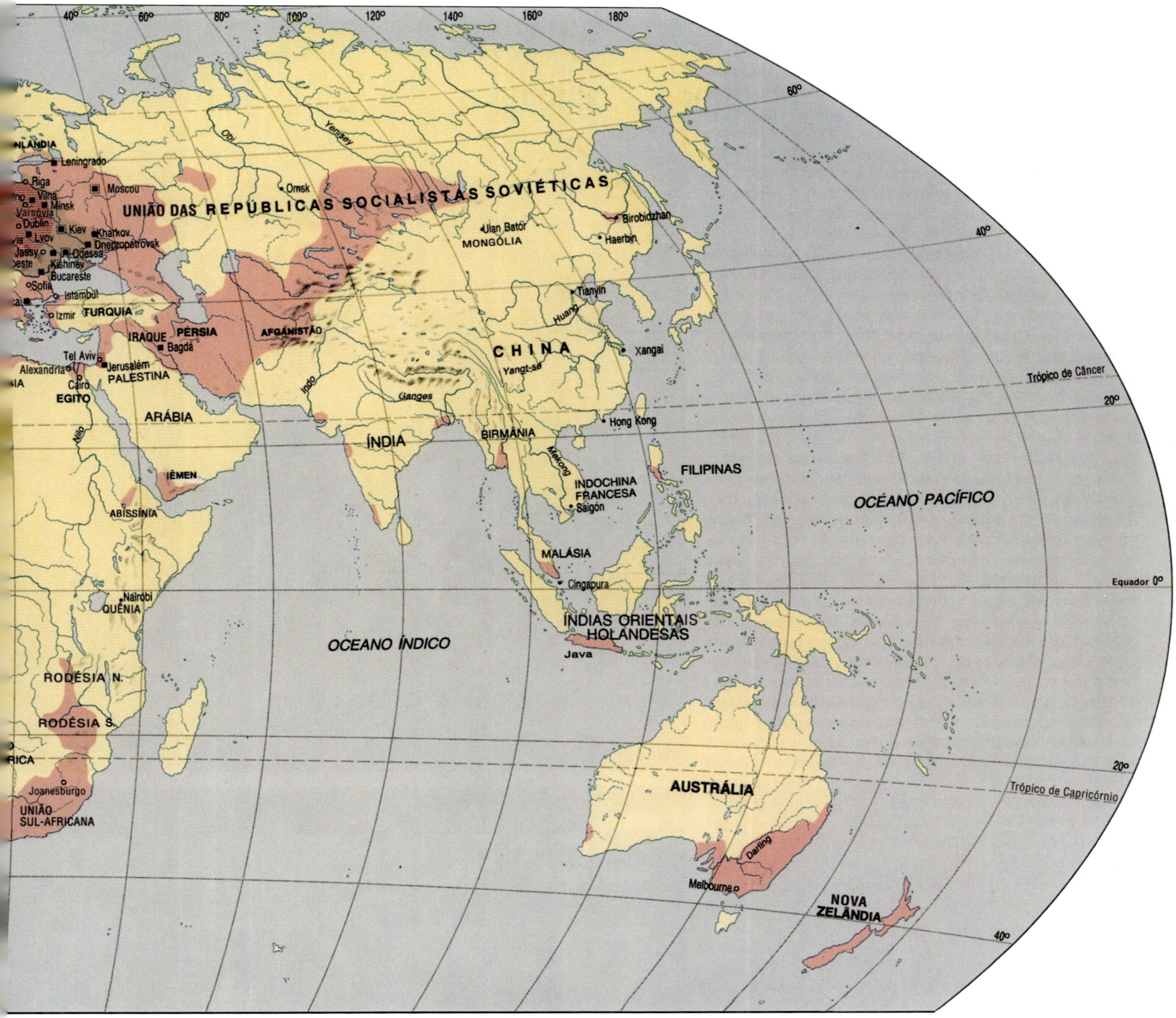

primeira vez no mapa. Eram poucos os países que impunham restrições à vida judia; em muitos lugares os judeus estavam bem integrados em todos os níveis sociais. Apesar da incerteza econômica, existia um sentimento generalizado de progresso e satisfação. Mas essa era a bonança que precedeu a tempestade: as nuvens da maior tragédia que a história judaica conheceu já estavam se aproximando.

tórios densamente povoados por judeus na Europa Oriental. Além dos civis mortos na luta, muitos fugiram das zonas de guerra como refugiados, e sucumbiram à fome e às epidemias. Nos últimos momentos da guerra, estalaram pogroms na Hungria, na Polônia e na Ucrânia, que deixaram um saldo de dezenas de milhares de judeus mortos ou sem lar. A guerra também deteve a emigração. O êxodo foi retomado depois de 1918, mas se tentava de reprimi-lo e os países receptores começaram a gradualmente impor restrições à entrada de judeus.

Três grandes eventos ocorridos durante a guerra exerceriam um efeito significativo sobre a história judaica: a Revolução Russa, a conquista britânica da Palestina e o surgimento dos Estados Unidos como potência mundial.

A revolução de março de 1917 na Rússia varreu de um só golpe toda a legislação opressiva antijudaica, e os judeus de todas as tendências lhe deram entusiásticas boas-vindas. Mesmo quando os bolcheviques se apoderaram do poder oito meses depois, isso não foi considerado no início como um perigo, já que os líderes dessa facção haviam expressado sua simpatia pelos judeus como vítimas proeminentes do czarismo, e alguns deles até eram judeus. Mas os bolcheviques não conseguiram erradicar o preconceito contra os judeus na Rússia, e, por motivos ideológicos, acrescentaram sua própria perseguição da religião judaica e dos movimentos "contra-revolucionários" do Bund e dos sionistas. No entanto, os judeus como indivíduos tiveram novas oportunidades e muitos alcançaram posições proeminentes dentro do Partido Comunista e do governo.

O avanço militar britânico na Palestina coincidiu com o reconhecimento oficial pelo governo britânico, em 2 de novembro de 1917, das aspirações sionistas, na Declaração Balfour. O objetivo de um lar nacional judeu foi incorporado imediatamente no Mandato da Liga das Nações para Palestina, e pela primeira vez pareceu ser um propósito realista. O movimento sionista começou então a obter um maior apoio dos judeus ocidentais, mas também aumentou o anti-sionismo, e as comunidades judaicas encontravam-se apaixonadamente divididas. O fim da dominação turca também reforçou o nacionalismo árabe no Oriente Próximo, e ocorreu uma luta tríplice, enquanto os britânicos tratavam ineficazmente de manter o equilíbrio entre os movimentos nacionais rivais, cujo conflito se tornava cada vez mais violento.

A intervenção norte-americana na guerra européia foi acompanhada – e de fato precedida – pela tomada de responsabilidades, pelos judeus norte-americanos, sobre seus irmãos europeus. O interesse pelos apuros da comunidade judaica do leste da Europa levou à criação de serviços de auxílio e mesmo à intervenção política alguns anos antes, e em 1906 foi fundado o Comitê Judaico-Americano (baseado no modelo de organizações européias ocidentais como a Anglo Jewish Association e a Alliance Israélite Universelle), com o objetivo de defender os direitos dos judeus em todo o mundo e de amenizar as conseqüências da perseguição. Em 1914 o Comitê Judaico-Americano reuniu um grande número de grupos dispersos para coordenar a coleta de fundos e as tarefas de auxílio através do Comitê de Distribuição Conjunta Judaico-Americano (JDC). Na frente político, os sionistas norte-americanos encarregaram-se da organização da Executiva Sionista Mundial, que havia ficado paralisada em Berlim, e estabeleceu-se um Congresso Judaico-Americano para proteger os direitos dos judeus europeus depois do final da guerra. Os líderes judaicos norte-americanos desempenharam um destacado papel no Comitê das Delegações judaicas, na conferência de paz de Versalhes, o que serviu para garantir os direitos das minorias nos novos Estados da Europa Oriental. Infelizmente, a realidade não esteve à altura dos ideais, e apenas alguns destes Estados concederam aos judeus uma igualdade total diante da lei, mas as garantias internacionais serviram como uma importante salvaguarda e contribuíram para que se tornassem públicos os abusos cometidos e, onde foi possível, para que o malefício fosse consertado.

Nuvens sobre o horizonte

Durante a década de 1920, o anti-semitismo continuou sendo um problema na Europa, sobretudo na Romênia, na Polônia e na Hungria, onde a política oficial era desfavorável aos judeus. Na Alemanha de Weimar, os judeus, pela primeira vez, desfrutaram de uma total igualdade política e civil e, em geral, o governo reprimiu decididamente os ultrajes aos judeus, mas os partidos direitistas foram muito ativos na difusão de propaganda ofensiva. Mesmo nos Estados Unidos foi desatada uma onda de xenofobia que encontrou sua expressão na polêmica antijudaica, na discriminação e – o mais relevante – na redução das cotas de imigração. A crise econômica do final da década de 1920 intensificou o preconceito, ao mesmo tempo que provocou uma séria diminuição das verbas de ajuda humanitária.

Enquanto isso, a redução demográfica das comunidades judaicas despertava grande inquietação. A explosão demográfica do século XIX havia sofrido uma drástica inversão. Mesmo antes da Primeira Guerra Mundial um sociólogo alemão havia advertido que a redução da natalidade e os casamentos mistos levariam, com o tempo, ao desaparecimento da comunidade alemã, que apenas se mantinha graças à imigra-

ção. Depois da guerra, esta tendência tornou-se ainda mais pronunciada. A taxa de natalidade judaica em toda a Europa era notavelmente inferior à da população geral, e em alguns grandes centros o número de mortes superava o de nascimentos. Em muitos lugares entre um terço e a metade dos casamentos de judeus eram com não judeus, e os filhos geralmente eram educados como não judeus. Um grande número de judeus abandonava a comunidade, seja para converter-se ao cristianismo, seja para declarar-se "não-religiosos". Nem mesmo o modesto crescimento das comunidades afro-asiáticas, devido à melhoria das condições de vida, pôde compensar as perdas. Em 1930, a população judaica mundial era estimada em 15 milhões, o que revelava um leve declínio em comparação com os cálculos de anos anteriores. A metade do total ainda pertencia à Europa Central e Oriental, mas já se vislumbravam no horizonte as nuvens da catástrofe que acabariam com o predomínio da região no mapa da comunidade judaica mundial.

Naquele momento, no entanto, poucos suspeitavam da magnitude do desastre que se avizinhava para Europa em seu conjunto, e para seus judeus. A vida continuou bastante normal durante algum tempo, mesmo após a ascensão do Nacional-socialismo ao poder na Alemanha de 1933, com sua conseqüência de agitações anti-semitas e violência. A resposta dos judeus foi fragmentada e, em alguns círculos, de um otimismo patético. A política nazista de isolar, discriminar e, por fim, expulsar os judeus, impunha-se gradualmente, junto com uma propaganda hipócrita que mascarava ou distorcia seus efeitos. Visto retrospectivamente, parece mentira que não tenha havido nenhum protesto mais decidido nem um sentido mais forte de urgência nas reações judaicas. Uma petição à Liga das Nações feita na ocasião conseguiu a revoga-

"Leite negro do amanhecer o bebemos ao anoitecer o bebemos ao meio-dia pela manhã o bebemos de noite" (Pan Celan). A hora mais negra dos judeus europeus se aproximava com rapidez, e um dos indícios era a emigração a passo acelerado. Entre 1932 e 1939, mais de meio milhão de judeus abandonou a Europa. Pela primeira vez uma proporção significativa, 46%, emigrou para a Palestina (*acima*). Se nos 50 anos anteriores as causas da emigração haviam sido fundamentalmente econômicas, então eram basicamente políticas. O anti-semitismo, que nunca havia morrido, levantava de novo a cabeça em toda a Europa, e especialmente na Alemanha (*extrema esquerda*). "A morte chega da Alemanha como um grande senhor, e pouco a pouco os judeus se viram privados de sua cidadania, de seu sustento, de sua dignidade humana. Na noite de 9 para 10 de novembro de 1938, centenas de sinagogas foram destruídas (*esquerda*) e milhares de lares e lojas de judeus foram saqueados. Nos dias posteriores, uma enorme quantidade de judeus foi levada para os campos de concentração. Muitos outros fugiram do país. Mas os lugares onde se podia encontrar refúgio eram poucos. Na Conferência de Evian, em julho de 1938, representantes de 32 países discutiram o problema dos refugiados judeus: todos expressaram sua solidariedade, mas, infelizmente, houve poucas ofertas de ajuda.

ção das leis raciais na alta Silésia, mas esse tipo de resistência foi excepcional. Os próprios líderes nazistas surpreenderam-se com a rapidez e a facilidade com que foi executada sua política antijudaica. A população não judia, após anos de doutrinação, aceitou a situação quase sem protesto, e as manifestações antinazistas no estrangeiro foram inúteis. Os judeus aceitaram muito lentamente o fato de que deveriam emigrar, mesmo depois que as leis de Nuremberg de 1935 os privaram da cidadania alemã. Em 1938, no entanto, a emigração foi acelerada, após a anexação da Áustria em março e dos Sudetos em outubro, e depois dos pogroms de 9 de novembro (*Kristallnacht*), quando numa só noite foram queimadas centenas de sinagogas e cerca de cem judeus foram assassinados nas ruas. Entre 1933 e 1938, cerca de 150.000 do meio milhão de judeus alemães abandonaram o país; igual número fugiu no ano anterior à invasão da Polônia, em setembro de 1939. Deste modo, a maioria dos judeus alemães pôde escapar a tempo da "Solução final".

A história foi muito diferente na maioria dos demais países que caíram sob ocupação nazista. Para muitos judeus, escapar era impossível nas condições daquela época de guerra, e freqüentemente os que podiam fazê-lo não tinham para onde ir. Os britânicos limitaram a emigração estritamente à Palestina, e fecharam as portas das colônias aos refugiados, e poucos países mostraram-se dispostos a aceitar grandes contingentes. Os navios carregados de refugiados iam de porto em porto sem ser aceitos em nenhum lugar. Em todo o caso, os nazistas haviam imposto uma política de extermínio, não de expulsão. E a levaram adiante com uma eficácia impiedosa e um zelo implacável.

Destruição e ressurgimento

Os nazistas exterminaram cerca de seis milhões de judeus entre 1941 e 1945. Os números falam por si. O fato de que igual número de não judeus civis fossem assassinados durante este cataclismo de intensidade e brutalidade sem precedentes não ameniza a sensação de horror e desolação dos judeus. Não é apenas uma questão de números. Foram deliberadamente desumanizados, proscritos da sociedade e convertidos nos bodes expiatórios de todos os males do mundo. Sua morte não podia servir a nenhum objetivo político nem militar concebível. Foi unicamente um ódio irracional, o mais bestial dos instintos humanos, o que os acossou até a destruição. Ficaram sem força, sem amigos, sem esperança, freqüentemente despojados e traídos pelos próprios vizinhos. Até mesmo os sobrevi-

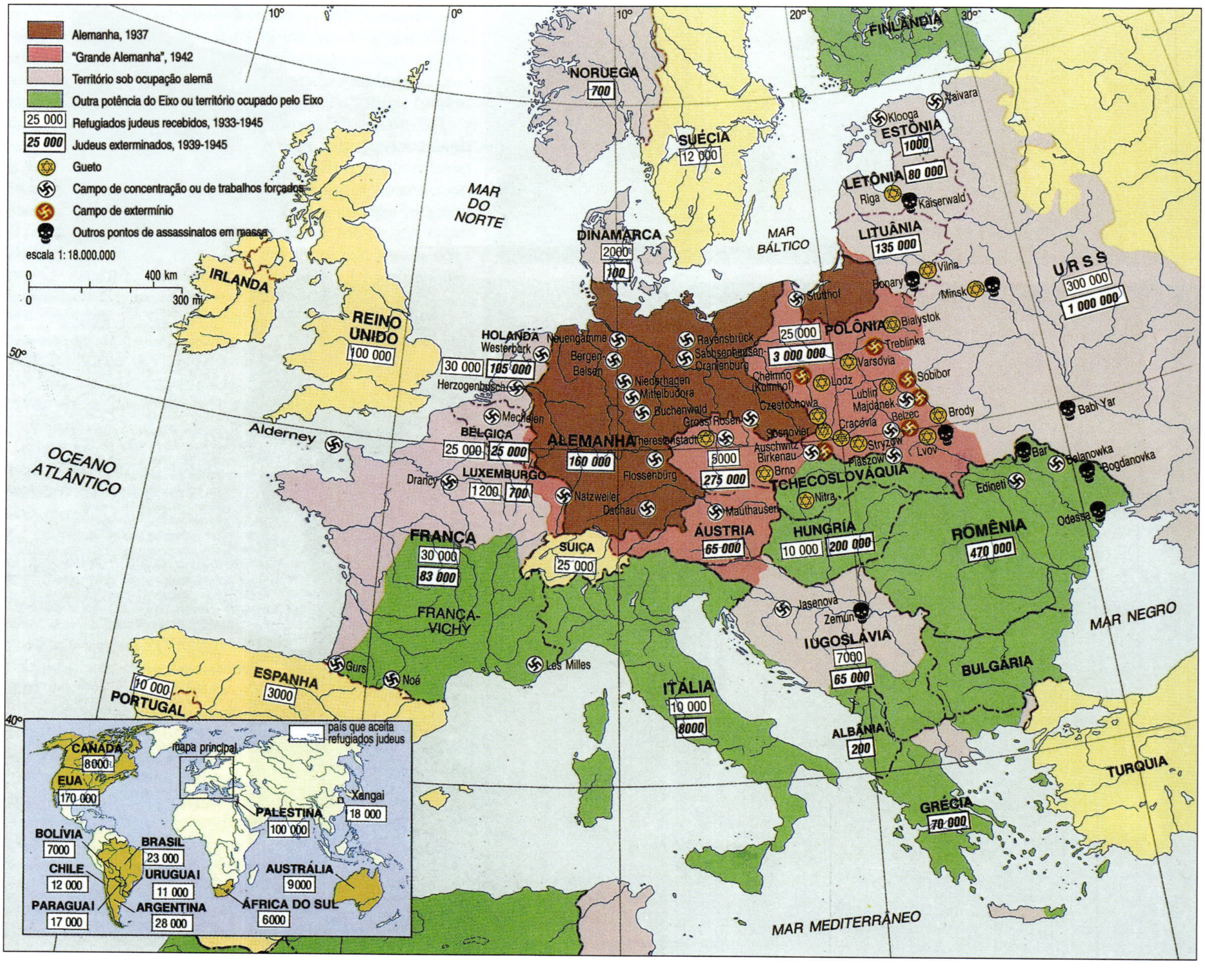

O holocausto nazista
É impossível fazer justiça à enormidade do pesadelo nazista, mas as cifras do mapa expressam por si sós a história. No total, cerca de seis milhões de judeus foram levados à morte, enquanto um milhão ficou sem lar, tudo isso em condições de brutalidade e horror indescritíveis, e em meio aos estragos de uma guerra terrível. Embora os judeus não tenham sido, de modo algum, o único povo que os nazistas transformaram em vítimas, foram acossados com um encarniçamento tão impiedoso e obsessivo, que isso chegou a dominar todo o programa do nazismo, de modo que não é exagerado falar de uma "guerra contra os judeus".

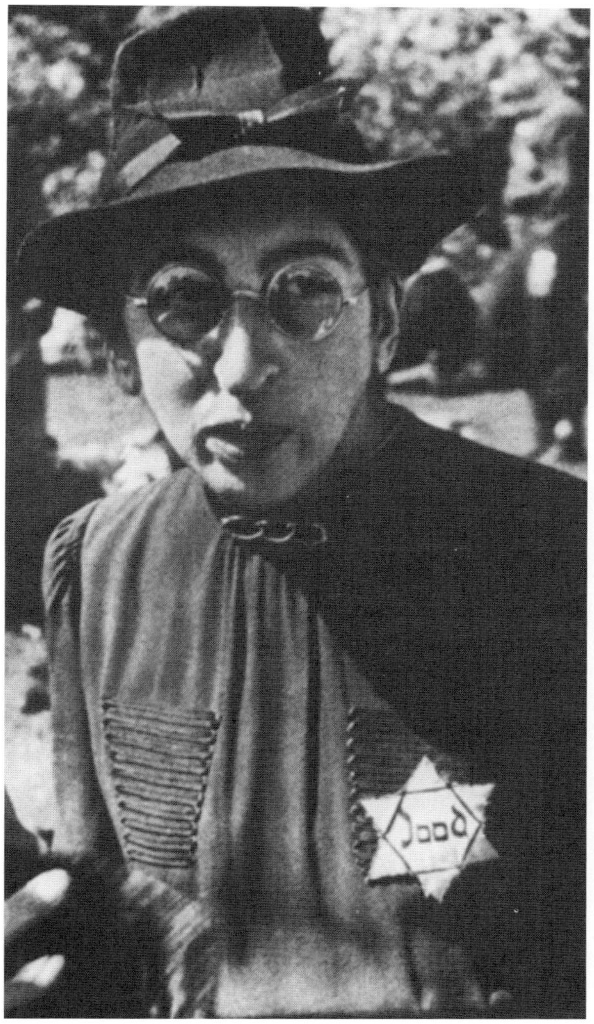

Reduzir o holocausto a estatísticas é outra maneira de desumanizar as vítimas. Cada uma de elas era um rosto, um ser humano único.

Que formosa é o meu amor
com sua roupa de todos os dias
e um pente no cabelo.
Ninguém sabe quão bela era.

Moças de Auschwitz,
moças de Dachau,
não vistes o meu amor?

Vimo-la numa longa viagem,
já não usava a sua roupa
nem um pente no cabelo.

Que formoso é o meu amor,
mimada pela mãe
e pelos beijos do irmão.
Ninguém sabe quão bela era.

Moças de Mauthausen,
moças de Belsen,
não vistes o meu amor?

Vimo-la num pátio gelado
com um número na mão branca
e uma estrela amarela sobre o
coração.

Iakovos Kampanellis, *Cântico dos Cânticos*

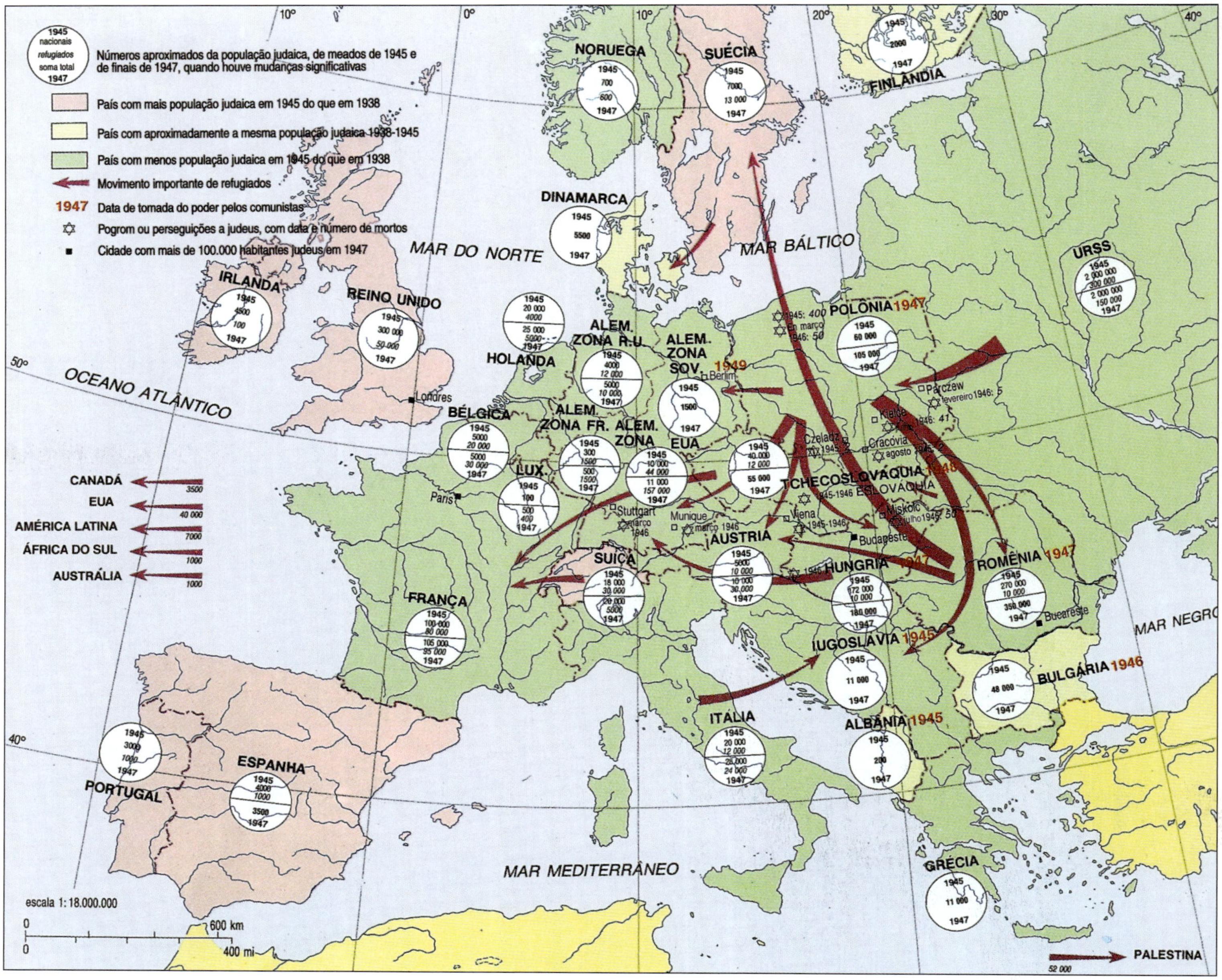

Os judeus na Europa, 1945-1947
No final do holocausto, um dos problemas mais prementes era resolver o destino dos sobreviventes, muitos dos quais viviam precariamente como refugiados apátridas ou em campos temporários. Alguns tentaram recuperar seus lares, mas os que tinham adquirido aquelas propriedades se opuseram à restituição, e em muitos lugares aumentou o anti-semitismo, com ocasionais explosões de renovada violência. Outros tentaram estabelecer-se nos países aonde tinham chegado, ou planejavam partir para o exterior. Mas eram poucos os países dispostos a aceitar um grande número de refugiados, e o processo de repovoação foi lento e doloroso. No final de 1947, havia mais de 200.000 judeus deslocados na Europa. A Grã-Bretanha se opôs firmemente à livre emigração para a Palestina, e ela só pôde dar-se livremente quando da independência israelense em 1948.

ventes ficaram quebrantados e desorientados pela perda de suas famílias, seus lares e de todo o panorama habitual de suas vidas. Para além das tragédias pessoais, as perdas para o povo judeu como um todo foram incalculáveis. Mais de um terço da comunidade judaica mundial foi assassinado. A Europa, sobretudo a central e a oriental, foi despovoada de judeus. As próprias fundações da vida judia nas nações haviam desaparecido dos países que haviam sido o centro do cenário da história judaica por gerações.

Para os judeus que permaneceram entre as ruínas não haveria um retorno imediato à vida normal. Os restos despedaçados precisaram ser restaurados lenta e penosamente em meio ao caos econômico e político. Os sobreviventes sucumbiram às doenças e ao desespero dos campos de concentração, ou então emigraram de país em país em busca de um lar. A recuperação das propriedades de judeus esteve semeada de obstáculos, e em alguns países voltaram a ocorrer distúrbios antijudaicos e pogroms, sobretudo na Polônia, onde, no meio da violência política generalizada, centenas de judeus foram assassinados. A implantação de regimes comunistas nos países libertados pelos russos submeteu os sobreviventes a maiores transtornos econômicos e provocou novas emigrações.

A evolução da América do Norte para uma posição dominante nos assuntos do mundo judaico, que havia começado com as migrações da década de 1880 e manifestou-se durante a Primeira Guerra Mundial, havia chegado a seu apogeu. Os cinco milhões de judeus dos Estados Unidos representavam agora quase a metade da comunidade judaica mundial, e foi o único grande centro de população judaica a não ser afetado pela guerra. As organizações judaicas da Europa transferiram suas sedes para ali, ou pelo menos abriram filiais, e, em 1943, uma conferência judaica norte-americana começou a trabalhar pelo resgate da comunidade judaica européia e pela solução dos problemas do pós-guerra. Depois da guerra, os judeus norte-americanos contribuíram com somas sem precedentes para ajuda e reabilitação, e os sionistas norte-americanos desempenharam um papel fundamental na promoção da causa em favor de um lar nacional judeu. De fato, naquele momento o objetivo não se definia explicitamente como a constituição da "comunidade judaica" na Palestina. Esta controvertida decisão foi tomada, sob a influência de David Ben Gurion, numa conferência extraordinária celebrada no Hotel Biltmore de Nova York em 1942. Representou a dramática execução da política sionista tradicional, que consistia em

O clamor dos sobreviventes judeus na Europa se tornou manifesto com o incidente do *Exodus*. Quando este navio, repleto de cerca de 4.500 refugiados, chegou a Haifa, foi mandado de volta à França com todos os passageiros custodiados. Eles se negaram a desembarcar na França, e foram desembarcados à força na região britânica da Alemanha. Essa atitude poderia ser julgada simplesmente como um ato da mais impiedosa indiferença, e a propaganda sionista qualificou os britânicos de fascistas. Neste momento, o Comitê Especial para a Palestina, das Nações Unidas, estava reunindo provas. Quando o Comitê recomendou a divisão da Palestina entre árabes e judeus, a resposta britânica foi o anúncio de uma imediata retirada.

concentrar-se na tarefa prática de construir o "Lar Nacional", evitando formular os propósitos políticos últimos do movimento. O fato de que a decisão crucial fosse tomada em Nova York e não em Londres ou Jerusalém foi visto, com justiça, como um claro indício de que os Estados Unidos haviam se convertido no centro natural das atividades políticas sionistas.

Uma das conseqüências do Holocausto foi que as organizações sionistas receberam apoio em massa de judeus que antes haviam se mostrado reticentes em relação à idéia de um Lar Nacional. Em outra frente, estabeleceu-se um Congresso Judaico Mundial, sob o impacto da agressão nazista e contra a oposição dos principais sionistas. Foi esta a primeira e única organização internacional representativa dos judeus de todas as filiações religiosas e políticas, e cumpriu com um duplo papel: de reforçar a solidariedade entre os judeus de todos os países e defender seus direitos e interesses; ao mesmo tempo, de unificar a voz da comunidade judaica internacional nas Nações Unidas e em outras assembléias mundiais.

A atenção mais urgente nos anos de pós-guerra recaiu nos sobreviventes do Holocausto europeu. Apesar de muitos haverem voltado a estabelecer-se em outros pontos da Europa ou nos países dispostos a recebê-los, permanecia um número considerável para os quais a única esperança era a emigração para a Palestina. O governo britânico, no entanto, opôs-se decididamente a incrementar a imigração judaica. Durante a guerra, quando as condições existentes impediam em absoluto a imigração, a restrição justificava-se com o argumento de que era preciso evitar que os árabes se unissem ao Eixo. Depois da guerra a situação havia mudado por completo, mas era evidente que o novo governo trabalhista de Londres manteria a política de seus predecessores, de cultivar a amizade dos árabes e frustrar os objetivos dos sionistas. Os esforços para introduzir os refugiados clandestinamente foram redobrados e as diversas facções militares sionistas coordenaram ações de sabotagem contra instalações britânicas. Quando o governo britânico se recusou a acatar, em 1946, a recomendação de um Comitê de Pesquisa Anglo-Americano de transferir imediatamente 100.000 refugiados judeus da Europa para a Palestina, ocorreu uma crise. Até a Agência judaica, que antes havia se oposto à atividade terrorista e havia tentado colaborar com a Grã-Bretanha, adotou uma postura de confronto com as autoridades britânicas. O clamor desesperado dos refugiados aumentou a simpatia pela causa sionista não apenas entre os judeus. Em agosto de 1947 um Comitê Especial das Nações Unidas sobre a Palestina recomendou a conclusão do Mandato e a independência da Palestina. A maioria do comitê recomendou a repartição do país num Estado judeu e num Estado árabe, o que foi subscrito pela Assembléia Geral das Nações Unidas de 29 de novembro. Os Estados árabes opuseram-se à partição e os britânicos recusaram-se a efetivá-la. Deixava-se, deste modo, para os judeus da Palestina a iniciativa de estabelecer seu próprio Estado independente, e assim foi feito. Na tarde de 14 de maio de 1948, data anunciada pelos britânicos para sua retirada, o Conselho Nacional reuniu-se em Tel Aviv e promulgou uma Declaração de Independência.

Israel e os judeus no mundo moderno

De um modo trágico e talvez inevitável, a visão dos fundadores sionistas não ocorreu num espírito de harmonia e reconciliação, mas sim num clima de discórdia e desespero, e com uma determinação inflexível. Desenvolveu-se tarde demais para salvar os seis milhões de mortos, e as amargas frustrações dos anos de guerra haviam dado lugar a um sentimento de isolamento, a conflitos devidos ao rancor dentro do movimento sionista e à violência física contra objetivos ára-

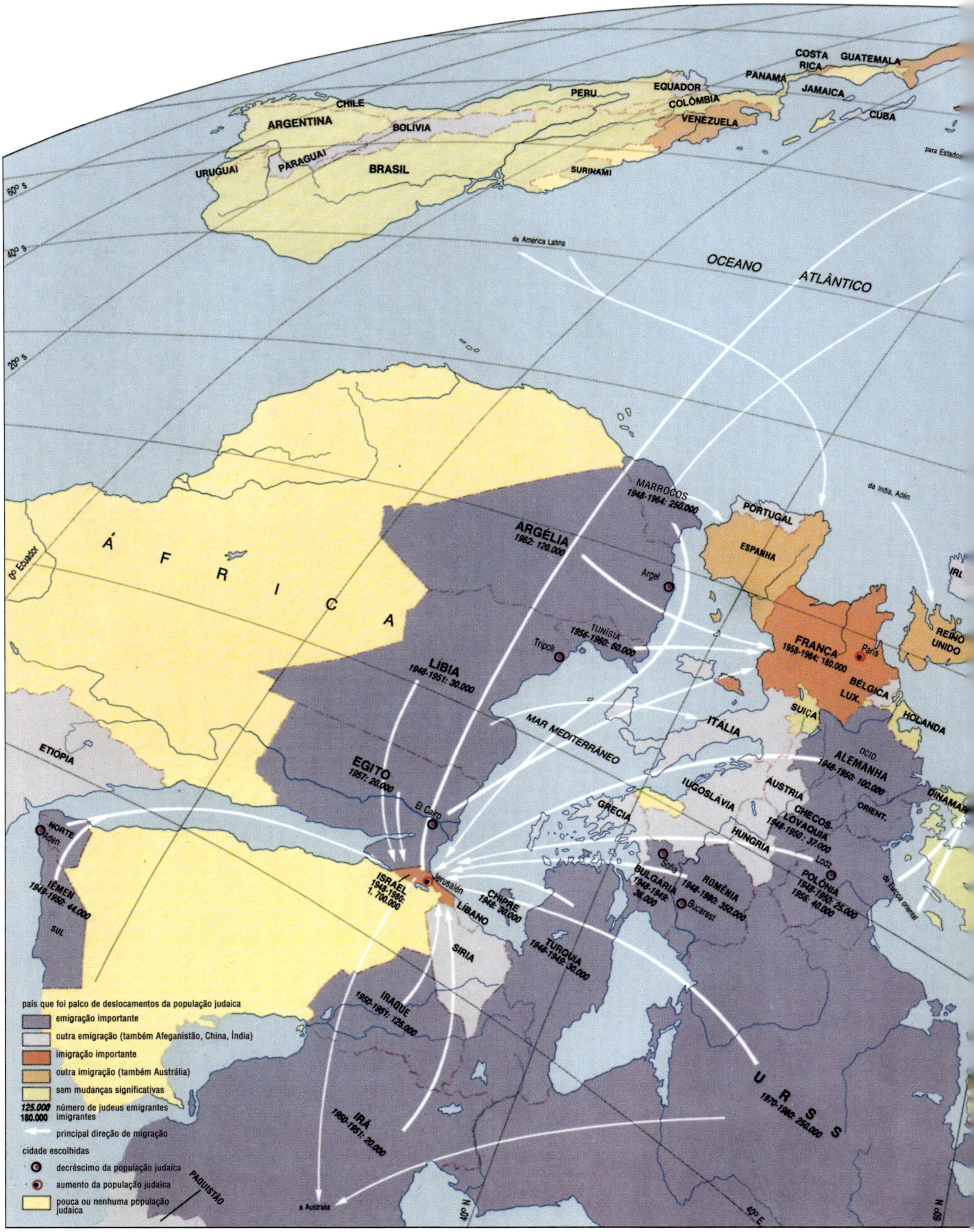
COSTA RICA
GUATEMALA
PANAMÁ
JAMAICA
CUBA
EQUADOR
PERU
COLÔMBIA
VENEZUELA
CHILE
ARGENTINA
BOLÍVIA
PARAGUAI
URUGUAI
BRASIL
SURINAMI
para Estados
60° S
40° S
20° S
0° Ecuador
da América Latina
OCEANO ATLÂNTICO
Á F R I C A
MARROCOS 1948-1964: 250.000
PORTUGAL
ESPANHA
da Índia, Adén
ARGÉLIA 1962: 120.000
Argel
IRL
TUNÍSIA 1956-1960: 60.000
Trípoli
FRANÇA 1958-1964: 180.000
Paris
REINO UNIDO
BÉLGICA
LUX.
HOLANDA
SUÍÇA
LÍBIA 1948-1951: 30.000
MAR MEDITERRÂNEO
ITÁLIA
ETIÓPIA
EGITO 1957: 20.000
El Cairo
OCID. ALEMANHA 1948-1950: 100.000
ORIENT.
DINAMAR
ÁUSTRIA
IUGOSLÁVIA
GRÉCIA
CHECOSLOVÁQUIA 1948-1950: 37.000
HUNGRIA
Lodz
POLÔNIA 1948-1950: 25.000 1956: 40.000
da Europa oriental
NORTE
Áden
IÊMEN 1949-1950: 44.000
SUL
ISRAEL 1948-1980: 1.700.000
Jerusalém
Sofia
BULGÁRIA 1948-1949: 36.000
ROMÊNIA 1948-1980: 350.000
Bucarest
CHIPRE 1948: 30.000
LÍBANO
SÍRIA
TURQUIA 1948-1949: 30.000
IRAQUE 1950-1951: 125.000
U R S S 1970-1980: 250.000
IRÃ 1950-1951: 20.000
PAQUISTÃO
a Austrália
40° N
40° E
60° N
país que foi palco de deslocamentos da população judaica
emigração importante
outra emigração (também Afeganistão, China, Índia)
imigração importante
outra imigração (também Austrália)
sem mudanças significativas
125.000 número de judeus emigrantes
180.000 imigrantes
principal direção de migração
cidade escolhidas
decréscimo da população judaica
aumento da população judaica
pouca ou nenhuma população judaica

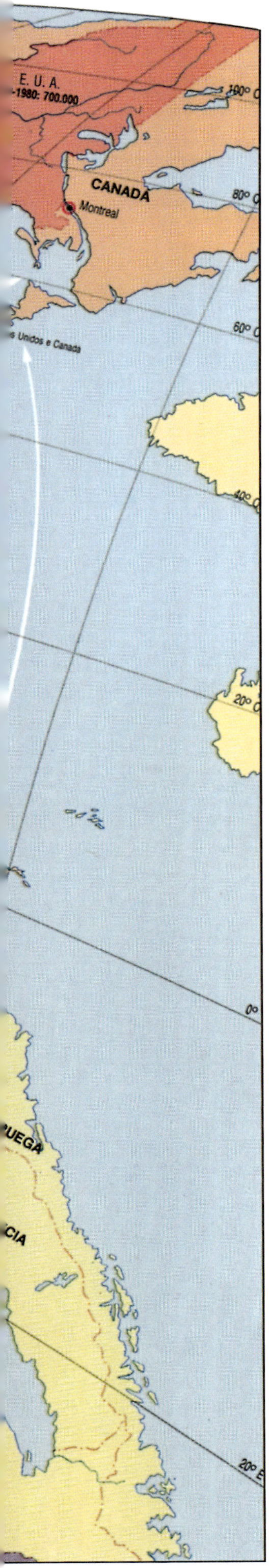

Migrações judaicas, 1948-1980 Os movimentos populacionais deste período são comparáveis, em proporção, aos das décadas anteriores à Primeira Guerra Mundial (ver págs. 62-63), mas há notáveis diferenças quanto à direção da emigração. A América continuou a exercer certa atração, mas o centro mais importante é Israel (embora em alguns anos a emigração ali tenha superado a imigração). O efeito global das migrações foi a completa eliminação dos antigos centros de densa população judaica na Europa oriental e no mundo islâmico, enquanto eram impulsionados os novos centros no Novo Mundo e em Israel. Produziu-se, assim, uma renovação da vida judaica na Europa.

Abaixo, esquerda. Davi Ben-Gurion, então primeiro-ministro do novo Estado de Israel, inaugura o primeiro Knesset em Jerusalém, em 13 de dezembro de 1949. Após o primeiro Congresso Sionista em 1897, Herzl havia escrito em seu diário: "Na Basiléia, eu fundei o Estado judeu... Talvez dentro de cinco anos, e com certeza dentro de cinqüenta, todos se dêem conta disso."

Abaixo, direita. Emigrantes judeus soviéticos chegam a Israel, em 1971.

bes, britânicos e até judeus. A luta pela independência israelense, que implicava a guerra sem quartel contra as forças de seis países árabes, ajudou a unir as facções judias e talvez a relegar, até certo ponto, a lembrança traumática do holocausto para as profundezas da alma coletiva judaica. Este triunfo teve sua própria recompensa. A voz dos judeus anti-sionistas foi praticamente silenciada e Israel recebeu o apoio entusiástico dos judeus de todo o mundo. Foram abolidas as restrições à imigração e os refugiados europeus começaram a chegar ao país em grande número, seguidos pelos dos países árabes, cuja situação se havia tornado instável por causa do conflito do Oriente Médio. A maioria dos países reconheceu o novo Estado, e, em maio de 1949, foi admitido nas Nações Unidas. Mas os Estados árabes negaram-se rotundamente a reconhecer o direito à existência do Estado de Israel, e a herança da guerra de independência foi um sítio permanente que dificultava as relações internacionais e expunha o perigo de que se repetisse a invasão do território.

Enquanto isso, os judeus da União Soviética foram vítimas de uma imensa campanha contra o "cosmopolitismo" e o sionismo, e milhares deles foram levados para campos de trabalhos forçados ou foram condenados à morte após um julgamento sumário. Cidadãos soviéticos e comunistas de toda a vida foram vítimas de acusações forjadas de deslealdade, e muitas figuras judaicas proeminentes foram eliminadas durante o período conhecido como "os anos negros" (1948-1953). Num patamar mais positivo, na República Federal de Alemanha, onde alguns judeus haviam voltado a estabelecer-se depois da guerra, fazia-se um esforço considerável de reparação e reconciliação. Num transcendental discurso no Parlamento, em Bonn, em 1951, o chanceler Adenauer sublinhou a obrigação de levar a cabo reparações morais e materiais pelos "inqualificáveis crimes perpetrados em nome do 'povo alemão'", e anunciou que o governo estava decidido a "encontrar uma solução para o problema da compensação material, que permitisse a expiação espiritual de tão inauditos sofrimentos". No ano seguinte, foi fechado um acordo com Israel e com uma entidade judaica representativa, pelo qual a Alemanha se comprometia a pagar somas consideráveis para a assistência e reabilitação dos sobreviventes e para levar a efeito projetos culturais e de formação. Tampouco se descuidou da dimensão "espiritual": as igrejas mostravam um novo espírito de fraternidade e jovens alemães viajaram a Israel para trabalhar com os judeus, num gesto de arrependimento e reconciliação.

A participação israelense na campanha anglo-francesa de Suez de 1956 inaugurou um período de fortalecimento das relações com as potências ocidentais e com os novos Estados do Terceiro Mundo, mas aumentou a tensão com os vizinhos árabes. Em 1967, o Egito, com o respaldo soviético, provocou um con-

Paz! O presidente egípcio Sadat aplaude, enquanto o primeiro-ministro israelense Begin e o presidente norte-americano Carter se abraçam. O acordo de paz de 1979 entre Israel e o Egito foi um triunfo da diplomacia pessoal desses três homens. Sadat e Begin receberam o Prêmio Nobel da Paz. Em 1981, extremistas islâmicos assassinaram Sadat. Begin, com a saúde muito debilitada, renunciou em 1983.

fronto que estourou na Guerra dos Seis Dias. Israel obteve uma espetacular vitória, que lhe garantiu o controle da Jerusalém antiga, e ocupou territórios que multiplicavam várias vezes seu tamanho. A vitória trouxe alívio e júbilo ao país e aos judeus do estrangeiro, mas significou uma grande redução da simpatia internacional que Israel havia obtido antes como perdedor. Isto também abriu espaço para uma renovação da propaganda anti-sionista na União Soviética e em seus satélites, assim como entre os intelectuais de esquerda no Ocidente, com fortes doses de anti-semitismo à moda antiga. Sendo Israel a personificação do povo judeu, a retórica política contra Israel podia explorar os preconceitos antijudaicos, e por sua vez o "perigo sionista" podia ser invocado na propaganda antijudaica. Na Polônia uma campanha de difamação eliminou os judeus de todos os postos oficiais e, por fim, do país. Na União Soviética, um dos efeitos da campanha anti-sionista foi a cristalização da consciência judaica entre aqueles que haviam sido criados como cidadãos soviéticos e que até então não haviam se sentido estrangeiros em seu próprio país. Em 1970, um grupo de judeus de Leningrado tentou seqüestrar um avião para fugir para Israel. Seus integrantes foram presos e condenados a penas severas, mas em toda a União Soviética aumentaram as demandas pelo direito de emigrar, que foram acolhidas no Ocidente sob o lema bíblico: "Deixai sair o meu povo." Surpreendentemente, a resposta foi o aumento dos vistos de saída, o que motivou a apresentação de solicitações em grande escala. A vida não era fácil para os solicitantes: foram estigmatizados como traidores e covardes, mas um número considerável conseguiu sair antes que a política repressiva fosse retomada no princípio da década de oitenta.

Em 1973 Israel enfrentou outra invasão árabe, que desmoronou o clima de confiança após 1967. Em 1974, o líder da Organização para a Libertação da Palestina foi convidado a dirigir-se à Assembléia Geral das Nações Unidas, e no ano seguinte a instituição adotou – por 72 votos contra 35, com 32 abstenções – uma resolução que equiparava o sionismo ao racismo. Esta adesão pública à propaganda anti-sionista contribuiu para reanimar o apoio instintivo dos judeus a Israel, ao mesmo tempo que alguns sionistas começavam a manifestar sua simpatia pela causa palestina. Desde então ambas as tendências tornaram-se mais acentuadas, e acabaram entrando em conflito. Os problemas continuaram balizando a história mais recente do Estado de Israel. As insurreições dos palestinos dos territórios ocupados (intifada) em 1987 e 2000 tiveram uma ríspida resposta do governo nacionalista radical de Ariel Sharon. Os esforços de diferentes países e organismos para mediar o conflito tiveram dois marcos importantes: a Conferência Internacional de Paz do Oriente Médio de Madri em 1991, na qual Israel participou pela primeira vez numa conferência internacional de paz; e a assinatura de um compromisso em 2003, cujo objetivo foi o reconhecimento de um Estado palestino. Estes acordos de paz em troca de territórios dividiram a opinião pública israelense, como havia ocorrido com os acordos de Taba, em 1995, rejeitados pelos colonos. A continuação de ações armadas dos palestinos levou Sharon à construção de um muro de segurança, que foi condenado pela opinião pública internacional e pelo Tribunal Penal Internacional de Haia em 2004. Assim, no primeiro lustro do século XXI, abria-se uma etapa de incerteza caracterizada pelas disputas entre diversos setores palestinos após a morte de Arafat em 2004 e o surgimento do novo terrorismo islâmico internacional.

SEGUNDA PARTE

FUNDAMENTOS CULTURAIS

A IDENTIDADE JUDAICA

Não é necessário pesquisar muito no mundo judaico atual – suas publicações, sermões, conferências públicas ou conversas sérias – para descobrir uma intensa preocupação com duas grandes questões: identidade e sobrevivência. É fácil atribuir a preocupação com a sobrevivência à impressão produzida pelo holocausto, porém existem raízes mais antigas, nas deserções do judaísmo e no declive demográfico do século XIX. A preocupação com a identidade judaica também surge das agitações políticas deste período. De fato, isso reflete as mudanças drásticas na condição dos judeus, conseqüência do processo de emancipação, e o efeito fragmentador das migrações.

A preocupação com a identidade adota diversas formas. Encontra expressão nas discussões sobre o apoio a Israel, nas escolas judaicas ou nos casamentos mistos, na angústia dos adolescentes divididos entre as atitudes de seus pais e as de seus amigos, ou no que se refere aos artigos sobre o "judaísmo" de Freud, Kafka ou Schoenberg. Sempre está presente no trabalho dos ministros religiosos judeus, líderes juvenis e membros de instituições. É visível na formação dos clubes esportivos judaicos, sociedades estudantis ou grupos políticos, e nas diversas atividades das sinagogas. E em Israel é uma questão urgente para o debate público, ao ponto da pergunta "Quem é judeu?" representar de forma cifrada uma tendência política que em muitas ocasiões ameaçou derrubar o governo.

Esquerda. A eterna interrogação. Este postal do fim do século XIX expressa a incerteza da existência judia. Que são os judeus? Que deveriam ser no mundo moderno? São uma nação ou uma religião? Podem sobreviver com sua identidade incólume? Se optarem pela assimilação, serão aceitos? Em que lugar, se é que há tal lugar, podem viver em paz e com segurança? O fato de ser um povo implica necessariamente a posse de um território próprio? Essas questões ainda não tiveram respostas claras.

Abaixo. Uma visão medieval. Foi no Sinai que os judeus se uniram num só povo: a condição de povo e a religião são inseparáveis. De um livro de preces para Shavuot, feito na Alemanha c. 1320. Moisés se ajoelha para receber as tábuas da Aliança. Atrás, Aarão com a mitra sacerdotal. Os homens israelitas usam o característico chapéu judeu medieval; as mulheres têm cabeças de animais, sem dúvida para evitar distrair os homens de suas devoções.

Coesão medieval

Nem sempre foi assim. Os judeus medievais não buscavam uma "identidade judaica": sua identidade era um fato incontrovertível, imutável durante inúmeras gerações. A falta de questionamento dependia de uma autêntica falta de opção. Quem havia nascido judeu era naturalmente membro de uma comunidade claramente definida e com fortes laços entre si. A única alternativa para sair dela, além da morte, era a união com outra comunidade, o que não só significava mudar de religião, mas também romper com os vínculos familiares e de amizade. As fronteiras da comunidade eram muito claras, às vezes graças à barreira física do gueto, e sempre pela separação em relação ao meio não judaico, que incluía não só a religião, mas também a língua, a lei, a educação e a cultura, os hábitos alimentares e o calendário. Os judeus não podiam casar com não judeus, nem freqüentar as mesmas escolas. A segregação era específica e pública, reconhecida e sancionada oficialmente. Tudo isso mudaria com a emancipação, e não surpreende que a impressão tenha sido profunda e desconcertante.

Os defensores e oponentes da emancipação, judeus ou não, estavam fascinados com a questão de que tipo de comunidade os judeus constituíam: era religiosa, nacional, econômica, cultural, racial, ou de que tipo? Os ecos do debate ainda podem ser ouvidos. Mas quanto à comunidade medieval, a pergunta é, sobretudo, acadêmica. Todos os componentes estavam presentes, e o que definia principalmente a existência judaica era a segregação. A concepção dos judeus como comunidade religiosa é convencional, já que a religião é o que mais obviamente os distingue dos cristãos ou dos muçulmanos. Mas o hebreu medieval mal tem uma palavra equivalente à "religião", e os judeus medievais tendiam a ver uma diferença essencial entre "nação" e "povo" (em seu sentido bíblico), mais do que "crença". Usavam os nomes de nações bíblicas – Edom e Ismael – para se referir a cristãos e muçulmanos, enquanto reservavam para si o nome "Israel". Comunidade religiosa e nação eram ambivalentes, porém a religião era uma das características que distinguiam as nações entre si.

As diferenças econômicas e culturais que tanto preocuparam os reformadores do século XIX eram, sem dúvida, meras conseqüências da segregação medieval. Na Antiguidade, os judeus não tinham nenhum papel econômico específico. Eram perfeitamente capazes de compartilhar a atividade comum, contribuindo para a cultura geral. Mesmo na Idade Média há exemplos de tal participação, sobretudo no mundo árabe. A questão racial é um pouco mais complicada. A preocupação em relação ao casamento com não judeus já aparece na antiguidade remota, mas os judeus da época aceitavam, e às vezes até buscavam, prosélitos. Uma definição talmúdica, vigente ainda hoje, afirma que é judeu o filho de uma judia ou o prosélito devidamente aceito pelas cerimônias de imersão em água e (no caso dos homens) pela circuncisão. Dado que os cristãos e os muçulmanos aplicavam a pena de morte aos apóstatas, os prosélitos não eram muitos na Idade Média, e a comunidade judaica se transformou forçosamente em uma comunidade de sangue. Chegado um momento, a endogamia produziu algumas diferenças genéticas, embora muito localizadas e em nenhum caso comuns a todos os judeus.

Se a comunidade, de acordo com seus membros, era considerada uma entidade nacional, suas instituições deviam parecer religiosas, mais do que laicas. O poder delegado pelos governantes não judeus recaía nos rabinos que, como custódios da tradição culta, eram autoridades religiosas: a Torá havia sido revelada por Deus e expressava sua vontade. Embora a combinação de funções políticas, judiciais e religiosas dos rabinos tivesse precedentes na Antiguidade, também refletia a prática corrente nas comunidades cristãs e muçulmanas, onde as figuras essencialmente religiosas exerciam o poder político e administravam a lei religiosa. Os judeus nunca reconheceram uma autoridade espiritual única, como o califa ou o papa. A coesão e a uniformidade das comunidades judaicas dispersas dependiam da adesão voluntária dos rabinos à disciplina da Torá, de origem divina, e da rede de contatos que mantinham entre si.

Tal coesão não era absoluta. A unidade comunal às vezes era perturbada por conflitos de caráter pessoal ou ideológico. Alguns movimentos sectários se estenderam para o Leste, talvez sob a influência de uma tendência similar do Islã, e um deles, o caraísmo, significou um desafio real e firme para a autoridade rabínica. O movimento se estendeu do Iraque a todo o Oriente Médio e por último à Europa Oriental. Os caraítas mantinham suas próprias comunidades, com freqüência junto a comunidades rabínicas. Consideravam a si mesmos – e eram considerados pelos outros – autênticos judeus, mas na verdade sempre foram um caso um pouco especial. Depois de 1795, os caraítas da Rússia foram exonerados das limitações que pesavam sobre os judeus, e os nazistas, que finalmente fizeram uma guerra de extermínio contra eles na Criméia, inicialmente hesitavam em classificá-los como judeus.

Os caraítas são um caso extremo, porém há outros exemplos de comunidades judaicas separadas coexistindo no mesmo lugar. No Egito fatímida e na Palestina (séculos X-XII d.C.) havia sinagogas "palestinas" e "babilônicas", com diferentes ritos e reconhecendo autoridades legais também diferentes. Com a chegada de judeus ocidentais ao Império Otomano no final do século XV e início do XVI, os recém-chegados estabeleceram suas próprias sinagogas, e alguns povoados tinham diversas comunidades, diferenciadas pelo nome do país ou província de origem, e cada uma conservava sua língua e ritual. No noroeste da Europa e na América coexistiam comunidades asquenazes e sefarditas. As imigrações posteriores aumentaram a diversidade, de forma que, ainda antes da emancipação, existiam precedentes de fragmentação da identidade judaica – a lealdade a subgrupos –, que chegou a ser tão importante nos tempos modernos.

O desafio da emancipação

O problema da emancipação era que enfraquecia as bases de um sistema relativamente estável e bem estabelecido, sem oferecer nada concreto em troca. Um novo conceito do Estado deixou obsoleta a identidade "nacional" independente dos judeus. A idéia foi anunciada energicamente por um dos porta-vozes no debate sobre a emancipação dos judeus na Assembléia Nacional Francesa de 1789: "Aos judeus, como nação, tudo deve ser negado; como indivíduos, tudo deve ser concedido. Devem ser cidadãos. Houve uma insinuação de que não querem ser cidadãos. Que eles mesmos digam isso e serão desterrados. Não pode existir uma nação dentro de outra nação." De fato, foi oficialmente reconhecida a existência independente dos

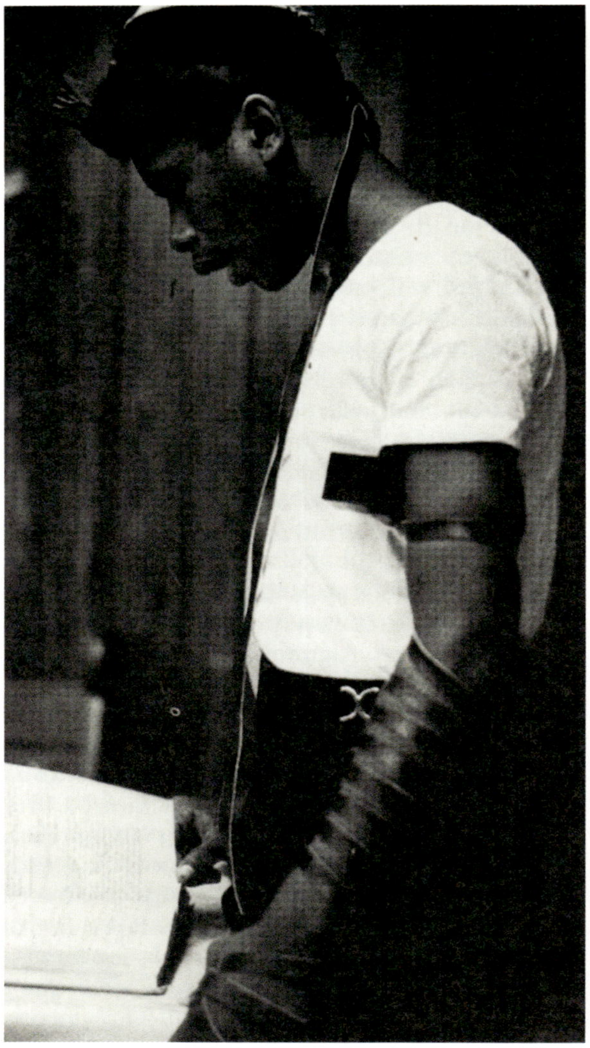

judeus na França e em outros países europeus, em comunidades religiosas nas quais os rabinos, despojados de quase todos os seus poderes e submetidos ao controle estatal, continuavam exercendo uma função de liderança espiritual. O novo papel dos rabinos tinha como modelo o clero cristão. Mas a concessão da cidadania e a abolição da segregação forçada introduziram um elemento crucial de escolha individual. A partir daquele momento, cada judeu devia decidir por si mesmo até que ponto queria conservar sua identidade judaica e de que forma desejava expressá-la. Se um grupo de judeus decidia dar as costas às novas oportunidades e reconstruir as paredes derrubadas do gueto, tinha a liberdade para tal, dentro dos limites impostos pela cidadania. Mas a imensa maioria não desejava rejeitar as novas perspectivas que se abriam. Muitos optaram por batizar-se para sair do incômodo dilema. É curioso que a Igreja tenha atraído mais judeus em uma época de liberdade do que durante os anos de sua supremacia. É preciso considerar que a conversão na nova fase era más fácil, precisamente pela mudança das normas básicas. Os conversos já não eram obrigados a romper seus vínculos com a comunidade judaica, e de fato o cristianismo já não era visto como a antítese do judaísmo. O ressurgir de uma cultura secular, até mesmo anti-religiosa, colocou o cristianismo e o judaísmo lado a lado. (A frase "tradição judaico-cristã, de uso comum hoje em dia, teria soado absurda na Idade Média, quando não existia nenhuma tradição alternativa.) Não há dúvida de que, para muitos conversos, o batismo era um ato formal, uma medida de conveniência ou um modo

Quem é judeu? O velho que reza (*esquerda*) coincide com uma imagem bastante difundida. Usa *tallit* e *tefillin*, elementos distintivos judeus, símbolos de compromisso com o Deus de Israel. Mas há outros que também reclamam para si o nome de Israel. O estudante nova-iorquino de *yeshivah* (*extrema esquerda*) está comprometido com o mesmo Deus; ele representa um aspecto menos conhecido do judaísmo. Os samaritanos (*esquerda, ao centro*) se consideram como o autêntico Israel, e aos judeus como desviados. Os falashas da Etiópia (*direita, centro*) se autodenominam "a Casa de Israel": tiveram de travar uma dura batalha para os judeus os aceitarem oficialmente. Não menos controverso é o *status* dos caraítas (*acima*). Também há outros grupos cujas afirmações são questionadas: pequenos núcleos como os Bene Israel na Índia, ou as diversas seitas judaizantes da América Latina, ou agrupamentos maiores, como os judeus reformados e, particularmente, seus prosélitos. Também os cristãos se chamam a si mesmos de verdadeiro Israel, embora neste caso se trate de um sentido puramente espiritual.

de escapar de cargas pesadas. O pai de Benjamin Disraeli batizou seu filho depois de romper com sua sinagoga por se negar a pagar suas cotas. O pai de Karl Marx decidiu aceitar a conversão e não perder o trabalho. Esses dois "novos não judeus" célebres do século XIX são um exemplo da falta de solidez do batismo como solução para os problemas da existência judaica: tanto Disraeli como Marx eram considerados judeus em seu tempo (assim como o são hoje em dia), e ambos, de um modo diferente, em seus escritos testemunham a obsessão pela identidade judaica.

O cristianismo era só um meio de sair do dilema. O universalismo racionalista do Iluminismo vislumbrava uma era onde não existissem gregos nem judeus. Havia judeus que compartilhavam esta visão, que parecia coincidir com o universalismo dos profetas bíblicos. Já em 1762, Isaac de Pinto, na França, pediu a Voltaire que o reconhecesse como um europeu, e no século XIX, os intelectuais judeus participaram com entusiasmo de todos os movimentos que tentavam erradicar o particularismo e estabelecer valores humanos universais. Muitos judeus, contudo, abandonaram a comunidade judaica. Sua educação e vínculos sociais tornavam a vida tradicional judaica carente de sentido para eles. A lealdade ao Estado substituía a lealdade à comunidade judaica. O capitão Dreyfus, um homem pateticamente inadequado para se tornar um símbolo da intolerância gentia em relação aos judeus, se mostrou pouco disposto a insistir em sua inocência, pois isso teria suposto uma mancha na honra do exército e da justiça francesa.

O destino de Dreyfus é um exemplo trágico da incapacidade dos liberais para proporcionar os bens que prometiam. Podiam instar os judeus a abandonar o gueto, mas não podiam obrigar o mundo gentio a aceitá-los como iguais. Pelo contrário, a assimilação judaica fomentou uma reação selvagem. O anti-semitismo racial, profundamente arraigado no preconceito medieval e em seu plausível disfarce científico, enfraqueceu os esforços da integração, qualificando os judeus de raça estranha. Até mesmo os judeus que optavam pela assimilação eram objeto de zombaria por sua origem. Quando trocavam o nome, seu antigo nome judaico era acrescentado entre parênteses como lembrete. Zombavam de sua inconstância ou acusavam-nos de infiltrar-se de forma maligna e subverter a sociedade gentia.

Não surpreende que os judeus, já perturbados pela culpa de haver abandonado ou questionado sua herança judaica, se sentissem confundidos ou frustrados quando enfrentavam a rejeição da mesma sociedade que os havia induzido a integrar-se. O fenômeno bem conhecido do intelectual judeu marginalizado – do judaísmo e da sociedade gentia – ilustra a difícil situação dos judeus europeus na época do anti-semitismo. Uma prova são os conflitos ideológicos que dividiram as comunidades judaicas e cujo foco era a questão de como responder, como judeus, ao duplo desafio da emancipação e à desconfiança dos gentios. Judeus liberais e ortodoxos, nacionalistas alemães e nacionalistas judeus, todos afirmavam ter a resposta aos problemas de ser judeu no mundo moderno. Na década de vinte, enquanto os comunistas judeus na União Soviética travavam sua guerra pela religião judaica, o sionismo e o bundismo, a principal organização judaica da Alemanha, chamada, significativamente, União Central de Cidadãos Alemães de Fé Judaica, se opunha tanto ao assimilacionismo da Associação de Judeus Alemães Nacionalistas como ao crescente movimento sionista. Mesmo nos Estados Unidos, o Comitê Judaico Americano, fundado em 1906 pela rica elite judaica dos Estados Unidos para proteger os interesses da comunidade judaica em seu conjunto, enfrentava o desafio dos múltiplos e ruidosos grupos sionistas e socialistas, que afirmavam representar o proletariado judeu. A situação religiosa estava também profundamente dividida, mesmo tendo sido fundado o Conselho das Sinagogas dos Estados Unidos em 1926 para coordenar certas atividades.

O holocausto nazista intensificou a angústia da condição judaica, demonstrando pela força o fracasso da assimilação, até mesmo em países que haviam sido pioneiros. Os judeus totalmente assimilados, inclusive cristãos de segunda geração, eram classificados como "não arianos" e privados de sua cidadania junto com os judeus de religião e os sionistas. No momento do juízo não foram recursos eficazes a lealdade ao Estado, a integração social em suas diversas modalidades de camuflagem, nem sequer o passo definitivo do batismo. Muitos dos sobreviventes desta guerra de extermínio chegaram a considerar, o que é compreensível, que a sobrevivência judaica era um fim em si mesmo: não a sobrevivência do indivíduo, mas sim do povo em seu conjunto. Daí vem a prodigiosa explosão de entusiasmo, no pós-guerra, pelo sionismo nos Estados Unidos e outros países ocidentais, que não se manifestou em um desejo pessoal de emigrar para a Palestina, mas sim no compromisso com a idéia de um Estado onde os sobreviventes do holocausto pudessem reconstruir uma existência nacional judaica. A fundação de Israel em 1948 constituiu um poderoso estímulo para o sentimento de uma identidade judaica entre os judeus de todo o mundo. Também ofereceu um modelo completamente novo para a identidade judaica dentro do contexto do Estado moderno. Ao mesmo tempo, deu origem a novos problemas em relação à identidade judaica, tanto para o indivíduo como para o Estado em sua totalidade.

Em Israel o processo de assimilação – a integração das minorias, a aculturação em relação ao *ethos* dominante e seu estilo de vida, o enfraquecimento dos laços religiosos e o fortalecimento da fidelidade ao Estado – faz sentido dentro de uma sociedade judaica. Isso significa que os principais fatores que ocasionam tensões no que diz respeito à assimilação judaica em outros países – erosão da comunidade judaica, influência não judaica sobre a vida judaica, temor ao anti-semitismo – não estão presentes. O Estado não contempla o casamento entre judeus e não judeus, e os pais judeus podem estar certos de que seus filhos terão uma descendência judaica. Ao mesmo tempo, os judeus podem se identificar completamente com o Estado e participar em todos os aspectos de sua vida sem restrição alguma. O resultado é que os judeus de Israel, sobretudo os não religiosos, tendem a se identificar mais como israelenses do que como judeus. Foi verificado que os emigrantes israelenses não religiosos raramente se unem à comunidade judaica em seu novo país, talvez pela dificuldade de aceitar o centralismo da sinagoga na identidade judaica da diáspora. Entretanto, os judeus religiosos em Israel apresentam muitos sintomas de ter um complexo de minoria, ao ponto de formar partidos políticos para defender seus direitos e privilégios. Sustentam também suas próprias instituições educativas, sociais e de beneficência. O caso extremo é o da pequena comunidade transformada

Quem é judeu?

Os problemas para se formular a identidade judaica colocam inevitavelmente dúvidas em casos individuais. A identidade judaica depende do sangue, da religião, de ambas as coisas ou de algo diferente? Alguém pode deixar de ser judeu? E, em caso positivo, como? As fotografias destas páginas correspondem a personagens cujo *status* judaico não é totalmente óbvio ou direto.

Muitas vezes o patriarca bíblico Abraão é descrito como o fundador do judaísmo. Mas ele era judeu? Uma tradição judaica mais tardia insiste em que ele observava os mandamentos da Torá, embora os mesmos nem tenham sido revelados em sua época.

A figura de Moisés também é importante nas três religiões monoteístas. A tradição judaica o reconhece como o maior dos profetas, o mediador da revelação de Deus ao povo judeu, o modelo de guia, intercessor e mestre.

Jesus de Nazaré, que se considerou judeu durante toda a sua vida, também é considerado um profeta pelos muçulmanos, enquanto para os cristãos é uma figura que transcende o homem com uma mensagem espiritual para toda a humanidade. Na tradição judaica, Jesus como homem deixou pouco, se é que deixou alguma coisa, mas como cabeça da triunfante Cristandade muitas vezes foi considerado perseguidor do povo de que veio.

A Inquisição espanhola foi profundamente sensível à origem judaica dos "cristãos novos". Porém, não está nada claro que Colombo era judeu, como muita gente acredita.

Baruch Spinoza, o maior filósofo judeu de todos os tempos, era membro da comunidade sefardita de Amsterdã, até ser acusado de sustentar idéias heréticas e ser expulso. Como havia rejeitado o batismo, permaneceu fora de qualquer comunidade até o dia em que morreu.

No início do século XIX, muitos judeus alemães se batizaram, embora nem sempre tenham sido cristãos sinceros. Alguns, como Karl Marx, haviam sido batizados em sua infância. Marx foi batizado aos 6 anos; em anos posteriores escreveu um panfleto sobre a questão judaica que revela um excesso de sentimento antijudaico.

À medida que o século XIX avançava, um número crescente de judeus abandonou a comunidade judaica sem sentir a necessidade de se converter ao cristianismo. Alguns pularam nervosamente de uma religião a outra; muitos estavam preocupados com sua desarmonia em relação ao judaísmo. Nos escritos de figuras tão opostas como Sigmund Freud, Marcel Proust e Franz Kafka, podemos encontrar certa dose de angústia sobre a identidade judaica e sua significação no mundo moderno. Por outro lado, seria difícil para qualquer pessoa encontrar algum traço de origem judaica nas pinturas de Pissarro ou na música de Mahler.

Para alguns judeus intelectuais, a atração universalista do socialismo oferecia um caminho fora do ciclo repressivo da rejeição e abandono judaicos. Entre os colaboradores mais próximos de Lênin, houve alguns comunistas de origem judaica, entre os quais cabe mencionar Leon Trotsky, Leo Kamenev e Yacov Sverdlov (que deu nome à cidade de Sverdlovsk). Os artistas judeus soviéticos que alcançaram sua maturidade durante a Revolução enfrentaram uma escolha difícil, entre o particularismo judaico e uma postura mais universal, como havia ocorrido com os intelectuais judeus de toda a Europa. O escritor Ilya Ehrenburg representa um paradigma dos intelectuais assimilados aos quais não foi permitido esquecer sua bagagem judaica. Boris Pasternak adotou uma postura mais enigmática; havendo trocado o judaísmo pelo cristianismo, diz-se que posteriormente se autodefiniu como "um ateu que perdeu sua fé". O diretor de cinema Sergei Eisenstein é recordado como judeu: de fato, como muitos outros, foi fruto de um casamento misto, e como sua mãe não era judia não foi aceito pelo rabinado. Para outros, qualquer medida de sangue judeu já é uma qualificação.

Em anos ainda recentes não faltou quem, sem negar sua origem judaica, não mostrasse nenhum interesse por uma especificação de sua identidade judaica, religiosa ou nacional. Bruno Kreisky, chanceler social-democrata da Áustria entre 1970 e 1983, é um exemplo disso. Da mesma forma, podemos citar o famoso homem de estado e político norte-americano Henry Kissinger. Manter-se separado do próprio ambiente neste sentido exige em uma figura pública uma boa dose de clara determinação; é uma opção menos difícil para homens comuns, como muitos dos que o seguiram.

É possível alguém ser judeu e cristão? Um bispo britânico, o doutor Hugh Montefiore, proclamou que pertence a ambas as religiões. Nos últimos anos também houve conversões ao judaísmo, principalmente por razões matrimoniais. Marilyn Monroe, que se converteu ao judaísmo ao se casar com o escritor Arthur Miller, é uma das personagens do mundo do espetáculo que deu este passo.

Abraão

Moisés

Jesus de Nazaré

Cristóvão Colombo (1451-1506)

Baruch Spinoza (1632-1677)

Franz Kafka (1883-1924)

Karl Marx (1818-1883)

Sigmumd Freud (1856-1939)

Camille Pissarro (1831-1903)

Gustav Mahler (1860-1911)

Leon Trotsky (1879-1940)

Ilya Ehrenburg (1891-1967)

Henry Kissinger (n. 1923)

Hugh Montefiore (1920-2005)

Marilyn Monroe (1926-1968) e Arthur Miller (1915-2005)

em gueto, que não reconhece o Estado judeu e manifesta suas preferências por um governo não judeu. De modo que Israel manifesta tanto uma tendência à assimilação extrema como uma resistência cerrada à mesma, assim como os judeus da diáspora. O peculiar aqui é que o próprio Estado sustenta e alimenta um sentimento de identidade e reconhece oficialmente a identidade judaica em suas instituições.

Os cidadãos israelenses têm um *status* nacional e religioso determinado, que consta em seus documentos (para a maioria dos judeus, ambos são termos coincidentes). Registrar-se como judeu tem conseqüências importantes para o indivíduo em termos de privilégios e restrições (por exemplo, uma pessoa registrada como judia só pode se casar com o consentimento das cortes rabínicas). A regulamentação é produto de um longo processo de conflitos e compromissos entre sionistas leigos e religiosos, e continuam sendo objeto de um árduo debate centrado na definição oficial da identidade judaica. Em 1958 os *mizrahi* (sionistas religiosos) se retiraram do governo de coalizão, como reação contra uma decisão do gabinete de que qualquer um que quisesse se registrar como judeu devia ser aceito, desde que não tivesse se integrado antes a outra religião. Em meio à tormenta política que isso desencadeou, e que chegou ao primeiro ministro Ben Gurion, este dirigiu uma carta aos judeus proeminentes de Israel e do exterior solicitando sua opinião, sobretudo a respeito do problema do registro de filhos de pai judeu e mãe não judia. As 43 respostas em geral se ativeram à definição talmúdica, mas o problema ainda está longe de ter encontrado uma solução. As anomalias foram mais evidentes ao se apresentar uma sucessão de casos legais difíceis de resolver, e cada vez há mais pressões dos secularistas para que se faça a separação entre religião e Estado, e por parte dos partidos religiosos para que se estabeleça uma definição mais estrita que exclua os prosélitos reformados e conservadores.

Em outro grande centro de população judaica, a União Soviética, a identidade judaica também está oficialmente reconhecida, mas dá lugar a problemas de outro tipo. Por razões mais históricas do que ideológicas, os judeus são considerados uma nacionalidade, e assim consta nos documentos. Em outros pontos, a nacionalidade judaica implica grandes limitações. Não existem organizações judaicas comunitárias ou sociais a nível local nem estatal e são proibidas as escolas judaicas. São permitidas as congregações religiosas, mas estas não têm rabinos e carecem de centros para formá-los, e tampouco se permite a educação religiosa das crianças. O sionismo é ilegal e o anti-semitismo é comum. Nos últimos anos se ouviram queixas da discriminação contra os judeus na educação superior e dos obstáculos ao seu acesso às carreiras acadêmicas, havendo-se eliminado virtualmente os judeus dos escalões superiores do Partido, a administração e o exército. Em tais circunstâncias, não deve surpreender que a assimilação seja freqüente. Os casamentos mistos são muito comuns, e normalmente as crianças adotam a nacionalidade local dominante ou a soviética. Porém, ainda resta um forte sentido de identidade judaica. Em uma pesquisa secreta realizada em 1976, 87% dos participantes afirmavam que, caso existissem, freqüentariam cafés e restaurantes judaicos. A partir de 1970, muitos judeus correram o risco de assistir a aulas particulares de hebraico e seminários sobre temas judaicos, ou de se reunir para celebrar as festas judaicas. Este interesse renovado, unido ao movimento emigratório e até certo ponto à rejeição política, não é basicamente religioso, mas sim cultural e social. O sentimento nacional judaico está muito enfraquecido, o que não deixa de surpreender, considerando a definição oficial e a ênfase que a propaganda antijudaica coloca sobre o sionismo; e nos últimos anos a maioria dos judeus que conseguiram emigrar não escolheu como destino Israel, apesar da intensa pressão sionista.

Na maioria dos outros países, o Estado não reconhece oficialmente a identidade dos cidadãos judeus, mesmo nos poucos casos em que as instituições religiosas se encontram, até certo ponto, incorporadas ao sistema estatal. Nos Estados Unidos a religião está estritamente separada do Estado. O judaísmo é amplamente reconhecido como uma das grandes religiões e é totalmente respeitável. De fato, existe certa pressão social sobre os judeus, como sobre todos os norte-americanos, para que se afiliem a uma comunidade religiosa. Ao mesmo tempo, a existência de numerosas minorias étnicas pode estimular uma percepção diferente da identidade judaica, na qual a religião ocupa um segundo lugar em relação a considerações sociais e culturais. A sinagoga, que em Israel e na União Soviética existe para oficiar os serviços religiosos, tem neste caso o papel de centro comunitário e oferece uma vasta gama de atividades, algumas puramente sociais. Em outros países a situação é similar, mesmo quando as condições locais estimulam uma percepção ligeiramente diferente do lugar dos judeus em uma sociedade mais aberta. Como grupo minoritário, os judeus tendem a ser sensíveis em relação a sua condição e experimentam certas tensões, seja como indivíduos ou como grupo. As organizações judaicas representativas se mantêm muito alertas a respeito da legislação e o desenvolvimento político que possam ameaçar os interesses da comunidade judaica, e muitas vezes tomam a iniciativa de cultivar relações com outros grupos religiosos ou étnicos. Israel constitui um importante foco para a identidade judaica, o que se expressa através das organizações sionistas e, cada vez mais, nas atividades das sinagogas e das instituições representativas. A maioria dos judeus, contudo, se identificam primeiramente com o país onde vivem e rejeitam qualquer acusação de manter uma dupla lealdade.

Dilemas contemporâneos

Com toda a multiplicidade de respostas ao desafio da emancipação, o problema básico continua sendo o mesmo em todos os lugares: como definir e expressar a própria identidade como judeu sem entrar em conflitos e contradições. As velhas definições ficaram obsoletas, porém nenhuma das soluções propostas se mostrou satisfatória até hoje. A emancipação foi essencialmente uma questão política, e provocou respostas políticas. A mais resistente foi o sionismo, mas a maioria dos judeus não deseja expressar sua identidade judaica em termos políticos. Na realidade, nenhuma tentativa de definir a identidade judaica em termos ideológicos obteve a aprovação geral: nem sequer a religião, que foi uma força tão unificadora na sociedade judaica medieval, conseguiu constituir uma base necessária ou suficiente para a identidade judaica na atualidade. O sionismo e o judaísmo se apresentam como opções para pessoas que se consideram judias. Ambas afirmam oferecer um meio de se levar uma vida judaica decidida e satisfatória, mas nenhuma das duas afirma que apenas são judeus os que a elas pertencerem. Muitíssimos judeus pertencem a sinagogas ou a organizações sionistas, mas para poucos o judaísmo ou o sionismo são uma parte essencial da vida, e várias pessoas com um forte sentido de identidade judaica não estão unidas formalmente a nenhuma instituição judaica.

Obviamente, os judeus não são os únicos que precisam enfrentar este problema de identidade. Para os gregos, bascos, armênios, galeses e muitos outros, os problemas de uma existência minoritária são familiares, assim como o nacionalismo militante, o casamento misto ou a manutenção de uma herança cultural e religiosa distintiva. Em países tão diferentes como Canadá, Argentina ou União Soviética, os judeus são apenas uma das muitas comunidades minoritárias que tentam conservar sua cultura e identidade em condições de igualdade civil. Cada uma destas comunidades conhece as tensões a nível pessoal e coletivo, e a pressão sobre as gerações mais jovens para que se adaptem aos valores da tradição. São sempre as novas gerações as que sentem de forma mais crítica os problemas, já que devem enfrentar as ansiedades de seus pais junto com as ambigüidades de sua própria situação.

Uma preocupação proeminente entre as supracitadas, para os pais e os líderes comunitários, é a "assimilação". Para a maioria dos judeus, certa dose de assimilação é inevitável e de fato até desejável: o problema é onde estabelecer a linha divisória. Na retórica judaica contemporânea, porém, "assimilação" sempre é um termo pejorativo. Implica a defecção de uma vida judaica ideal, e se equipara a uma exclusão da comunidade, talvez até mesmo à conversão a outra religião. Na prática se usa como um eufemismo para designar o "casamento misto", que chegou a ser considerada a maior ameaça para a sobrevivência dos judeus como grupo. Esta é a área onde se revela mais evidente o desafio desta época de mudanças, e onde se mostrou mais inadequada a resposta dos líderes judeus. O casamento misto, que vem aumentando ao longo das gerações, é uma conseqüência inevitável da emancipação e da integração social. Traz como resultado um número crescente de pessoas com antepassados parcialmente judeus, mas com uma identidade duvidosa e uma adesão problemática à comunidade judaica organizada. Quando a isso se acrescenta o número de filhos de pais judeus que não receberam nenhuma educação judaica, fica claro que as dúvidas e questionamentos sobre a identidade judaica afetam muito mais gente do que os judeus comprometidos, cuja situação no mundo moderno os leva a rever o caráter e a força de seu compromisso, e o lugar que o judaísmo ocupa em suas vidas.

É difícil prever aonde nos levarão as presentes questões. A história judaica proporciona alguns exemplos notáveis em períodos de crise e mudança. Um desses períodos foi o do encontro com o mundo grego: muitas das preocupações contemporâneas são vividamente evocadas na literatura dessa época remota. Foi um tempo de convulsões e ajustes dolorosos, porém levou a um grande enriquecimento da cultura judaica e deu aos judeus extraordinárias oportunidades de influir na cultura universal. O mesmo pode ser dito do encontro com o Islã, e do mais recente, com o Renascimento europeu. Cada uma destas situações deu lugar

a controvérsias em relação ao alcance legítimo da assimilação de influências externas, cujos ecos continuam até hoje. As discussões amiúde foram duras, e em todos os casos o resultado visível foi o estreitamento de horizontes e uma volta à tradição judaica, por sua vez transformada e enriquecida pelo encontro. Mas graças a estas confluências surgiram personalidades como Filão de Alexandria, Maimônides e Spinoza (para nomear apenas os representantes mais importantes de cada fase), pensadores brilhantes e originais que fizeram eternas contribuições para a cultura universal. Seus correspondentes modernos são Marx, Freud, Einstein e uma plêiade de talentos criadores. É claro que não se devem subestimar os maiores benefícios do intercâmbio cultural.

Contudo, as lições históricas são complicadas, por conta da maior liberdade que deriva da emancipação política. Esta liberdade representa sem dúvida um ganho para o judeu como indivíduo, mas desperta temores em relação à sobrevivência dos judeus como grupo, de sua religião e cultura. Caso se tratasse de uma questão escolha categórica entre a sobrevivência sob condições de opressão ou a liberdade que leva à dissolução, haveria um conflito de interesses intolerável entre o indivíduo e o grupo. Porém, as alternativas não são tão simples. É verdade que algumas comunidades judaicas desapareceram parcial ou totalmente devido à assimilação. Mas outras foram eliminadas por matanças ou conversões forçadas. A subordinação por si mesma não garante a sobrevivência. Os judeus, assim como outras minorias, necessitam e exigem segurança pessoal, liberdade de expressão cultural e religiosa e estar livres de toda coerção e de pressões para abandonar sua herança distintiva em prol da uniformidade. Esta pressão foi o que mais prejudicou a continuidade da identidade e cultura judaicas, sob condições de aparente liberdade. Onde as minorias são toleradas e têm o direito de ser elas mesmas, conseguem sobreviver, seja em condições políticas livres ou restritas: esta é a única lição clara que pode ser extraída da experiência histórica judaica.

Outra lição histórica pode ajudar a prever as tendências futuras: os problemas de identidade são mais críticos nas comunidades pequenas do que nas grandes. Devido à anonímia das grandes cidades, onde ficam os principais centros de população judaica, os grupos menores e mais isolados são os que ficam mais expostos às pressões da assimilação. Nossa investigação do mundo judaico atual demonstra a tendência das comunidades pequenas – sejam elas nacionais ou locais – a se reduzir cada vez mais, enquanto as grandes mantêm sua força ou crescem com a imigração. Os judeus se concentram cada vez mais em um menor número de cidades. Esta concentração não resolve em absoluto o problema da assimilação, mas ao menos mitiga até certo ponto seus efeitos mais ameaçadores.

O renascimento de Israel como grande centro judaico tem implicações importantes para a autopercepção dos judeus de todo o mundo. Embora as ramificações políticas tenham dado origem a tensões inesperadas entre os judeus de alguns países, todos os judeus podem olhar para Israel como os gregos que, do exterior, dizem, olham para a Grécia, ou os irlandeses norte-americanos olham para a Irlanda. Um lar nacional é um poderoso baluarte para um povo disperso, e oferece boas oportunidades para o crescimento cultural e a autoconfiança coletiva.

Para os jovens judeus norte-americanas, a religião constitui uma expressão natural da identidade judaica (*acima*). Na União Soviética (*direita*), a sinagoga é um foco vital para uma identificação que pode ser predominantemente "nacional" e não religiosa.

A vida de um judeu

Os momentos mais importantes que marcam a passagem de um judeu pela vida são representados por cerimônias apropriadas, que reforçam o fato de que o indivíduo não está só, mas sim pertence a uma comunidade maior, que se estende verticalmente no tempo e horizontalmente no espaço.

Para os meninos, o nascimento é imediatamente seguido da circuncisão (*brit milah*), realizada tradicionalmente no oitavo dia de vida. A operação é feita por um especialista (*mohel*), e segurar o bebê é considerado uma honra. Este também é o momento em que ele recebe seu nome.

Para a lei judaica, a criança atinge a maioridade na puberdade, quando já se torna apto a cumprir todos os mandamentos. Para um menino, isto ocorre o mais tardar no dia seguinte ao seu aniversário de 13 anos, e desde então pode participar, sem restrições, do ritual na sinagoga. Por isso o centro da celebração familiar é a sinagoga, onde o rapaz exerce este direito pela primeira vez, habitualmente com a leitura da Torá e os Profetas. A idade correspondente para as meninas são os 12 anos, e as sinagogas com perfil mais moderno criaram cerimônias para a ocasião. Também adotaram uma cerimônia de "confirmação" para meninos e meninas, aos 16 anos.

O casamento tem sua origem na antiga lei de propriedade, e a cerimônia inclui ainda a entrega de um anel por parte do noivo para a noiva, junto com um documento (*ketubbah*) que recorda seu compromisso de respeitá-la e mantê-la, e que detalha o acordo econômico. O divórcio não tem uma cerimônia especial, sendo efetivado por meio de um documento (chamado *get*), que deixa a mulher livre para poder se casar novamente.

Há muitas outras ocasiões marcadas por rituais religiosos: a recuperação de uma doença grave, por exemplo, ou a realização de uma viagem perigosa ou a mudança para uma nova casa. Nestes casos é feita uma cerimônia de ação de graças, para a qual existem fórmulas apropriadas. A conversão ao judaísmo também é acompanhada de rituais especiais, que incluem a imersão na água (*tevilah*) e, para os rapazes, a circuncisão.

O sepultamento é muito simples. Não é necessária a presença do rabino (tampouco para o resto das cerimônias aqui mencionadas), e não se levam flores. O morto é envolvido em um sudário, e hoje em dia é colocado em um ataúde comum. Durante a primeira semana, segue-se um luto rígido, que se torna menos rigoroso ao fim do primeiro mês e menos um pouco ao fim de um ano. Depois, os parentes retomam a vida normal, e anualmente é realizado um ato recordativo.

"Circuncidareis a carne de vosso prepúcio, em sinal da aliança contraída entre mim e vós." A exigência da circuncisão remonta à Torá, quando Abraão circuncidou seu filho Isaac uma semana depois de seu nascimento: ainda são circuncidados os bebês judeus neste prazo (*abaixo*).

É um acontecimento social: os pais compartilham sua alegria com parentes e amigos. Utilizam-se instrumentos especiais, que antigamente eram belamente feitos (*direita, abaixo*), dado que a circuncisão é não só uma operação cirúrgica, mas também uma observância religiosa.

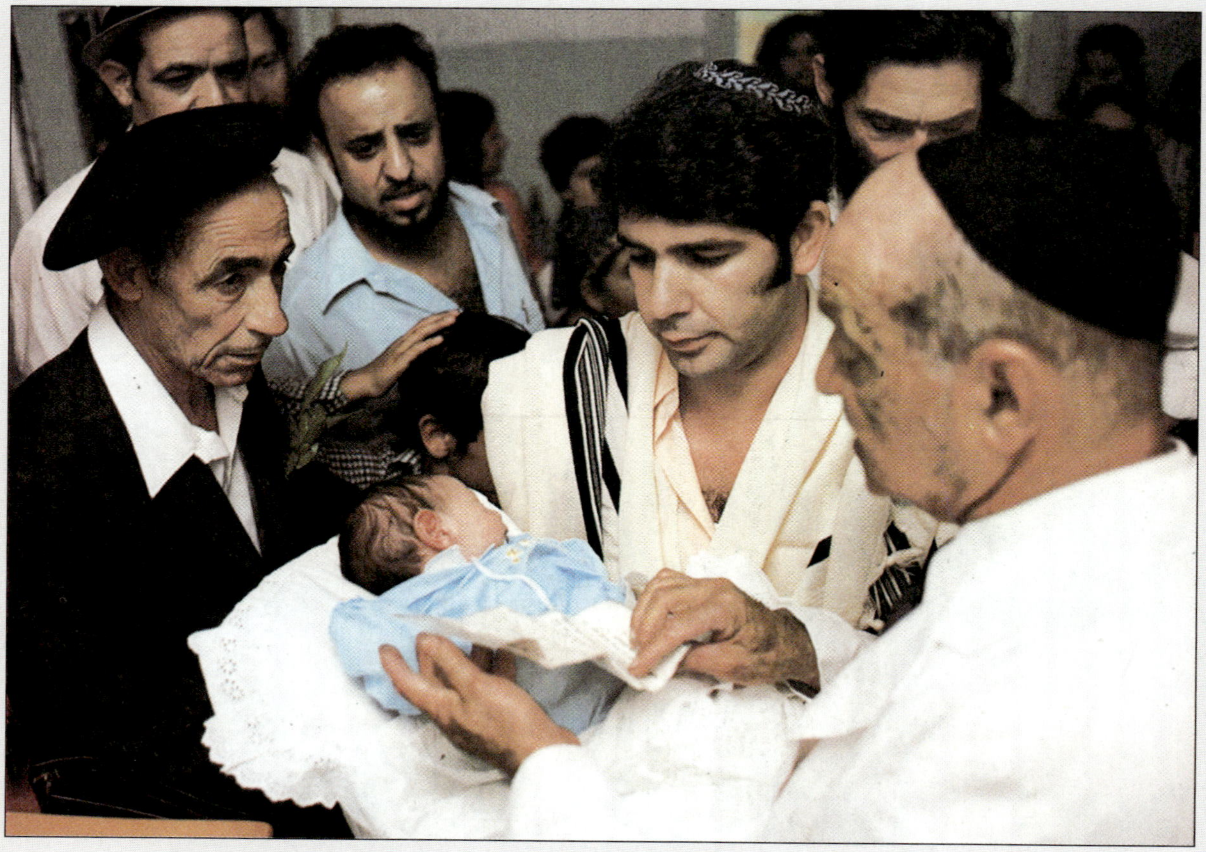

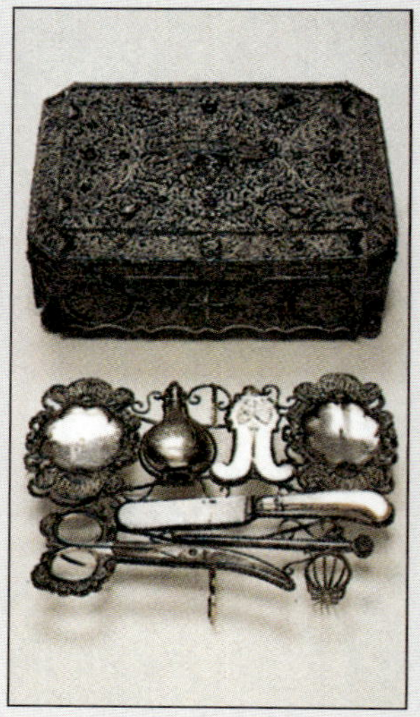

Direita. "Aos treze anos, os Mandamentos." O *bar mitzvah* (o termo corresponde propriamente mais à pessoa que à cerimônia) é iniciado dentro da comunidade adulta colocando em si mesmo o *tallit* e sendo chamado para a leitura da Torá e a *haftarah* na sinagoga, em geral durante o serviço sabático. Aqui ele aparece lendo o rolo da Torá: cabe assinalar o *yad* em forma de mão empregado pelo rabino para não tocar o pergaminho.

Esquerda. "A voz da alegria e do júbilo, a voz do noivo e da noiva." Os casamentos costumam ser realizados atualmente na sinagoga, embora alguns tradicionalistas protestem afirmando que isso se deve à influência cristã, e insistem em que a cerimônia deveria celebrada em casa, ou, melhor ainda, ao ar livre. O indispensável é a *huppah*, um dossel que cobre o casal. Entoam-se bênçãos sobre o vinho, lê-se a *ketubbah*, e o noivo coloca uma aliança no dedo indicador da mão direita da noiva. Antigamente, as alianças de casamento costumavam ser muito elaborados (*abaixo*).

Abaixo. "O senhor mo deu, o Senhor mo tirou; bendito seja o nome do Senhor." A morte é aceita com resignação, e a comunidade desempenha um papel importante de consolo e apoio aos parentes. A preparação do cadáver para o enterro é regida por regras precisas, e era considerado um privilégio pertencer ao *Hebra Kadisha*, a "Santa Sociedade", que realizava essas funções. A Sociedade se reunia para realizar um banquete anual em 7 de Adar, tradicionalmente considerada como a data da morte de Moisés, e bebiam em copos decorados com motivos alusivos *(direita)*.

O ano judaico

Tishrei		Heshvan		Kislev		Tevet		Shevat		Ad...	
1	ROSH HASHANÁ	1		1		1	🕯🕯🕯🕯🕯🕯🕯	1		1	
2	(Ano Novo)	2		2		2	🕯🕯🕯🕯🕯🕯🕯🕯	2		2	
3	Jejum	3		3		3		3		3	
4		4		4		4		4		4	
5		5		5		5		5		5	
6		6		6		6		6		6	
7		7		7		7		7		7	
8		8		8		8		8		8	
9		9		9		9		9		9	
10	YOM KIPPUR (Dia do Perdão)	10		10		10	Jejum	10		10	
11		11		11		11		11		11	
12		12		12		12		12		12	
13		13		13		13		13		13	Jejum de E
14		14		14		14		14		14	PURIM
15	SUKKOT (Tabernáculos)	15		15		15		15	Ano Novo das Árvores	15	
16		16		16		16		16		16	
17		17		17		17		17		17	
18		18		18		18		18		18	
19		19		19		19		19		19	
20		20		20		20		20		20	
21		21		21		21		21		21	
22	SHEMINI ATZERET	22		22		22		22		22	
23	SIMCHAT TORÁ *	23		23		23		23		23	
24		24		24		24		24		24	
25		25		25	CHANUKÁ 🕯	25		25		25	
26		26		26	🕯🕯	26		26		26	
27		27		27	🕯🕯🕯	27		27		27	
28		28		28	🕯🕯🕯🕯	28		28		28	
29		29		29	🕯🕯🕯🕯🕯	29		29		29	
30				30	🕯🕯🕯🕯🕯🕯			30			

O calendário

O calendário judaico regula o ritmo de vida dos judeus praticantes de todo o mundo. É um calendário lunar: os meses coincidem com o ciclo da lua, e as festas sempre caem na mesma fase lunar. A duração dos meses alterna entre 29 e 30 dias; o primeiro dia de cada mês (e o trigésimo, quando existe) são festas menores. Para que o ano lunar de 354 dias corresponda ao solar de 365, é incluído um mês adicional sete vezes a cada 19 anos. Este ajuste garante que as festas caiam sempre na mesma estação, o que não ocorre com as muçulmanas, que podem cair em qualquer data do calendário solar; apesar disso, há certa flutuação na data civil das festas judaicas entre um ano e outro.

A menor unidade do calendário judaico é o dia, que começa e termina ao anoitecer, e a semana, que culmina no Shabat, o dia santo de descanso, que é respeitado todo sábado. O Shabat domina a semana do judeu praticante como um constante lembrete de sua religião. O descanso sabático remonta à criação do mundo – conforme diz a Bíblia, Deus descansou de seu trabalho no sétimo dia –, contempla também a redenção foral, e amiúde é descrito como "antecipação da eternidade". É um tempo de repouso e lazer, um retiro das atribuições mundanas, e a ocasião para que a família se reúna e compartilhe atividades.

O ano também tem seu ritmo regular, chegando ao auge de atividade nas duas épocas festivas de outono e primavera. As festas maiores têm origens bíblicas relacionadas com a peregrinação à Jerusalém, três vezes por ano, no tempo da colheita. A colheita deixou de ser o tema dominante na celebração dessas festas (embora tenha sido recuperada até certo ponto, dentro da Israel moderna), mas ainda é forte a influência bíblica. *Sukkot* (os Tabernáculos) leva o nome das cabanas construídas para a colheita, adornadas com frutas e flores, que recordam as tendas que abrigavam os judeus em sua peregrinação pelo deserto, depois do êxodo do Egito. Na Antiguidade, *Sukkot* era a culminação do ano, e os rabinos antigos chamavam-na simplesmente "a Festa"; hoje em dia foi relegada, de certo modo, pelas festividades do Ano-Novo e pelo solene Dia da Expiação ou Dia do Perdão, que ocorre na véspera do anterior. O xodo é celebrado anualmente na festa de *Pessach* (Páscoa), e sete semanas depois, *Shavuot* (as Semanas ou Pentecostes) comemora a entrega da Torá no monte Sinai. Mas cada festa tem sua mensagem espiritual: a transitoriedade da vida humana em *Sukkot*; a liberação da opressão em *Pessach*; a revelação divina em *Shavuot*. Além disso, em cada uma delas se respira o ar da estação: a maturidade no outono, que no Oriente Médio é um tempo de chuvas frescas e vida nova; a promessa da primavera e a plenitude do verão. O período de ano novo tem um tom especial de introspecção e penitência, no qual a alegria da renovação é combinada com uma reverente busca interior.

Ao longo dos séculos foram surgindo muitas outras observâncias, e o calendário inclui dias de jejum e fes-

ssan	Iyar		Sivan		Tammuz		Av		Elul	
	1		1		1		1		1	
	2		2		2		2		2	
	3		3		3		3		3	
	4		4		4		4		4	
	5	Dia da Independência Israelense	5		5		5		5	
	6		6	SHAVUOT (Pentecostes)	6		6		6	
	7		7	*	7		7		7	
	8		8		8		8		8	
	9		9		9		9		9	
	10		10		10		10		10	
	11		11		11		11		11	
	12		12		12		12		12	
	13		13		13		13		13	
do Primogênito	14		14		14		14		14	
ACH oa)	15		15		15		15		15	
	16		16		16		16		16	
	17		17		17	Jejum	17		17	
	18	Lag Ba'omer	18		18		18		18	
	19		19		19		19		19	
	20		20		20		20		20	
ESSACH Páscoa)	21		21		21		21		21	
*	22		22		22		22		22	
	23		23		23		23		23	
	24		24		24		24		24	
	25		25		25		25		25	
	26		26		26		26		26	
Holocausto Dia da Memória	27		27		27		27		27	
	28		28		28		28		28	
	29		29		29		29		29	
			30				30			

Dias Santíssimos

Festas da Peregrinação

Outros feriados

Jejuns e períodos solenes menores

* Em Israel e nas congregações reformadas, estes dias não são observados, e a Simhat Torah é celebrada no dia anterior.

tividades menores. Em particular, duas festas adquiriram uma grande importância nos sentimentos dos judeus: *Chanuká*, na metade do inverno, é uma festividade de luz de dez dias, que comemora a purificação do Templo pelos hasmoneus; *Purim*, por sua vez, celebra a libertação da perseguição persa, segundo a narração do Livro de Ester, e é comemorado com festas à fantasia e grande alvoroço. Nos últimos anos, duas novas festas foram incorporadas ao calendário: a declaração da independência de Israel no quinto dia do mês de *Iyar*, e um dia de recordação das vítimas do holocausto nazista, uma semana antes. Ambas as datas são observadas particularmente em Israel. Outras estabelecidas anteriormente são: 15 de *Shevat*, o dia da plantação de árvores, e 18 de *Iyar* (*Lag Ba-Omer*), dia de fogueiras e piqueniques. Para a maioria dos judeus do mundo existem dois momentos no ano que estão acima de todos os outros: os Dias de Respeito (Ano Novo e o Dia do Perdão), em que as sinagogas ficam cheias de devotos, e a Páscoa, quando as famílias se reúnem para celebrar a festa da libertação.

Há outro detalhe do calendário que merece uma explicação. Na diáspora, surgiu o costume de observar um dia adicional para cada festa de peregrinação (incluídos o primeiro e último dia de *Sukkot* e *Pessach*). Este costume, que remonta à Antiguidade, foi abandonado por alguns judeus reformistas e conservadores que, como os israelenses, seguem a normativa bíblica.

Os anos são numerados a partir da data tradicional da criação do mundo, em 3761 a. C. De modo que, por exemplo, o ano iniciado no outono de 1984 é o AM (*Anno Mundi*) 5745.

Cada festa do ano tem sua característica particular. *Extrema esquerda.* A *Simhat Torah* marca o fim do solene período das celebrações de Ano-Novo, que para os mais piedosos abarca a maior parte desses dois meses; também marca o fim do ciclo anual das leituras da Torá. O tema da festa é a alegria, que facilmente pode desembocar em folgança, como nesta gravura russa de c. 1920. Cabe destacar a participação das crianças na dança na sinagoga: tradicionalmente, as crianças agitam bandeiras especiais, das quais esta é um exemplo. *Esquerda.* Não menos alegre, a *Pesah* é, porém, mais recolhida. É inaugurada com uma refeição, em parte banquete, em parte serviço religioso, em parte uma lição de história. Aqui também se estimula a participação infantil. O livro da cerimônia se chama *Haggadah* ("narração"), e esta própria ilustração é tirada de uma Haggadith espanhola do século XIV. *Direita.* O zodíaco e as quatro estações, de um mosaico de um piso bizantino do século VI, numa sinagoga da Galiléia (Beth Alpha). Continua a ser um intrigante enigma a função de tais mosaicos.

Abaixo, esquerda. "No plenilúnio, tocai o *shofar*!" O Ano-Novo diante do Muro Ocidental de Jerusalém: o *shofar* é uma chamada ao arrependimento. *Abaixo, direita.* "Tomareis os frutos cítricos, ramos de palmeiras, de árvores frondosas e de salgueiros de rio, e vos regozijareis diante do Senhor, vosso Deus." *Sukkot* diante do Muro Ocidental.

Abaixo. "Acendemos estas velas para comemorar as maravilhas, os fatos heróicos, as vitórias e os acontecimentos maravilhosos e consoladores que Tu realizaste por nossos pais naqueles dias, nesta estação." Na última noite de *Hanukkah*, são acesas as oito velas.

As festas

Dias de Respeito

Em outros idiomas também costumam ser chamados dias santíssimos, e em hebraico são denominados Dias de Respeito (*Yamim Nora'im*): os dias solenes que começam com *Rosh Hashaná* (Ano Novo) e culminam com o *Kippur* (o Dia do Perdão). É um tempo de juízo: o livro está aberto, e o destino de cada um será inscrito de acordo com o balanço de seus atos. "Em *Rosh Hashaná* se escreve e em *Kippur*, quando se jejua, é selado: quantos morrerão e quantos serão criados; quem morrerá e quem viverá; quem no seu devido momento e quem prematuramente..." As palavras da liturgia inspiram temor, embora também contenham uma mensagem de consolo e perdão.

Chanuká

São dez dias de luz e festejos na escuridão em meados do inverno. *Hanukkah* comemora a vitória dos hasmoneus sobre os exércitos de Antíoco IV (164 a.C.). "Depois que teus filhos entraram no santuário de tua casa, purificaram teu templo e acenderam lâmpadas em teus santos átrios, então instituíram oito dias de *Chanuká* para te agradecer e louvar teu grande nome." *Chanuká* significa "dedicação", embora para as crianças seja sinônimo de velas e presentes. A *menorá*, o candelabro de sete braços que estava no Templo, transforma-se habilmente em *chanukiyá* ou "de nove braços": uma luz para cada dia da festa e a outra (*shamash*) para acender as restantes.

Sukkot

Pouco depois de *Kippur* vem *Sukkot*, que leva o nome das cabanas festivas cobertas com ramos e decoradas com frutas e flores. É um costume religioso começar a construir as *sukkot* ao retornar da cerimônia de *Kippur*. Onde o clima permite, as famílias comem e dormem nas *sukkot* durante o tempo que duram as festas. A outra observância especial desta festividade é a das "quatro espécies": folhas de palmeira, um pequeno ramo de mirto e outro de chorão, amarrados para formar o *lulav*, acompanhados de *etrog*, um cítrico de aroma delicado, embora de sabor nada especial. As quatro espécies são levadas em procissão e sacudidas em seis direções, enquanto se cantam *hosannas* (preces de libertação); tudo isso compõe um atraente espetáculo. *Sukkot* dura cerca de sete ou oito dias, e é seguido imediatamente por *Simchat Torá*, com procissões similares, porém mais espetaculares, durante as quais é feito o traslado dos pergaminhos da Torá.

Esquerda, acima. "Houve para os judeus luz e alegria, júbilo e honra." Os judeus bukharan celebrando o *Purim*. Ao lerem o Livro de Ester, estarão evocando suas próprias origens persas?

Esquerda, centro. "Durante sete dias não se achará levedura em vossos lares." Queima de *hametz* em Jerusalém.

Esquerda, abaixo. "Naquele dia dirás a teu filho: "Isso comemora o que o Senhor fez por mim quando saí do Egito." *Seder* de Páscoa nos Estados Unidos. Observe-se a comida ritual no prato.

Purim

Aproximadamente em meados do ano é festejado *Purim*, que comemora o fracasso do complot do malvado Haman para aniquilar os judeus do império persa (século V a.C.). Assim como *Chanuká*, não é um dia de festa total, mas sim um dia de trabalho marcado por observâncias específicas e um ambiente de alegria. Lê-se em voz alta o Livro de Ester, dos pergaminhos manuscritos, onde é narrada história original de *Purim*, e não há restrições para a bebida.

Preparação para a Páscoa

Apenas um mês separa *Purim* da Páscoa, e para os que devem preparar os detalhes práticos da celebração, passa muito rapidamente. A Torá insiste em que nos lares não deve haver nada de fermento, o que também se usa como pretexto para fazer uma limpeza geral. Há uma atividade especial e intensa nas comunidades judaicas antes da Páscoa: limpa-se toda a casa, roupas e objetos são lavados ou substituídos, e a cozinha passa por uma completa transformação. Não é raro, em ambientes tradicionais, que se comprem louça e talheres novos, e reservas que encham a despensa para a semana de festejos. O pão ázimo (*matzá*) é preparado – ou, na maior parte das vezes, comprado –, e há uma grande variedade de receitas tradicionais que compensam de forma muito criativa as restrições da dieta, com o uso de amêndoas, canela e outros ingredientes saborosos. Na antevéspera da Páscoa, basicamente já está tudo preparado, e o fermento (*hametz*) que há na casa é eliminado como parte do ritual.

Páscoa

A festa, que dura uma semana, começa no entardecer com uma das cerimônias judaicas mais populares: a refeição do *seder*. A família se reúne e recebe os judeus que estão longe de seus lares ou que moram sozinhos. Todas as refeições judaicas formais começam com as rezas do pão, do vinho, e do dia mesmo, mas no caso do *seder*, o ritual é particularmente complicado: a declamação da história bíblica do xodo é alternada com meditações sobre o tema da liberdade e o resgate, e com cantos de louvor a Deus. As crianças desempenham um papel fundamental: o mais novo, tradicionalmente, começa com a pergunta inicial: "Por que esta noite é diferente das outras noites?", que é respondida pela narração do xodo. A comida dessa noite tem a característica de "ajudar a memória": o cordeiro assado e o ovo do sacrifício pascoal; a *matzá*, recordando a pressa com que os judeus se viram forçados a abandonar o Egito, e o rabanete picante ou outras raízes amargas, em memória de seus sofrimentos. O ritual do *seder* conserva traços do banquete greco-romano; e remete-se também ao banquete messiânico do mundo futuro. A noite é concluída com alguns cantos populares, que ajudam a manter o interesse das crianças até o fim.

A VIDA JUDAICA

O conhecido aforismo de que o judaísmo "mais do que uma religião, é um estilo de vida" talvez seja formulado mais como uma reflexão sobre a religião judaica do que sobre a vida judaica. É verdade que a identidade judaica freqüentemente é um compromisso social no qual a religião é apenas um ingrediente entre muitos outros, e é igualmente certo que a literatura religiosa judaica sempre pôs uma grande ênfase sobre a vida real, mais do que sobre o pensamento abstrato ou a fé. Mas a vida judaica, viva e oposta aos estereótipos ideais dos sermões e manuais, é uma coisa curiosa e intangível, que varia muito de um lugar a outro, de um tempo a outro, e inclusive entre grupos e indivíduos da mesma comunidade. Ainda hoje continua sendo muito marcada essa diferença, talvez mais do que em outros tempos, mas seria romântico e inexato supor que se trata de um fenômeno puramente atual. O que mudou foi a coesão social; a uniformidade da comunidade medieval se perdeu nas novas condições de uma sociedade aberta, e esta ruptura deu lugar a múltiplas tentativas de conservar e expressar a identidade judaica sem as limitações de uma segregação forçada e uma forte liderança interna. Como costuma acontecer, uma mudança essencialmente política deu lugar à transformação econômica e social, que por sua vez exigiu uma revalorização das bases teóricas das instituições e hábitos tradicionais.

A desintegração da comunidade medieval foi um processo gradual que ocorreu durante os últimos dois ou três séculos, e que ainda não foi concluído. Ainda há lugares em que persistem as condições de vida medievais, embora sejam pequenos, poucos, e existam em cada vez menor quantidade. A imensa maioria dos judeus vive hoje em países onde a base formal desse tipo de vida desapareceu, e onde a vida judaica é uma questão de escolha individual ou coletiva. Nestas novas condições foi possível recriar uma existência que se aproxima do estilo de vida tradicional, e esta opção correspondeu a uma pequena minoria, mas por se tratar de uma decisão livre, é algo completamente diferente do velho modelo no qual se baseia, e deve ser julgado como um aspecto da diversidade moderna, mais do que como um autêntico elemento antigo que sobrevive. As formas tradicionais de vida continuam exercendo uma poderosa influência sobre os judeus de hoje, especialmente sobre aqueles para os quais a emancipação foi uma experiência muito recente, mas no decorrer de duas ou três gerações essa influência se atenua, sobrevivendo muitas vezes em forma de inclinação sentimental. Enquanto isso, consciente ou inconscientemente, foram desenvolvidas novas formas de vida social e as velhas instituições foram abandonadas ou reinterpretadas, os velhos valores foram negados ou revistos, e novas instituições e novos valores ocuparam seu lugar. O processo não é regular nem completo em lugar nenhum. Para muitos (aqueles cujas comunidades medievais foram destruídas em 1940 ou depois), apenas começou. Trata-se de um panorama calidoscópico, cujo resultado final – caso exista – é imprevisível.

A comunidade medieval

Nas comunidades judaicas medievais a identidade judaica era oficialmente reconhecida, o proselitismo e o casamento misto eram proibidos, e muitas vezes os judeus eram obrigados a usar roupas especiais e a viver em bairros separados: a segregação social trazia como conseqüência a segregação cultural. Embora fosse inevitável alguma influência, os judeus estavam completamente separados da cultura da maioria e desenvolviam seu próprio estilo de vida em um relativo isolamento. Em muitos lugares até falavam outra língua, diferente da de seus vizinhos. Com freqüência, havia uma grande diferença entre o nível cultural dos judeus e dos não judeus (sobretudo em lugares onde, entre os não judeus, era comum o analfabetismo). A religião era, sem dúvida, um fator de divisão, tanto a causa quanto a conseqüência da separação, embora em muitos casos houvesse influências mútuas na questão religiosa, tanto nos níveis intelectuais quanto nos populares.

A comunidade medieval era muito organizada e mantinha funcionários assalariados para administrar suas diversas atividades e instituições, incluindo os estabelecimentos educacionais e religiosos, os impostos e a beneficência. Tratava-se de uma sociedade altamente coesa, selada por laços defensivos de interesse para todos e por um sentido ideológico de objetivo comum. Havia um forte senso de responsabilidade social, já que os membros prósperos ajudavam os menos afortunados por meio de instituições de caridade e da beneficência individual. Embora cada comunidade fosse autônoma, também havia cooperação intercomunitária. Os rabinos intercambiavam conselhos e assistência (às vezes chegavam a se reunir em sínodos regionais), os tribunais intercambiavam informações sobre casos que transcendiam a jurisdição local, e as contribuições se destinavam a viajantes necessitados e para o resgate de presos.

As restrições que pesavam sobre os judeus lhes permitiram desenvolver uma especialização econômica e ocupacional considerável. A proibição de possuir escravos praticamente os empurrou para fora da agricultura e da indústria, e em pouco tempo se viram impedidos de possuir terras. A proibição de entrar em grêmios os excluía de uma vasta gama de ofícios, e em geral não eram considerados aptos – de forma implícita ou explícita – para fazer parte do exército, governo e das profissões "liberais" (com exceção da medicina). Na Europa Medieval foram gradualmente sendo empurrados para se tornar prestamistas e desenvolver um pequeno grupo de atividades comerciais. Tal especialização reforçava a separação de judeus e não judeus, e contribuiu, a longo prazo, para torná-los impopulares entre as pessoas do povo, particularmente entre seus rivais e devedores. Tendiam a agrupar-se em determinados bairros das cidades. Na Europa Oriental, onde havia menos cidades, ficavam dispersos em pequenos povoados, mas mesmo ali as restrições econômicas e sociais transformavam-nos em um grupo marginalizado.

Aspectos da vida judaica diária na Idade Média.
Acima. De uma Haggadah pintada em Hamburgo, em 1740, por Joseph Leipnik, um dos mais destacados pintores judeus desse período. Embora destinado a ilustrar o texto, acerca dos trabalhadores judeus no antigo Egito, o quadro mostra os judeus contemporâneos contra o fundo de uma cidade alemã.

Direita. De um manuscrito espanhol do começo do século XIV. No caldeiro são purificadas vasilhas e panelas.

A unidade básica da vida judaica era a família; talvez nela residisse a verdadeira força do sistema. As famílias eram numerosas, fortes e leais. Em uma sociedade onde se tendia a colocar a comunidade acima do indivíduo, e que nunca havia enaltecido o celibato nem o monacato, a família proporcionava estabilidade e continuidade, e era a referência social, econômica e religiosa imediata para a vida do indivíduo judeu. A religião começava no lar, e as festas do ano religioso eram celebradas dentro da família, assim como os momentos cruciais na vida dos indivíduos e da família eram marcados por observâncias religiosas. A religião também impunha um rígido código de conduta sexual, cujo propósito era a conservação e santificação da família. A falta de filhos e a esterilidade eram consideradas desgraças familiares, que a própria família tentava remediar ou amenizar. Os casamentos muitas vezes eram arranjados entre famílias já unidas por outros vínculos matrimoniais, ou dentro da mesma família. Tais vínculos uniam os membros das duas famílias com laços especiais. A fama de um parente ou de um antepassado era fonte de orgulho para toda a família, que também era tomada pela vergonha caso um de seus membros fosse motivo de desonra. Os velhos eram respeitados e cuidados, e as crianças eram consideradas representantes da continuidade da família no futuro. A educação e a instrução em um ofício eram, ao menos teoricamente, responsabilidade da família.

O sistema favorecia os homens em relação às mulheres. O poder e a autoridade eram monopólio masculino, e enquanto os meninos eram educados desde muito cedo, as meninas mal recebiam alguma instrução. Eram excluídas da vida religiosa ativa da sinagoga: seu lugar era uma galeria oculta ou atrás de uma divisória. As normas de recato e pureza ritual eram aplicadas estritamente às mulheres, mais que aos homens, enquanto sobre eles recaíam a maior parte das observâncias religiosas. As mulheres tinham um status legal similar ao das crianças e dos escravos (com a diferença de que, no caso delas, era permanente). Não podiam testemunhar diante de um tribunal. Eram excluídas da vida pública e da maioria das atividades remuneradas. As exceções citadas muitas vezes não fazem mais do que confirmar a regra. Somente dentro de casa as mulheres gozavam de certa liberdade e respeito, e mesmo assim havia uma clara separação de funções, das quais as mais honrosas eram reservadas aos homens.

A comunidade medieval era uma sociedade fechada. Muito poucos entravam nela, salvo por nascimento, e poucos a deixavam, salvo pela morte, e o destino individual dependia em grande parte de fatores que excediam a capacidade de controle de cada um. O individualismo e a rejeição não eram estimulados, e esperava-se que os membros subordinassem seus desejos pessoais ao bem-estar do grupo. Em muitos sentidos, a vida judaica refletia o caráter do mundo não judeu, diretamente responsável por muitas de suas características.

A vida judaica atual

A homogeneidade da vida judaica na Europa começou a se desintegrar lentamente nos séculos XVII e XVIII, quando os mercadores e banqueiros abastados se misturaram com a sociedade gentia e adotaram um estilo de vida similar ao dos cidadãos não judeus com quem conviviam. Mas os movimentos religiosos populares, como o sabateanismo e o hassidismo, representaram um desafio mais insidioso e, sem dúvida, mais extenso para os valores tradicionais. O Iluminismo europeu, que colocou em dúvida a relação até então aceita entre Igreja e Estado, e que finalmente levou à emancipação política dos judeus, também teve um efeito profundo sobre os costumes judaicos, e a integração social foi se tornando gradualmente mais aceitável tanto para os judeus quanto para os não judeus.

Dado que, durante a maior parte do século XIX, a população judaica se concentrou nos países que davam menos margem a uma mudança radical, a transformação da vida judaica foi lenta. Por volta de 1880, contudo, quando começou uma migração massiva para o Ocidente a partir da União Soviética e do Oriente Próximo, houve um forte contraste entre a vida judaica nos países orientais e ocidentais. Os recém-chegados dos países orientais ficavam escandalizados com os judeus assimilados do Ocidente, que não se distinguiam dos gentios em sua vestimenta, em sua língua nem em seus hábitos, e que transitavam com uma aparente liberdade entre os não judeus. Por volta de 1880, os judeus de nascimento da Europa Ocidental e dos Estados Unidos eram quase totalmente não ortodoxos, e tinham amenizado ou abandonado observâncias tais como o descanso do Shabat, as restrições dietéticas, as rezas diárias e os rituais de banho. Nos países orientais, ao contrário, os judeus religiosos mantinham com rigor os mesmos preceitos, e as reformas religiosas eram virtualmente desconhecidas. Até mesmo o hassidismo, que havia surgido com um entusiasmo reformador, se acomodava aos modelos da religião tradicional. Com a imigração em grande escala, foram temporariamente restaurados nos países ocidentais os antigos aspectos da vida judaica, e no seu devido tempo se repetiu o processo de aculturação, com o acréscimo de mais variedades de compromissos e reações. As sucessivas ondas migratórias,

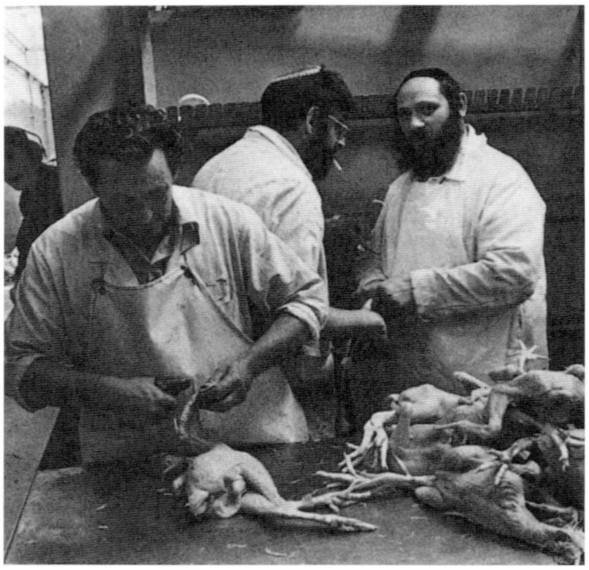

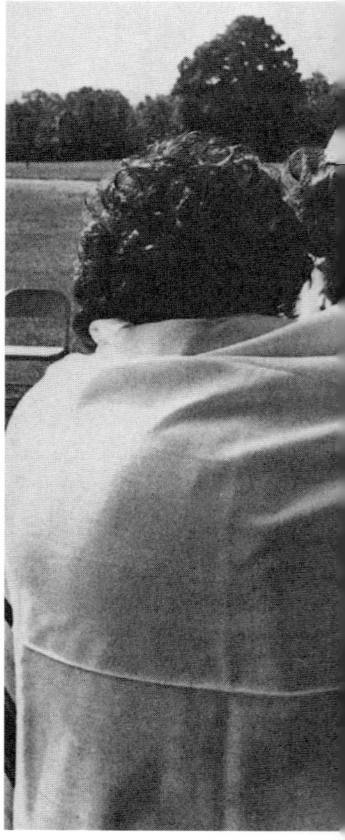

Aspectos da vida judia atual.

Esquerda. Judeus participantes de um desfile do Orgulho Gay em Nova York.

Esquerda, centro. Um açougueiro de frangos em Londres.

Esquerda, abaixo. Um casamento informal em Los Angeles.

Direita. Regateando o preço do peixe no Lower East Side (bairro judeu) de Nova York.

Abaixo. Convivência num retiro sabático para membros de uma *havurah* nova-iorquina.

sobretudo originadas da Europa Central durante o nazismo, e dos países árabes desde 1948, tornaram o panorama ainda mais complexo.

Com a eliminação das restrições em relação à residência em muitos países, os judeus tenderam a adaptar-se ao modelo predominante no assentamento. Há certa tendência a continuar formando bairros judeus não oficiais, e à medida que o povo foi se deslocando para os subúrbios das grandes cidades, foram crescendo novas áreas de alta densidade de população judaica, com seus próprios estabelecimentos comerciais e centros religiosos. Na maioria dos países, uma ou duas cidades concentram a mais alta proporção de população judaica, embora em uma região mais ampla se encontrem dispersas comunidades menores e famílias isoladas. Em Israel acontece um caso excepcional: a partir da imigração massiva, os judeus se instalaram por todo o país em povoados e cidades, muitos deles novos, e em sua maioria habitados exclusivamente por judeus.

A especialização econômica do gueto abriu espaço para uma grande diversidade. Embora em alguns lugares, pela força da tradição ou das circunstâncias locais, os judeus tenham se destacado nas atividades bancárias, comerciais e industriais, o que continua a acontecer, atualmente são encontrados em todos os tipos de atividades. As pesquisas realizadas na Grã-Bretanha, Estados Unidos e outros países comprovaram, sem dar margem a dúvidas, uma mobilidade econômica ascendente, dos trabalhos manuais para o trabalho burocrático e as profissões liberais. Esta tendência se torna mais forte com a chegada das novas gerações. Uma vez abolida a proibição do porte de armas, os judeus servem nos exércitos tanto como recrutas como nos quadros profissionais. Também houve um retorno à agricultura, primeiro em colônias experimentais na União Soviética do século XIX, depois na América do Sul e Palestina. Uma grande parte da população israelense trabalha na agricultura, em estabelecimentos cooperativos ou coletivos, ou em comunidades mais tradicionais. A magistratura, a vida acadêmica, a medicina e a pesquisa científica exerceram uma grande atração sobre os judeus, e estão representados em um amplo leque de partidos políticos em diferentes países, embora poucos tenham alcançado os cargos mais altos do Estado (com exceção, obviamente, de Israel). Todas estas observações, obviamente, valem para países onde já se deu uma boa integração. Existem ainda certos países, sobretudo dentro do mundo árabe, em que as oportunidades são muito limitadas para os judeus, e alguns onde eles são totalmente excluídos.

A cultura especificamente judaica, um traço distintivo dos judeus na Idade Média, foi muito atenuada com a integração, apesar de tentativas isoladas de se manter viva a língua e a literatura iídiche. A cultura é o campo onde a mudança foi mais completa. Na maioria dos países não existe uma diferença significativa entre a cultura dos jovens judeus e dos não judeus, sobretudo em lugares onde freqüentam as mesmas escolas e assumem os mesmos valores e pontos de vista. Os judeus também dão sua contribuição para a vida cultural dos países em que vivem, e em geral sem nenhuma ênfase especial na questão judaica, embora alguns escritores e pintores se especializem em temas judaicos.

Na esfera da religião, a aculturação ganhou diversas formas, e é difícil generalizar de modo significativo: a comunidade de uma sinagoga, por exemplo, varia muito de um país a outro, assim como o papel que esta representa na vida de um indivíduo. Nos Estados Unidos uma grande proporção de judeus pertence a alguma sinagoga, mas relativamente poucos assistem aos serviços com freqüência ou regularidade. Muitos, de fato, vão muito pouco ou nunca. O pertencimento a uma sinagoga não deve ser entendido, portanto, como um traço religioso em si mesmo; seria mais uma resposta a uma necessidade social. Em Israel, no outro extremo, a sinagoga é exclusivamente religiosa, embora muitos judeus religiosos não pertençam a nenhuma. A freqüência também varia muito: desde a União Soviética, onde restam poucas sinagogas em funcionamento, Argentina, onde há muitas, mas são poucos os que freqüentam, até Israel, onde em uma pesquisa 5% responderam que iam diariamente e 13%, em todos os Shabat. Foram 27% os que responderam que nunca iam à sinagoga; a porcentagem correspondente nos Estados Unidos vai de 10%, em pequenas comunidades, até 30%, nas grandes cidades. A maioria das comunidades nacionais revela um comportamento para a prática religiosa, em geral, análogo ao comparecimento à sinagoga: uma pequena minoria mantém um alto nível de observância religiosa e uma minoria similar, um nível muito escasso ou nulo, mas a maioria mantém algum tipo de observância religiosa, embora não se considere especialmente "religiosa". As cerimônias mais populares são a circuncisão, o *bar mitzvá* e o jantar de Páscoa (*seder*), e os únicos dias em que a sinagoga fica repleta são os dias santíssimos (Ano Novo e Dia do Perdão). Muitos judeus celebram o Shabat de algum modo (muitas vezes acendendo velas durante o jantar de sexta-feira) e seguem algum tipo de restrição alimentar, mas muito poucos respeitam com todo o rigor tradicional o Shabat e as normas da dieta. Naturalmente, as comunidades mais tradicionais têm um nível de observância mais elevado, mas as pesquisas revelaram um grau surpreendentemente similar de prática em judeus nominalmente ortodoxos, reformistas e leigos. Os detalhes deste complexo panorama podem ser explicados apenas parcialmente por razões especificamente judaicas; as atitudes dos judeus geralmente se adaptam às condições locais e são resultado da assimilação de padrões de conduta predominantes.

A força tradicional da família judaica sofreu um grande desgaste nos últimos anos, sobretudo devido ao processo de assimilação, que elimina os traços mais distintivamente judaicos. Em geral, as diferenças entre as famílias judaicas e não judaicas não são vistas, salvo pela nostalgia da moda antiga e pela pressão sobre os jovens para que progridam e se casem, especificamente com judeus. Na maioria dos países, o Estado se encarrega das funções de educação e assistência que antes eram desempenhadas pela família e comunidade, e ao se criar um distanciamento cultural entre os emigrantes e a primeira geração de nativos, a cultura foi, de certa forma, afetada em sua continuidade. A mobilidade geográfica e social também enfraqueceu os laços familiares. O casamento entre judeus e não judeus é freqüente nos lugares onde a integração social evoluiu. Em muitos países ocidentais, um terço dos judeus, ou mais, se casam com não judeus; em alguns países a proporção é muito maior. Os dirigentes judeus, religiosos e leigos, não parecem ter se ocupado desta tendência, com exceção das declarações de desgosto, embora alguns rabinos, sobretudo no extremo mais liberal do espectro religioso, estimulem e facilitem a conversão do membro não-judeu. A maioria dos filhos desses casamentos se perde pela comunidade judaica. A maior independência dos jovens e o enfraquecimento da estrutura familiar não encontraram uma resposta adequada, por parte das instituições da sinagoga, que atendessem as necessidades dos judeus como indivíduos, mas foram feitos esforços no trabalho com os estudantes, e os movimentos juvenis sionistas oferecem uma alternativa atraente para a comunidade religiosa. Nos Estados Unidos, contudo, se manteve um crescimento constante das comunidades religiosas menos convencionais, o que reflete o caráter distintivo da juventude do país. Várias sinagogas *gays* também se estabeleceram, o que indica até que ponto alguns judeus homossexuais se sentem excluídos da típica congregação judaica, excessivamente baseada na família. O mesmo sentimento a respeito do predomínio masculino na sinagoga ortodoxa e tradicional levou à formação de alguns grupos de mulheres, embora, na maioria dos casos, estas tentem melhorar seu *status* trabalhando dentro das pautas estabelecidas. Em todo caso, os segmentos não ortodoxos já fizeram muito para remediar a desigualdade e a segregação das mulheres no judaísmo tradicional. No movimento reformista admite-se a igualdade teórica dos sexos, e também nas sinagogas ortodoxas, pouco a pouco vão sendo eliminadas as desigualdades. Uma situação parecida se dá na Grã-Bretanha, onde pouco a pouco vai desaparecendo o preconceito dos movimentos liberais e reformistas contra as mulheres, mas por outro lado, diferentemente dos Estados Unidos, os grupos não ortodoxos são pequenos e ainda há poucas mulheres atuando no rabinado, ou com cargos dentro da comunidade. Em outros países, a situação das mulheres continua sendo de subordinação, e mesmo nas organizações leigas tendem a predominar os homens.

Nos próximos anos, caso a tendência atual continue, a integração social e a aculturação se tornarão mais marcadas entre os emigrantes recentes dos países ocidentais e nos países em que os judeus ainda não gozam de igualdade civil. A experiência de nenhum país pode servir como modelo de referência para outro, pois foi comprovado que as condições locais tendem a determinar o curso das variações pelas quais passam as comunidades judaicas. Em países onde a religião sofre um declínio generalizado, por exemplo, a religião judaica não tem muitas possibilidades de sobreviver intacta. Mas os judeus norte-americanos podem exercer uma crescente influência sobre o mundo judaico, simplesmente por seu tamanho e sua vitalidade, e pelo importante papel que os Estados Unidos desempenham no mundo atual; certas características da vida judaica norte-americana podem ser perfeitamente reproduzidas em qualquer outro lugar. Israel também pode influir, sobretudo contribuindo com os elementos para apoiar a identidade judaica da geração jovem, embora até hoje Israel não tenha produzido nada de novo aplicável à diáspora, e as condições lá são tão diferentes, que é difícil conceber que a experiência israelense seja de relevância direta para as comunidades judaicas em outros lugares. Na realidade, é mais provável que alguns aspectos problemáticos da vida judaica em Israel possam ser resolvidos de acordo com as pautas já conhecidas nas grandes comunidades da diáspora.

A RELIGIÃO JUDAICA

O Dia do Perdão, de Jacob Kramer. No Dia do Perdão, o judeu se acha nu e indefeso diante de Deus. Todos os seus pecados testemunham contra ele, e seu único recurso é entregar-se, com preces e arrependimento sincero, à misericórdia divina. Este dia é o único em que os judeus se ajoelham e se prostram na sinagoga, e a liturgia evoca o ritual de expiação no antigo Templo, quando o Sumo Sacerdote, neste dia único e sacratíssimo do ano, entrava no *Sancta Sanctorum*, o ponto mais sagrado da Terra, e pronunciava o santíssimo Nome de Deus. Tão sagrado era este Nome, que o segredo de sua pronunciação se perdeu após a queda do Templo. Algo do caráter terrível deste dia sobreviveu até a época presente.

O judaísmo é um membro da família das religiões monoteístas, cujos principais representantes são o Cristianismo e o Islã. Além do culto a um Deus único, as três religiões compartilham alguns traços. Em primeiro lugar, todas remontam a uma origem comum, que tem suas raízes no Oriente Médio, dominado pela auto-revelação divina a Abraão e Moisés, embora estes fundadores sejam superados no Cristianismo por Jesus e no Islã por Maomé. Teologicamente, nas três tradições Deus é concebido em termos similares: criador e dirigente do mundo, ama a humanidade e intervém diretamente nos assuntos humanos; é infinito e absoluto, onisciente e onipotente, incorpóreo e imutável. As três religiões manifestam uma oposição acendrada ao materialismo egoísta, a idolatria e o politeísmo. As três representam uma combinação de elementos semíticos e gregos, e de ensinamentos especulativos e práticos que vão da esfera jurídica à política. As três acreditam no poder da palavra e no conhecimento, e todas têm tradições acadêmicas muito ricas. Também existem semelhanças no culto, que inclui leituras, rezas e cantos, e algumas seitas até mesmo entram em transes extáticos com movimentos corporais. As três também têm notáveis tradições místicas, que exerceram uma forte influência sobre as correntes mais importantes, mesmo quando permaneceram um pouco à margem delas.

Por outro lado, embora tenha havido uma grande influência mútua ao longo do tempo, cada uma tem seus traços distintivos. O judaísmo se encontra entre o cristianismo e o Islã, e compartilha elementos com ambos. Como o Islã, o judaísmo se preocupou mais com os assuntos mundanos, a moral e a justiça social, do que com a metafísica e a especulação abstrata. Os credos e os dogmas foram menos importantes do que as normas e os preceitos. O judaísmo e o Islã carecem, obviamente, das doutrinas especificamente cristãs, como a Encarnação, e são mais desconfiados em relação a qualquer indício de idolatria ou politeísmo. Ao mesmo tempo, são menos "monopolistas" e aceitam diversas respostas a Deus, contanto que se respeitem alguns princípios básicos. O judaísmo e o cristianismo compartilham algumas escrituras sagradas (embora a Bíblia cristã seja mais longa do que a judaica), e este patrimônio comum aproxima as duas religiões em muitos aspectos de seu vocabulário e seu simbolismo.

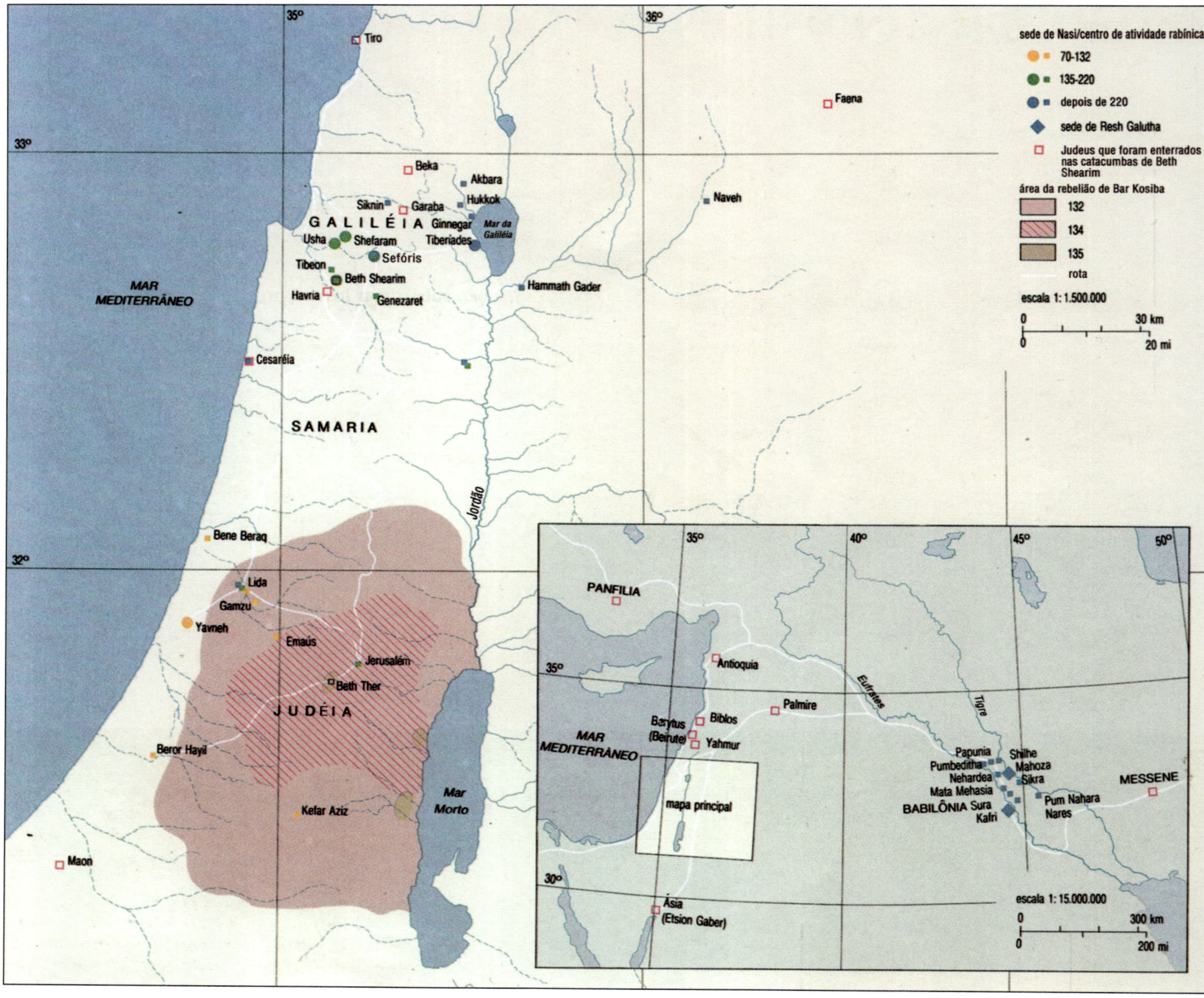

Acima: Origens do rabinismo
As primeiras atividades dos rabinos se relacionam com o centro de Yavneh, criado durante a primeira guerra romana (66-74 d.C.). O fracasso da rebelião de bar Kosiba (135 d.C.) levou os rabinos para o Norte, para a Galiléia, onde consolidaram sua influência sobre a população judia. As escavações na necrópole de Beth Shearim mostraram quão amplas eram as ramificações de sua influência. Entretanto, as escolas rabínicas se tinham estabelecido nas fortes povoações judaicas da Babilônia, e ali o rabinismo continuou a florescer depois do eclipse do centro palestino sob domínio cristão. O Talmude babilônico, compilação de discussões e decisões tanto dos centros ocidentais como dos orientais durante um período de vários séculos, conservou-se como um guia autorizado da vida e do pensamento judeus até os albores da modernidade.

Ambas foram dominadas, ao menos nos últimos séculos, por suas tradições ocidentais, e a interação entre o judaísmo e o cristianismo na Europa criaram muitas semelhanças no culto, na filosofia religiosa, nos estudos bíblicos e em outras características gerais.

Entre os traços do judaísmo que não são compartilhados por outras religiões, cabe citar a conservação do hebraico como língua da leitura bíblica e do culto, um calendário religioso próprio e uma variedade de práticas e observâncias. Entre estas, se destacam a circuncisão dos meninos e as restrições alimentares. Enquanto os muçulmanos estão proibidos de ingerir carne de porco e vinho, as restrições judaicas se estendem a uma grande quantidade de animais e ao modo como devem ser preparadas as comidas. O calendário constitui um compromisso complicado entre o ano solar e o lunar. O Shabat acontece no sábado, durante o qual não se trabalha para se dedicar o tempo a atividades agradáveis; e há várias festas, cada uma com suas particularidades. Todos estes costumes e normas se baseiam na Bíblia, porém muitos de seus detalhes foram elaborados ao longo dos séculos; encontram-se no Talmud e nas *Responsa* rabínicas, e estão codificadas em vários manuais e compêndios. Embora tanto no Islã quanto no cristianismo existam comentários similares, nenhuma destas duas religiões dá tanta importância a essas minúcias da observância religiosa.

Variedades históricas do judaísmo

A mais perdurável e influente das variedades do judaísmo foi o que poderia ser chamado, na falta de um termo mais apropriado, de rabinismo. Suas duas características distintivas são a instituição do rabino, que é o mesmo tempo catedrático, juiz e guia religioso, e a adesão à tradição acadêmica baseada no Talmud, um corpus de literatura esotérica elaborado na Palestina e Babilônia no período de formação do movimento, e que corresponde, aproximadamente, aos primeiros cinco séculos da era cristã. As origens do rabinismo são obscuras: suas raízes são diversas, e incluem elementos sacerdotais, dos escribas e pietísticos, mas constituiu um novo ponto de partida na antiga Israel, e se tornou extraordinariamente influente em uma extensa região depois da destruição do segundo Templo (70 d.C.), em parte através da aquisição de privilégios políticos a cargo dos rabinos, e em parte por suas

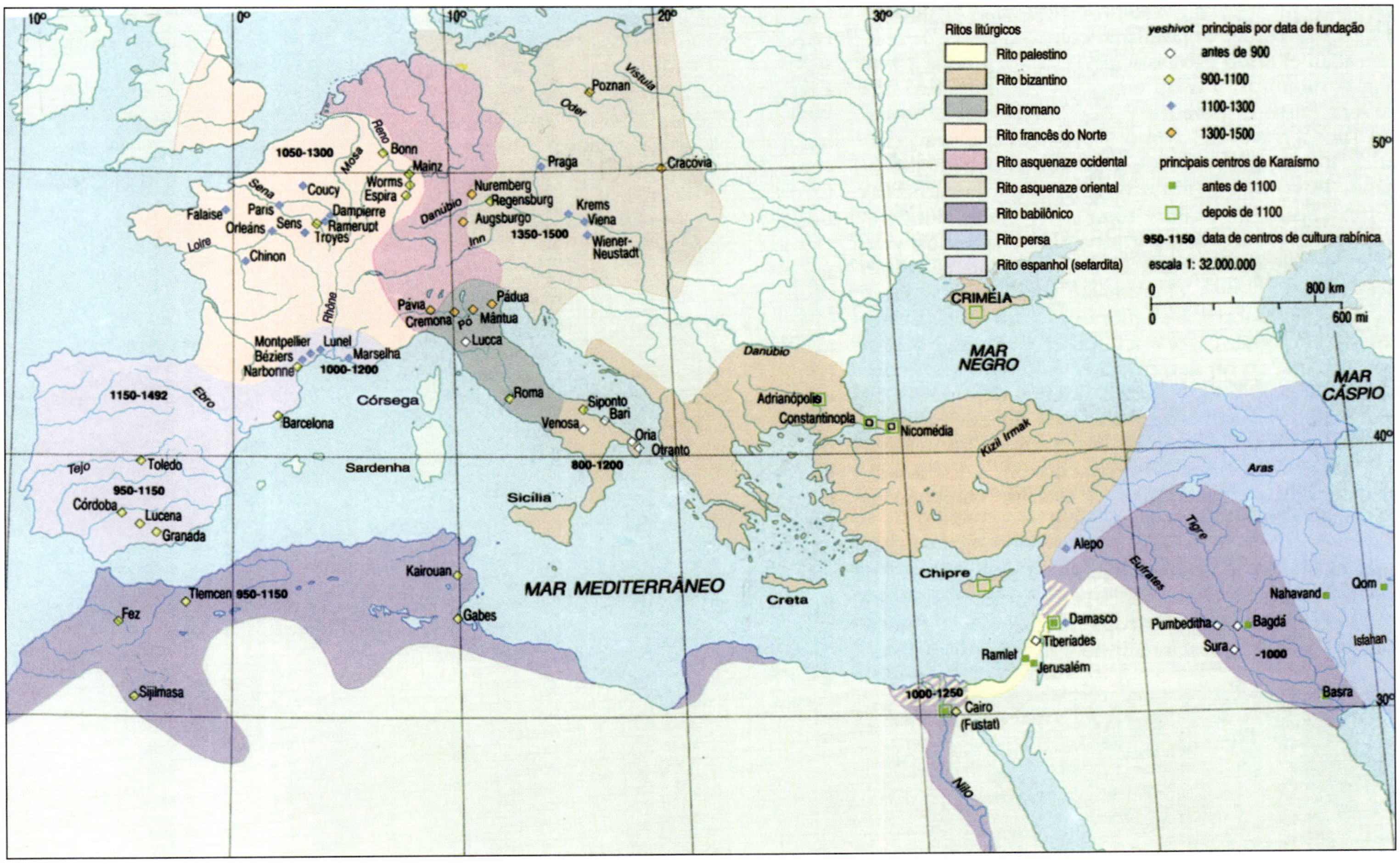

Acima: A expansão do rabinismo, c. 650-1500
O judaísmo rabínico se expandiu para oeste indo da Palestina para a Itália, e por último para a Europa do Norte; e da Babilônia para o Norte da África e para a Espanha. As linhas de influência podem ser distinguidas nos diversos ritos litúrgicos, alguns dos quais continuaram a ser empregados até hoje. A cultura rabínica se disseminou através das *yeshivot* (escolas talmúdicas); as principais atraíam estudantes de lugares distantes. O desafio mais importante para o rabinismo veio do caraísmo, movimento que começou na Pérsia e no Iraque e depois estabeleceu fortes bases no Mediterrâneo oriental, e durante algum tempo até na Espanha.

atividades missionárias entre as comunidades judaicas. Sua influência foi tão forte que, mesmo as tendências alternativas que rivalizavam com ele, como o caraísmo e o cabalismo, não ficaram completamente livres delas.

O caraísmo, que apareceu no século VIII no Iraque e Pérsia em oposição ao rabinismo talmúdico, mantinha as instituições do rabino e a sinagoga, e de fato era muito similar ao rabinismo, sendo suas únicas diferenças externas o calendário e algumas leis e costumes. O cabalismo, uma forma de gnosticismo combinado com o ascetismo e às vezes com a magia, permaneceu institucionalmente dentro do rabinismo. Um de seus luminares mais proeminentes foi, no século XVI, Joseph Caro, autor de dois dos mais autorizados compêndios da lei rabínica. Movimentos posteriores, como o hassidismo e a reforma, mesmo quando rejeitavam muitas de suas crenças e práticas, sempre se aferraram às principais instituições do rabinismo, ainda que a natureza das mesmas tenha sido modificada.

O rabinismo se baseava na tradição e no consenso. Os rabinos gozavam de autonomia local e teoricamente de igualdade, embora acadêmicos proeminentes e santos adquirissem certa autoridade adicional. O Talmud era reverenciado como o depósito de toda a sabedoria, e o essencial do rabino era seu magistério no estudo desta obra. Era dada mais atenção à sabedoria prática do que à ciência especulativa, embora tenha havido alguns filósofos rabínicos ilustres. As disputas eram resolvidas de acordo com o Talmud ou com argumentos baseados no mesmo. A Bíblia, sobretudo os cinco primeiros livros (a Torá), era reverenciada como verdade santa e ocupava um lugar de destaque no culto e na predicação públicos, mas era interpretada pelos rabinos à luz dos cânones de exegeses talmúdicos. E era o Talmud, mais do que a Bíblia, o que devia ser estudado em primeiro lugar nas academias rabínicas.

Ao longo de uma história muito prolongada, os rabinos deram ao judaísmo sua direção e definição, tanto pelo que rejeitavam como pelo que aceitavam. Já no início do movimento começaram as desavenças com a cristandade. Os detalhes não estão documentados: parece provável que o impulso para a separação tenha surgido do lado cristão, mais do que dos judeus. Em todo caso, o Talmud mal menciona o cristianismo, com o qual o judaísmo não sustentou, por meio de sua literatura, uma controvérsia comparável com a volumosa obra polêmica que a Igreja produziu contra os judeus. Mais evidente, durante a época inicial, é a campanha contra o dualismo e o gnosticismo, similar à desenvolvida no cristianismo primitivo. No século X houve uma polêmica contra o caraísmo. No século XIII houve uma discussão a respeito da admissibilidade da filosofia aristotélica, porém se tratava de uma disputa rabínica interna, a partir da obra do ilustre rabino aristotélico do século XII Moisés Maimônides. O cabalismo, por outro lado, nunca foi categoricamente condenado, embora tenha havido todo tipo de esforços para reduzi-lo a um pequeno círculo e impedir que chegasse ao povo. O que é certo nesta política demonstra-se na grande popularidade de dois movimentos liderados por Shabbetai Zvi (1626-1676) e Baal Shem Tov (1700-1760). O primeiro foi de caráter apocalíptico, e o segundo (hassidismo) pietista, mas ambos tinham suas raízes na Cabala e se opunham diametralmente ao rabinismo. Shabbetai Zvi se proclamou messias e declarou o fim da Torá. O hassidismo condenava o que consideravam o árido escolasticismo das escolas e academias rabínicas, e viam no estudo talmúdico uma barreira entre o homem e Deus. Buscavam a união com Deus por meio do jejum, da dança e prece extática, alegria da natureza e irmandade humana. Os rabinos lutaram severamente contra o hassidismo, sobretudo na Lituânia, onde o poder civil foi convocado a intervir contra eles, e em 1772 um sínodo rabínico os condenou oficialmente. Apesar destes ataques, o hassidismo ganhou muitos adeptos entre os pobres, os ignorantes e as massas oprimidas da Polônia. Porém, era tão forte o poder do rabinismo que, em um determinado momento, acabou assimilando o hassidismo. O *tzadik* hassídico deixou de ser em grande medida um santo de aldeia, para se tornar quase um sábio rabínico; os hassidins e os misnagdins, antes oponentes, se reconciliaram, e os acadêmicos hassídicos começaram a escrever comentários relativos a códigos legais rabínicos.

Novas idéias e seus efeitos sobre o rabinismo

Foi uma corrente extrajudaica o que acabou com o domínio do rabinismo na Europa: o Iluminismo, com seu anticlericalismo, seu racionalismo e sua pressão pela conquista da emancipação judaica e da educação leiga. O rabinismo era basicamente um fenômeno medieval e sua força se apoiava nas instituições medievais. O poder dos rabinos se apoiava em seu controle sobre as comunidades judaicas, na segregação das mesmas e na proteção do governo. Confrontados com a oposição, podiam recorrer aos poderes civis e ao *herem* (excomunhão), como de fato fizeram os rabinos lituanos contra os hassidins. No século XVIII, estas sanções haviam caído em desuso na Europa Ocidental, e cada vez tinham menos efeito. Os judeus por elas afetados já não eram excluídos da sociedade: o que havia ficado amplamente demonstrado no século XVII com o caso de Spinoza, e a tradicional independência do rabinado, ao menos desta vez, funcionou contra o sistema. As novas idéias penetraram na comunidade judaica muitas vezes através dos rabinos, que podiam se apoiar em sua autoridade para promovê-las. Napoleão encontrou um bom número de rabinos ilustrados para reunir seu Sinédrio, e o judaísmo reformista se estendeu a todo o rabinado alemão. Contudo, na Europa Oriental, no século XIX, o principal ataque contra o rabinismo proveio dos "iluminados" leigos (*maskilim*), como J. L. Gordon (1830-1892), poeta hebreu que escreveu uma série de contos mordazes denunciando a arrogância e corrupção dos rabinos e as injustiças causadas pela lei rabínica.

As novas idéias deram lugar, em princípio, a reformas litúrgicas, mais do que teológicas ou legais. No

Esquerda: Agitações religiosas nos séculos XVI e XVII
Os dramáticos acontecimentos deste período se deveram em grande parte a fatores políticos. A expulsão da Espanha em 1492 levou à implantação do judaísmo sefardita em todo o Mediterrâneo oriental, e ao eclipse de diversas tradições locais, enquanto se consolidava o judaísmo asquenaze no Norte da Itália, na Boêmia, na Polônia e na Lituânia, com a criação de *yeshivot*. Entretanto, os centros dominantes do caraísmo se deslocaram para o Norte, para a Criméia e a Lituânia. Os esquemas mutáveis dos contatos entre os diversos grupos favoreciam a emergência de novas idéias; tal foi o caso do encontro com os eruditos cristãos do Renascimento italiano, e nos centros sefarditas da Europa setentrional, onde muitos "cristãos-novos" voltaram para o judaísmo. As agitações políticas também conduziram ao ressurgimento do misticismo, em particular no centro cabalístico de Safed, e do fervor messiânico, que alcançou o ápice com o movimento encabeçado por Shabbetai Zvi.

Direita: O crescimento do hassidismo
O hassidismo, movimento que combina os elementos da cabala, o messianismo e a piedade popular, surgiu numa época de inquietação política e profundo questionamento religioso. Seu fundador, Israel ben Eliezer, o Baal Shem Tov (aproximadamente 1730-1760), ensinou principalmente em Medzhibozh, mas sua influência foi muito mais longe, e a geração posterior à sua morte foi testemunha de uma impressionante expansão, que alcançou uma vasta extensão para o Norte, chegando até a Vilna, principal centro da oposição, liderada pelo famoso talmudista Elijah ben Solomon. Em 1830, já havia acabado o período de maior impulso expansionista; o hassidismo já se havia estabelecido como a modalidade dominante do judaísmo numa vasta área, que se estendia de Varsóvia a Kiev, e contava com um considerável número de seguidores na maior parte da Europa central.

início do século XIX os temas polêmicos incluíam a oração em língua vernácula, a introdução de sermões e música, a abreviação das cerimônias e o decoro dos presentes. Apenas mais adiante se buscou dar bases teóricas à reforma, com a ajuda de teólogos e historiadores. O discurso teológico deixou de ser exclusividade dos rabinos desde a decadência da filosofia aristotélica no século XIV. Agora tornou a reavivar-se, e a controvérsia se centrava na natureza da revelação e na autoridade da tradição. Tudo isso não era muito diferente do que acontecia simultaneamente no cristianismo ocidental, e como resultado trouxe uma diversidade de pontos de vista. Muito poucos ocidentais mantiveram a concepção tradicionalista de que toda mudança era deplorável, e de que mesmo a emancipação era um valor questionável, se levava à desintegração da observância judaica tradicional. Os velhos sistemas não atraíam a geração jovem, que era ou queria ser moderna e européia.

Shabbetai Zvi, o messias de Esmirna, atraiu um enorme número de seguidores em toda a Europa. Finalmente, ante a escolha entre o islã e a morte, preferiu viver. Muitos de seus aderentes o acompanharam em sua ida para o islã, dentro do qual formaram a seita dos Dönmeh.

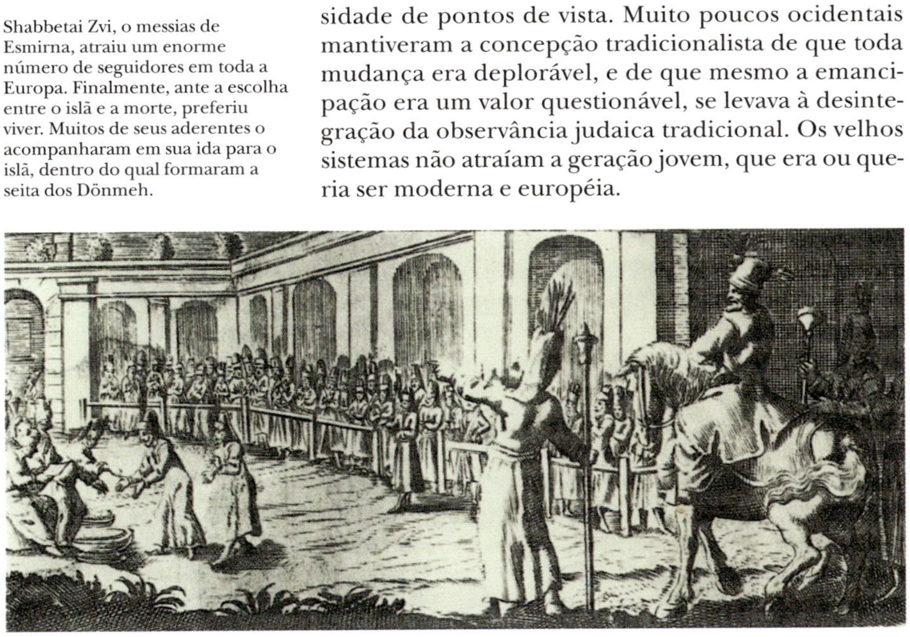

As novas tendências encontraram uma via de expressão em um vasto espectro de formulações, desde o conservadorismo teológico extremo de Samson Raphael Hirsch (1808-1888) até o liberalismo extremo de Samuel Holdheim (1806-1860) e Abraão Geiger (1810-1874). Como era de se esperar, esses três rabinos alemães haviam recebido uma educação universitária laica e talmúdica; Hirsch dedicou boa parte de suas polêmicas antitradicionalistas para justificar a combinação das duas tradições.

Holdheim formulou a transcendente asseveração de que as épocas de mudança exigem alterações na lei, ainda que seja aceita a origem divina da mesma. E foi ainda além, até o ponto de que a maioria de seus colegas não pôde segui-lo, quando passou os ofícios sabáticos em seu templo de Berlim para o domingo, eliminou várias festas e celebrou casamentos entre judeus e gentios. Holdheim se apoiava na diferença entre os elementos religiosos e nacionais do judaísmo: estes últimos – seguindo Spinoza – ele considerava obsoletos, a partir da destruição do Templo de Jerusalém. Na prática, desejava abandonar muitas observâncias puramente religiosas: o importante eram as crenças e a ética do judaísmo.

A filosofia religiosa de Geiger era similar em muitos aspectos. Destacava a crença no progresso: a Bíblia e o Talmud representavam um estado primitivo em uma revelação que ainda continuava. Muitas cerimônias tradicionais, como a circuncisão, são ofensivas para uma sensibilidade moderna ou incompatíveis com a vida moderna. Em todo caso, a lei de Deus é essencialmente ética, não ritual. E também o estudo da história revela que os rituais mudaram e foram sendo elaborados, o que é comprovado na própria Bíblia e no Tal-

Esquerda: Expansão do modernismo na Europa, c. 1820-1900
Uma resposta judaica ao movimento de emancipação foi a busca de expressões religiosas adequadas aos novos tempos, insistindo na ilustração, na educação secular e na aproximação entre judeus e cristãos. As mudanças se iniciaram nas congregações locais, às vezes com o respaldo das autoridades seculares, depois nas conferências rabínicas e através de um novo estilo de seminários rabínicos, que adotaram um enfoque moderno da erudição judaica. Como mostra o exemplo de Budapeste, a influência dos seminários se expandiu rapidamente por um vasto território. Depois de um período inicial de incerteza e conflitos internos, o movimento se dividiu por fim em três correntes: o liberalismo (reforma radical), o "judaísmo histórico" (reforma moderada) e a ortodoxia.

Direita. Nostalgia santa: orando diante do Muro das Lamentações, em Jerusalém.

mud. Geiger era cada vez mais consciente da necessidade de "destronar o Talmud". Sustentava o estudo crítico da Bíblia e desejava estender os métodos críticos à literatura talmúdica.

O enfoque de Hirsch era completamente diferente: não concebia o deslocamento do Talmud de seu papel tradicional. Opunha-se à crítica bíblica e deplorava o abuso do lema do "progresso". Eram os judeus, não o judaísmo, que precisavam se reformar, argumentava. Esperava obter uma melhor compreensão do judaísmo por meio da educação, o que tornaria desnecessárias as reformas radicais.

As desavenças entre Hirsch e Geiger (que haviam sido amigos e companheiros de estudos na Universidade de Bonn em 1829) e entre seus respectivos seguidores se manifestaram em polêmicas amargas como aquelas travadas entre modernistas e tradicionalistas. De acordo com a literatura, fica claro que a discussão sobre a observância e as cerimônias refere-se a uma diferença genuinamente teológica e, em uma palavra, uma questão de fé. Para Hirsch, a crença na inspiração, integridade e autoridade da Bíblia, no Talmud e todo o corpus legal rabínico constituíam um artigo de fé. Ceder um palmo neste ponto era abrir a porta para uma reforma descontrolada. Talvez por isso tenha se oposto terminantemente a Zechariah Frankel (1801-1875), um modernista muito conservador, inimigo declarado do que denominava "reforma negativa que levava à completa dissolução", e que pode ser considerado o fundador do atualmente chamado judaísmo conservador. Mas os artigos de fé são alheios ao espírito do judaísmo autêntico, ao menos era esse o argumento dos reformistas. Estes chamaram "Ortodoxia" ao novo estilo do tradicionalismo, destacando seu caráter dogmático. E assim ficou o nome.

Agrupamentos religiosos judaicos no século XX

As controvérsias entre as teologias modernistas do século XIX na Europa Central se institucionalizaram em facções formais que ainda hoje existem. As diferenças são visíveis na liturgia, na educação e, até certo ponto, na teologia e na observância ritual, mas são difíceis de se definir com precisão e em certos pontos até mesmo se superpõem. As facções não chegam a constituir seitas. Embora haja certa polêmica, os membros de cada grupo podem ser aceitos em qualquer um dos outros, sem ter de cumprir formalidade alguma (com a exceção de que, dadas as diferenças de procedimento, alguns prosélitos não ortodoxos não são automaticamente aceitos pelas autoridades ortodoxas). Existem algumas associações locais, nacionais e internacionais de rabinos e congregações, mas muitas congregações são independentes e mesmo as que são afiliadas a uma ou mais associações gozam de uma considerável autonomia.

Nos Estados Unidos existem três grupos principais: os reformistas, os conservadores e os ortodoxos. A União de Congregações Hebréias da América do Norte (desde 2003, União do Judaísmo Reformista) foi fundada em 1873 como corpo central, mas dado o predomínio de elementos reformados, logo se transformou na organização nacional das congregações reformadas. Atualmente conta com cerca de 900 congregações entre os Estados Unidos e o Canadá. A Conferência Central de Rabinos Norte-Americana (fundada em 1889) é a assembléia dos rabinos reformados, e o seminário rabínico do movimento é o Colégio União Hebréia – Instituto Judaico de Religião –, com quatro estabelecimentos. Em Cincinnati (1875), Nova Cork (1922), Los Angeles (1954) e Jerusalém (1963). As instituições correspondentes do movimento conservador são a Sinagoga Unida do Judaísmo Conservador, fundada com pouco mais de 22 congregações em 1913, e que agora representa 760 congregações com mais de um milhão e meio de membros; a Assembléia Rabínica (1919), e o Seminário Teológico Judaico de Nova York (1886), Los Angeles (1947) e Jerusalém (1962). As principais organizações ortodoxas são a União de Congregações Judaicas Ortodoxas (1898), que reúne cerca de 1000 congregações, o Conselho rabínico dos Estados Unidos (1923), e duas escolas rabínicas maiores, a Universidade de Yeshivah de Nova York (1896) e o Colégio Teológico Hebreu de Chicago (1922). As seis instituições congregacionais e rabínicas cooperam através do Conselho Sinagogal dos Estados Unidos. As razões pelas quais uma congregação ou um indivíduo escolhem um movimento e não outro costumam ser bastante arbitrárias. As tradicionais diferenças de classe entre os membros dos diversos grupos são cada

Esquerda: O judaísmo nos Estados Unidos
As reformas iniciadas na Europa encontraram campo fértil nos Estados Unidos, onde não existiam as restrições que dificultavam as inovações na Europa. Em 1880, a Reforma constituía a tônica. A emigração posterior introduziu formas religiosas tradicionalistas, e também permitiu o ressurgimento do judaísmo conservador, uma opção particularmente norte-americana, enraizada no "judaísmo histórico" europeu. Outra corrente propriamente norte-americana é o reconstrucionismo. A cultura religiosa judaica floresce atualmente nos Estados Unidos como em nenhum outro lugar do mundo, sem que exista uma tendência predominante, mas antes uma cooperação produtiva e a fecundação recíproca.

vez menos marcadas, assim como as diferenças no ritual e nas práticas; algumas sinagogas optam por rituais que sintetizam elementos dos ortodoxos, reformados e conservadores. Por último, um movimento muito menor e mais recente é o Reconstrucionismo, que rejeita a teologia sobrenaturalista e vê o judaísmo como uma civilização baseada na vida do povo judeu, enquanto o tradicionalismo está ainda muito vivo e mantém um bom número de *yeshivot*.

Enquanto nos Estados Unidos os três grupos principais são quase iguais em tamanho e estrutura, em outros lugares a situação é totalmente diferente. Os movimentos modernistas são um fenômeno ocidental que mal afetou as grandes comunidades da Europa Oriental e dos países árabes, onde a experiência foi a polarização entre tradicionalismo e laicismo. Mesmo em países como Grã-Bretanha e França, onde o modernismo está bem estabelecido, as sucessivas ondas imigratórias mantiveram o predomínio numérico do judaísmo tradicional, ainda que a *intelligentsia* e os líderes da comunidade pertençam na realidade às correntes modernistas. O modernismo radical, sob vários nomes (liberais, reformistas, progressistas), é uma corrente minoritária na Europa Ocidental, África do Sul, Austrália e outros países de emigração ocidental, e só recentemente foi introduzido, com grande oposição, em Israel. Em todos estes países teve de fazer frente à cerrada hostilidade do rabinado tradicionalista. A ortodoxia modernista, que ocupa um setor intermediário, ficou em um lugar muito desconfortável dentro deste enfrentamento, e tende cada vez mais a inclinar-se para o campo tradicionalista. De fato o modernismo, em geral, está bastante desorganizado, por trás de uma diversidade de rótulos e organizações, e as exigências de reformas entre os judeus ortodoxos são compensadas pela nostalgia da tradição nos setores mais radicais.

Problemas enfrentados pela religião judaica atual

O judaísmo atualmente enfrenta muitos desafios, dos quais o mais forte é a perda da fé, devido ao holocausto, e o distanciamento da vida tradicional, a partir das migrações mais recentes. Estes traços, unidos ao crescente laicismo da sociedade em seu conjunto, levaram muitos judeus a questionar o significado e o valor da religião. Mesmo entre os judeus religiosos há dúvidas em relação à concepção tradicional de Deus e da vigência dos antigos códigos. A última formulação definitiva da *halakhá* (o programa ideal de vida judaica) foi elaborada no século XVI, na reação após a expulsão da Espanha. Muitos judeus sentem que é necessário fazer uma revisão à luz da nova época, enquanto outros acreditam que todo o conceito da vida regido por regras minuciosas consideradas de revelação divina é um anacronismo. A incerteza conduz a reações extremas e irracionais. O fundamentalismo, que nunca desapareceu completamente, foi reavivado nos últimos anos, e em Israel foi unido, dentro de certos círculos, a um nacionalismo extremo, como aconteceu com o Islã nos países vizinhos. Por outro lado, o forte racionalismo teológico do século XIX deu lugar a um enfoque existencialista, cujos pioneiros foram Martin Buber e Franz Rosenzweig. Nesta nova teologia, os quatro elementos principais do judaísmo clássico – racionalismo, escolasticismo, misticismo e messianismo – se combinam em uma síntese mais equilibrada, e algumas soluções convincentes se adiantaram para afrontar os velhos problemas.

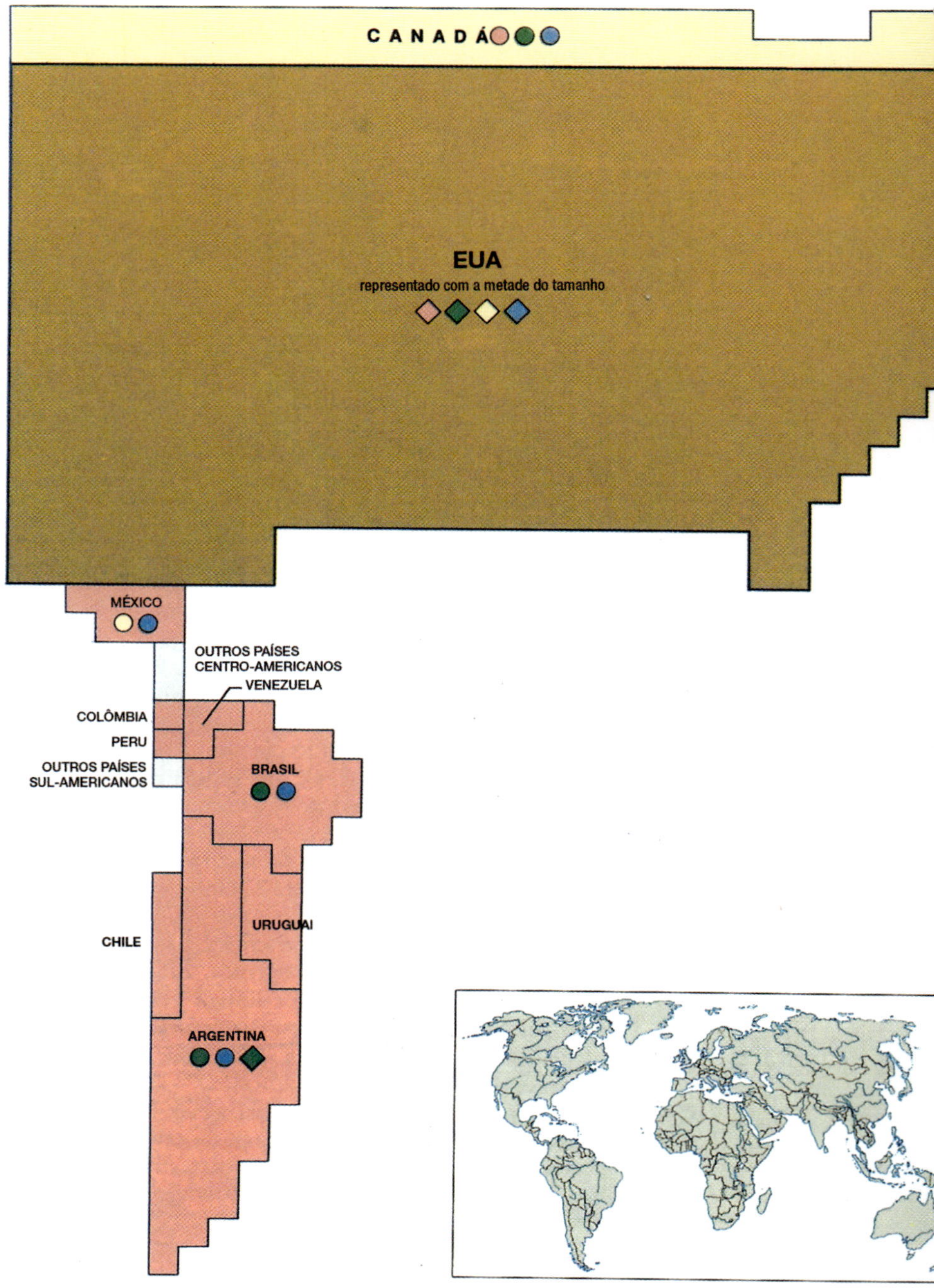

A religião judaica hoje
Este mapa é um cartograma, representação geométrica que permite relacionar a distribuição de diferentes tendências religiosas e a proporção de população judia em cada território. Cabe destacar que essas correntes não são diferentes seitas, e que as denominações têm significados diversos segundo os países. O "tradicionalismo" alude aqui às formas abertamente antigas que sobrevivem sob a deliberada proteção do "novo gueto", enquanto o "conservadorismo" vai desde a ortodoxia liberal até a reforma conservadora. Apesar dessa falta de precisão, o panorama geral é claro. Diversas formas religiosas tradicionais ainda dominam uma boa parte do mundo judeu, do coração da Europa oriental, antigo e despovoado, e do antigo Império otomano até as comunidades, majoritariamente de emigrantes, da França, da Espanha e da América Latina. A ortodoxia

O judaísmo hoje apresenta uma aparência fragmentada, comparado com a homogeneidade do rabinismo talmúdico. É possível traçar um paralelismo com um período ainda anterior, o dos últimos tempos do Segundo Templo, com suas diversas seitas em conflito. Muitas das questões daquele período se reavivaram agora, como os méritos relativos da piedade e o estudo, a legitimidade das inovações, a relação entre religião e política e a adaptação a influências externas (incluindo o uso da língua vernácula no culto). Apesar disso embargo, as diferenças são significativas. O povo judeu está mais disperso e carece de um foco único – uma "direção" – para a qual dirigir o sentimento religioso, como em outra época foi o Templo de Jerusalém. Até agora não foram cumpridas as expectativas de que Jerusalém voltasse a ser uma "fonte da Tora". Os Estados Unidos conseguiram exercer uma influência considerável, ao menos quanto à liderança intelectual, mas não é capaz de constituir um foco religioso real. Entretanto, os judeus dos diversos países adquirem suas próprias atitudes e costumes característi-

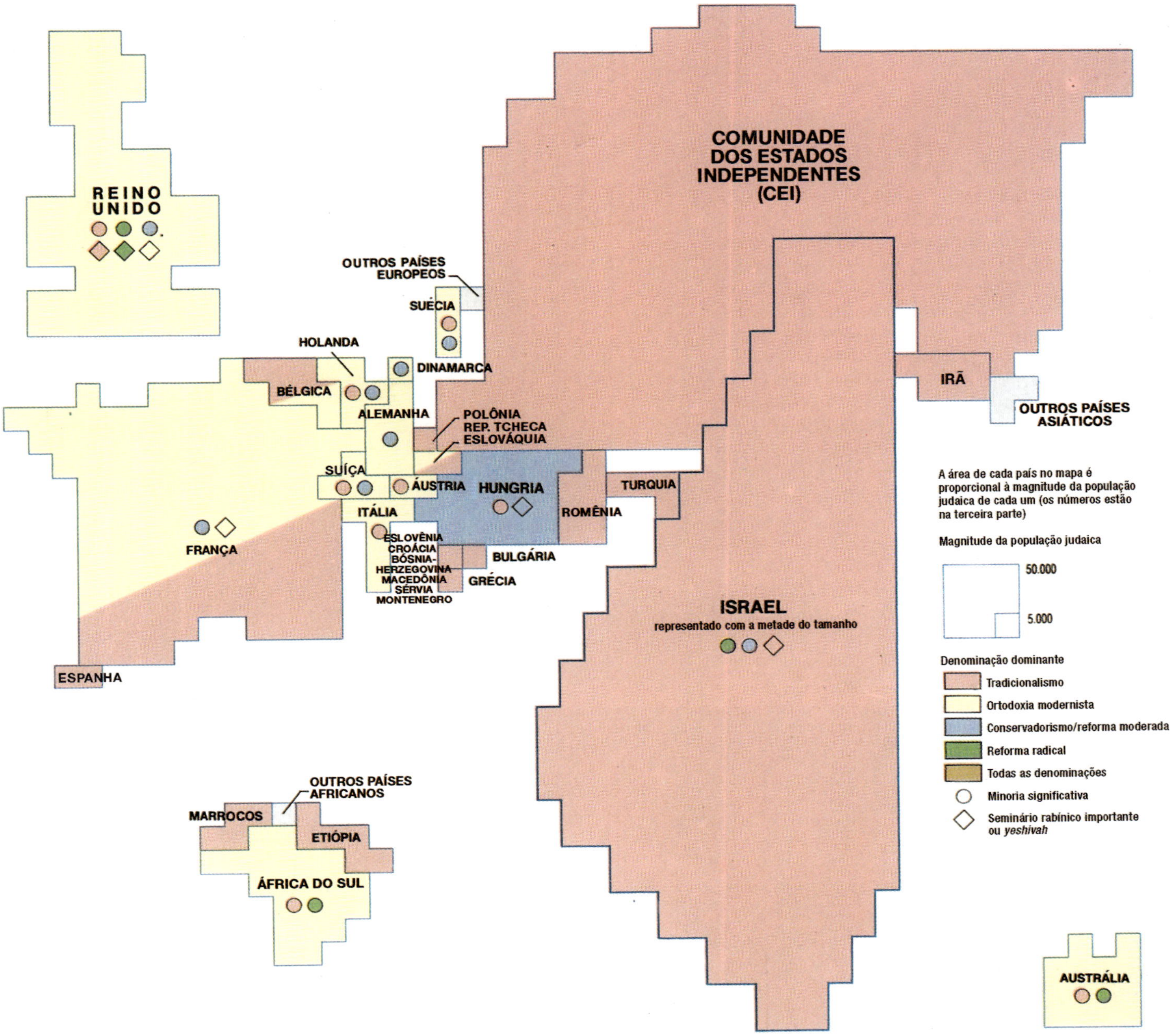

modernista tem um bom número de seguidores na Europa oriental e no antigo Império britânico, enquanto os judeus reformados constituem uma minoria substancial nos países de fala inglesa. De longe, os centros mais importantes, tanto quanto à vida religiosa como em *yeshivot* e seminários, são os Estados Unidos e Israel.

cos. Enquanto é improvável o desenvolvimento de "igrejas nacionais" análogas às cristãs, as diferenças nacionais já são tão evidentes, digamos, quanto dentro da Igreja Católica, mas sem a vantagem de contar com uma autoridade religiosa central que garanta a unidade. Esta função atualmente é cumprida pelo forte sentido de identidade étnica, mas o mero sentimento é uma força frágil e imprevisível, e não se deve descartar a possibilidade de sua fragmentação.

Também existem dúvidas em relação ao lugar que deve ocupar a religião dentro da sociedade judaica. Agora se viu com clareza, pela primeira vez, que o sentimento nacional judaico pode ser forte o suficiente para sobreviver sem a fé religiosa, ou ainda em conflito com ela. É possível conceber o povo judeu – ao menos teoricamente – como uma nação, mesmo que se abandonasse completamente a religião. Esta possibilidade, embora remota, levanta muitas questões inquietantes, sobretudo para os dirigentes religiosos. As principais organizações religiosas tentam, abertamente ou não, atrair os judeus novamente para a religião, embora até agora as campanhas dinâmicas dos Lubavitch Hassidim nos Estados Unidos ou os esforços das *yeshivot* em Jerusalém para atrair "penitentes" ao rebanho tenham sido fenômenos isolados. Ainda mais raras são as campanhas para converter gentios ao judaísmo, apesar de ser muito evidente a queda demográfica judaica. Mesmo assim, se estimula a conversão dos cônjuges não judeus dos casamentos mistos, sobretudo na ala mais radical. Entretanto, se observa um processo de secularização dentro das instituições religiosas, enquanto as sinagogas cumprem um papel de centros culturais e sociais, e espera-se que os rabinos tenham dotes de trabalhadores sociais e coordenadores de organização. De certo modo, o judaísmo deve temer a secularização menos do que o cristianismo: as instituições judaicas nunca foram tão "espirituais" como as cristãs e, além disso, a natureza do judaísmo sempre foi menos religiosa do que a do cristianismo. Mas, na medida em que o judaísmo atual se integrou na sociedade e cultura modernas, seria um erro supor que seja imune às tendências gerais.

A sinagoga

Abaixo. As sinagogas de madeira polonesas são um raro exemplo de um estilo peculiar de arquitetura sinagogal vernácula. Durante os séculos XVII e XVIII, foram construídas centenas delas, mas eram muito vulneráveis à destruição acidental ou deliberada, e muito poucas permaneceram de pé. Costumam ter vários tetos, com uma curva superior, e o interior é luxuosamente decorado. Elas refletem a abundância de madeira da região, e a forte tradição local em carpintaria.

Variedade arquitetônica

A variedade é a marca distintiva da sinagoga na questão arquitetônica, com mais influências locais do que qualquer outra tradição. Não existem regras em relação ao tamanho ou forma de uma sinagoga, ainda que sua orientação para Jerusalém amiúde imponha limitações. Com freqüência influem fatores sociais: a necessidade de discrição, moderação, proteção física ou, pelo contrário, a intenção de reafirmação pública. As modernas sinagogas ocidentais costumam seguir as linhas arquitetônicas atuais, distinguindo-se às vezes pelo ar oriental do desenho ou por uma inscrição em hebraico. Podem ser muito grandiosas. As sinagogas primitivas eram mais discretas, às vezes ocultas em um pátio ou em um beco, mas nas áreas de população predominante ou totalmente judaica existia mais margem para desenhos mais ambiciosos. O edifício da sinagoga pode servir como centro comunitário, com salas de estudo e de reuniões anexas, e às vezes banheiros, cozinhas, bibliotecas e inclusive, atualmente, instalações esportivas.

Esquerda. As sinagogas medievais na Europa eram, em geral, modestas em tamanho e aparência, e seu estilo era o românico ou o gótico. A Antiga Sinagoga Nova, de Praga, construída no final do século XIII ou no princípio do XIV, é excepcionalmente imponente, talvez por encontrar-se no coração do bairro judeu. Seus atraentes telhados são um acréscimo do século XV.

Abaixo. A sinagoga de Helmut Goldschmidt em Bonn (1959) substituiu as sinagogas anteriores, destruídas durante os ataques da *Kristallnacht* em 1938; é uma das muitas que foram construídas na Alemanha durante o pós-guerra. Sua tranqüila simplicidade contrasta com a pompa de outra época, e seu reduzido tamanho é uma silenciosa recordação da trágica destruição do mundo judeu alemão.

Direita. A influência holandesa e a oriental se misturam na sinagoga de Paradési, dos "judeus brancos" de Cochim, na Índia meridional. Construída originalmente em 1568, foi ampliada em 1761,acrescentando-se lhe a torre do relógio.

Acima. O aparecimento de grandes sinagogas nas cidades européias e norte-americanas coincidiu com um período de certo ecletismo indefinido na arquitetura ocidental. Na segunda metade do século XIX, havia uma notável preferência pelo estilo mourisco, que evocava a Idade de Ouro Judaica na Espanha, como oposição ao gótico, identificado com o cristianismo. Uma das sinagogas que revive com mais força o estilo mourisco é a de Florença (1874-1882); certos ecos da Alhambra embelezam a construção, inspirada na basílica de Santa Sofia, em Constantinopla.

Esquerda. A partir da Segunda Guerra Mundial, foi nos Estados Unidos que se construíram mais sinagogas. As tendências arquitetônicas modernas foram dominadas pela necessidade das congregações endinheiradas e imaginativas de criar novos edifícios que fossem atraentes, muitos deles situados em lugares interessantes, longe dos centros urbanos. Esta impressionante sinagoga foi construída em 1959 para a congregação Beth Shalom, em Elkins Park, perto da Filadélfia, sob a direção do eminente arquiteto não-judeu Frank Lloyd Wright.

Esquerda, acima. Os prédios das sinagogas no Israel moderno são antes medíocres. Uma exceção é este *design* feito para a sinagoga da Universidade Hebraica no *campus* de Givat Ram, Jerusalém ocidental, por Heinz Rau.

Disposição interior

A atividade que domina o serviço da sinagoga, e que determina a disposição interior da sala de oração, é a leitura da Torá. Os pergaminhos são conservados na arca, situada na parede virada para Jerusalém, e são lidos em um atril plano. Nas sinagogas tradicionais o leitor olha em direção à arca, e o atril fica no meio do recinto ou no fundo, criando um foco "bipolar"; isto traz problemas para a orientação dos assentos e a posição do predicador e de quem dirige a congregação durante a prece. Em muitas sinagogas modernas o atril fica imediatamente em frente à arca, de modo que tanto o leitor como o diretor da prece e o predicador ficam na mesma área, todos de frente para a congregação. Além da arca e do atril, não há outros elementos essenciais, mas as sinagogas importantes costumam estar profusamente adornadas com ornamentos arquitetônicos, talhas e detalhes artísticos, que muitas vezes contêm inscrições hebréias e motivos simbólicos.

Abaixo. A Arca domina o interior da sinagoga. Chega-se até ela por escalões, e em geral ela é muito trabalhada, com entalhes e textos hebraicos. Seu nome hebraico (*aram ha-kodesh* ou *heikhal*), junto com os de sua lâmpada (*raer lanud*) e da cortina (*parokhet*), tem reminiscências do antigo santuário, e à arca em si se dispensa um tratamento solene e reverente, pelo fato de abrigar a Torá.

Direita. O atril se acha num recinto elevado, que os sefarditas chamam *tebah* ("caixa", antigo nome hebraico da arca), e os asquenazes *almenara* ou *bimah* (termos árabe e grego que significam "plataforma"). Em algumas sinagogas, as preces são lidas do atril, mas sua função principal é servir de apoio aos rolos da Torá, que são muito grandes quando se abrem, e não podem ser seguros durante sua leitura. Na sinagoga tradicional, não era freqüente ouvir sermões, e estes se pronunciavam do *almemar* ou diante da arca. Os reformados deram muita importância ao sermão, e muitas sinagogas têm agora um púlpito perto da arca, que costuma formar uma unidade arquitetônica com o atril. Esta disposição, que se acha em muitas sinagogas ocidentais, tanto ortodoxas quanto reformadas, reflete, sem dúvida, as práticas cristãs.

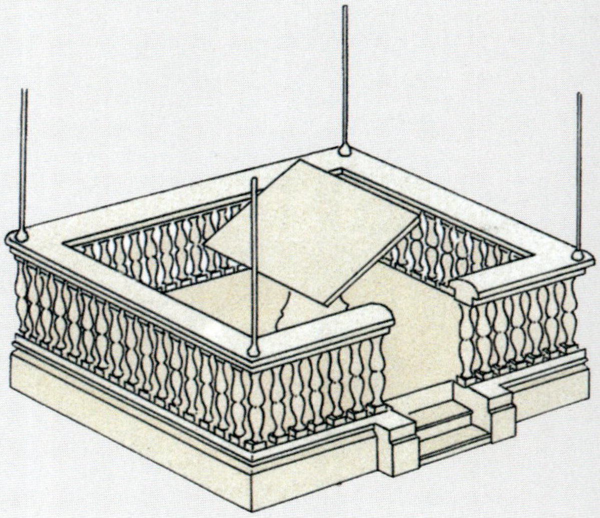

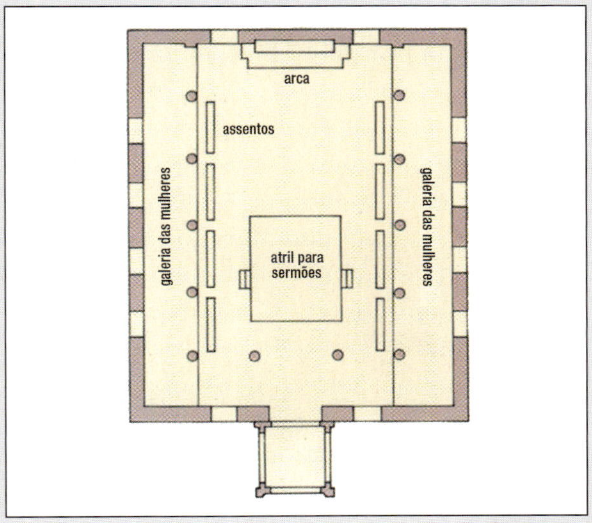

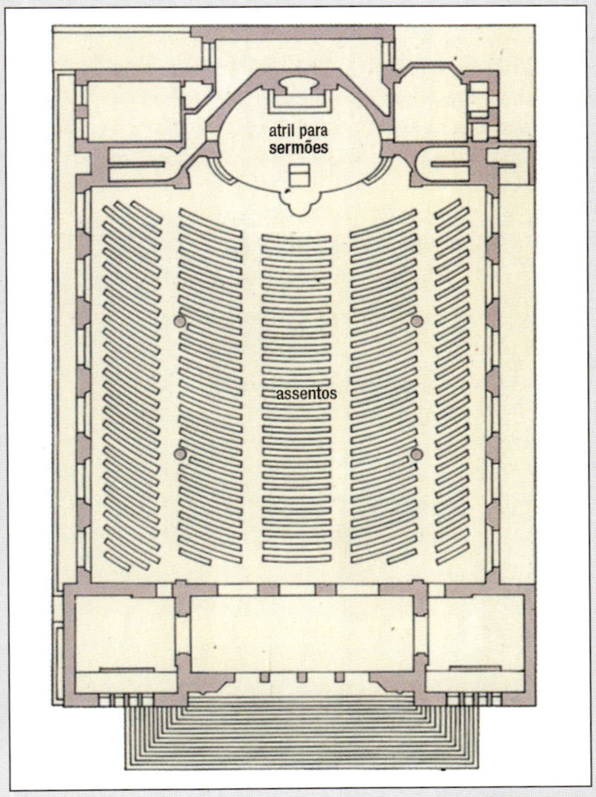

Direita. Não se sabe quando as mulheres começaram a ser segregadas nas sinagogas, mas algumas destas da Idade Média têm lugares separados para as mulheres, seja dentro de uma sala própria (*Frauenschul*), seja numa galeria. Às vezes elas ficavam ocultas atrás de um gradeado ou de uma cortina, e uma "mulher instruída" podia dirigi-las na prece, em língua vernácula. A separação dos sexos continua nas sinagogas ortodoxas, mas não nos demais movimentos modernos.

Acima, esquerda. Uma sinagoga tradicional (Nefusot Yehuda, em Gibraltar). O leitor, de pé diante do atril, olha para a arca, ladeada, neste caso, por assentos para as autoridades comunitárias. O atril costuma estar coberto por um pano, e muitas das sinagogas mais antigas mantêm velas e lâmpadas que às vezes cumprem funções tanto cerimoniais quanto práticas. Aqui a arca está aberta, deixando ver os rolos cobertos; normalmente, porém, ela é mantida fechada.

Acima. Estes dois planos mostram o efeito de transladar o atril perto da arca. Na sinagoga tradicional (*plano superior*), grande parte do espaço central é ocupado pela *tebah*, e os assentos ficam sobretudo ao longo dos laterais, olhando para dentro. As colunas sustentam a galeria das mulheres. No templo reformado, maior (*plano inferior*), toda a ação tem lugar na frente, e o restante do recinto fica livre para os assentos. O efeito é teatral, e a congregação fica mais claramente separada dos oficiantes.

A religião popular

Direita. As mascaradas do *Purim* continuam a ser uma das manifestações mais populares do judaísmo. São uma expressão de júbilo, sem um propósito especificamente religioso, apesar de estarem relacionadas com a festividade, e os trajes mais usados são os da história do *Purim*.

Junto ao judaísmo "oficial", que impõe obrigações formais tiradas da Torá e dos códigos rabínicos, existe uma rica variedade de observâncias religiosas baseadas nos costumes. Muitas delas são tradições locais, mas algumas são praticadas em todos os lugares, e exercem uma grande atração popular. Para muitos judeus são a alma viva da religião, enquanto as regras oficiais e as doutrinas teológicas são algo seco e sem vida.

Purim é um claro exemplo de um costume popular de grande abrangência. Sua celebração oficial consiste na leitura do livro de Ester e nos donativos para obras de caridade. Mas para muitíssimos judeus de todo o mundo, e especialmente para as crianças, significa usar fantasias divertidas, o que se tornou algo inseparável da data.

Outros costumes igualmente populares foram absorvidos pelos manuais oficiais. É o caso do *tashlikh*, quando os pecados, no Ano Novo, são lançados na água, ou o *kapparol*, em Kippur, quando se joga para o alto uma galinha em sacrifício. Hoje em dia estas cerimônias não são de observância generalizada. Mas alguns costumes muito arraigados – como as celebrações de *bar mitzvá* ou a festa de *Simchat Tora* – devem sua origem, em última instância, a uma demanda popular.

Um exemplo de religiosidade popular local muito forte é a veneração de santos e santuários. Não há base no judaísmo oficial para se acreditar em homens e mulheres santos, vivos ou mortos, com poderes sobre-humanos. Mas em algumas comunidades se reverenciam santos e seus santuários desempenham um papel fundamental na vida religiosa. Esta tendência tem a ver sobretudo com o cabalismo. É mais forte na África do Norte e Oriente Médio, assim como entre os hassidim. A famosa tumba do Rabbi Shimón bar Yohai, venerado pelos cabalistas como autor da obra mística anônima *Zohar*, é um lugar de prece e peregrinação, especialmente durante *Lag Ba-Omer*, suposto aniversário de sua morte ou *hillula*, quando sua alma se desposou com a divindade. Existem outras tumbas na Galiléia onde se acendem velas e se recitam preces, e também há grutas sagradas. Mas é no Marrocos onde estes costumes populares são mais fortes, sendo compartilhados pelos muçulmanos: em 1940, um pesquisador encontrou 13 santos muçulmanos venerados pelos judeus e não menos de 50 santos judeus venerados pelos muçulmanos.

A veneração dos santuários é um exemplo destacado da religiosidade popular judaica. Muito forte em alguns países, completamente desconhecida em outros, não tem nenhum papel no ensino oficial judaico.

Direita. A Galiléia é particularmente rica em santuários dedicados a homens santos. Os *jasidim* se reúnem uma vez por ano para orar diante de uma tumba em Tiberíades.

Extrema direita. O túmulo do rei Davi, no monte Sião, em Jerusalém, recebe uma permanente afluência de visitantes devotos. *Direita, acima.* O Marrocos é outro país destacado pela quantidade de santuários. Estes judeus de Asni, nos montes do Atlas, foram fotografados em 1955 durante uma peregrinação à sepultura de um santo.

Acima. O *Kapparot,* na véspera do Dia do Perdão: pega-se uma galinha para girá-la sobre a cabeça. Talvez se trate de um vestígio de antigos sacrifícios expiatórios; mas também pode ter antecedentes menos honrosos.

Esquerda. A Galiléia é o palco da peregrinação anual à sepultura de Rabbi Shimon bar Yohai, em Meiron: dança-se até o êxtase ao redor das fogueiras, e corta-se o cabelo dos meninos pela primeira vez.

“Não farás imagem de escultura”

Abaixo. A austera decoração do santuário da Torá na sinagoga de Dura (c. 245 d.C.) contrasta com a exuberância do restante da decoração. As imagens simbólicas, como os fiéis, olham para Jerusalém. As figuras do sacrifício de Isaac são vistas de costas, e acima aparece a primeira representação conhecida da mão de Deus.

“Não farás para ti imagem de escultura nem figura alguma...” A proibição bíblica foi respeitada de diferentes maneiras, mas em geral o problema foi tratado com cautela: estátuas, não, e sérias restrições à representação de figuras humanas, sobretudo dentro de um contexto religioso, com uma tendência latente à iconoclastia. E, sobretudo, nenhuma representação de Deus nem veneração de imagens. É pouco provável que na Antiguidade as únicas pinturas murais fossem as da sinagoga de Dura (sobreviveram muito poucas paredes de sinagogas antigas), mas nas sinagogas medievais e modernas a representação artística é restringida ou, mais freqüentemente, evitada. Também são raras as ilustrações em Bíblias e livros de oração, salvo na Hagadá de Pessach, apesar de que restam muitos manuscritos medievais e renascentistas belamente ilustrados. Mas, mesmo onde a arte figurativa foi tolerada dentro de um contexto religioso, são perceptíveis os sinais de limitação. Não apresentam nenhuma forma constante, mas incluem a eliminação de figuras ou rostos humanos. A presença de Deus em uma cena bíblica pode ser indicada com uma mão que desce do céu, motivo freqüente desde a Antiguidade.

Acima. "A entrega da Torá": Moisés, no monte Sinai, recebe de Deus, cuja mão surge da nuvem, as duas tábuas de pedra. Este tema é um dos favoritos na iluminação dos manuscritos. Nesta Haggadah de c. 1300, todas as figuras humanas têm cabeças de pássaro.

Esquerda. A Idade Futura representada como um banquete: esta ilustração é a última da Bíblia Ambrosiana em três tomos (Alemanha, 1236-1238). Evitar os rostos humanos é um traço característico da arte judaica do século XIII; há um paralelismo cristão e islâmico, mas também pode ter alguma influência da ascética do hassidismo alemão.

Direita. Um vitral da série desenhada por Davi Hillmam (1895-1974) para a Sinagoga Central de Londres. O tema é a Hanukkah, representada por textos hebraicos apropriados e por imagens. Evitar os rostos humanos (a figura da parte superior está completamente envolta em seu *tallit*) revive a prática medieval.

Ritual e arte

Abaixo. A maioria dos lares judeus tem um *kiddush*, taça de vinho, que se emprega para a "santificação" dos Shabats e festividades. Geralmente é de prata, embora esta peça inglesa de 1803 seja de coqueiro, com pé de jacarandá.

Abaixo. As lâmpadas de Shabat constam, comumente, de um par de castiçais, mas o estilo antigo preferido é o *Judenstern*, lâmpada pendente, com seis ou mais bicos. Este belo exemplar, com coroa, globo e lâmpada de sete mechas, é obra do ourives sefardita londrino Abraão d'Oliveira, em 1734.

Em épocas passadas houve um grande cuidado com a fabricação de diversos objetos materiais relacionados com os rituais religiosos domésticos e próprios das sinagogas. Geralmente, eram feitos dos melhores materiais e pelos artesãos mais reconhecidos, e se considerava tanto o estilo tradicional como a criatividade artística. Mesmo nesta época de produção massiva, continuam sendo produzidas peças lindas e originais, ainda que as réplicas baratas tenham um efeito considerável.

Os objetos mostram uma grande variedade de estilos e refletem o gosto dos diversos países e épocas. Os artífices costumavam ser judeus, embora nem sempre fossem, e certos temas simbólicos se tornaram muito comuns. No desenho costuma-se enlaçar leões e coroas, especialmente na arte das sinagogas, que se relaciona de forma estreita com os pergaminhos da Torá e a arca na qual repousam. Há também uma tendência natural a incorporar imagens ou textos bíblicos. Um tema popular bastante curioso é a *colonna sancta*, a coluna salomônica de bronze de São Pedro, em Roma, que dizem ter sido tirada do Templo de Jerusalém; também podem ser encontradas outras reminiscências do Templo e seus utensílios rituais.

Nos lares, onde os objetos rituais vão desde acessórios como a *mezuzá* até utensílios para ocasiões especiais, como a taça do *kiddush* ou os candelabros para o Shabat e Chanuká, tanto a arte como o simbolismo revelam diferenças sutis. Porém, tudo tem um sentido de devoção a Deus e a seu serviço, dedicando-lhe o que há de mais belo e precioso.

Abaixo. O rolo da Torá era adornado com um escudo adornado com o maior luxo. Este é um exemplar excepcionalmente decorado, mas corresponde em essência ao típico modelo que mais se impôs na Europa central. Cabe destacar a *colonna santa*, os leões e as coroas, tudo isso característico da arte sinagogal. Esta peça foi feita em Berlim c. 1820.

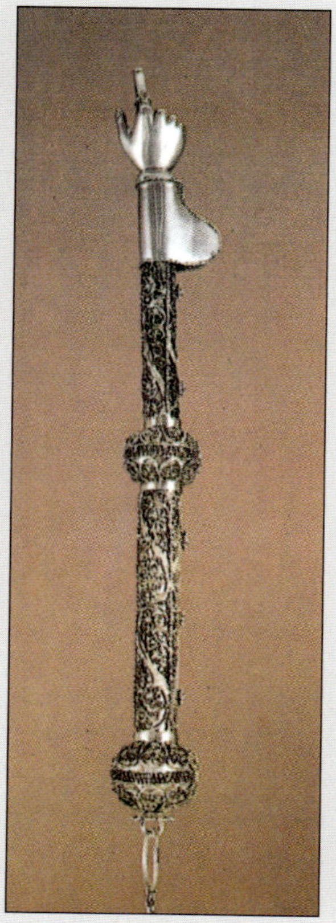

Acima. A *mezuzah*, minúsculo rolo de pergaminho com uma inscrição de textos bíblicos, dentro de uma caixinha, é o sinal exterior visível do Lar judeu. Esta caixa de osso é uma peça italiana do século XV. *Direita.* O rolo da Torá é demasiado sagrado para ser tocado, e por isso o leitor usa um *yad*, geralmente em forma de mão.

Esquerda. Esta lâmpada de Hanukkah dourada foi feita na Alemanha c. 1770. Cabe destacar o santuário com a *colonna sancta* de cada lado, e debaixo de uma cena de Hanukkah.

Acima. O rolo da Torá é coberto, no Ocidente, com um manto bordado (nos países orientais é guardado numa caixa de madeira). Os mantos asquenazes costumam ser minuciosamente decorados; esta peça inglesa do século XVIII tem uma elegância mais simples. Os florões de prata são venezianos, do século XVIII.

Esquerda. As flores adotam muitas formas, mas comumente representam campainhas, cuja origem está nos ornamentos sacerdotais do Templo.

LÍNGUA E LITERATURA

O hebraico ocupa um lugar de honra entre as línguas faladas pelos judeus, por ter sido usada desde a antiguidade de forma ininterrupta. É uma língua semítica, estreitamente relacionada com o aramaico e o árabe. Sua origem encontra-se no mais remoto dos tempos: de acordo com um mito, é a língua na qual Deus criou o mundo. É a língua em que está escrita a maior parte da Bíblia e, portanto, para os judeus tem a categoria de língua clássica. Durante séculos, a educação tradicional judaica foi baseada na Bíblia, e, portanto, as crianças começavam aprendendo o *aleph beth* (o alfabeto hebraico). Ao mesmo tempo, era empregado no culto e por isso era familiar tanto para os cultos como para os ignorantes, mesmo quando já não era uma língua falada. Nunca foi, na verdade, uma "língua morta", e seu uso sempre foi conservado, com modificações, seguindo uma evolução desde a Antiguidade até os nossos dias. É a língua de muitos escritos rabínicos antigos, de poemas sagrados e profanos, dos códigos e comentários medievais, e, freqüentemente, um meio de comunicação entre judeus de diversos países. Na vida moderna, foi ressuscitada como principal língua falada de Israel. Ainda que os não judeus (sobretudo os estudiosos cristãos interessados na Bíblia) tenham estudado o hebraico, deve ser considerada uma língua especificamente judaica. Entre os judeus, foi chamada de "a língua sagrada".

Outro idioma que ocupa um lugar importante é o aramaico, que durante um tempo esteve em uso no Egito e na Índia, cobrindo essa vasta área. Há passagens bíblicas em aramaico e manuscritos judeus aramaicos que subsistem desde o século V a. C. Foi o idioma de um grande número de judeus da antiguidade, sobretudo em Israel e na Babilônia, e sua literatura inclui o Talmude e os Targuns (traduções da Bíblia). Com estes antecedentes, continuou em uso até depois de ser deixado de falar. O texto clássico da Cabala, o Zohar, foi escrito em aramaico durante o século XIII, na Espanha, e ainda hoje é usado em documentos, bem como em orações e hinos bastante conhecidos. Muitos poucos judeus falam essa língua hoje em dia, mas ela sobreviveu no Curdistão, com uma extensa literatura oral e escrita.

O hebraico e o aramaico são as únicas línguas com uma história tão longa e ininterrupta de uso por parte dos judeus, as únicas que foram usadas por judeus de todas as partes do mundo, independentemente de sua origem e confissão religiosa, e foram consideradas línguas "oficiais" para propósitos religiosos. Na Antiguidade, tiveram um poderoso rival no grego, introduzido nas terras de Israel após a conquista de Alexandre, o Grande, no século IV a. C., idioma que chegou a ser a língua franca de todo o Mediterrâneo oriental e regiões vizinhas. A história detalhada do uso do grego pelos judeus de Israel é um tema de intensa controvérsia acadêmica, mas existem muitas provas de que, segundo inscrições e fontes literárias, os judeus falavam, escreviam, liam e até rezavam em grego durante os períodos romano e bizantino, ainda que se continuasse a falar também o hebraico e o aramaico (de fato, alguns hebreus empregavam os três). Em outros países mediterrâneos, o grego desfrutava de indiscutível supremacia. A literatura judaica em grego que sobreviveu inclui traduções da Bíblia e os volumosos escritos do historiador Josefo e do filósofo Fílon. Josefo nasceu em Jerusalém e acabou seus dias em Roma: escreveu originalmente em aramaico e só depois se dedicou ao grego. Fílon viveu na Alexandria e não há provas de que tenha conhecido mais que o grego. Ambos os autores escreveram tanto para leitores judeus e como para não judeus. Em circunstâncias diferentes, o grego poderia ter perdurado como uma língua tão importante para os judeus quanto o foi para os cristãos. Seu fracasso deveu-se a diversos fatores, entre eles o triunfo do cristianismo nos países de fala grega, a insistência rabínica no uso do hebraico e do aramaico e, depois, na popularidade do árabe. O grego continuou a ser usado entre os judeus durante a Idade Média e até a atualidade, porém em uma área geográfica muito limitada, e sem produzir nenhuma literatura notável.

O mapa lingüístico do povo judeu na antiguidade é, pois, relativamente simples: os judeus, junto com outros povos, falavam, pensavam e escreviam em diversos idiomas que não eram especificamente próprios, e que eram os oficiais dos grandes impérios (os judeus ocidentais usaram o latim, ainda que mesmo entre eles se tenha continuado a falar o grego durante algum tempo). Além disso, o hebraico continuou a ser empregado com fins religiosos e literários. Com o tempo, devido a diversos processos históricos, esse panorama simples se complicou enormemente. No Ocidente, por exemplo, surgiram as diversas línguas romances, derivadas do latim. A população judaica participou dessa evolução, conservando o hebraico para uso religioso, assim como os cristãos conservavam o latim. Um dos primeiros poemas escritos em italiano, no século XII, é um poema judeu, e houve vários dialetos judeus do italiano, alguns dos quais podem ser ouvidos ainda hoje. A mais difundida e duradoura das línguas judaico-romances é o judeu-espanhol (o ladino). Na Idade Média, os judeus da Península Ibérica falavam várias línguas e contribuíram para a literatura local, além de ser tradutores. Os judeus expulsos da Espanha em 1492 levaram suas línguas para as terras para as quais emigraram; em alguns lugares, continuam a ser faladas até hoje.

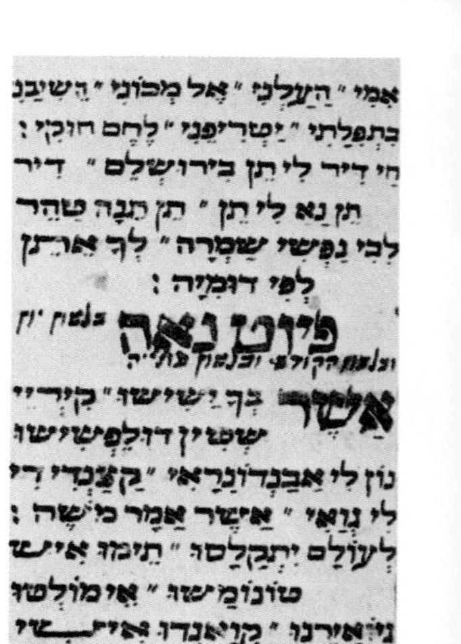

Essa breve revisão de algumas línguas romances revela a convulsa história da fala judaica sem referir-se a alguns dos fatores mais complexos. Os pesquisadores têm dificuldades para determinar se algumas das obras mais antigas no idioma vernáculo se encontram na linguagem corrente da época compartilhada pelos não judeus ou se representam um dialeto judeu. Também existe o problema do multilingüismo. Não só possuímos escritos em castelhano, catalão, árabe e hebraico, todos redigidos por judeus espanhóis, mas também os há em uma mistura de idiomas. (O multilingüismo é uma característica da Espanha medieval, que não se limita aos judeus.). Na França, Rashi (1040-1105)

Acima. Um escriba corrige um rolo da Torá. O pergaminho, a pena e a tinta são feitos a mão, e cada letra é escrita segundo uma minuciosa tradição. Se uma só palavra estiver ilegível ou mal escrita, todo o rolo se torna inutilizável para seu uso ritual.

Esquerda. O bilingüismo foi uma experiência familiar para os judeus; não era raro que os judeus usassem dois e até três idiomas em certas circunstâncias. Este hino, pertencente a um hinário de Corfu, do século XVIII, é escrito em três línguas, todas elas com caracteres hebraicos: as linhas são sucessivamente hebraicas, gregas e italianas. O sentido se mantém de um idioma para outro, e em cada língua as linhas rimam em emparelhados. Quem quer que tenha escrito o hino falava fluentemente os três idiomas, e, o que é mais notável, o mesmo talvez se possa afirmar da congregação que o cantava.

escreveu comentários sobre a Bíblia e o Talmude em hebraico, mas freqüentemente introduz traduções francesas de palavras e frases. "Glosas" desse tipo, em diversos idiomas, encontram-se em vários textos hebraicos medievais. A linguagem falada e escrita dos judeus, mesmo quando se aproxima da de seus vizinhos, costuma revelar a influência do hebraico, seja quanto ao vocabulário (dado que os judeus precisavam de palavras para objetos e conceitos desconhecidos entre os não judeus, ou desejavam evitar expressões muito carregadas de conotações cristãs) ou quanto à sintaxe e a morfologia (quer de modo inconsciente, quer para preservar deliberadamente as estruturas hebraicas de pensamento e expressão). Algumas das traduções judaico-espanholas da Bíblia e de certas orações são tão fortemente influenciadas pelo hebraico, que soam sumamente estranhas para alguém que saiba espanhol e não saiba hebraico. Além disso, o espanhol e os judeus que emigraram para o Império Otomano ou para o Marrocos absorveram influências de outras línguas, como o árabe, o grego e o turco. Na Holanda e em outros países, onde as comunidades judaicas permaneciam em estreito contato com a Península, o espanhol e o português orais e escritos mantiveram formas lingüísticas mais próximas das do lugar de origem.

Este complexo panorama evolutivo pode ser comparado ao de outras muitas partes do mundo. Na Europa do Norte, o iídiche, uma língua germânica com elementos hebraicos, eslavos e outros, estendeu-se desde a Alemanha até o Leste, na Baixa Idade Média, e chegou a ser a língua de uma imensa população judaica desde a Holanda até o Reno e desde a Letônia até a Ucrânia, com aparecimentos mais recentes tanto na América do Norte quanto na do Sul e no restante do mundo. A difusão do árabe, a partir do século VII, afetou profundamente muitas comunidades que até então falavam aramaico ou grego. O árabe passou ra-

Estes mapas ilustram dois fatos básicos. O primeiro, que os judeus nunca, desde a mais remota antiguidade, falaram um idioma comum único. O segundo é que, em geral, falavam o mesmo idioma que seus vizinhos. Como todas as generalizações, esta afirmação requer certas ressalvas. Em primeiro lugar, nos territórios de ascendência rabínica, o hebraico sempre existiu como idioma de comunicação entre os judeus de diferentes procedências. Em segundo lugar, os judeus às vezes tinham seus próprios dialetos das línguas em questão. Em terceiro lugar, as migrações amiúde deram lugar a um fala judaica distintiva, e, embora isso tenha sido um fenômeno geralmente passageiro, há algumas exceções notáveis, sobretudo a persistência do iídiche nas terras eslavas e do ladino no Império otomano.

Abaixo: As línguas judaicas na Antiguidade
O panorama é relativamente simples. A maioria dos judeus fala grego ou aramaico. Existe uma autêntica separação cultural entre os dois grupos, e a Palestina constitui uma ponte entre eles.

Mapa inferior. As línguas judaicas na Idade Média
Aqui a representação é mais complexa e fragmentária. Tanto o grego como o aramaico cedem diante de outros idiomas, e gradualmente são reduzidos a uma pequena área. As línguas mais faladas são o árabe, o iídiche e, por

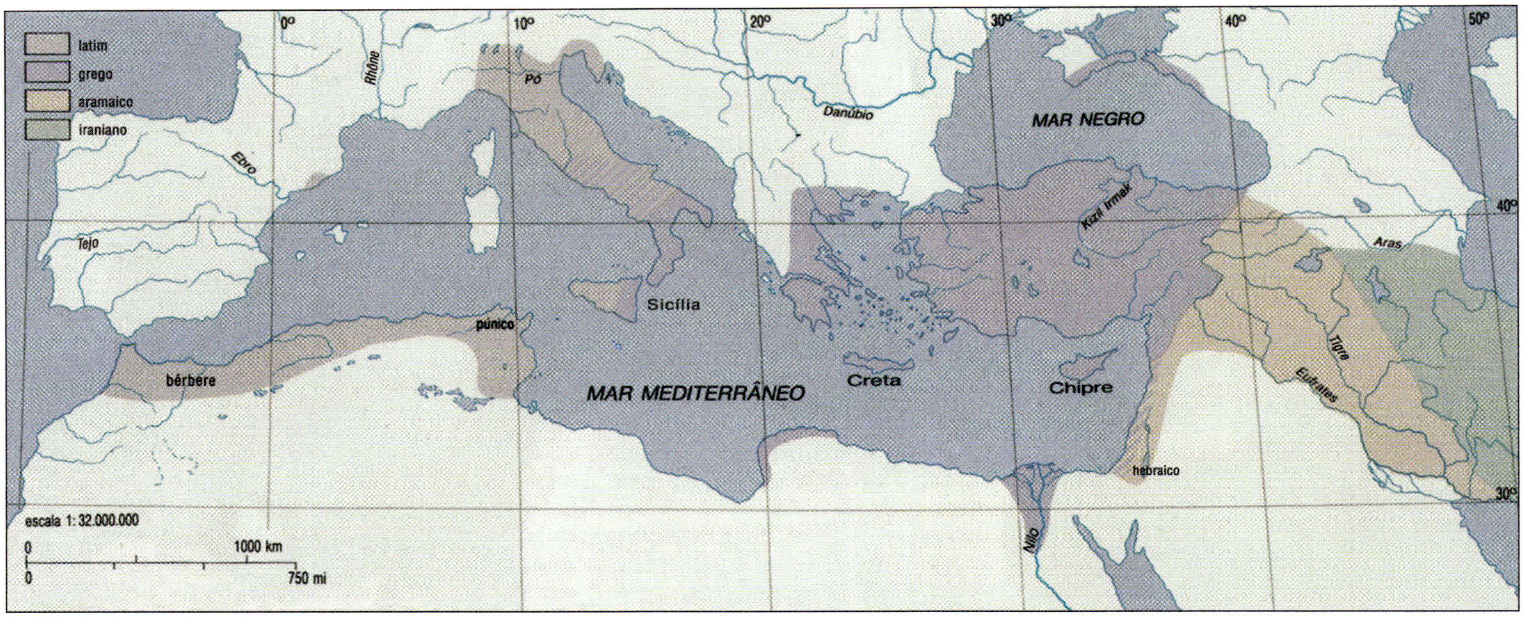

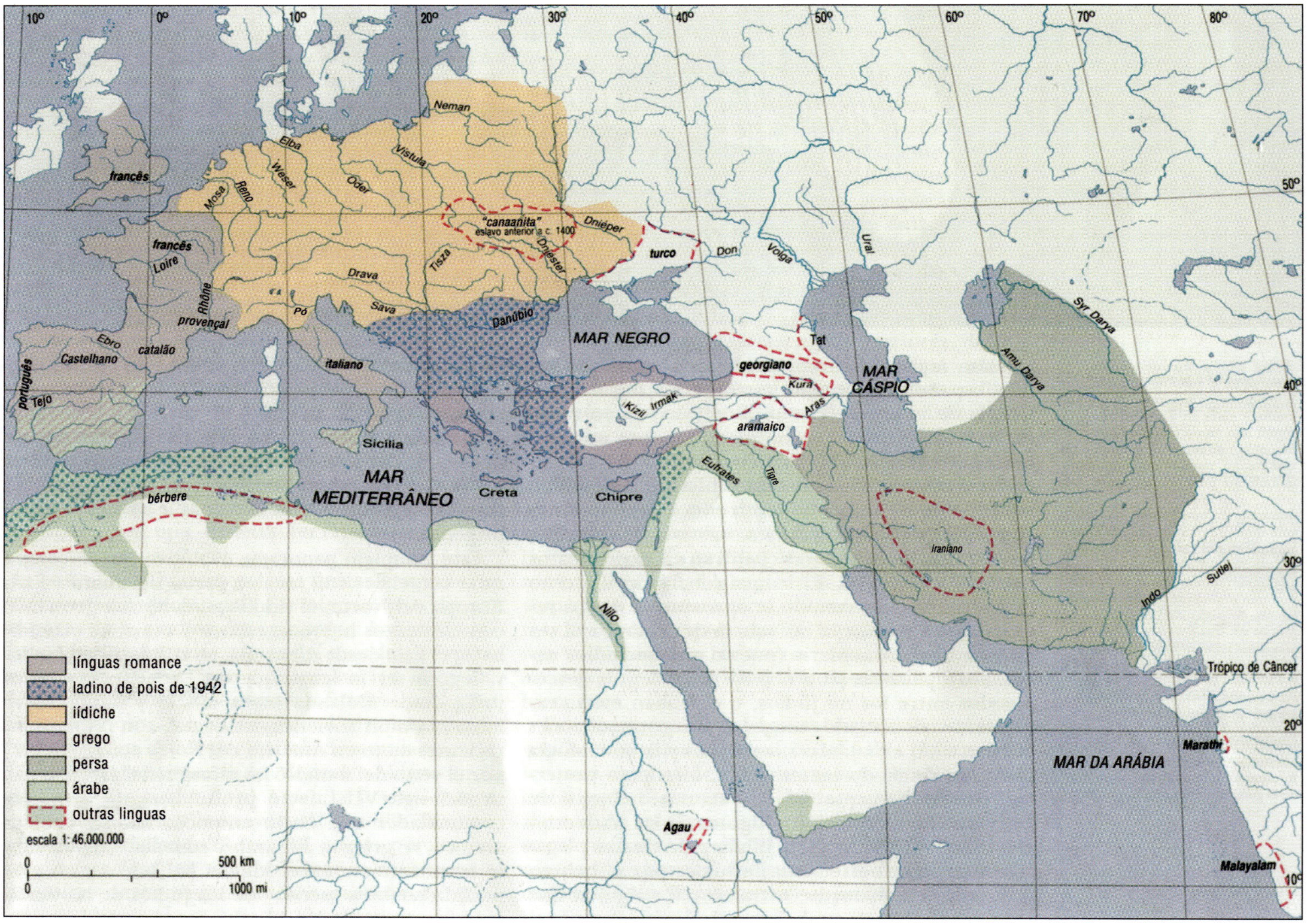

último, o ladino. O "canaanita" era uma língua eslava que o iídiche substituiu nos séculos XIV e XV.

As línguas judaicas hoje
Afora alguns casos de subsistência local, e das exceções devidas à emigração, os judeus falam a língua da nação onde vivem, praticamente em todos os lados. Metade dos judeus do mundo fala inglês. Em Israel, os judeus falam sobretudo hebraico, enquanto os não-judeus, em geral, falam árabe. Mas também muitos judeus falam árabe, e entre os emigrantes se fala uma grande variedade de outras línguas.

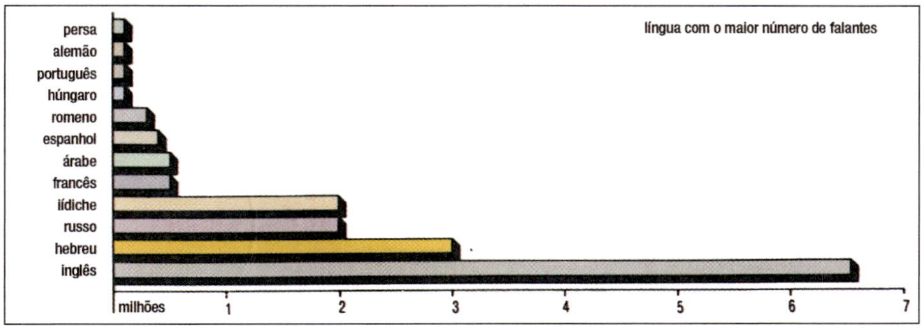

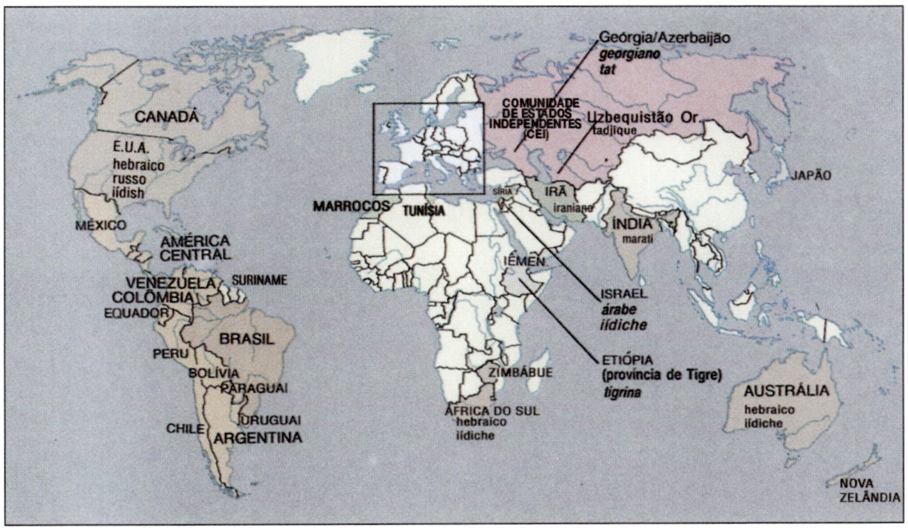

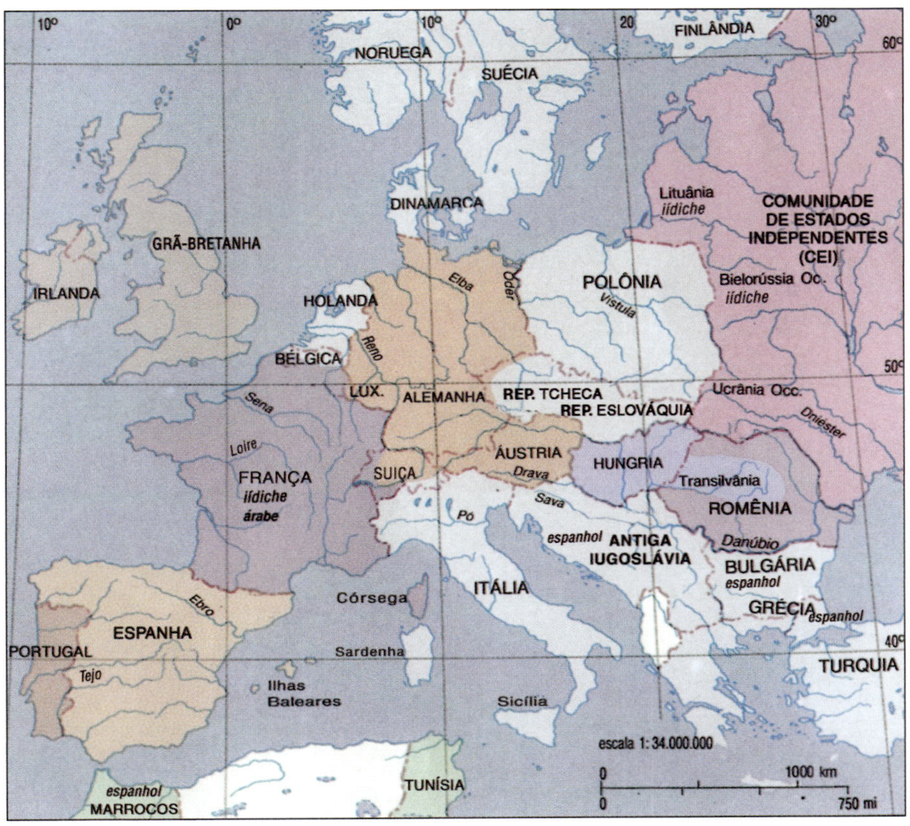

principais línguas faladas pelos judeus na atualidade

- inglês
- hebreu
- russo
- francês
- árabe
- espanhol
- romeno
- húngaro
- português
- alemão
- persa
- outros países onde os judeus falam principalmente o idioma nacional

árabe língua minoritária

Lillian Hellman (1905-1984), norte-americana.

Saul Bellow (1915-2005), norte-americano.

Primo Levi (1919-1987), italiano.

Alberto Moravia (1907-1990), italiano.

pidamente a constituir-se no idioma falado – e em grande medida também escrito – dos judeus das terras sob domínio árabe, desde a Espanha e do Marrocos no Ocidente até a Babilônia (Iraque) no Oriente. Esse vasto território incluía a maior parte das mais antigas, prósperas e importantes comunidades judaicas do mundo, e durante a Idade Média o árabe foi um dos idiomas mais importantes entre os judeus, contando-se entre suas produções as principais obras da filosofia judaica, como *O Guia dos Perplexos*,de Maimônides. Atualmente, muitos judeus falam diversas variantes do árabe, e, de fato, ele é ensinado em muitas escolas de Israel.

Mais para leste, usou-se muito o persa durante a Idade Média. Os textos mais antigos conservados em persa moderno foram escritos em caracteres hebraicos por judeus, a começar por uma inscrição em um remoto canto do Afeganistão e uma carta encontrada em Sinkiang, ambas, provavelmente, do século VIII. Existe uma vasta literatura judaica em persa, que só recentemente começou a ser estudada, e há milhares de judeus do Irã, da Ásia Central e do Cáucaso que ainda falam diversas variantes do persa e de línguas iranianas.

Nos últimos 200 anos, o processo de assimilação lingüística voltou a ser sentido fortemente. No final do século XVIII, a maioria dos judeus asquenazes falava iídiche e muitos a tinham como única língua. Porém o uso da língua vernácula já crescia em setores da sociedade mais bem integrados. No final do século XIX, o iídiche já dava lugar aos idiomas locais de toda a Europa, e na Europa Ocidental só os emigrantes falavam o idioma, enquanto na União Soviética ele era reconhecido como língua materna por 97% dos judeus, no censo de 1897. Entre os sefarditas da Europa Ocidental, a tendência à assimilação era ainda mais notável, ainda que os espanhóis tenham mantido o uso de sua língua em territórios de domínio otomano (era falado por 90% dos judeus búlgaros em 1925 e por 84% dos turcos em 1927). Gradualmente, com a melhor integração social e a extensão da educação secular, os judeus de todo o mundo falavam o idioma da maioria local ou da minoria dominante, mantendo o seu em forma decadente ou como segunda língua. O alemão foi estendendo-se pela Alemanha e pela Áustria-Hungria desde o princípio do século XIX, e por volta de 1900 havia mais de um milhão de judeus falantes do alemão. O inglês também se trans-

Abaixo: Difusão do iídiche
A história do iídiche está estreitamente unida à dos judeus asquenazes (ver pág. 50). Os judeus alemães que emigraram para o Leste mantiveram seu idioma e o desenvolveram dentro de um relativo isolamento, até que ele se converteu numa língua germânica diferente, enriquecida pelo eslavo e por outras influências, com seus próprios dialetos e um sotaque tipicamente judeu. Os movimentos posteriores levaram este idioma para muito longe de seu lugar de origem, e em 1939 se calcula que mais de 10 milhões de pessoas falassem o iídiche em todo o mundo. O holocausto e a rápida assimilação lingüística reduziram drasticamente este número, mas o iídiche continua a receber proteção de seus defensores, e recentemente começou a experimentar um grande ressurgimento. O Prêmio Nobel de Literatura concedido a Isaac Bashevis Singer em 1978 (*quadro*) atraiu a atenção para uma literatura ininterrupta em iídiche, que repousa numa prolongada e significativa tradição.

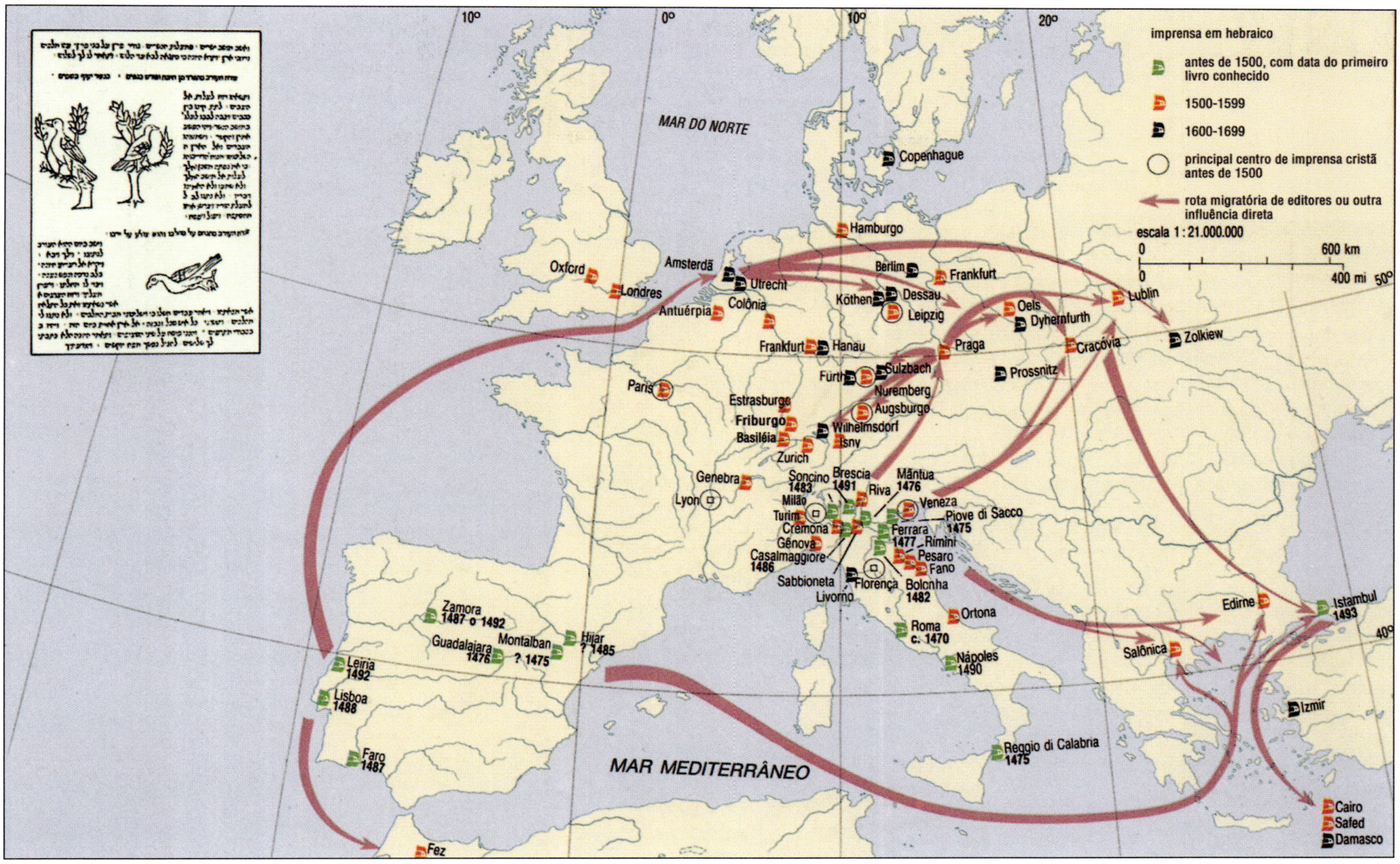

A difusão da literatura judaica
Os judeus aproveitaram rapidamente as possibilidades que oferecia a invenção da imprensa com tipos metálicos móveis (c. 1445). Em 1500, já tinham sido impressos cerca de 200 títulos de livros judeus. Muitos dos primeiros impressores do hebraico eram cristãos. Um deles, Daniel Bomberg, imprimiu cerca de 200 livros hebraicos em Veneza, na primeira metade do século XVI; entre eles se encontravam as primeiras edições da Bíblia com comentários rabínicos e dos dois Talmudes. A imprensa teve profundas conseqüências não só quanto à difusão da cultura judaica, mas também com respeito ao caráter da formação intelectual judaica e à normalização dos ritos litúrgicos.

Quadro. A tipografia costumava ser uma atividade familiar, e alguns dos impressores foram extraordinariamente andarilhos. Gershom (Jerônimo) Soncino pertenceu a uma das famílias mais famosas de impressores, e se conta entre os mais prolíficos de sua época, em hebraico, latim, grego, italiano e, talvez, iídiche. Imprimiu livros em cerca de dez cidades italianas entre 1489 e 1527, depois de ter viajado a Salônica e antes de mudar-se para Constantinopla. Este livro, uma coleção de aforismos morais e fábulas de animais, de Isaac ibn Sahala, foi impresso provavelmente em 1491. Foi o primeiro livro judaico ilustrado.

formou em uma língua judaica significativa, com cerca de um milhão de falantes em 1900. Hoje em dia é a primeira língua de metade dos judeus do mundo. Enquanto isso, o francês estendia-se pela África do Norte e pelo Oriente Médio através das escolas da *Alliance Israélite Universelle.*

O processo de assimilação lingüística afetou tanto a palavra escrita quanto a oral. Os escritores judeus adotaram as formas lingüísticas e literárias das culturas dominantes, e escrevem em inglês, francês, alemão, italiano, espanhol, russo e um amplo espectro de outros idiomas. Em muitos países, eles deram uma contribuição reconhecida para a literatura nacional. Às vezes trataram de temas judeus em suas obras, mas com freqüência não revelam uma orientação especialmente judaica.

A única exceção notória a essa tendência à assimilação foi o fortalecimento do hebraico. Como vimos, o hebraico foi muito usado na literatura e na liturgia durante a Idade Média, e essa atividade não cessou. Mesmo com a adoção das línguas vernáculas para o culto em alguns ritos ocidentais, o hebraico não foi deslocado por completo da linguagem litúrgica em nenhuma parte do mundo, e para muitos judeus continua a ser a língua cultural fundamental. No século XIX, sob a influência do Iluminismo europeu, desenvolveu-se um forte movimento a favor do emprego do hebraico no âmbito estritamente secular (ainda que já houvesse uma longa tradição de poesia hebraica secular, sobretudo na Itália). O objetivo era dar acesso aos judeus à civilização européia, dentro da estrutura de uma cultura lingüística própria, mas não por meio do iídiche, considerado um dialeto alemão corrompido. O movimento romântico promoveu o florescimento de uma copiosa literatura hebraica, em verso e em prosa, incluindo traduções de outras línguas. Os autores desta corrente falavam outros idiomas e alguns escreviam também em outras línguas.

No final do século XIX, grupos de entusiastas, sobretudo na União Soviética, começaram a reviver o hebraico como língua falada, numa tentativa de combater a assimilação e reforçar a identidade nacional judaica. Além do mais, uma nação deve ter seu próprio idioma. O idioma foi promovido, no princípio, em pequenos círculos, e finalmente foi introduzido na educação por meio das escolas judaicas da Palestina, da Polônia e de outros lugares. Dado que a recuperação do hebraico era um empreendimento sionista, não é de estranhar que as maiores conquistas tenham sido conseguidas em Israel, onde ele é o idioma oficial do Estado, apoiado por uma academia da língua, um conjunto de instituições educativas e, sobretudo, pelo destacado sistema *ulpan*, graças ao qual os emigrantes recebem um conhecimento operacional do idioma. Ele adaptou-se com sucesso às necessidades modernas, e já existe uma rica e extensa literatura israelita em hebraico. Enquanto isso, o renascimento do hebraico como língua falada em Israel estimulou os judeus de todo o mundo a aprendê-lo e usá-lo. É um dos casos de maior sucesso lingüístico da época moderna.

O hebraico

O hebraico parece ser um idioma eterno. No momento em que deixou de ser uma língua falada, no período romano, transformou-se em língua erudita e litúrgica. Nesta modalidade, difundiu-se por todo o mundo e continuou a ser usada, sem esforço, durante séculos. Depois, no momento em que parecia vencido pela assimilação, o Iluminismo hebreu o reviveu para uma grande diversidade de usos, desde a poesia lírica até artigos científicos. Por fim, o ciclo se completou com a ressurreição do hebraico como língua falada e com sua oficialização estatal em Israel.

Não houve uma só época em que o hebraico não estivesse se transformando e evoluindo. E, mesmo assim, qualquer criança israelita podia ler e compreender grande parte da Bíblia sem preparação especial. O moderno falante do hebraico, de modo consciente ou inconsciente, emprega constantemente palavras e frases que podem ser encontradas nos estratos mais remotos do idioma, cerca de 3.000 anos atrás. No entanto, ele também pode nomear os objetos e idéias mais atuais, e a literatura hebréia moderna, rica e variada, recebe tanto uma influência mais recente da Europa como das tradições hebréias escritas que remontam há vários séculos.

Língua sagrada ou profana? Vínculo com o Israel do passado ou com o atual? Língua de anseios espirituais ou nacionais? O hebraico é muitas cosas diferentes para os judeus de hoje. Em Israel, é o idioma corrente e de comunicação pública, da educação, das histórias em quadrinhos e do serviço militar. Na antiga União Soviética, foi um patrimônio precioso pelo qual homens e mulheres arriscaram a vida.

Nome	Valor numérico	Pronúncia	Hebreu Antigo	Forma final	Forma primária
Aleph	1	–	𐤀		א
Bet	2	b,v	𐤁		ב
Gimel	3	g	𐤂		ג
Daled	4	d	𐤃		ד
He	5	h	𐤄		ה
Vav	6	v	𐤅		ו
Zayin	7	z	𐤆		ז
Het	8	h (kh)	𐤇		ח
Tet	9	t	𐤈		ט
Yod	10	y	𐤉		י
Kaph	20	k,kh	𐤊	ך	כ
Lamed	30	l	𐤋		ל
Mem	40	m	𐤌	ם	מ
Nun	50	n	𐤍	ן	נ
Samekh	60	s	𐤎		ס
Ayin	70	–	𐤏		ע
Pe	80	p,f	𐤐	ף	פ
Tsade	90	ts	𐤑	ץ	צ
Koph	100	k	𐤒		ק
Resh	200	r	𐤓		ר
Shin	300	sh,s	𐤔		ש
Tav	400	t (t,s)	𐤕		ת

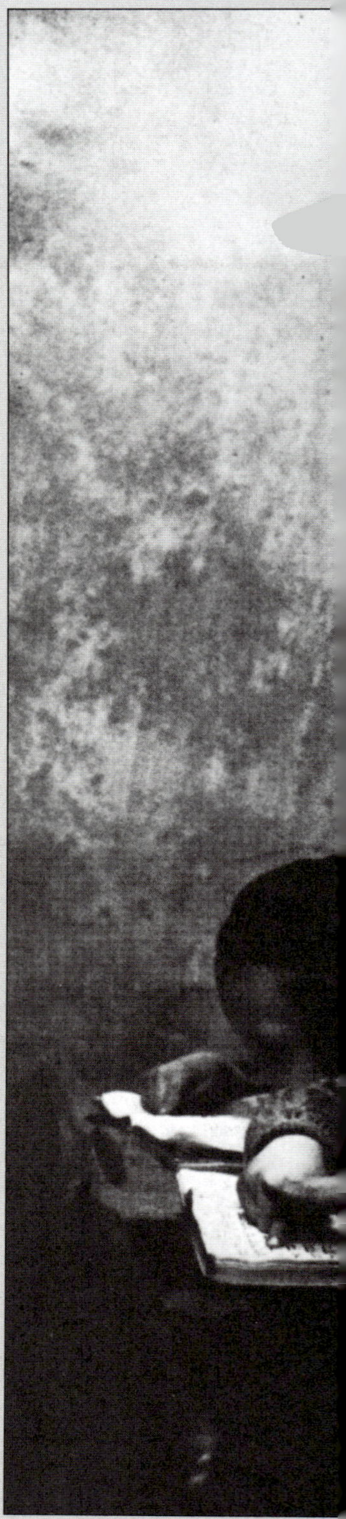

Abaixo. Escrita ornamental sobre um *Wimpel*, ou fita para um rolo da Torá, com data 5596 (1836). Era costume na Alemanha fazer essas cintas com o pano usado na circuncisão, e bordá-las ou, como neste caso, pintá-las com o nome da criança, sua data de nascimento e a mensagem piedosa: "Que Deus o faça crescer para a Torá, para o casamento e para as boas obras".

Direita. O alfabeto hebraico consta de 22 caracteres, que só representam as consoantes. As vogais podem ser agregadas em forma de pontos e listras, mas geralmente são omitidas. O alfabeto adotou diversas formas, das quais aqui se mostram as principais. As letras podem ser usadas como números, combinando-os para conseguir a soma apropriada.

Esquerda. Ensinar aos filhos a Torá é um dever religioso básico (embora com freqüência essa tarefa seja delegada ao *melantmed* ou mestre). Por isso, o analfabetismo foi geralmente baixo entre os judeus, e, dado que o alfabeto hebraico constituía a base da educação, também era usado para escrever em outras línguas.

Abaixo. Elegante inscrição hebraica, na sinagoga de Córdoba, datada de 1315. Cabe destacar a adequação dos caracteres, mais para quadrados, à sua aplicação em monumentos, bem como a facilidade para condensá-los ou estendê-los de acordo com o espaço disponível.

Centro. A "Pedra Moabita", uma importante inscrição histórica de Mesha, rei de Moab (c. 850). A língua é muito próxima do hebraico, e sua escrita também é similar à usada para os primeiros textos hebraicos. Foi o antecedente da escrita grega e da latina, e ainda era usada na época da rebelião de bar Kosiba.

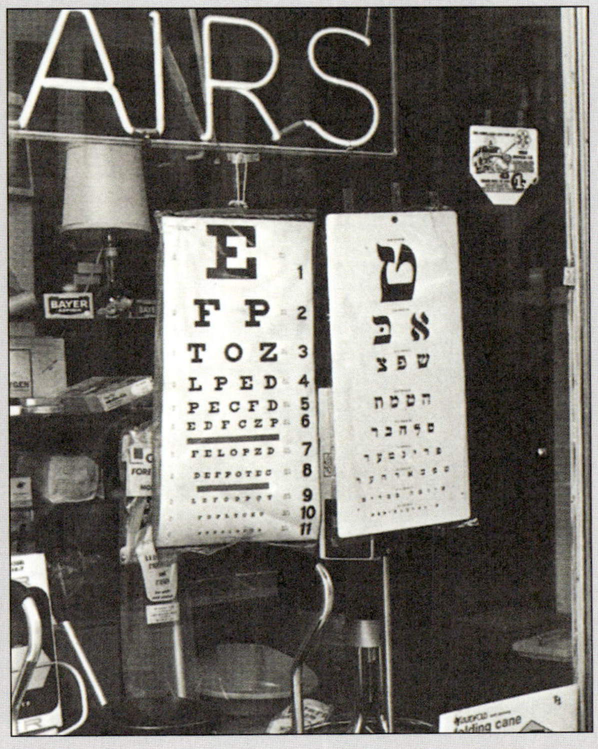

Esquerda. As conhecidas letras quadradas começaram a deslocar o velho alfabeto muito antes que este desaparecesse, e continua em uso até hoje, como o mostra este cartaz de medição visual exposto numa vitrine de Nova York. Provavelmente é destinado a pessoas que falam iídiche, que usam o mesmo alfabeto.

A Bíblia

Esquerda, acima. Os manuscritos bíblicos mais antigos que se conservam são os achados em Qumran, Israel. Este pertence ao famoso rolo de Isaías. Em apresentação e estilo, é similar aos rolos da Torá usados na atualidade. Estes textos tão carentes de adornos dão à palavra uma proeminência talvez algo exagerada.

Esquerda, abaixo. Jonas, engolido por um peixe: de uma das bíblias hebraicas mais belamente iluminadas, escritas e ilustradas no Norte da Espanha apenas uma década antes da expulsão. O artista se chamava Joseph ibn Hayyim, mas não se sabe nada mais dele.

A Bíblia constituiu a base da vida judaica, do pensamento e do culto desde a antiguidade até nossos dias. É lida e pregada na sinagoga e estudada na escola; citá-la oportunamente é um sinal de refinamento no judeu culto, e não há escrito hebraico que possa fugir por completo de sua influência. É basicamente um texto escrito e sagrado, e foi copiado com um cuidado tão piedoso ao longo das gerações, que a tradição manuscrita – sobretudo a Torá, que é a parte mais santa e autorizada de toda a Escritura – mostra variações surpreendentemente pequenas quando se compara até com textos muito mais recentes, como, por exemplo, os Evangelhos cristãos. Os textos bíblicos mais antigos que se conservam datam de cerca de 2.000 anos, e ainda hoje se conserva o costume de copiar os textos a mão, dado que a Torá é lida, nas sinagogas, em pergaminhos manuscritos. A arte de iluminar os manuscritos bíblicos pode remontar à antiguidade, apesar de não haver nenhum exemplar da época conservado. Porém existem belas peças bíblicas medievais, e os temas bíblicos continuam a inspirar os artistas atuais.

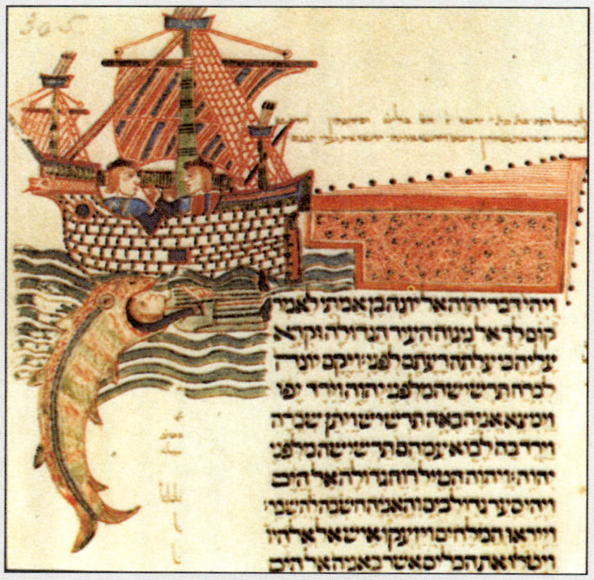

Abaixo. Também aqui a palavra é o que mais se destaca. Não há representações na ilustração, mas sim um desenho decorativo que concentra a atenção e adorna a página, e o próprio desenho é constituído em grande parte por um texto hebraico, escrito em caracteres diminutos. Estas "páginas-tapete", que aproveitam a escrita para obter um efeito artístico, o uso de pintura dourada e a rigorosa 106exclusão de figuras humanas são típicos da primitiva iluminação bíblica em terras islâmicas.

Abaixo. A influência do islã e o impacto da proibição das imagens pela Torá se combinam de modo que a arte figurativa seja rara nos manuscritos bíblicos. É muito mais comum em textos menos sagrados, como a Haggadah pascoal, com uma rica tradição de ilustrações que remonta ao século XIV pelo menos. Aqui se mostra um exemplo moderno tomado de uma célebre Haggadah de Ben Shahn (1898-1969). Representa As Dez Pragas do Egito.

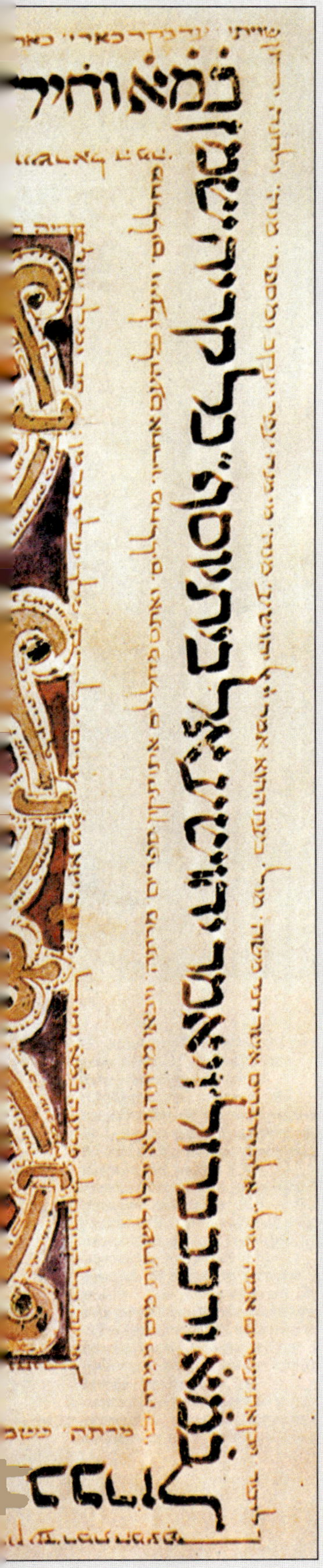

O IMPACTO DO HOLOCAUSTO

Como Hiroshima, Auschwitz constitui um marco histórico que separa um fim de um começo, e é um terrível monumento aos erros do passado e talvez também um sinal de um futuro melhor.

Ainda estamos muito próximos dos acontecimentos do holocausto para julgá-los imparcialmente. Muitos de seus participantes ainda estão vivos. Muitas das vítimas (um milhão e meio eram bebês e crianças) estariam agora na flor da idade se tivessem podido salvar-se. Muita gente conserva danos, remorsos e pesadelos. Mas é evidente que o holocausto jamais será relegado a uma posição certa na história de um passado extinto, nem sequer a uma simples menção no tremendo catálogo dos sofrimentos judeus e das guerras européias.

Jamais se havia produzido nada semelhante na história da Europa ou do povo judeu.

O próprio termo "holocausto", entendido como a destruição sistemática dos judeus europeus por parte dos nazistas, indica um reconhecimento de que se tratou de algo novo, que requeria assim um nome novo. O termo começou a ser utilizado no final da década de 1950. Antes, os escritores empregavam palavras mais vagas e inespecíficas, como "catástrofe" ou "desastre". No entanto, eram inadequadas para expressar a enormidade e a inovação do que havia acontecido. A palavra "holocausto", com suas conotações de destruição maciça e a ressonância religiosa de sua etimologia (um sacrifício consumado por completo por meio do fogo), foi adotada em parte porque nunca antes havia servido para dar nome a outro fato histórico.

A inovação do holocausto é difícil de definir com exatidão. Não foi só o tamanho da catástrofe, ainda que a destruição em semelhante escala não tenha precedentes na história judaica, e talvez na de nenhum outro povo. Tampouco foi a implacável eficácia da operação – a aplicação da tecnologia moderna à ideologia da destruição –, ainda que sem dúvida isso tenha contribuído para aumentar o impacto. Os judeus europeus conheceram antes provas e calamidades – saques e massacres, discriminação e expulsões –, porém nunca antes tinham tido de enfrentar uma política de extermínio orquestrada como a que seguiram os nazistas no que eles mesmos denominaram *Die Endlösung der Judenfrage in Europa* (A solução final para a questão judaica na Europa). A sinistra "finalidade" desse programa, ainda que finalmente se tenha frustrado, pôde no mínimo provocar um estremecimento em um povo habituado a chamar a si mesmo de "o povo eterno", que se orgulha de sua capacidade de sobrevivência e que até sente seu destino garantido por Deus mesmo. Daí os questionamentos teológicos que surgiram a partir do desastre, sem falar na experiência individual de decepção e perda da fé. Entretanto, mesmo para os judeus não-religiosos, a "Solução Final" trazia perguntas desconhecidas na Idade Média e talvez aí esteja o núcleo do problema.

Justo quando a emancipação havia trazido as novas bases para a existência judaica, a degradação nazista dos judeus representava um novo tipo de ataque. Os judeus medievais eram um povo diferente: não esperavam ser tratados como o restante das pessoas. As vítimas das leis racistas do nazismo eram em sua maior parte cidadãos dos modernos Estados europeus. Muitos deles haviam lutado por seus países na Primeira Grande Guerra e alguns tinham dado importantes contribuições para a vida pública. As expectativas e convicções que tinham guardado tornavam difícil aceitar seu desprezo, que emanava de uma nação considerada a vanguarda da civilização européia. Evidentemente, não foram os judeus as únicas vítimas da cruzada nazista, mas a eles foi dispensado um tratamento específico: foram objeto de uma complexa demonologia e eliminados com uma obstinação tal, que todo o esforço nazista poderia ser reduzido a uma "guerra contra os judeus". Para os próprios judeus, o nazismo não só era um ataque à cultura européia que eles haviam chegado a compartilhar, mas também a negação de todos os progressos que representava a própria base da vida judaica moderna.

Tudo isso era ainda mais real na Europa Ocidental que na do Leste, onde as perdas físicas foram mais terríveis e onde os judeus estavam muito menos integrados às fábricas e ao conjunto social. A lembrança dos *pogroms* também era ali mais recente e viva, e a nova catástrofe podia ser assimilada com mais facilidade à tradicional concepção judaica do mundo. Mas justamente porque a destruição havia sido tão total na Europa Oriental, e porque a fé judaica tradicional era tão forte, o impacto do holocausto transcendeu o caráter dos antigos *pogroms* e pôs em dúvida todas as bases da existência judaica.

Todos esses fatores tornaram difícil para os judeus a aceitação do holocausto como um simples acontecimento histórico. A geração sobrevivente teve de lutar com essa tremenda experiência. Em meio à luta física pela recuperação e pela reconstrução, os judeus se viram obrigados não só a enfrentar as terríveis perdas, mas também a repensar as normas herdadas para tentar encontrar o sentido da catástrofe. Em certo plano, isso significou estudar os fatos da atualidade: descobrir suas origens, rastrear sua evolução, investigar o que realmente aconteceu em cem lugares diferentes e tentar descobrir quem foi o culpado, o que se poderia ter evitado, quem morreu, quando, onde e por quê. Os "estudos sobre o holocausto" tornaram-se um novo e fértil ramo da história, com seus próprios institutos de pesquisa e bibliotecas, e com uma imensa massa bibliográfica. Por volta de 1968, "Holocausto" já ocupava um lugar destacado no catálogo da Biblioteca do Congresso, dado o grande volume de material publicado. O desastre em si não foi só um tema de estudo: a história anterior começou a ser revisada à luz do ocorrido, sobretudo a história das relações judaico-cristãs, do anti-semitismo e de todo o movimento de emancipação.

Em um plano diferente, mas vinculado ao anterior, os teólogos viram-se obrigados a investigar as implicações do holocausto na concepção judaica tradicional de Deus e de Israel e nas relações entre ambos, do so-

A peregrinação histórica do papa João Paulo II ao campo de extermínio de Auschwitz (Oswiecim) foi uma recordação comovedora dos sofrimentos da época nazista. O nome de Auschwitz veio a ser um símbolo do horror e da destruição daqueles anos, que puseram em questão a própria civilização européia e a possibilidade de uma coexistência normal entre os judeus e os gentios. Se existe uma mensagem positiva que possa emergir das cinzas de Auschwitz, certamente ela deve ser buscada no esforço de reconciliação que reuniu judeus e cristãos numa tentativa comum de erradicar as desavenças do passado e prevenir a repetição de tais catástrofes no futuro.

frimento e da fé, e da natureza do homem em geral. Não se trata de temas puramente acadêmicos ou abstratos. Os sobreviventes precisavam urgentemente de um guia e de uma garantia. Muitos haviam perdido a fé em Deus ou no homem; estavam destroçados pela angústia e pelo desespero. Tinham dúvidas acerca da resposta que deveriam dar diante de tão devastadora calamidade: deveriam aceitá-la humildemente ou rebelar-se diante do decreto divino? Deveriam formular acusações e exigir indenizações e vingança, ou somente tentar exercer o perdão? Não foram questões que afetaram só os dirigentes religiosos, mas também os educadores, os psicólogos e os políticos. O julgamento do nazista Adolf Eichmann em Jerusalém, em 1961, colocou-as em cena de maneira dramática e provocou um doloroso debate público, como havia causado, uma década antes, a questão da indenização monetária por parte da Alemanha. Ainda existia o problema de sobre o que ensinar às crianças, de decidir entre protegê-las do trauma ou prepará-las para a descoberta posterior do que realmente havia acontecido. Não havia respostas fáceis a nenhuma destas perguntas, mas ao mesmo tempo era necessário tomar decisões concretas.

As decisões foram tomadas. As indenizações foram negociados e aceitas, mesmo que com repugnância. Parte do dinheiro foi empregada em projetos de documentação e em monumentos de lembrança às vítimas. Os cursos educativos foram elaborados com um conceito de reconciliação entre judeus e gentios. Porém continuavam vivas as questões fundamentais, que ainda atormentam a consciência judaica.

Alguns historiadores manifestaram sua oposição ao que chamaram a "mitologia" do holocausto. Foi um acontecimento histórico, ainda que excepcionalmente traumático, argumentam, e deve ser descrito e analisado como qualquer outro fato histórico. Este argumento é um protesto contra uma tendência entre os teólogos de cair em abstrações gerais, que freqüentemente se apresentam como algo remoto com relação ao sofrimento real de milhões de indivíduos. No extremo oposto, os teólogos colocam objeções à tendência dos historiadores acadêmicos a perder de vista os problemas centrais em meio a uma selva de epígrafes e estatísticas. Ambas as críticas são justificadas. A tarefa de compreender e aceitar o fato do holocausto requer os esforços combinados dos historiadores e dos teólogos. Um acontecimento dessa magnitude inclina facilmente às generalizações. Os fatos detalhados são difíceis de reconstruir (grande parte das provas foram deliberadamente destruídas), e o esforço é tão desalentador quanto horripilante. Porém toda generalização deve basear-se no conhecimento histórico se não quiser cair na insignificância ou simplesmente na falsidade. E as tentativas dos historiadores revisionistas de "limpar" os atos dos nazistas – até o ponto de negar que tenha existido sequer o holocausto – exige uma cuidadosa resposta. No entanto, o historiador não pode esquivar-se do elemento "mítico" da própria história. A ideologia nazista apoiava-se num mito, e o caráter apocalíptico da *Endlösung* revestia claros tons teológicos. As respostas das vítimas freqüentemente eram condicionadas por pressupostos religiosos. Os historiadores podem protestar contra a tendência tradicional judaica de julgar toda a história em termos teológicos, mas devem reconhecer que a história do holocausto contém componentes ideológicos que requerem uma investigação *histórica*. De qualquer modo, o enfoque dos teólogos não surge da necessidade científica de descobrir o que aconteceu, mas da necessidade psicológica do sobrevivente de encontrar o sentido dos fatos pelos quais teve de passar. Eles vêem-se confrontados com o impacto da desilusão, com o transtorno e a perda da fé da geração dizimada. Precisamente porque os judeus sempre viram a história como palco da atividade de Deus, precisam de uma resposta à pergunta: "Onde estava Deus em Auschwitz?"

Respostas positivas ao holocausto

Esta pergunta leva, inevitavelmente, a muitas outras acerca de onde recai a responsabilidade última do que ocorreu e sobre as lições que podem ser tiradas do desastre. Uma resposta simples é que a perseguição é um problema dos perseguidores, não de suas vítimas. Isso implica que são os gentios, e particularmente os cristãos, quem deve encarar o fenômeno de Auschwitz: são eles quem deve responder pelos efeitos destrutivos de suas próprias crenças. Na realidade, os

Em muitos países, ergueram-se monumentos às vítimas do holocausto, segundo modelos muito diversos. Entre os mais notáveis, está a sinagoga Pinkas, no antigo bairro judeu de Praga (*fotografia superior*). O prédio em si data do século XVI ou talvez de antes, e é testemunha da antiga vitalidade dessa comunidade judia quase extinta. As paredes têm gravados os nomes dos judeus da Boêmia e da Morávia que pereceram sob o nazismo, junto com as datas de seu nascimento e morte, ou deportação. Longe do palco do desastre, também se ergueram monumentos em países onde os sobreviventes conseguiram forjar uma nova vida. O monumento no West Park Cemetery de Johannesburgo (*acima*) é obra do escultor Hermam Wald (1906-1970), nascido na Hungria, mas estabelecido na África do Sul durante a época nazista. Os campos de Yad Vashem, monumento nacional de Israel aos mártires, abrigam as esculturas que evocam a agonia das vítimas e o heroísmo dos que resistiram. Este é *O grito silencioso*, de Leah Michelson (*direita*).

O memorial no campo de concentração de Dachau (*à esquerda, centro*), a cerca de 16km de Munique, é um dos muitos que se estabeleceram nos lugares que os campos ocuparam. Os monumentos dedicados aos mortos se encontram nos cemitérios judeus de todos os países da Europa em que se realizaram matanças e deportações. Este, no cemitério de Oslo (*esquerda*), tem os nomes dos 620 judeus da capital norueguesa que morreram, incluindo 18 membros de uma mesma família. Um grupo de estátuas no parque memorial de Yad Vashem (*direita*) constitui um eloqüente testemunho mudo da tragédia das vítimas, bem como dos sobreviventes. Tampouco serão esquecidos os que sofreram o holocausto na cidade sueca de Malmö (*extrema direita*).

Esquerda. Comemoração do holocausto: recordações pessoais, recordações coletivas. Recordar, ser recordado, é um dever solene e uma profunda necessidade. Nesta cerimônia comemorativa na sinagoga principal de Paris, no trigésimo aniversário da libertação de Auschwitz, o participante em primeiro plano usa um uniforme de prisioneiro. Deve-se renovar a recordação todos os anos, reavivá-la, e explicar às novas gerações acontecimentos inqualificáveis.

teólogos cristãos fizeram sérios esforços para abordar as implicações de Auschwitz sobre a teologia cristã, antes de tudo para o tradicional antijudaísmo cristão sobre cujas bases se ergueu o moderno anti-semitismo. Entretanto, este enfoque não diz nada ao judeu que sente a desesperadora necessidade de entender como Deus pode ter permitido uma catástrofe tão terrível para o povo judeu. Auschwitz não é só um problema para os perseguidores, mas também para quem quer que acredite em um Deus amoroso e fiel, e é também um problema para quem quer que acredite no aperfeiçoamento e no progresso humanos. Poucos teólogos coincidiriam por completo com o teólogo radical Richard Rubenstein, quando afirma que a única resposta honesta aos campos de concentração é que Deus morreu, mas muitos coincidiriam com ele em que o problema de Deus e dos campos de extermínio foi o problema central para a teologia judaica no século XX.

Os teólogos que lutam com o problema de Deus e Auschwitz sabem que estão pisando o caminho dos profetas, que tiveram de enfrentar a destruição do primeiro Templo e o exílio na Babilônia; e dos rabinos, que tiveram de enfrentar a segunda destruição e a expulsão de Jerusalém. Suas reflexões modelaram a resposta tradicional judaica ao sofrimento, ou seja: é o castigo pelo pecado. Esta crença, unida à doutrina de que Deus mantém o amor por seu povo, significou uma mensagem de esperança a partir da repetida experiência do desastre, e ajudou os judeus a superar posteriores catástrofes. Alguns teólogos contemporâneos reiteraram sua fé na fórmula tradicional, mas, como quer que seja formulada, ela não consegue ser convincente ante o espetáculo do extermínio de um milhão e meio de crianças. Daí a resposta extrema de Rubenstein, que condenava esta explicação como uma afronta à memória das vítimas e uma visão intoleravel-

mente contraditória de Deus: como um Deus amoroso pode ter querido o extermínio de um terço de seu povo eleito?

No outro extremo, está a profunda fé de Ignaz Maybaum, que o leva a afirmar o seguinte: Deus queria a destruição e Hitler foi seu agente, assim como quis a primeira destruição através de Nabucodonosor e a segunda através de Tito. Não obstante, os seis milhões não receberam um castigo por seus pecados: foram vítimas inocentes de um ato de destruição que caiu sobre um mundo culpado. O holocausto, como as duas destruições anteriores, marcou um fato histórico que pôs fim a uma era e inaugurou outra. Isso é progresso, e um sinal visível de que Deus atua na história.

Entre estes dois extremos, existe toda uma gama de reflexões teológicas sobre esse fato incompreensível. O propósito das explicações, entretanto, não é só descobrir o sentido do passado, mas também configurar um guia para o presente. Para o existencialista Rubenstein, a descoberta de que a história não tem sentido põe sobre o homem a carga de ser ele quem a proporciona. Quaisquer que tenham sido os demais efeitos do holocausto, o certo é que reforçou a unidade do povo judeu. "Se tudo o que temos não é mais que uns aos outros, é verdade que precisamos uns dos outros mais do que nunca." Portanto, o judeu pode encontrar um valor na prática religiosa judaica tradicional, ainda que não seja o que ela mesma se atribui. Para Maybaum, o holocausto impõe a inadiável obrigação do homem de respeitar o fim de Deus com relação ao mundo. Para outro influente teólogo, Emil Fackenheim, o holocausto revela um mandamento novo ao povo judeu: sobreviver. "Aos judeus é proibido permitir a vitória póstuma de Hitler." A sobrevivência, mesmo como um fim em si mesma, é um imperativo divino.

Toda a teologia judaica contemporânea relaciona a catástrofe do holocausto ao renascimento de Israel. (Aqui os teólogos se felicitam por unir-se aos historiadores.) Israel serve de metáfora para o consolo, para a esperança, para a renovação ou simplesmente (nas palavras de Fackenheim) para a sobrevivência. Sem Israel, a história do holocausto apareceria de modo diferente e muito mais sombrio. Com a existência de Israel, parece haver mais lugar para a fé. Até um teólogo como Maybaum, que é profundamente crítico com relação ao compromisso judeu na política do Estado (à qual atribui as tragédias da história humana), está disposto a ver no retorno a Sião a voz do Deus redentor conduzindo seu povo até o lar.

Dentro de Israel, a comemoração do holocausto passou a fazer parte da ideologia oficial do Estado. Já em 1951, o Parlamento de Israel proclamou um Dia de Comemoração do Holocausto por ano. Dois anos depois, constituiu-se oficialmente uma Comissão de Comemoração dos Mártires e Heróis (Yad Vashem), e foi concedida cidadania póstuma aos seis milhões. A comissão é encarregada de unir e publicar todas as provas do holocausto e da resistência judaica ao nazismo, bem como de erguer monumentos e promover a prática religiosa do Dia de Comemoração do Holocausto em Israel e em todo o povo judeu. O imponente monumento em Jerusalém transformou-se em um santuário nacional, comparável à Tumba do Soldado Desconhecido em alguns outros países. Junto a ele, há um instituto dedicado à hercúlea tarefa de documentação. Todo o complexo tem o objetivo de perpetuar a memória das vítimas e também de manter acordada a consciência da lição que deixou o holocausto.

O que nem sempre está muito claro é de que lição se trata. Nas escolas de Israel, é ensinada às crianças a história do holocausto com todos os seus assustadores detalhes, porém freqüentemente elas não vêem uma ligação direta entre as vítimas do desastre e elas mesmos: parecem viver em mundos diferentes. A ênfase deliberada que se dá aos grupos de resistência talvez procure preencher o vazio que fica entre a impossibilidade das vítimas de defender-se, que parece totalmente incrível para os jovens israelitas, e a autodefesa que eles consideram óbvia. Existe o perigo real de desprezar as vítimas por sua passividade, sentimento claramente visível na época do julgamento de Eichmann. Há em Israel uma profunda sensibilidade com relação ao holocausto, porém esta dá lugar a emoções controversas e inquietantes. A dimensão nacional proporciona um foco definido para a reflexão, mas também pode levar a certa desvalorização, já que o significado do holocausto está inevitavelmente unido à idéia de Israel. Ela proporciona ordens emotivas para a retórica política, e freqüentemente é invocado para justificar políticas extremistas. Foram levantadas muitas vozes de protesto contra tais abusos, mas talvez seja inevitável que, uma vez que o holocausto se transformou em símbolo nacional, seja explorado com fins políticos.

Em um aspecto mais positivo, uma conseqüência da calamidade foi o aparecimento de um sério esforço de reconciliação entre cristãos e judeus. Pouco depois do fim da guerra, foi convocada uma conferência urgente de cristãos e judeus em Seelisberg, Suíça, para estudar o fenômeno do anti-semitismo e encontrar possíveis modos de combatê-lo através da atividade educativa e religiosa. Esta precoce iniciativa foi seguida de muitas outras. A primeira assembléia do Conselho Mundial das Igrejas, celebrada em Amsterdã em 1948, convidou seus membros a "denunciar o anti-semitismo como irreconciliável com a prática da fé cristã e um pecado contra Deus e contra o homem". Em 1964, o Concílio Vaticano II publicou uma Declaração sobre o Povo Judeu que, mesmo omitindo uma referência específica ao holocausto, continha a significativa afirmação de que "a Igreja, consciente do patrimônio que compartilha com os judeus, é movida pelo amor espiritual do Evangelho e não por razões políticas, e condena o ódio, as perseguições e as demonstrações de anti-semitismo contra os judeus por parte de quem quer que seja e em qualquer época". Essas proclamações públicas, junto com o trabalho de vanguarda por parte de teólogos cristãos, inauguraram uma nova era nas relações judaico-cristãs. Posteriormente, os esforços do papa João Paulo II nesse sentido se refletiram em três fatos relevantes: o reconhecimento do Estado de Israel por parte da Santa Sé (1991); o documento *Uma reflexão sobre a Shoah* (1998), no qual, entre outras questões, se desmente que existisse alguma cumplicidade entre o regime nazista e a Igreja; e, por último, o pedido de perdão que João Paulo II dirigiu ao povo hebreu (2000). Não obstante, há uma consciência realista de que séculos de preconceitos não podem ser erradicados da noite para o dia. É verdadeiramente triste que tivesse de ocorrer uma tragédia como a de Auschwitz para se chegar a esta reconciliação.

O SIONISMO

O sionismo tem linhas entrecruzadas e às vezes conflitantes. Theodor Herzl era um intelectual ocidental; aqui o vemos (*abaixo*, sentado atrás) em seu *habitat* natural, um café vienense. Estamos no começo do verão de 1897. Algumas semanas depois, realizar-se-ia na Basiléia, cercado de pompa e solenidade, o Primeiro Congresso Sionista: uma espécie de parlamento internacional judaico, que adotaria um programa político específico.

Se a alma do sionismo estava no Ocidente, sua musculatura estava no Oriente. O grosso dos sionistas soviéticos aderiu à idéia de restabelecer a terra natal perdida com um apaixonado fervor, unido, para muitos, à fé socialista na dignidade dos trabalhadores e na irmandade das massas operárias. Aqui vemos o jovem Ben-Gurion (*direita, centro*), com sua família e seus camaradas do partido dos Poalei Zion ("Trabalhadores Sionistas"), em Plonsk, pouco antes de sua partida para a Palestina, em 1906.

Uma terceira corrente era o nacionalismo militante. Vladimir Jabotiusky, que vemos aqui na prisão de Acre em 1920 (*abaixo, direita*), havia fundado a Legião Judaica, que lutou no Exército britânico na Primeira Guerra Mundial. Em 1935 criaria a Nova Organização Sionista (transformada depois no partido Herut) e a Organização Militar Nacional (Irgan), que empreenderia ações terroristas contra o governo britânico na Palestina.

O escritor vienense Theodor Herzl (1860-1904) traçou um quadro vívido e idealizado da futura comunidade judaica em seu último romance, *Altneuland* ("Antiga nova terra", cuja tradução hebraica aproximada é *Tel Aviv*). Este nome compreende a visão de um antigo povo que volta à sua velha terra, que o renova e que ele renova.

"Sionismo" é um termo nebuloso e emotivo que teve diferentes significados para diferentes pessoas, mas no fundo representa uma abordagem radical das eternas perguntas sobre a identidade judaica e o lugar dos judeus entre as nações. Para os sionistas, os judeus não são uma comunidade religiosa nem uma ampla associação de minorias étnicas em diversos países, mas um só povo com seu próprio lar: já não uma única e indefinível exceção à regra, mas um povo normal em pé de igualdade com os demais povos do mundo. O sionismo é uma das tentativas extremas de descobrir uma fórmula simples para resolver as complexidades do "problema judeu". Na prática, a simplicidade ficou fora do alcance até dos próprios sionistas. Após cem anos de sionismo, ainda não há uma definição clara e amplamente aceita dos objetivos sionistas, e o antigo lema da retórica sionista, "normalização", começou a ceder mais uma vez diante do conceito de "unicidade".

As ambigüidades devem-se, em parte, ao fato de que o sionismo não se originou em um só lugar, em um só grupo ou de acordo com a visão de um só indivíduo. Surgiu ao longo de um período de tempo em diversos lugares, respondendo a um complexo de problemas e sob a influência de várias outras ideologias. O próprio Herzl era um judeu ocidental assimilado. Tinha nascido em Budapeste, viveu na Viena de Sigmund Freud, Otto Weininger e Karl Kraus, e sua crise pessoal aconteceu em Paris, na época do julgamento de Dreyfus. Sua experiência do anti-semitismo ocidental levou-o a dar-se conta de que a conversão, para os judeus, era uma quimera, e em conseqüência formulou um programa político para a criação do "Estado judeu". Tal foi o título de seu panfleto de 1896, que desencadeou o movimento político sionista. O programa de Herzl foi descartado rapidamente pelos filantropos judeus mais conhecidos, o barão de Hirsch e os Rothschilds, porém os grupos judeus da Europa Oriental o receberam com entusiasmo, já que eles já estavam se dedicando, por sua conta, a buscar uma solução nacional para o problema judeu. Na Europa oriental da década de 1890, as condições eram completamente distintas das do Ocidente. Os judeus formavam uma população ampla e unida, nem assimilada nem emancipada, vítima da pobreza e dos *pogroms*, desesperada por encontrar qualquer fórmula que lhe oferecesse uma saída para suas insuportáveis circunstâncias. O nacionalismo, o anti-semitismo, a intolerância religiosa e a autocracia política floresciam em formas mais cruas, mais fortes e mais descaradas do que no Ocidente, e proliferavam os movimentos radicais clandestinos para conseguir reformas políticas e sociais.

Não é de estranhar que em tais circunstâncias alguns judeus tenham se voltado para um nacionalismo próprio em uma região onde a emigração tomava proporções massivas, e começaram a pensar na Palestina

como um possível lar. Duas testemunhas do *pogrom* de Odessa em 1881, ambas destinadas a ocupar lugares de honra no panteão sionista, anteciparam-se ao chamado de Herzl para salvarem-se por meio da autodeterminação nacional. Moses Lilienblum (1843-1910), um ex-converso do judaísmo tradicional ao positivismo soviético, pediu a colonização judaica maciça da Palestina. Leo Pinsker (1821-1891), um médico respeitável, não pensou em princípio na Palestina como solução, mas argumentou fortemente em favor do fim da condição de "estrangeiros" para os judeus e pela normalização através de uma independência territorial. Seu folheto *Auto-emancipação* foi publicado de forma anônima em Berlim, em 1882, e depois Herzl confessou que, se ele o tivesse conhecido, jamais teria escrito *O Estado judeu*. Nesse mesmo ano, formou-se o movimento BILU, que fundamentou as idéias de Rishon le-Ziyyon e deu, assim, o primeiro passo para a ocupação judaica da Palestina.

As raízes do sionismo

A idéia do regresso dos judeus à terra de Israel não era nova. Napoleão Bonaparte, em 1799, havia tornado pública uma convocação aos judeus da África e da Ásia para restabelecer a antiga Jerusalém sob seu mandato, e o lorde Shaftesbury havia proposto um "Esquema para a colonização da Palestina", em 1840. Escritores como Disraeli, George Eliot e Alexandre Dumas (filho) promoveram a noção romântica do regresso à Terra Santa. Alguns judeus até traduziam as correntes de nacionalismo europeu em termos judeus. Tal é o caso do comunista alemão Moses Hess (1812-1875) e dos rabinos Judah Alkalai, de Sarajevo (1798-1878), e Zvi Hirsch Kalischer, de Posen (1795-1874). Precursores do sionismo, assim como os intelectuais do Iluminismo judaico, haviam trabalhado sem descanso pela criação de uma cultura judaica autônoma. O ensaísta judeu Ahad Ha'am (pseudônimo de Asher Ginzberg, 1856-1927) é lembrado como fundador do "sionismo cultural", movimento que considera o restabelecimento da Palestina como terra judaica, como parte de uma ampla revitalização da cultura judaica e do espírito nacional em escala mundial.

Não obstante, o nacionalismo romântico é só um fio na complexa rede do sionismo primitivo. Tão forte como ele foi a influência de vários movimentos radicais que floresceram na União Soviética entre um século e outro, sobretudo o socialismo. Os dirigentes e simpatizantes do sionismo tinham vínculos com muitas correntes do movimento radical, e encontraram diversos meios de expressar a impetuosa mistura de fervor revolucionário e renovação judaica. Um dos mais influentes, ainda que menos lido, é Ber Borochov (1881-1917), que propunha uma complexa fusão das idéias marxistas e sionistas, e foi um dos ideólogos principais do *Poalei Zion* (Trabalhadores Sionistas), partido criado em 1906 a partir de um mosaico de movimentos "proletários" soviético-judeus. O *Poalei Zion* transplantou suas idéias para a Palestina, onde, no mesmo ano, formulou sua combinação de nacionalismo judeu e socialismo internacional na "Plataforma Ramle". Entre os presentes estava David Ben Gurion, depois primeiro-ministro de Israel. Esta passagem, junto com o aparecimento, entre os pioneiros, do partido *Hapoel Hatzair* (Jovem Trabalhador), introduziu a política partidária entre os "novos Yishuvs" (assim eram chamados os imigrantes sionistas, para diferenciá-los dos judeus que já viviam na Palestina, os "antigos

Esquerda. Uma quarta corrente do sionismo era o sionismo religioso, porta-voz de um anseio secular de redenção e de regresso, em linguagem política. Os sionistas religiosos foram durante muito tempo uma pequena minoria tanto no conjunto dos sionistas como entre os judeus religiosos. Apesar de haver um bom nível de relacionamento e de conciliação, ainda hoje alguns judeus não conseguem "engolir" o sionismo, como ilustra este cartaz numa rua de Jerusalém. Para os Guardiões da Cidade e outros cujos motivos para viver em Jerusalém são puramente espirituais, o Estado judeu é, pelo menos, irritante, e, em última instância, uma blasfêmia.

O *halutz*, pioneiro agrário, foi o modelo do povoador sionista das primeiras gerações. Os *halutzim* exigiam a terra para a agricultura e a colonização com suas próprias mãos, amiúde enfrentando os ataques da população árabe. O trator encouraçado (*esquerda*) simboliza um aspecto da empresa sionista dos anos 30.

Outro aspecto era a emigração. Sob domínio britânico, o grito era "emigração livre!" Depois, após a saída dos britânicos, isso se tornou realidade, e a absorção de dezenas de milhares de emigrantes, muitos deles indigentes, a cargo de um Estado incipiente, transformou-se num enorme problema prático. Os recém-chegados eram alojados em lugares primitivos, superpovoados (*acima*), até ser possível atender minimamente a suas necessidades.

A recepção e a absorção dos imigrantes estavam majoritariamente nas mãos da Agência Judaica, um ala da Organização Sionista e, na atualidade, um dos elementos principais e mais poderosos dentro do Estado judeu. Ela canaliza centenas de milhões de dólares anuais para o estabelecimento de imigrantes, para a educação e para outras atividades. Os retratos do doutor Herzl e do doutor Weizmann (*esquerda*) presidem solenemente a Assembléia Anual da Agência, de 1983.

Acima. O Rabbi Zvi Hirsch Kalischer (1795-1874) merece o título de primeiro sionista. Escreveu opúsculos convocando ao retorno à terra em Israel e, de fato, convenceu sir Moses Montefiore, um financista britânico, a comprar ali um laranjal, o primeiro de propriedade judaica.

Fotografia superior. "Pastor hebraico": este postal apresenta uma visão idílica da vida num *halutz*. A realidade era menos aprazível, mas é verdade que muitos *halutzim* eram estudantes e intelectuais que ocupavam seu tempo livre com a leitura ou em acaloradas discussões sobre temas literários ou ideológicos. "Hebraico" foi o adjetivo preferido pelos pioneiros, evitando assim qualquer conotação religiosa.

Yishuvs"). Os *Hapoel Hatzair* não se preocupavam tanto com a teorização socialista quanto com as tarefas concretas de colonização agrária. Seu mentor espiritual foi A. D. Gordon (1856-1922), um pensador original que acreditava apaixonadamente no trabalho manual como o único caminho para a redenção espiritual. Ambos os movimentos, apesar de seus conflitos ideológicos, compartilhavam os objetivos fundamentais. O idealismo e o trabalho duro dos pioneiros asseguraram as bases para muitas das instituições do Estado, bem como para sua tônica dominante.

No entanto, o movimento sionista não extraía sua força real das teorias dos ideólogos, nem sequer da abnegada tarefa dos pioneiros, mas sim da ameaça real e propagada do anti-semitismo. Com uma visão retrospectiva, é surpreendente até que ponto o movimento aceitou os pressupostos e mesmo parte da linguagem dos anti-semitas. Se o sionismo representava uma reação ao anti-semitismo, em certo sentido também constituía uma concessão de sua premissa principal, isto é, que os judeus constituíam um elemento estranho e inassimilável na sociedade gentia. A solução da emigração maciça que os sionistas propunham coincidia em todos os seus extremos com o que afirmavam os anti-semitas.

Um dos maiores inimigos do sionismo era a existência de assimilacionistas de todos os matizes: os judeus que só queriam ser cidadãos de pleno direito dos países em que viviam, liberais e socialistas que queriam derrubar as barreiras históricas que haviam causado tanto ódio e exploração no passado. Os judeus liberais renunciavam a qualquer elemento de particularismo judeu. Os bolcheviques declararam guerra ao sionismo e erradicaram-no pela força. E, entretanto, os sionistas que preconizavam a "normalização" eram, à sua maneira, defensores da assimilação, só que preservando a identidade nacional judaica. Outras oposições surgiram por motivos diferentes. O Bund considerava um dever dos judeus permanecer em seu país natal e trabalhar por um progresso social geral. A grande maioria dos tradicionalistas judeus via no sionismo uma perigosa heresia secularista, que substituía a redenção sobrenatural por uma deste mundo, tentando, na verdade, forçar a mão de Deus. Além disso, havia os que acreditavam que a empresa sionista constituía uma ameaça para eles: os antigos Yishuvs e os árabes palestinos.

A ingenuidade dos primeiros sionistas com relação aos árabes parece, à distância, surpreendente. Parece que alguns não se davam conta de que na Palestina viviam os árabes, e só muito lentamente foram se dando conta do crescente desenvolvimento do nacionalismo árabe. Herzl, sim, era consciente da existência dos árabes, mas acreditava que eles se mostrariam agradecidos pelas vantagens do desenvolvimento econômico. Outros, romanticamente, consideravam-nos como irmãos semíticos que voltavam a se encontrar depois de muito tempo, e que se uniriam com entusiasmo aos judeus recém-chegados. Alguns árabes, de fato, parecem ter compartilhado desta visão cor-de-rosa. A realidade do choque de interesses entre o sionismo e os árabes não foi totalmente assimilada por alguns dos judeus emigrantes, até que começou a cobrar vidas de ambas as partes. O crescente conflito das décadas de 1920 e 1930 revelou que o nascimento do Estado judeu seria conseguido a sangue e fogo e não pela identidade semítica, nem pela irmandade das massas trabalhadoras. Isso deu lugar a uma situação na qual alguns sionistas israelitas chegaram até a falar dos árabes palestinos como "os novos judeus", e até de um "sionismo árabe".

Enquanto isso, a apoteose do anti-semitismo europeu no holocausto nazista transformou por completo o mundo no qual o sionismo havia se desenvolvido. O nazismo, com sua negação absoluta da assimilação judaica, parecia oferecer uma prova irrefutável da verdade das denúncias sionistas. Muitos judeus se voltaram para o sionismo nas décadas de 1930 e 1940, até em lugares onde haviam resistido até então. Tragicamente, a pátria judaica chegou muito tarde para salvar a maioria das vítimas, e os sionistas viram-se reduzidos ao papel de espectadores impotentes da destruição de seus irmãos, profetas de uma fatalidade que eles mesmos haviam advertido. O holocausto criou uma atitude favorável à compreensão das exigências sionistas, e a Palestina recebeu um fluxo maciço de refugiados e de sobreviventes abalados. As feridas daquela época só sararam muito lentamente. O triunfo do sionismo nasceu de um fracasso humilhante, e a terra dos pioneiros foi povoada de fugitivos. O conflito com os árabes atraiu ainda mais refugiados, que não haviam compartilhado a experiência traumática do holocausto nem da luta sionista e que traziam uma cultura e uma expectativa diferentes das dos fundadores soviéticos. A visão desses fundadores sobreviveu no novo Estado, bem como as instituições que eles haviam criado, porém o sonho do trabalhismo sionista desvaneceu-se na dura realidade da guerra prolongada, do caos econômico e dos enfrentamentos sociais, que em 1977 culminou com sua derrota eleitoral. Se existe uma luta de classes no Israel atual, trata-se daquela em que os fundadores e seus herdeiros são vistos como a classe dirigente; apesar de sua nobreza de ideais e de seus abnegados esforços, foram vítimas de sua própria retórica de anticolonialismo e exploração.

O sionismo e o povo judeu mundial

A situação é muito diferente com relação ao povo judeu mundial. Os sionistas fracassaram em seu propósito de liquidar a diáspora, mas a diáspora se deu conta, em 1942 ou em 1948, de quanto precisava dos sionistas. O holocausto colocou o povo judeu de joelhos; Israel permitiu-lhe voltar a levantar a cabeça. O anti-sionismo foi quase silenciado, e os judeus de todo o mundo puderam orgulhar-se das conquistas de Israel e apoiaram o Estado com sua voz, com seus bens e, em momentos de grande crise, com seu sangue. Os que haviam perdido ou ignorado sua identidade judaica a redescobriram através de Israel. O hebraico substituiu o iídiche como segunda língua judaica. O judaísmo progressista deu ao sionismo seu respaldo definitivo, transferindo até seus escritórios centrais para Jerusalém. Também a ortodoxia participou desse entusiasmo, ainda que com reservas teológicas mais profundas. Os judeus do exterior apoiavam qualquer ação ou declaração do governo de Jerusalém mais clamorosamente que os próprios israelitas: discordar equivalia a uma traição.

Esse entusiasmo cego, nascido do holocausto, mantinha-se pelo constante conflito árabe-israelita. Ele alcançou seu auge durante a guerra de 1967. Realmente, parecia então que o termo "sionista" já estava obsoleto. O sonho de Israel tinha sido alcançado, e este era o coração palpitante de um povo judeu sem divisões. No entanto, logo começaram a aparecer as lacunas. A União Soviética retomou sua campanha anti-sionista, respaldada até por muitos judeus da Nova Esquerda. As reivindicações dos refugiados árabes começaram a ecoar não só entre alguns intelectuais judeus não-militantes, mas também entre judeus comprometidos, incluindo alguns dirigentes religiosos. Havia dúvidas acerca dos efeitos do sionismo sobre as comunidades da diáspora, que sofriam uma constante drenagem de fundos e de potencial humano. Não havia acordo quanto aos direitos dos judeus soviéticos emigrados para estabelecer-se na diáspora, e tornavam-se mais fortes as críticas à política de instalar povoações judaicas nos territórios ocupados. A mudança de governo em 1977 introduziu um elemento novo: o trabalhismo sionista, o mais firme apoio americano de Israel, afirmava que era legítimo criticar a política israelita sem que isso implicasse deslealdade ao Estado como tal. Os conflitos religiosos em Israel levaram às ruas os judeus tradicionalistas de Londres e Nova Iorque, que portavam cartazes nos quais se equiparava o sionismo ao nazismo. A invasão do Líbano pelos israelitas em 1982 precipitou uma verdadeira crise. Os dirigentes das comunidades judaicas, incluídos os sionistas sinceros, ficaram perplexos. Diante do pedido de apoiar a ação israelita, respondiam com desculpas ou simplesmente expressavam sua condenação. Os rabinos pregavam com atraso acerca dos efeitos corruptores do poder e da necessidade de um tratamento justo do problema dos árabes palestinos. Este novo estilo levantou dúvidas e ansiedade. Os críticos de Israel eram acusados de se bandear para o lado inimigo do povo judeu. O anti-sionismo apareceu como um sinônimo de anti-semitismo. Alguns judeus destacaram o alto grau de oposição existente dentro de Israel, e se perguntavam por que os judeus da diáspora deviam mostrar uma unidade da qual careciam os próprios israelitas.

O aparecimento de rufiães e ladrões judeus foi recebido como um sinal saudável de "normalização", e possivelmente tenha de ser julgada com os mesmos critérios a perda do entusiasmo cego e patriótico por Israel. O sionismo trouxe um valioso grito de coragem para os judeus desanimados e desorientados pelo holocausto. Ainda oferece um foco de identificação judaica para as pessoas que se sentem, por uma razão ou outra, alheias à sociedade em que vivem. Porém este papel é cumprido cada vez mais por Israel e não pelo sionismo. Os judeus de todo o mundo sentem-se ligados a Israel, cujo destino consideram também seu. Sentem-se solidários com os problemas de Israel e seguem seu progresso com incansável interesse. Rezam com devoção por sua paz e bem-estar. Entretanto, já não vêem Israel como a solução para os problemas da diáspora, e desprezam cada vez mais a idéia sionista de que cabe a Israel o direito de falar em nome do povo judeu mundial e de intrometer-se nos assuntos das comunidades da diáspora, sobretudo quando a elas é negado o direito recíproco de expressar suas opiniões e críticas a Israel. A relação ideal entre Israel e a diáspora judaica já foi definida satisfatoriamente, e ao mesmo tempo se desenvolve uma simbiose saudável e frutífera, na qual Israel é capaz de dar bastante à diáspora sem, como no passado, só receber dela. Desse modo, a visão que tinha Ahad Ha'am sobre um Israel que revitalizasse a cultura e o espírito do povo judeu mundial está se transformando em uma poderosa realidade.

TERCEIRA PARTE

O MUNDO JUDEU ATUAL

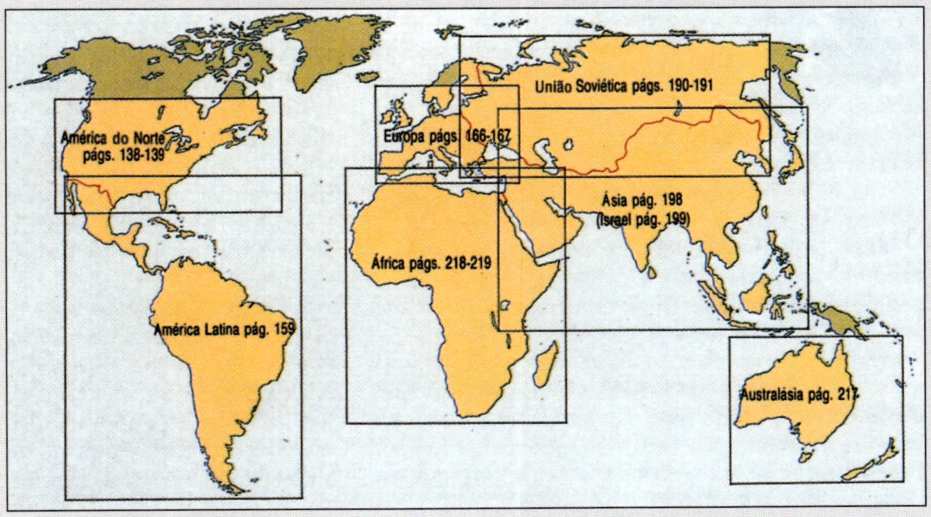

PERFIL DO MUNDO JUDEU

Qualquer tentativa de calcular a população judia mundial ou de algum país em particular deve basear-se em boa medida em conjecturas. Poucos países identificam especificamente os judeus em seus censos nacionais, e, mesmo no caso de o fazerem, a identidade judia é uma questão tão subjetiva, que os resultados sempre estão sujeitos a revisão. A maior parte das estatísticas publicadas se baseia na informação reunida pelas comunidades judaicas locais, e aqui o problema da subjetividade é ainda mais agudo. Que é que deveriam procurar os pesquisadores? Gente que se considere a si mesma como judia? Os que conformam a "definição talmúdica" da condição judaica? Os membros de sinagogas? Existem grandes desacordos acerca dessas definições básicas, além da imensa dificuldade prática de recopilar a informação. Em conseqüência, as cifras globais devem ser tomadas com cautela, como aproximações úteis e pouco mais.

De qualquer modo, em todas as estatísticas as linhas gerais estão claras. A maioria dos judeus do mundo está concentrada em alguns poucos países. Dois deles – os Estados Unidos e Israel – somam mais de 80% do total, e as nove comunidades maiores (que superam os 100.000 membros cada uma) constituem provavelmente 90% da população judia no mundo.

Outra maneira de considerar as cifras é em termos da proporção de judeus com relação à população total. Neste caso, com uma base nacional, Israel é completamente excepcional, com cerca de 85% de população judia (excluindo os territórios "administrados"). Apenas mais cinco países (Estados Unidos, Gibraltar, Uruguai, Canadá e França) contam com 10 ou mais judeus por cada mil habitantes. Nos demais países, os judeus são numericamente insignificantes.

Nos primeiros anos do século XXI, as estimativas mais aceitáveis sobre a população judia mundial davam a cifra de 13.300.000. Metade vive nas duas Américas, e quase a outra metade entre Israel e a Europa. Uma boa parte dos judeus vive em países de fala inglesa. A emigração, após os movimentos maciços do século XIX, voltou a experimentar um impulso no final do século XX. Primeiro se deram movimentos migratórias de países cujas condições políticas não eram propícias (Afeganistão, Irã e Zimbábue), e um contínuo movimento de e para Israel. A partir dos anos setenta e de forma maciça após a desintegração da antiga União Soviética nos anos noventa, chegaram a Israel cerca de um milhão de judeus daqueles territórios. Também foram levados pelo governo israelense (1984 e 1991) mais de 20.000 judeus etíopes.

A população judia é predominantemente urbana. Praticamente em todos os lugares os judeus se concentram nos centros urbanos mais importantes, mais que a população geral. Em muitos países, metade deles ou mais vivem na capital ou na cidade mais povoada, e talvez um quarto ou menos dos judeus de todo ou mundo vive em povoados e zonas rurais. A urbanização não é de modo algum um fenômeno particularmente judaico, mas seus efeitos são muito notáveis entre os judeus, sobretudo desde que o holocausto eliminou a maioria das povoações rurais na Europa oriental.

A população judia cresce mais lentamente que a população geral, tanto em âmbito mundial como no âmbito de cada país. Isso se deve a diversas razões, a principal das quais parece ser uma baixa taxa de natalidade. Este fator, unido à defecção e ao abandono da comunidade, fez com que em diversos países os judeus fossem uma população em decadência que não podia confiar em manter seu número, e menos ainda acompanhar o crescimento da população geral. Por outro lado, os centros mais numerosos, como Tel Aviv e Nova York, tendem a atrair os jovens emigrantes judeus. Portanto, cabe esperar que continue a tendência à concentração dos judeus em alguns poucos países, enquanto a população judia mundial cresce muito lentamente, podendo chegar até a estagnar.

Evolução do crescimento da população judaica. Qualquer cálculo da população judaica só pode ser aproximado, mas este diagrama expressa os principais desenvolvimentos no período moderno, e em particular o terrível dano causado pelo holocausto nazista. O crescimento de 1945 até a década de 1960 foi de um milhão de judeus, e, desde então até a modesta recuperação na década de 1990, passaram-se quase 40 anos até que a população crescesse outro milhão. Depois do holocausto, os Estados Unidos e Israel se tornaram, e continuam a ser, os principais centros de população judaica.

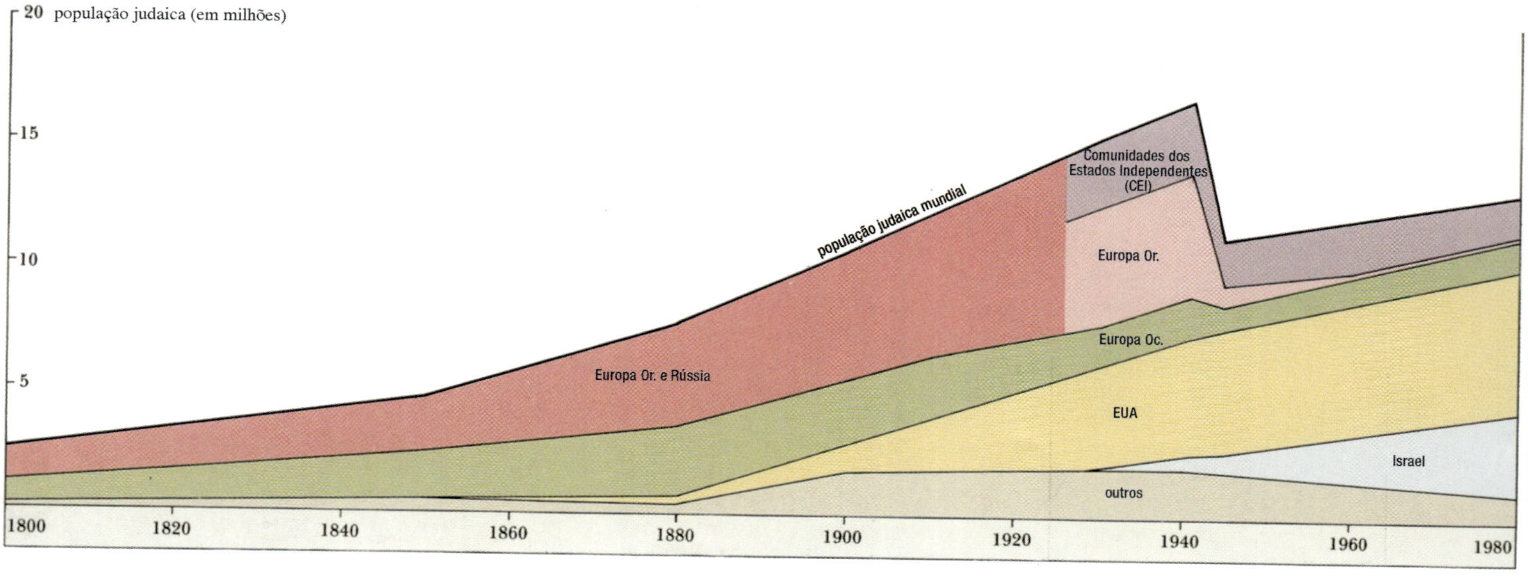

Perfil do mundo judeu. Estes dois mapas mundiais mostram dois modos de se considerar a distribuição dos judeus no mundo de hoje. Como indica o mapa superior, mais de 80% dos judeus vivem em apenas dois países, e uma única cidade, Tel Aviv, conta com 19% do total. O mapa inferior mostra a exígua proporção de população que os judeus representam em cada país, com a notável exceção de Israel. Em grande parte da superfície mundial, e especialmente no Terceiro Mundo, a maioria da população talvez jamais tenha visto um judeu (salvo turistas ocasionais). Este fenômeno se intensifica pelo fato de que os judeus se concentram, em todos os países, em uma ou duas grandes cidades.

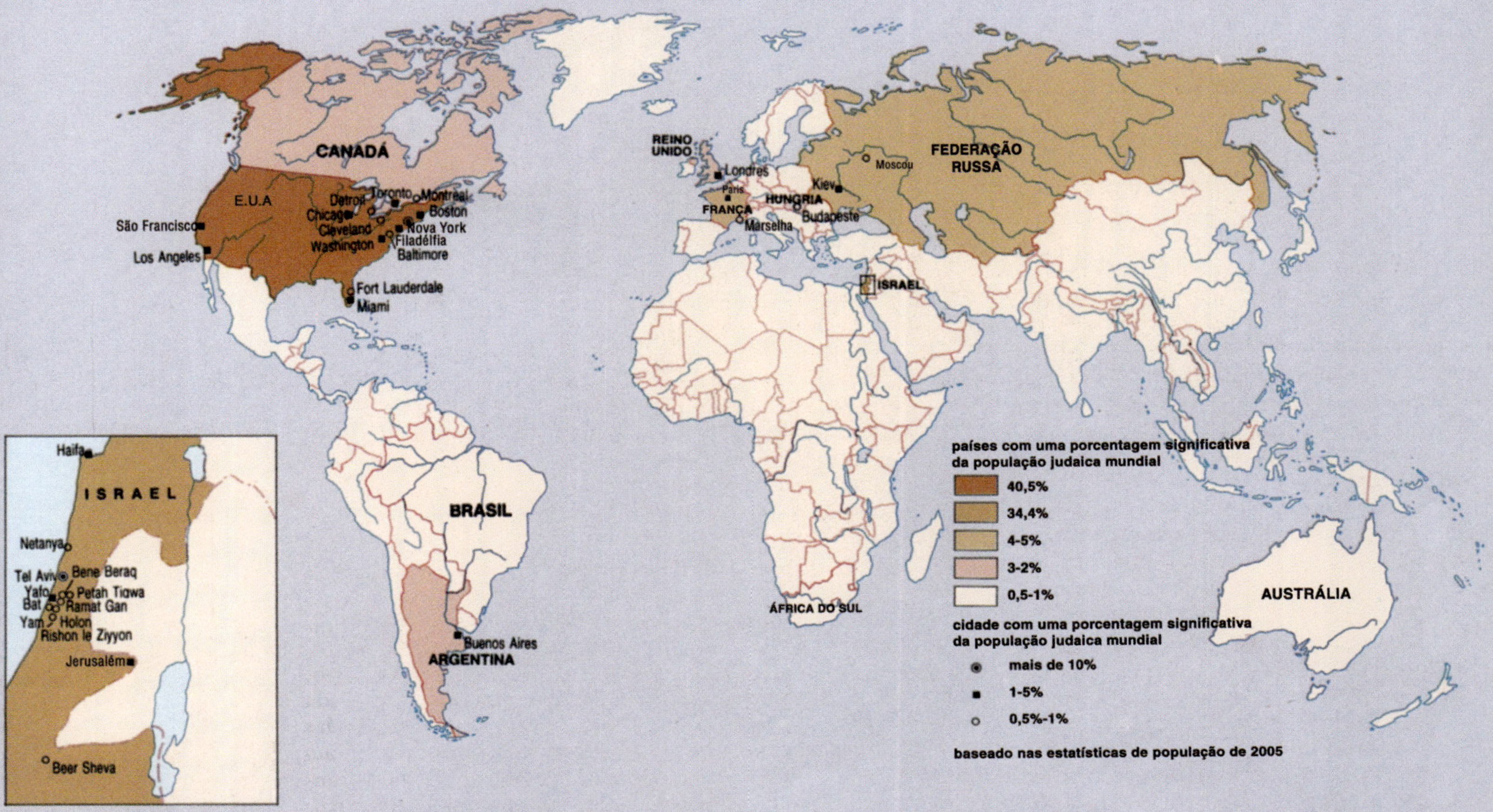

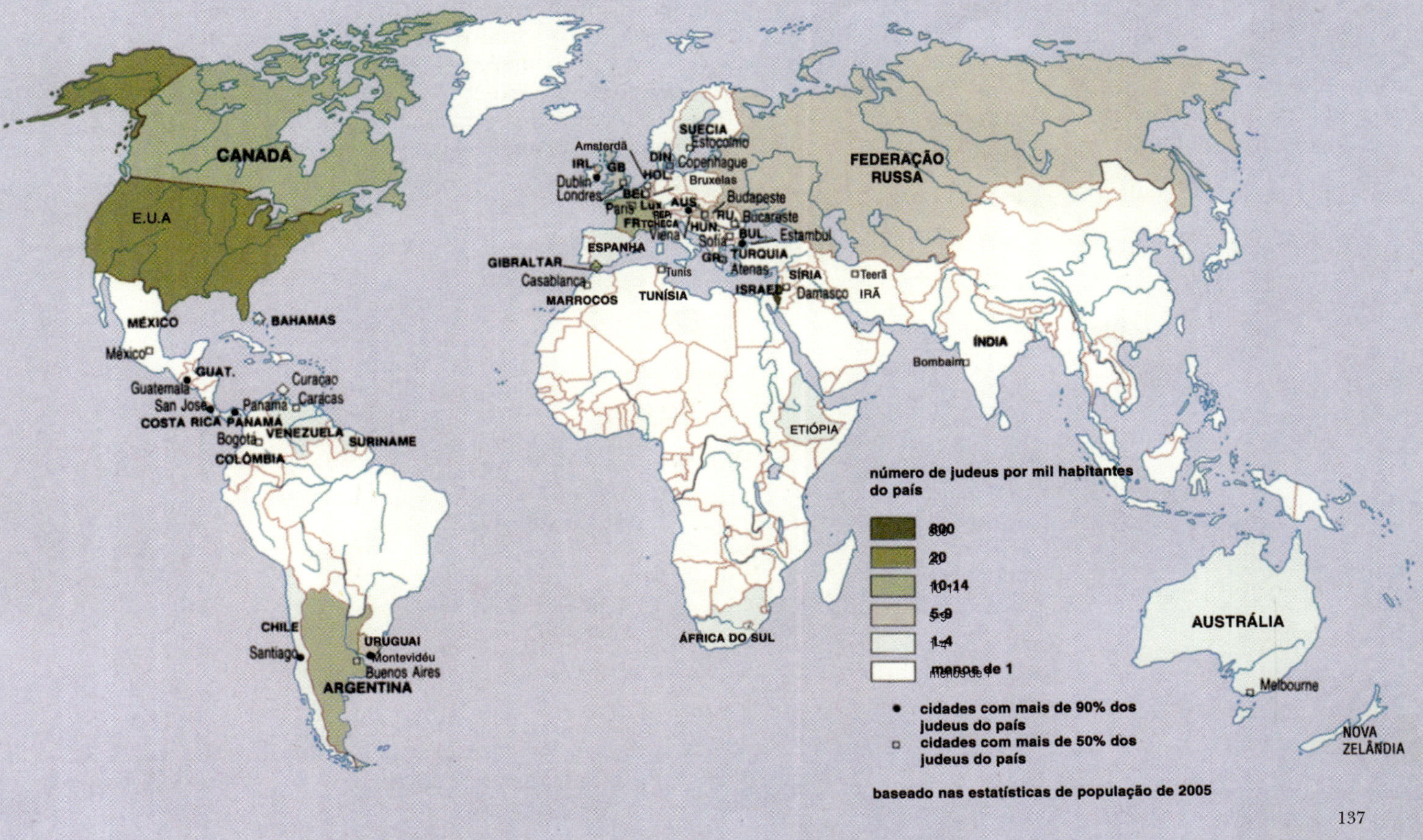

ALASCA
Fairbanks
Anchorage
escala 1: 40.000.000
COLÚMBIA BRITÂNICA
Ilha Vancouver
Vancouver
Victoria
Bellingham
Seattle
Tacoma
WASHINGTON
Spokane
Portland
Salem
Corvallis
Eugene
OREGON
Columbia
IDAHO
Boise
Snake
Eureka
ALBERTA
Edmonton
Calgary
Lethbridge
Medicine Hat
SASKATCHEWAN
Prince Albert
Saskatoon
Saskatchewan N
Saskatchewan S
Moose Jaw
Regina
Melville
Kamsack
Yorkton
MANITOBA
L. Winnipeg
Selkirk
Winnipeg
Brandon
MONTANA
Missouri
Billings
Yellowstone
DAKOTA DO NORTE
Grand Forks
Fargo
MINNESOTA
Minneápolis
DAKOTA DO SUL
Sioux Falls
WYOMING
Gran Lago Salado
Ogden
Salt Lake City
Sacramento
Santa Rosa
Petaluma
Vallejo
São Francisco
San José
Santa Cruz
Monterrey
Salinas
Stockton
Modesto
Merced
Fresno
CONDADOS DE ALAMEDA Y CONTRA COSTA
Reno
NEVADA
CALIFORNIA
San Luis Obispo
Santa Maria
Santa Barbara
CONDADO DE KERN
CONDADO DE VENTURA
Santa Monica
Los Angeles
San Pedro
Long Beach
CONDADO DE ORANGE
San Diego
POMONA VALLEY
Fontana
San Bernardino
Riverside
Palm Springs
Sun City
Elsinore
El Centro
Las Vegas
UTAH
Green
Colorado
Cheyenne
Platte N
Platte S
NEBRASKA
Omaha
Council Bluffs
Lincoln
Des Moines
Sioux City
Denver
COLORADO
Colorado Springs
Pueblo
ESTADOS UNIDOS
KANSAS
Arkansas
Topeka
Wichita
St Joseph
Joplin
ARIZONA
Gila
Phoenix
Tucson
Santa Fe
Albuquerque
NOVO MÉXICO
Las Cruces
El Paso
Amarillo
Lubbock
OKLAHOMA
Tulsa
Muskogee
Oklahoma City
Fort Smith
Wichita Falls
Red
Fort Worth
Dallas
Texarkana
Longview
Tyler
Odessa
Pecos
TEXAS
Waco
Brazos
Austin
Rio Grande
San Antonio
Houston
Beaumont
Baytown
Port Arthur
Wharton
Galveston
Laredo
Corpus Christi
McAllen
Brownsville
Ilhas Havaianas
escala 1: 15.000.000
Oahu
Honolulu
MAUI
Havaí
Hilo

AMÉRICA DO NORTE
Povoamentos judeus
Comunidade principal
Calculada em mais de 100.000
Comunidade importante
Calculada em mais de 10.000
Comunidade considerável
Calculada em mais de 1.000
Comunidade menor
Calculada em menos de 1.000
Comunidade pequena
com alguma organização comunitária
escala 1: 12.000.000
400 km
250 mi
área ampliada na página seguinte
OCEANO ATLÂNTICO
GOLFO DO MÉXICO
Golfo de São Lourenço
Baía James
QUEBÉC
ONTÁRIO
TERRANOVA
NOVA BRUNSWICK
NOVA ESCÓCIA
PRINCE EDWARD I
MAINE
NOVA YORK
MICHIGAN
OHIO
INDIANA
ILLINOIS
KENTUCKY
TENNESSEE
VIRGINIA
CAROLINA DO NORTE
CAROLINA DO SUL
GEORGIA
ALABAMA
MISSISSIPPI
FLORIDA
DELAWARE

Acima: Nordeste dos Estados Unidos.

Leonard Bernstein (1918-1990), diretor e compositor americano.

George Gershwin (1898-1937), compositor americano.

Os irmãos Marx, comediantes americanos.

Nos países em que os judeus puderam se estabelecer comodamente não faltaram indivíduos judeus que tenham dado contribuições destacadas à vida pública e à cultura local; não só como judeus, mas também como simples membros da sociedade como um todo. Nesta página e nas seguintes da terceira parte do atlas é possível ver os rostos de alguns deles: uma seleção feita ao acaso, sem a pretensão de ser representativa ou completa, mas simplesmente uma amostra da riqueza e da variedade de tais contribuições.

	1930 Popul. Judaica aprox.	1930 Judeus para cada 1.000 hab.	2003 Pobl. judaica aprox.	2003 Judeus para cada 1.000 hab.
Canadá	**156.000**	**15**	**393.660**	**12**
EUA	**4.228.000**	**36**	**6.155.000**	**22**
Alabama	13.000	5	9.000	2
Alasca	700	12	3.400	5
Arizona	1.500	3	1.700	16
Arkansas	9.000	5	81.500	10
Califórnia	123.000	28	999.000	29
Carolina do Norte	8.500	3	26.500	3
Carolina do Sul	7.000	4	11.500	3
Colorado	20.000	19	73.000	17
Connecticut	92.000	56	111.000	32
Dakota do Norte	2.500	4	450	1
Dakota do Sul	1.500	2	300	0
Delaware	5.500	22	13.500	17
Distrito de Colúmbia	16.000	30	25.500	45
Flórida	13.000	10	620.000	39
Geórgia	23.000	8	93.500	11
Havaí	80	1	7.000	6
Idaho	1.000	2	1.100	1
Illinois	346.000	47	270.000	22
Indiana	27.000	9	17.500	3
Iowa	16.000	7	6.100	2
Kansas	8.000	6	14.000	5
Kentucky	20.000	8	11.500	3
Louisiana	16.000	9	16.000	4
Maine	8.500	11	9.300	7
Maryland	71.000	44	213.000	40
Massachusetts	226.000	53	275.000	43
Michigan	89.000	20	110.000	11
Minnesota	43.000	16	42.000	9
Mississippi	6.500	4	1.500	1
Missouri	81.000	23	62.500	11
Montana	1.500	2	800	1
Nebraska	14.000	10	7.000	4
Nevada	250	3	77.000	38
New Hampshire	3.000	6	10.000	8
Nova Jersey	225.000	60	485.000	58
Nova York	1.904.000	167	1.657.000	87
Novo México	1.000	3	11.500	6
Ohio	174.000	26	149.000	13
Oklahoma	8.000	3	5.000	1
Oregon	13.000	15	32.000	9
Pensilvânia	405.000	42	282.000	23
Rhode Island	25.000	36	16.000	15
Tennessee	23.000	9	18.000	3
Texas	47.000	9	131.000	6
Utah	3.000	6	4.500	2
Vermont	2.000	6	5.500	9
Virgínia	26.000	10	66.000	9
Virgínia do Oeste	7.500	4	43.000	7
Washington	15.000	9	2.300	1
Wisconsin	36.000	12	28.000	5
Wyoming	1.300	6	400	1

Gerhard Herzberg, físico canadense.

Leonard Cohen (1934-), poeta, autor e cantor canadense.

N. Mailer (1923-2007), escritor, EUA.

Albert Einstein (1879-1955), físico, EUA.

Bob Dylan (1941-), cantor, EUA.

S. Davis, Jr. (1925-1990), cantor, EUA.

Henry Morgenthau, (1856-1946), padre, diplomata, EUA.

Samuel Goldwyn (1882-1974), produtor de cinema, EUA.

Woody Allen (1935-), diretor de cinema, EUA.

Aaron Copland (1900-1990), compositor, EUA.

Bernard Baruch (1870-1965), financista, EUA.

Louis Brandeis (1856-1941), jurista, EUA.

Nova York: a experiência da imigração

Que seria hoje dos judeus ou do judaísmo sem os dois milhões de emigrantes, refugiados da pobreza e dos *pogroms*, que entraram pelo porto de Nova York entre 1880 e 1915? A pergunta é retórica, mas em todo o caso a situação teria sido diferente sem eles, e provavelmente desoladora. Um povo carente de território necessita de uma base, de uma espécie de quartel-general que possa oferecer orientação e apoio sem ver-se ameaçado. Sempre existiu uma base desse tipo, e durante séculos estava na Europa. Mas as condições da Europa na década de 1880 se tornavam cada vez menos propícias, e agora sabemos que por fim acabaram na destruição total. A América oferecia liberdade e oportunidades econômicas – embora nem uma nem as outras estivessem garantidas –, junto com um poderoso estímulo intelectual e espiritual, e a possibilidade de influir sobre os acontecimentos políticos mundiais. Era uma combinação poderosa e atraente, e a consequência foi uma emigração maciça que, sem medo de exagerar, foi a salvação do povo e da religião judaicos.

O plano *(direita)* é ocupado por um guia publicado em 1891, no auge da emigração procedente do leste da Europa. O território em que os imigrantes se estabeleceram inicialmente fica na zona sul da Ilha de Manhattan.

O imigrante que chegava da União Soviética *(abaixo)* depois de uma viagem desorientadora e longa, quase um pesadelo, feita em trem e em barco a vapor, tinha, ainda, que enfrentar a severa prova das autoridades de imigração: montes de perguntas, exames médicos, dificuldades com o idioma e muita confusão. Isso acontecia na Ilha de Ellis. Depois, se tudo corresse bem, rumavam para a zona leste e, com sorte, ali encontrariam um trabalho, um lugar onde dividir a moradia, talvez até reencontrassem amigos perdidos há tempos ou familiares provenientes da velha pátria. Houve uma época em que a zona sudeste era totalmente judaica e tinha uma população de um milhão e meio de habitantes. Hoje em dia os judeus foram praticamente substituídos por outros imigrantes.

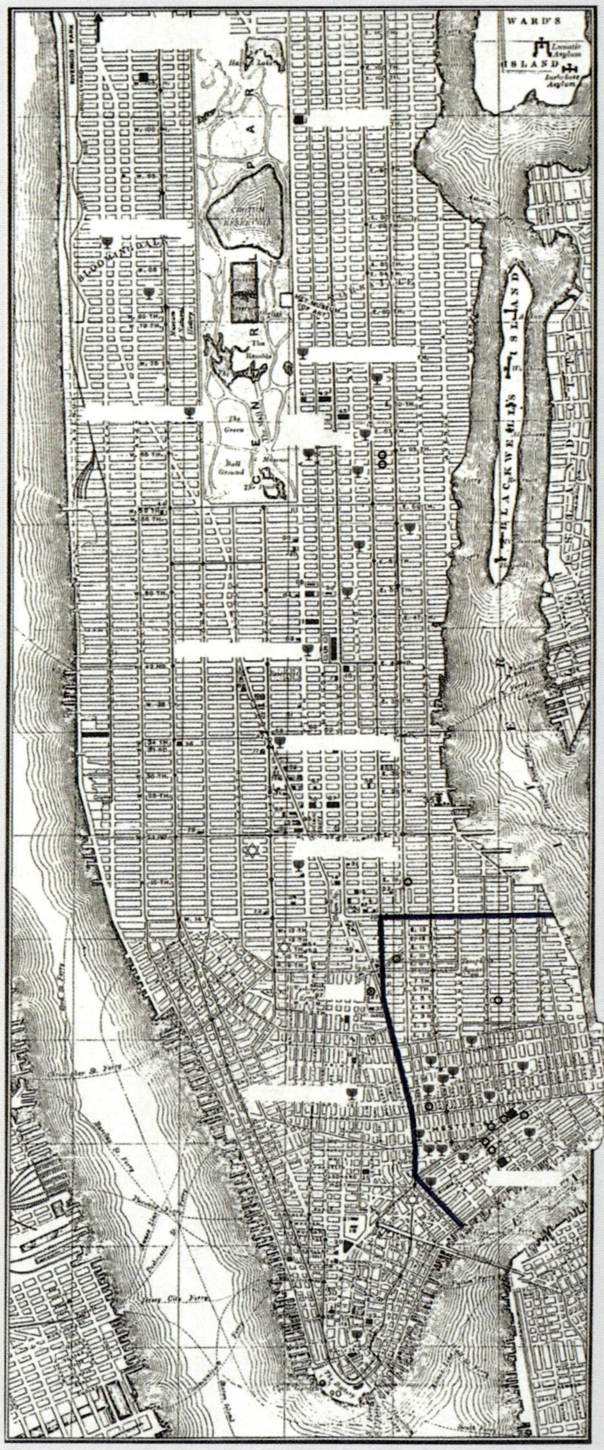

- cemitério
- hospital ou albergue
- instituição educacional ou caritativa
- sinagoga
- Lower East Side: principal área de recepção dos judeus da Europa Oriental, 1870-1920
- direção da migração judaica

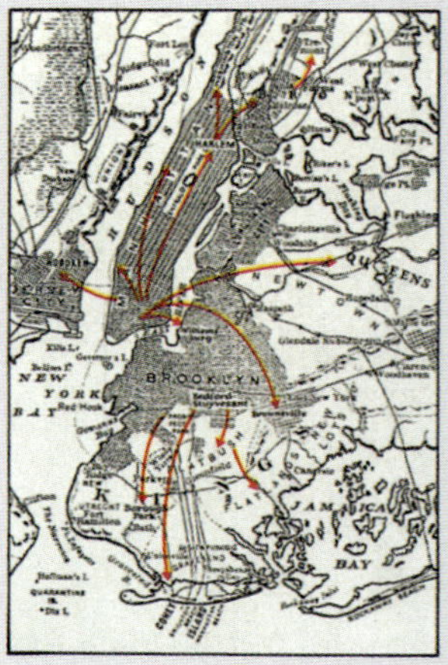

Abaixo. Vendedor ambulante com seu carro, no Lower East Side. O sonho de sair da pobreza e fazer fortuna só se tornou realidade para alguns imigrantes; a imensa maioria suportou pobreza e penúria. Muitos eram explorados no trabalho para a indústria de vestuário. As condições de trabalho eram terríveis, mas os operários vacilavam antes de pressionar por melhorias, até que em 1909 os trabalhadores das fábricas de blusas convocaram uma greve geral; desde então a classe se organizou e conseguiu muitas vitórias. Samuel Gompers, líder sindicalista *(esquerda)*, era um imigrante judeu.

Centro. Oficinas da HIAS, na Rua Lafayette, anjo da guarda dos imigrantes e uma das primeiras organizações americanas estabelecidas pelos próprios imigrantes judeus soviéticos.

Acima: Escola talmúdica da Rua Hester. A educação, tradicionalmente importante, sofreu um grande retrocesso durante a luta pela sobrevivência. No entanto, nos EUA, pouco a pouco o nível voltou a subir, escolas comunitárias foram abertas e temas não religiosos foram introduzidos no programa.

Direita. Rua Hester, no coração do Lower East Side, bairro judeu, em 1899. Nessa época, esta era a zona mais densamente povoada de Nova York.

Os Estados Unidos da América

Quando os dirigentes judeus da Palestina romana se queixavam no século III de que os judeus da Babilônia sassânida tinham descuidado de seu dever de instalar-se na terra de Israel, os babilônios respondiam que Deus os havia exilado de propósito, de modo que já podiam "desprezar as datas e estudar a Torá". Os judeus norte-americanos herdaram na atualidade o legado babilônio da Europa oriental, a central de acadêmicos e da criatividade judaicos. Mas os judeus europeus do Leste nunca desfrutaram da prosperidade e segurança que são o traço distintivo dos judeus norte-americanos.

O caso da América do Norte é um poderoso contrapeso ao torvelinho de assimilação e abandono que durante muito tempo desconcertou os judeus da Europa. Livres e iguais desde o princípio, os judeus dos Estados Unidos mantiveram um forte senso da coesão e da identidade judaica, mantendo ao mesmo tempo uma participação autêntica e integral dentro do país que realmente podem chamar seu. Os Estados Unidos fez a eles, e eles fizeram os Estados Unidos. Quase não há nenhum aspecto da vida norte-americana para a qual os judeus não tenham dado uma contribuição. Do mesmo modo, quase não há nenhum aspecto da vida de um judeu nos Estados Unidos que não leve a marca de um estilo propriamente norte-americano.

"A maioria de nosso povo se compõe de grupos minoritários: minorias religiosas e raciais. Essa diversidade de composição é a força e a riqueza dos Estados Unidos. Não é um crisol, é antes uma orquestra." Esse julgamento otimista de um importante político judeu, num discurso pronunciado durante um encontro pelos direitos civis em 1954, expressa a chave do sucesso da experiência judaico-norte-americana. Nos Estados Unidos, qualquer minoria é livre para ser ela mesma, sem ser suspeita de separatismo ou subversão. A este respeito, os Estados Unidos são virtualmente únicos no mundo. Não deve surpreender, pois, que tenha sido este, de longe, o país mais favorecido pela emigração judia.

Numericamente, os judeus norte-americanos constituem de longe a maior comunidade judia do mundo. A posição de domínio dos Estados Unidos no mundo dá aos judeus norte-americanos um papel especial nos questões judaicas mundiais.

A confiabilidade das fontes sobre a população judia norte-americana melhorou muito nos últimos anos graças a estudos sociodemográficos não oficiais de instituições independentes. Nos primeiros anos do século XXI, estima-se que a população total seja de 6,1 milhões de judeus. Mais de um terço do total (cerca de dois milhões) vive na área metropolitana da cidade de Nova York, e outro meio milhão na área metropolitana de Los Angeles. Em geral, bem mais da metade da população judia se localiza nos estados do Nordeste, que abrigam pouco mais de 20% da população norte-americana total, embora a população judia dessa região esteja dando mostras de estar-se reduzindo, enquanto no Sul e no Oeste está em crescimento.

Os judeus constituem 2,2% da população dos Estados Unidos, mas em vários estados a porcentagem é muito mais alta: quase 6% em Nova Jersey, 4,5% no

distrito de Colúmbia e 8,7% no estado de Nova York. A porcentagem da cidade de Nova York se aproxima de 15%, sendo 20% em Manhattan.

Os Estados Unidos continua a ser um país de imigração judaica: nos últimos anos, a maioria procedia de Israel, da América Latina, da África do Sul, do Irã e de outros países. Mas a maior parte dos judeus norte-americanos é nativa. A imigração ajuda a equilibrar a baixa taxa de natalidade, que está próxima ou abaixo do nível de substituição. Ao mesmo tempo, a acentuada tendência aos casamentos mistos é compensada pela inclinação dos contraentes não-judeus a converter-se ao judaísmo, e conseqüentemente a educar os filhos nesta religião.

A primeira construção para uma sinagoga permanente na América do Norte se realizou em Nova York em 1730, mas as origens da povoação judaica remontam ao "Mayflower judeu", um navio chamado São Carlos, que em 1654 desembarcou 23 judeus fugitivos da reconquista portuguesa do Brasil, no porto de Nova Amsterdã. Na época da Revolução, havia entre 1.500 e 3.000 judeus em todo o país, a maioria de sefarditas, bem integrados e desfrutando de uma modesta prosperidade. Gozavam de direitos civis, e a separação entre Igreja e Estado nas Constituições revolucionárias eliminou as leis que excluíam os não-cristãos dos cargos públicos. Durante o século XIX, vários judeus chegaram ao Congresso, ao poder judiciário e ao serviço diplomático.

Entre 1840 e 1880, a população judia cresceu consideravelmente, de cerca de 15.000 para mais de 250.000. Aos recém-chegados foi dado o nome de "alemães", embora procedessem de vários pontos da Europa central. Eles se beneficiaram da economia em rápida expansão, e de suas humildes origens acumularam enormes fortunas. Também foi uma época de expansão geográfica, e, enquanto as primeiras povoações se tinham concentrado na costa leste, agora apareceram novas comunidades judias em Chicago e Cincinnati, Saint Louis e São Francisco.

O período em que a imigração judia foi realmente grandiosa começou na década de 1880. Em 1900, a população judia se havia quadruplicado até alcançar a cifra de cerca de um milhão; em 1910, já eram cerca de dois milhões; em 1914, três; e em meados da década de 1920, cerca quatro milhões. Os novos imigrantes procediam principalmente da Europa oriental. Em geral eram muito pobres, e chegaram num momento em que as anteriores oportunidades para o comércio e a pequena indústria nos territórios em desenvolvimento davam passagem a uma demanda de mão-de-obra industrial nas cidades de crescimento rápido. Eles tendiam a congregar-se em Nova York e algumas outras cidades, como Filadélfia, Chicago e Boston, e encontraram emprego sobretudo nas indústrias têxteis e do tabaco, e até certo ponto na construção e no comércio a varejo. Apesar dos baixos salários e do freqüente desemprego e das doenças, melhoraram gradualmente sua condição através do trabalho duro e do esforço pessoal: abandonaram o amontoamento de seus guetos em busca de bairros mais saudáveis, aproveitaram ao máximo as oportunidades educativas e em pouco tempo conseguiram ocupações e profissões não-manuais. De todos os grupos de imigrantes, foram os que conseguiram um sucesso mais impressionante.

Uma onda de xenofobia norte-americana e de racismo após a Primeira Guerra Mundial produziu uma agitação anti-semita, o que trouxe consigo a implantação de cotas de imigração e o *numerus clausus* nas universidades de mais prestígio. Os efeitos não foram nem de longe tão severos como na Europa daquela época, e a única conseqüência prejudicial foi a negativa à imigração de um grande número de refugiados desesperados que estavam fugindo do anti-semitismo europeu. Entretanto, os "alemães" já se tinham instalado; era fácil encontrá-los no Congresso, nas legislaturas dos estados e nos conselhos das cidades, e sob a presidência de F. D. Roosevelt (1933-1945) vários ocuparam cargos influentes no governo federal. Ao mesmo tempo, os imigrantes soviéticos e seus filhos continuavam a adaptar-se à cultura dominante e a melhorar seu nível econômico e social.

Atualmente os judeus estão bem integrados na sociedade norte-americana, ainda que conservem um alto nível de consciência judaica e de vida comunitária. Eles não vêem nenhuma contradição nisso, dado que outras minorias mostram a mesma combinação de atitudes. Isso é favorecido pela separação entre Igreja e Estado, e pela total liberdade religiosa. Em 1980, surgiu a preocupação com a crescente intromissão de elementos religiosos na política norte-americana, sobretudo a afirmação do "Novo Direito Cristão". Ao mesmo tempo, houve uma onda de atentados anti-semitas, sem precedentes nas décadas anteriores (cerca de 500 ataques a indivíduos e propriedades, segundo denúncias). Embora fosse desproporcional atribuir demasiado significado a essas manifestações de extremismo marginal (uma pesquisa Gallup em 1981 revelou uma opinião "altamente favorável aos judeus" em 40% dos entrevistados, e apenas cerca de 2% de respostas "altamente desfavoráveis"), elas revelam uma contínua, e talvez crescente, intolerância. As relações entre o Estado e a Igreja continuam a ser um tema delicado, que inclui questões como os subsídios públicos para as escolas paroquiais e para o culto religioso, e a instrução em escolas públicas. Em 1983, o Tribunal Supremo do Estado de Nova York decidiu, por pequena maioria, que os contratos de casamento religioso

Página anterior. Sukkot em uma sinagoga hassídica nova-iorquina. O hassidismo é um bom exemplo da obstinada sobrevivência de um grupo de imigrantes através de várias gerações.

Os primeiros judeus a povoarem nos Estados Unidos eram poucos, mas se agruparam, como a população em geral, na costa atlântica. A imigração maciça, sobretudo da Europa central, coincidiu, no período de 1820-1880, com a rápida expansão em direção ao Oeste dos Estados Unidos e com o início da industrialização. Os judeus se espalharam então por todo o continente, quase sempre como pequenos comerciantes ou artesãos. Existe um quê de verdade neste desenho humorístico de uma "carroça kosher" *(esquerda, acima)*: houve pioneiros judeus, vaqueiros judeus e até alguns índios judeus. Otto Mears (1841-1931; *acima*) foi vaqueiro e soldado antes de se estabelecer como destacado construtor de vias férreas no Colorado. Naquela época, poucos judeus se estabeleceram no campo; quando houve a grande imigração da Europa oriental, não entanto, algumas colônias agrícolas judaicas, como esta, em Nova Jersey *(esquerda)*, foram fundadas.

Direita. A maioria dos judeus ficou do lado dos patriotas na Revolução Americana. Haym Salomon, um imigrante polonês, foi um notável arrecadador de fundos para o governo revolucionário. Neste monumento, em Chicago, ele aparece ao lado de Robert Morris, fundador do Banco dos Estados Unidos.

Abaixo. A cartilha bilíngüe (inglês-iídiche) do Conselho Judeu Unido do East Side é uma recordação nostálgica da imigração proveniente da Europa oriental.

Fotografia inferior, centro. Soldados judeus americanos celebram o Yom Kippur durante a guerra do Vietnã.

Fotografia inferior, direita. O anti-semitismo nos Estados Unidos nunca foi tão virulento nem oficial como na Europa e em alguns países latino-americanos. Membros do partido nazista americano tomam conta de seu escritório central depois de um ataque da Liga de Defesa Judaica, em 1972.

judeus podiam ser reconhecidos pelos tribunais estaduais, embora um dos juízes dissidentes tenha afirmado que isso constituía uma intromissão inconstitucional nas questões religiosas judaicas, atitude que revela a profunda sensibilidade que desperta o tema.

Organizações comunitárias

Os judeus norte-americanos se caracterizaram pela diversidade decorrente das diferentes origens dos grupos de imigrantes. Entre outras conseqüências disso, conta-se a dificuldade de criar instituições comunitárias unidas, tanto em âmbito local como nacional. Em 1859, um Corpo de Delegados de Israelenses Norte-americanos começou a funcionar, baseado no modelo do Corpo de Deputados Britânico. Durou 20 anos, até ser absorvido pela União de Congregações Hebraicas Norte-americanas, que finalmente fracassou na tentativa de constituir-se em porta-voz dos judeus norte-americanos unidos. Em 1909, após um anúncio policial surpreendente de que metade dos criminosos nova-iorquinos era composta por judeus, criou-se um corpo representativo dos judeus de Nova York, o New York Kehilla. Ele reuniu mais de 200 organizações e teve bastante sucesso em pouco tempo, mas desapareceu 13 anos depois.

Dos corpos representativos que conseguiram atrair mais apoio durante um período prolongado, o mais efetivo foi o Comitê Judaico Americano, fundado em 1906, num período de anti-semitismo crescente, pela elite judia norte-americana – os "alemães" –, formada por homens como o banqueiro Jacob Schiff, Oscar Straus (fundador das grandes lojas Macy's e depois embaixador na Turquia), o advogado Louis Marshall e o professor Cyrus Adler. Eram homens com posições consolidadas na sociedade norte-americana e um profundo compromisso com o bem-estar dos judeus tanto em seu país como no exterior. Esse compromisso não era apenas social e político, mas também cultural e espiritual. Já em 1888, tinham estabelecido a Sociedade Judaica de Publicações da América e, em 1892, a Sociedade Histórica Judaico-americana. Em 1902, promoveram o ressurgimento do Seminário Teológico Judaico da América. Muitas vezes intercederam diante do presidente Theodore Roosevelt (1901-1909) com respeito à perseguição dos judeus na Europa oriental, e dedicaram grandes esforços por recolher fundos para as vítimas dos *pogroms*. O Comitê era concebido como uma organização mais elitista que democrática; favorecia a moderação e os métodos discretos. Em sua prestigiosa história de participação em campanhas contra a discriminação e os preconceitos, amiúde teve de enfrentar a oposição de outros grupos, sobretudo os de corte abertamente socialista ou sionista.

Mais barulhentos e combativos eram os membros do Congresso Judaico Americano, uma organização popular de orientação decididamente sionista. Mas os sionistas tinham suas próprias organizações, encabeçadas pela Organização Sionista da América (fundada em 1897) e pela Organização Sionista de Mulheres Hadassas (fundada em 1912). Existe uma grande variedade de corpos representativos, que encarnam diversos interesses que perseguem objetivos amiúde coincidentes e até certo ponto conflitantes.

A única organização que ha cultivado um associacionismo maciço nos Estados Unidos e participa numa serie de atividades de nível internacional é B'nai B'rith. Foi fundada em 1843 como uma ordem fraternal de tipo maçônico, mas atualmente é uma organização de bases amplas, dedicada sobretudo a

O judaísmo americano não tem rival em matéria de variedade e vitalidade. O "establishment" judeu existe sob três denominações distintas: ortodoxos, conservadores e reformados, cada um com sua teologia, seu caráter e sua estrutura organizacional. Porém todos compartilham as características básicas da religião institucional, com uma inclinação típica pelo grande e pelo visível. Não obstante, existem muitas correntes minoritárias diferentes e dirigidas a diversas necessidades, sejam as de um grupo de imigrantes que querem conservar suas próprias tradições, sejam as de uma nova geração de nativos que tenta desafiar as tradições herdadas do passado. Um exemplo deste último caso é o Reconstrucionismo, combinação do estilo de vida judeu tradicional com uma teologia radical, que diz que tudo deve ser questionado. Outro caso é a multiplicação dos *havurot*, pequenos grupos que procuram uma experiência religiosa autêntica na íntima espontaneidade das relações interpessoais próximas. A espontaneidade também fica evidente na devoção destes judeus negros *(acima)* que combinaram seu judaísmo a componentes de outras origens, e produziram esta vistosa mistura. A cerimônia do Yom Kippur mostra um entusiasmo inflamado, que lembra o hassidismo primitivo, e que contrasta fortemente com o estilo distante e algo teatral do templo reformado da página oposta.

Abaixo. A sinagoga Touro, em Newport, EUA, declarada lugar histórico nacional, é uma relíquia do judaísmo sefardita dos colonizadores. Foi oferecida em 1763 por Isaac Touro, um imigrante das Índias Ocidentais. Era uma filial da mais antiga congregação dos Estados Unidos, a Shearith Israel de Nova York.

Fotografia inferior. Universidade Yeshivah, a primeira instituição acadêmica geral a se estabelecer sob os auspícios judeus. Fundada em 1886 como *yeshivah*, de acordo com o modelo europeu oriental, oferece hoje uma gama total de estudos, da formação de rabinos até a medicina.

combater o anti-semitismo, ao trabalho com a juventude e ao assessoramento estudantil.

Na prática, essa multiplicidade de organizações funciona adequadamente. Reflete certas diferenças reais – embora haja uma inevitável tendência das instituições a sobreviver à sua utilidade –, e em questões cruciais existe a vontade de juntar esforços e recursos. A cooperação é visível na United Jewish Appeal, fundada em 1939, que canaliza os consideráveis fundos obtidos em sua campanha anual para uma ampla variedade de objetivos. Seu principal destinatário é Israel, que recebeu enormes somas destinadas particularmente à absorção dos imigrantes, mas também se realizaram projetos humanitários em outros países. Outras duas organizações importantes que ainda existem são a Sociedade de Ajuda ao Imigrante Hebraico (HIAS, fundada em 1880), e o Comitê de Distribuição Conjunta Judaico-americano (JDC, fundado em 1914). A HIAS é uma agência de migração internacional que realiza um inestimável trabalho no reassentamento e na reabilitação dos refugiados. Seus esforços não se limitam aos judeus. Em 1981, investiu cerca de 12 milhões de dólares (incluindo doações do governo norte-americano) para ajudar cerca de 13.000 refugiados: mais da metade eram judeus soviéticos, mas 4.000 eram refugiados não-judeus, sobretudo da Indochina.

Judaísmo de imigrantes. Estes recém-chegados da Ásia central *(abaixo e direita)* estabeleceram sua própria comunidade, mantendo seus costumes. É impossível prever por quanto tempo estas comunidades afastadas conseguirão sobreviver. Se nos apoiarmos na experiência, podem subsistir por muito tempo, mesmo no "caldeirão" americano.

Fotografia pequena (centro). "Não precisa ser judeu..." Uma campanha publicitária como esta só poderia ser feita em Nova York.

Nova York: poucas cidades contemporâneas podem oferecer o espetáculo de um mercado de rua que venda as "quatro especiarias" para o Sukkot *(extrema direita)*. Trata-se de um testemunho gráfico da vitalidade da vida judaica na "Nova Babilônia". O escritório central mundial dos hassidistas Lubavitch fica em Nova York. Eles se dedicam especialmente à educação *(direita)* e mantêm uma rede de escolas em todo o mundo.

O JDC realiza um intenso trabalho para aliviar a penúria dos judeus no estrangeiro – em Israel, no Norte da África, na Europa oriental etc. –, mas também oferece assistência aos não-judeus: em 1982, por exemplo, organizou o fornecimento de emergência para as vítimas das lutas no Líbano.

O judaísmo nos Estados Unidos

O judaísmo norte-americano é tão dinâmico, variado e único como os próprios judeus norte-americanos. Ele se desenvolveu dando seus próprios passos em resposta às exigências da experiência judaica norte-americana, quer dizer, a experiência de sucessivas ondas imigratórias de diversas origens, que se aclimataram numa sociedade livre e aberta.

As poucas congregações do período colonial eram sefarditas e tradicionalistas, e dependiam do guiamento religioso de Londres. As emigrações "alemãs" do século XIX trouxeram dirigentes asquenazes da Europa, formados no modernismo judaico europeu, fosse ortodoxo – como Isaac Leeser da Filadélfia, que contribuiu para fundar o primeiro seminário rabínico americano: o Maimonides College – ou reformista – como Isaac Mayer Wise, fundador do Hebrew Union College de Cincinnati, de mais longa vida que o anterior. O grosso dos imigrantes judeus se achava confuso por questões doutrinais; de espírito aventureiro, mas comprometido, introduziram rapidamente as reformas religiosas que então alimentavam controvérsias na Alemanha, e que se adaptavam convenientemente a suas novas condições de vida. Em 1880, já existiam 200 congregações, e, à exceção de algumas poucas, todas eram reformadas.

A enorme imigração posterior era de origem principalmente soviética tradicionalista. Embora muitos dos imigrantes fossem secularistas declarados, com uma acentuada aversão à religião, a maioria estava acostumada às instituições religiosas de velho estilo, próprias do gueto. Incapazes de identificar-se com o estilo norte-americano, nem sequer com as sinagogas ortodoxas já estabelecidas, fundaram as suas num tempo espantosamente breve. Entre 1880 e 1890, o número de sinagogas norte-americanas duplicou, até chegar a cerca de 500. À medida que os "orientais" se foram estabelecendo, saíram de seus novos guetos e se uniram às sinagogas norte-americanas, mas adaptaram sua própria religião tradicional à vida americana num novo estilo de ortodoxia, não muito afastado, na prática, do ala mais conservadora do velho judaísmo americano. Por seu lado, os imigrantes procedentes do antigo Império otomano introduziram um tradicionalismo sefardita que se achava muito longe do estilo próprio das sinagogas sefarditas norte-americanas já estabelecidas, e fundaram suas próprias sinagogas nas novas povoações.

Abaixo. Uma pausa para a prece: um supervisor religioso em uma adega que produz milhões de galões de vinho kosher, que será distribuído com o certificado de ser apropriado para a celebração pascoal.

Direita. O Bobover Rebbe, chefe de uma das dinastias hassídicas nova-iorquinas, abraça a neta num casamento.

Abaixo. À guisa de contraste, a primeira rabina, ordenada no Colégio União Hebraica (reformado). Esta inovação havia sido antecipada no hassidismo, mas os primeiros passos não tiveram seguidores. Com a decisão do Seminário rabínico conservador de ordenar mulheres, mais da metade dos púlpitos dos Estados Unidos se abrem agora, pelo menos em princípio, a rabinos de ambos os sexos.

Acima. Crianças hassídicas residentes em Williamsburg, principal centro da vida hassídica dos Estados Unidos e, talvez, de todo o mundo.

Direita. O novo gueto, agora de caráter voluntário, satisfaz as necessidades de seus residentes e dos judeus que partiram em busca de novos horizontes. Esta fileira de lojas parece saída de um velho gueto europeu, mas agora os cartazes estão em inglês, conquanto se trate um inglês só compreensível para os iniciados.

Os últimos refugiados da Europa nazista introduziram ainda maior diversidade. Incluíam formas mais evoluídas do liberalismo europeu, bem como comunidades de Hasidim com uma tradição popular altamente desenvolvida, muito refratária às influências culturais externas. Só as últimas ondas emigratórias da União Soviética e de Israel deixaram de dar contribuições próprias ao judaísmo norte-americano, já que procediam de sociedades altamente assimiladas, nas quais a religião havia deixado de ser uma força viva.

As divisões do judaísmo americano desafiam qualquer tentativa de classificação, embora suas instituições altamente organizadas (uniões congregacionais, assembléias e seminários rabínicos) dêem a impressão superficial de algumas linhas divisórias claras. Convencionalmente, distinguem-se três tendências principais: reformistas, conservadores e ortodoxos, mas existem subdivisões e estas se superpõem em aspectos tanto religiosos como ideológicos. Todas elas aceitaram a influência das demais, bem como a de elementos externos (o sionismo, por exemplo, ou certas mudanças da teologia e do culto cristãos). Isaac Wise, principal fundador da Reforma Americana, foi um reformador experimental e pragmático, que se opôs a mudanças extremas e trabalhou em harmonia com os líderes da ortodoxia. Não se considerava alguém que rompe com o passado para criar uma religião para uma nova era, mas sim alguém que desenvolve um judaísmo conforme com as necessidades espirituais de todos os judeus norte-americanas. Editou e revisou um livro de orações que, reveladoramente, chamou de "Rito americano" (Minhag America), e concebeu o Colégio União Hebraica (Hebrew Union College) e a União de Congregações Hebraicas Americanas, como instituições universais que servissem a toda a comunidade. Wise se viu envolvido em conflitos com a Reforma radical e doutrinária de David Einhorn e outros rabinos de fala alemã da costa leste. O racha no movimento reformista foi finalmente superado na Conferência de Pittsburgh de 1885, que formulou claramente a doutrina da Reforma e abriu caminho para a formação de uma Conferência Central de Rabinos Americanos, presidida por Wise até a morte, ocorrida em 1900. A Conferência de Pittsburgh, por outro lado, acelerou a fragmentação dos judeus norte-americanos em diversas facções religiosas. Os líderes ortodoxos,

como Sabato Morais, que a princípio havia apoiado o Colégio União Hebraica, fundou em 1886 um colégio rabínico mais conservador, o Seminário Teológico Judaico (o Maimonides College de Leeser havia desaparecido em 1873). Não obstante, alguns judeus ortodoxos lamentavam a criação do novo seminário, e acreditavam que a influência da Reforma devia ser combatida do interior do Colégio União Hebraica.

O Seminário Teológico Judaico não sobreviveu muito tempo como estabelecimento ortodoxo. Em 1902, ele se reorganizou com um novo propósito: formar rabinos de fala inglesa dentro de uma linha conservadora para atender aos emigrantes da Europa oriental. O objetivo era que não se estendesse a Reforma entre os imigrantes, e se conseguisse sua aculturação e "americanização". Ele reconhecia que a Reforma não teria sido pouco atraente para eles, mas esperavam que o tradicionalismo naturalizado do Seminário pudesse converter-se na religião dos imigrantes, enquanto a Reforma continuaria a ser a dos judeus estabelecidos havia muito tempo. O Seminário se converteu logo, sob a carismática direção de seu presidente, Solomon Schechter, num destacado centro de ensino judaico e num gerador desse compromisso tipicamente norte-americano que é o judaísmo conservador. Em 1913, os líderes e graduados do seminário criaram a Sinagoga Unida da América, como braço congregacional do novo movimento. O nome expressa os objetivos universais do empreendimento, que lembram a tentativa de Wise de criar uma União Hebraica central. Foi proposto que se chamasse o novo corpo de "União de Congregações Conservadoras", mas a proposta foi rejeitada por ser considerada demasiado sectária.

Outra iniciativa para enfrentar o problema da imigração levou ao estabelecimento, em 1898, da União de Congregações Judaicas Ortodoxas. A maioria dos fundadores se relacionava com o Seminário, mas a União foi dominada rapidamente pelos imigrantes, descontentes com seu caráter conservador. Eles fundaram também os *yeshivots*, sementes das quais germinariam os seminários verdadeiramente ortodoxos dos Estados Unidos, chamados New York Yeshivah, atualmente Yeshivah University, e o Colégio Teológico Hebraico de Chicago. Seus graduados rabínicos pertencem principalmente ao Conselho Rabínico da América, fundado em 1923, e se distinguem claramente dos que formam a União de Rabinos Ortodoxos da América e do Canadá (Aggudas ho-Rabbonim), mais tradicionalista e formada por rabinos emigrantes de fala iídiche, em 1902. O judaísmo europeu oriental tradicional foi muito reforçado pelos imigrantes das décadas de 1930 e de 1940. Um deles, o rabino Aaron Kofer, criou um notável *yeshivah* de estilo antigo, em Lakewood, Nova Jersey. Muitos de seus graduados estabeleceram *yeshivots* próprios, mas poucos chegaram a ser rabinos congregacionais: preferiam cultivar o ensino talmúdico para si mesmos. Entretanto, seguindo a tendência geral das associações congregacionais, estabeleceu-se a União de Congregações Sefarditas em 1929.

As óbvias divisões dentro das fileiras ortodoxas e tradicionalistas ilustram um aspecto das divisões internas que existem dentro das diversas correntes. Trata-se antes de tudo, de uma questão de grau de permissividade quanto à americanização e à colaboração com outros judeus religiosos. (A União de Congregações Judaicas Ortodoxas e o Conselho Rabínico pertencem, com seus correspondentes corpos conservadores e reformados, ao Conselho Sinagogal da América; o Aggudas ho-Rabbonim raras vezes colabora com os demais grupos.) Para a Reforma, após a reunião de Pittsburgh, o principal motivo de discórdia era o sionismo. A Reforma clássica era anti-sionista por natureza, embora entre seus aderentes se contassem muitos sionistas. Em 1922, Stephen Wise, uma das mais destacadas e controvertidas figuras da história do judaísmo norte-americana, e um líder no Congresso Judeu Americano, fundou o Instituto Judaico de Religião para formar rabinos reformados (e de fato também conservadores e ortodoxos) dentro de uma atmosfera sionista. A maioria dos graduados do Instituto se uniu à Conferência Central de Rabinos Americanos, que pouco a pouco se foi tornando mais favorável ao sionismo, e em 1942 tirou uma resolução que aprovava o estabelecimento de um exército judeu na Palestina. Várias dezenas de rabinos se separaram então, deplorando a "crescente ênfase no aspecto racial e nacionalista do pensamento judaico", e fundaram o Conselho Anti-sionista Norte-americano para o Judaísmo. Uma vez que o Estado judeu se tornou realidade, este anti-sionismo se mostrava cada vez mais anacrônico e isolado. O Instituto Judaico de Religião se fundiu com o Colégio União Hebraica, e finalmente se estabeleceu um *campus* em Jerusalém. O movimento da Reforma ainda conserva suas alas radical e conservadora, e há conflitos aparentes em pontos como a celebração rabínica dos casamentos mistos, e o proselitismo ativo fora da comunidade judaica. Em questões rituais, a Reforma judaica se orientou visivelmente para estilos mais tradicionais, e também esta mudança foi causa de controvérsias.

O judaísmo conservador foi desde o princípio uma aliança entre os tradicionalistas liberais e os liberais tradicionalistas, e ainda hoje se pode perceber a tensão entre as duas alas, que saiu particularmente à luz nas décadas de 1960 e de 1970, a propósito da ordenação de mulheres. O conservadorismo representa um compromisso eminentemente prático em questões de lei ritual e religiosa, o que é uma fonte de força e popularidade, mas também constitui sua fraqueza ideológica. Não obstante, este movimento deu origem a uma importante inovação ideológica na forma de Reconstrucionismo de Mordecai Kaplan, que arremetia com força contra as expressões dominantes do judaísmo, e a favor de um novo enfoque, abandonando o ponto de partida da crença num Deus pessoal e na divina eleição de Israel, e concebendo o judaísmo como

Os judeus cumprem com plenitude, naturalmente, seu papel nos processos democráticos da vida norte-americana, embora defendam certos interesses políticos próprios.

Abaixo. Um rabino e sua mulher, delegados na Convenção Democrata de 1980.

Direita. Solidariedade com Israel: desfile do Dia da Independência israelense, em Nova York.

Abaixo, direita. Solidariedade com os judeus soviéticos: vigília noturna em Los Angeles.

uma civilização dentro da qual a religião organizada é apenas um elemento.

A ênfase de Kaplan na "comunidade orgânica" mais que na congregação religiosa, como unidade básica da vida judia corporativa, aproxima-se mais que qualquer outra alternativa de conferir uma base teórica à realidade prática da existência judia, e de fato as congregações judaicas de todas as denominações foram se aproximando cada vez mais de conformar-se a essa formulação. A sinagoga se transformou num centro comunitário, ponto de encontro para uma vasta gama de atividades, nem todas abertamente religiosas. A observância religiosa como característica regular da vida diária é pouco freqüente fora do rabinado e das pequenas comunidades tradicionalistas, mas há uma adesão muito forte e geral aos ritos (circuncisão, *bar* e *bat mitzvah*, e o casamento e o enterro religiosos) e a certas festas (os dias santíssimos, a Páscoa, Hanukkah), centrados na identidade judaica e em sua transmissão de geração em geração. Há sinais de que as jovens gerações buscam ativamente uma apreciação mais rica dos rituais tradicionais e estão criando novas formas de expressão religiosa, mas até este interesse parece derivar de um senso de identidade judaica distintiva, junto com o desejo de redescobrir as raízes perdidas.

Canadá

Podemos estar tentados a comparar o Canadá com os Estados Unidos. Certamente existem similitudes aparentes, quanto à experiência judaica, especialmente nos tipos de imigração e povoação, e também existem estreitos vínculos entre os judeus canadenses e os norte-americanos. Mas a comparação se presta a confusão. A história política do Canadá é muito diferente da dos Estados Unidos, e existe uma relação completamente diferente entre os muitos e variados grupos étnicos. Enquanto os judeus norte-americanos se consideram antes de tudo norte-americanos, os judeus canadenses se consideram primeiro e principalmente judeus. O sionismo foi muito mais forte no Canadá, e o anti-sionismo quase não existiu. Mas os judeus também deram sua contribuição ao Canadá em todos os âmbitos, e sobretudo no campo da literatura.

Em 1867, quando as quatro províncias de Ontário, Québec, New Brunswick e Nova Scotia se uniram para formar o domínio do Canadá, a população judia era formada por cerca de 1.000 membros. A comunidade mais numerosa residia em Montréal; sua sinagoga mais antiga ainda não havia feito cem anos, e sua origem remontava à conquista britânica de 1759. Muitos dos judeus da província de Québec eram de origem britânica, e apesar dos laços familiares com as Treze Colônias tinham permanecido em sua maior parte leais à Coroa britânica durante a crise da Revolução Norte-americana, da invasão norte-americana de 1812 e da rebelião de 1837. Tinham-lhes sido concedidos todos os direitos civis em 1832, muito antes de isso ser uma realidade na Grã-Bretanha. Estavam muito integrados na sociedade local e tinham dado uma importante contribuição para a vida da província. Os judeus de Ontário se encontravam dispersos em diferentes povos, e em sua maioria eram imigrantes mais recentes de procedência européia continental. Mais para oeste, havia 100 judeus na colônia da Colúmbia Britânica, que haviam chegado da Califórnia, da Inglaterra e da Austrália, durante a febre do ouro de 1858. O edifício de sua sinagoga, em Victoria, erguido em 1863, é o mais velho de todos os do Canadá.

Mas, como nos Estados Unidos, foram os imigrantes da Europa oriental chegados a partir de 1881 que assentaram as bases da numerosa comunidade judia atual. Entre 1881 e 1891, a população judia passou de 2.400 para 6.400, e em 1921 superava os 126.000, numa população total de quase nove milhões. A maioria dos emigrantes se instalou em Montréal e Toronto, onde se concentravam em densos guetos voluntários, mas muitos viajaram através das planícies até as cidades em desenvolvimento, no Oeste. Logo Winnipeg se tornou a maior comunidade judia, com 14.500 judeus em 1921. Por outro lado, estabeleceram-se alguns centros agrícolas, com a ajuda da Associação de Colonização Judaica, em Manitoba, Saskatchewam e Alberta.

O censo de 1931 revelou que havia 156.726 judeus no Canadá, 1,5% da população total do país, proporção que desde então se manteve constante. Existem irregularidades óbvias quanto à estrutura geral das povoações judias. Os judeus eram quase exclusivamente gente de cidade, em contraste evidente com a população geral, e muito mais da metade deles se concentrava em Montréal e Toronto. As províncias de Ontário e Québec reuniam quase 80% dos judeus, mas apenas

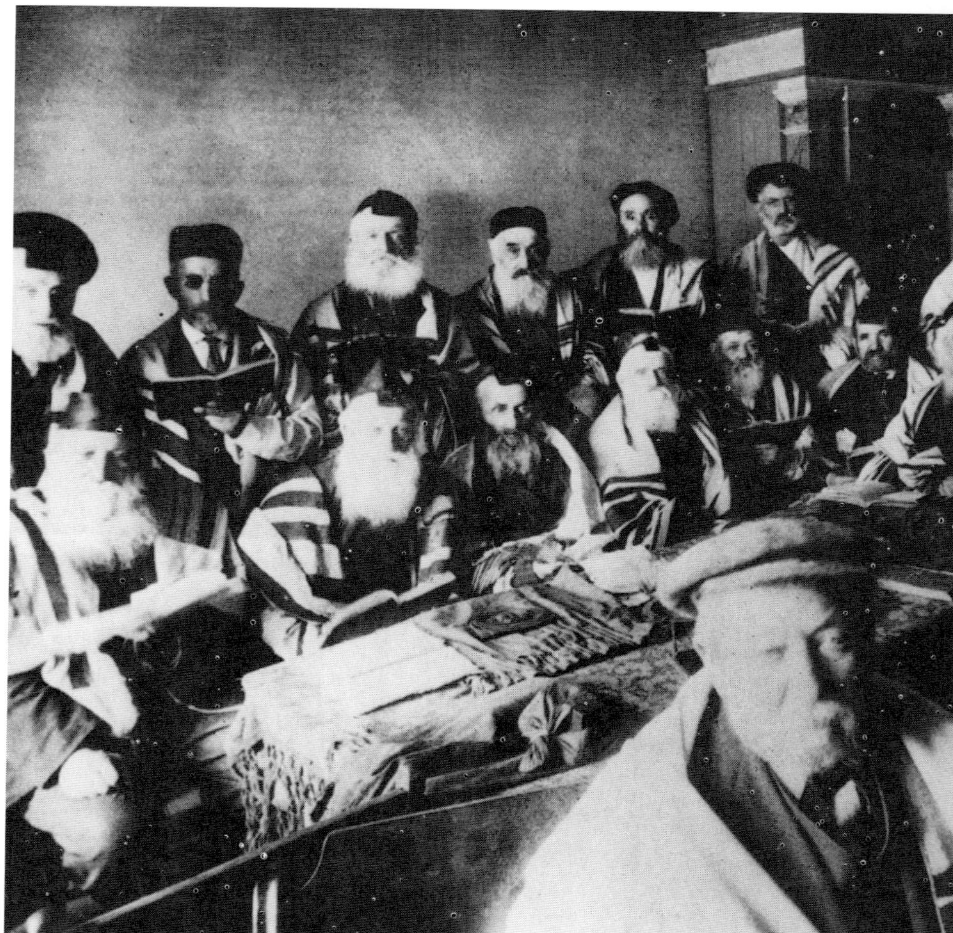

Esquerda. As povoações agrárias judaicas começaram no princípio da década de 1890, por iniciativa da Fundação Barão de Hirsch e da Associação de Colonização judaica. Em 1930, os camponeses judeus cultivavam 100.000 acres no Canadá ocidental.

O Templo da Santa Flor, em Toronto (*abaixo*), tem origem na emigração em pequena escala da década de 1840. Então só havia um punhado de judeus em Toronto: agora é uma comunidade florescente de mais de 100.000 pessoas, com 40 sinagogas e dez escolas judaicas, incluídas as Escolas Hebraicas Associadas, onde se está realizando esta cerimônia (*esquerda*).

A presença judaica em Winnipeg remonta a 1882 e tem origem na grande emigração européia oriental. Em 1900, ela se havia convertido na terceira comunidade mais importante do Canadá.

Acima. Serviço religioso no Lar dos Velhos, c. 1922.

Acima, esquerda. Um cartaz em inglês e em iídiche, no desfile de Primeiro de Maio, em 1932.

60% dos canadenses. Doze por cento dos judeus viviam em Manitoba, contra 7% da população total. O caráter imigrante da população judia também era evidente. Embora na atualidade 44% dos judeus tenham nascido no Canadá, 47% nasceram na Europa oriental, e 95% (em outros muitos lugares, até 99%) declaravam o iídiche como língua materna. Por outro lado, apenas 3% declaravam não falar inglês. Em 1941 o panorama havia mudado consideravelmente. A maioria dos judeus (51%) era canadense nativa, e apenas 77% assinalavam o iídiche como língua materna, sendo a porcentagem em alguns lugares de 55 ou menos.

A década de 1930 foi de imigração restrita (admitiam-se menos de 1.000 judeus por ano, e em alguns anos a emigração superou a imigração), e, pela primeira vez, de barulhento anti-semitismo. Ambas as tendências foram ativamente combatidas pelo corpo representativo, pelo Congresso Judaico Canadense, mas, afora os 2.000 "inimigos forâneos" internados, procedentes da Alemanha e da Áustria, admitidos no começo da guerra e posteriormente libertados (os quais incluíam alguns acadêmicos distintos, rabinos e artistas), a imigração foi severamente restringida até 1947. Nesta data, o Canadá aceitou receber uma quantidade de expatriados, incluindo 1.000 órfãos de guerra, e grupos de alfaiates e peleiros contratados especialmente para a indústria têxtil. Durante a década de 1950, a imigração se manteve em alto nível. Entre os refugiados húngaros chegados em 1956, contavam-se vários milhares de judeus, e começou a aparecer um novo tipo de imigrante judeu, o dos francófonos do Norte da África. Mais recentemente, o Canadá, assim como os Estados Unidos, conquanto em menor escala, deu abrigo a imigrantes de Israel e da União Soviética.

Todos os grupos de imigrantes estão bem estabelecidos e souberam corresponder às novas oportunidades. A única fonte de ansiedade foi o movimento separatista francófono de Québec. Houve um importante êxodo de jovens judeus desta província, e a rejeição ao separatismo no referendo de 1980 não conseguiu extinguir completamente os temores com respeito ao futuro.

O judaísmo canadense se parece mais com o modelo britânico do que com o norte-americano, no sentido de que a grande maioria das sinagogas é ortodoxa, e apenas uma pequena minoria, incluindo a maior parte das fundadas antes das emigrações do Leste europeu, é conservadora ou reformada. Mas, enquanto em outras épocas as sinagogas canadenses olhavam para a Grã-Bretanha em busca da liderança e da orientação rabínicas, atualmente seus vínculos mais estreitos são com os Estados Unidos. As associações sinagogais e os corpos rabínicos seguem a estrutura norte-americana, e tendem a associar-se com seus equivalentes dos Estados Unidos.

Como na Grã-Bretanha, e ao contrário dos Estados Unidos, há um corpo representativo único, o Congresso Judaico Canadense (fundado em 1919), que se ocupa do bem-estar da comunidade e constitui um porta-voz unificado dos judeus canadenses. As diversas organizações sionistas trabalharam juntas e harmoniosamente, e cooperaram na Federação Sionista Canadense. Como nos Estados Unidos, foram canalizados fundos através de uma Convocatória Judaica Unida, que dedica a maior parte de seus esforços a Israel, mas também apóia causas locais.

Uma característica única dos judeus canadenses é sua forte ênfase na educação judaica. As Escolas Hebraicas Associadas de Toronto (cujas origens remontam ao começo do século XX) são uma das maiores instituições de educação judaica do mundo, com cerca de 2.000 alunos em 2005.

AMÉRICA LATINA

Cada um dos países latino-americanos possui sua própria história e seu caráter distintivo, mas todos levam a marca de longos séculos de domínio colonial europeu, desde a chegada dos espanhóis e portugueses no século XVI até as guerras de independência no começo do século XIX. A independência deixou esses países abertos à imigração e ao desenvolvimento econômico, e trouxe importantes mudanças na estrutura social, sobretudo o crescimento das cidades e de uma nova classe governante, comercial e industrial. São esses acontecimentos modernos que conformaram o caráter das comunidades judaicas da região.

Os primeiros judeus chegaram às Índias Ocidentais com Cristóvão Colombo em 1492, o mesmo ano da expulsão da Espanha. Durante os séculos de domínio espanhol e português, o judaísmo estava proibido nas colônias americanas, e durante muito tempo foi proibida a entrada até dos descendentes de judeus. Apesar de tudo, houve grupos de imigração de cristãos-novos que mantinham seu judaísmo em segredo, e que deram notável contribuição para o desenvolvimento das colônias. É provável até que tenham difundido suas crenças religiosas entre os nativos, alguns dos quais as professam hoje em dia. Não obstante, a Inquisição vigiava muito de perto as tendências judaizantes, e alguns acusados de sustentá-las foram detidos e submetidos a julgamento.

Apenas nas pequenas possessões inglesas, francesas e holandesas se pôde praticar abertamente o judaísmo. Desde 1631 até 1654, existiu uma próspera comunidade judia holandesa no Brasil, instalada na cidade de Recife e que se havia formado com cristãos-novos reconvertidos ao judaísmo, e com novos imigrantes da Holanda. Após a reconquista portuguesa, os sefarditas se dispersaram para outros lugares, lançando as bases das comunidades do Suriname e de Curaçao, de Barbados e da Jamaica, e até de Nova York.

Com a independência, foi abolida a Inquisição nas colônias latinas e pouco a pouco se introduziu a liberdade religiosa, embora o catolicismo sempre tenha mantido o predomínio. Os judeus não se emanciparam expressamente, eram muito poucos para constituir uma força política, mas se beneficiaram da legislação que foi implantada levando em consideração as minorias protestantes.

A imigração judia correspondeu muito lentamente às oportunidades que lhe ofereciam as repúblicas independentes, e só chegaram grandes levas de imigrantes nos últimos anos do século XIX. Não obstante, o México recebeu alguns austríacos e centro-europeus durante o reinado do imperador Maximiliano (1864-1867). Entre 1860 e 1914, chegaram 130.000 judeus, cuja grande maioria se dirigiu para a Argentina. Cerca de 20% eram sefarditas do Norte da África, dos Bálcãs e do Império otomano; o restante era composto de asquenazes da Europa central e oriental. Os imigrantes se sentiam atraídos pelas grandes cidades, mas houve algumas povoações em áreas rurais, sobretudo na Argentina (e em menor medida no Brasil), onde se assentaram colônias agrícolas sob o auspício da Associação de Colonização Judaica. A exploração de regiões virgens proporcionava excelentes oportunidades para imigrantes com experiência no comércio e na manufatura, e a gradual industrialização promoveu novas aberturas, de modo que muitos judeus que começaram como vendedores ambulantes ou trabalhadores braçais puderam melhorar rapidamente sua condição econômica e social.

Depois da Primeira Guerra Mundial, a imigração continuou a um ritmo de 10.000 por ano até 1940, data em que se restringiu severamente a entrada de judeus. A maioria continuou a instalar-se na Argentina e no Brasil, mas também o Uruguai recebeu um grande número, e atualmente é um dos poucos países onde mais de um por cento da população total é judia. Os países que mais imigração judia atraíram foram os que tinham populações urbanas européias e uma economia desenvolvida. A partir da Segunda Guerra Mundial, reduziu-se muito a imigração e a emigração aumentou relativamente, quer de um país para outro da região, quer para os Estados Unidos ou para Israel. Os judeus continuaram a melhorar de condição econômica, e na atualidade pertencem, em geral, à classe média. Eles se destacam no comércio e na indústria manufatureira, e muitos tiveram acesso às profissões liberais, mas poucos conseguiram cargos relevantes na vida política. Em alguns países, o sentimento nacionalista, unido à penúria econômica e aos preconceitos religiosos, aos refugiados nazistas, e ultimamente aos árabes, provocou uma hostilidade para com a minoria judia, e estimulou o anti-semitismo. Isso se manifestou em diversas publicações e, ocasionalmente, na legislação e em atos de violência. No entanto, em geral, as comunidades judaicas foram muito bem aceitas, mesmo em épocas de agitações nacionais.

Cada um dos grupos indígenas e de imigrantes da América Latina tentou manter um forte senso de sua própria identidade. Os judeus não foram exceção. Os diversos grupos de imigrantes judeus criaram suas próprias instituições, que persistiram apesar dos esforços por criar outras mais gerais. As primeiras associações eram principalmente religiosas, centradas nas sinagogas, que proporcionavam um centro social para os imigrantes que compartilhavam uma origem comum. As organizações religiosas ainda refletem as diferenças não apenas entre asquenazes e sefarditas, mas também entre sefarditas de fala hispânica e de fala árabe, ou asquenazes de fala iídiche e de fala alemã, e até entre os originários de regiões ou cidades específicas da Europa e do Oriente Médio. No princípio da década de 1950, o movimento conservador americano estabeleceu sinagogas em vários países, e recentemente também cresceu o movimento reformado. Junto às organizações religiosas, surgiram vários tipos de associações seculares, a começar por clubes ideológicos (sobretudo bundistas, sionistas e comunistas), fundados por imigrantes da Europa oriental. Essas organizações desenvolvem atividades sociais e culturais que incluem escolas e jornais em iídiche. Também foram criadas muitas *landsmannschaften* (associações de

David Elnecavé
intelectual e editor argentino

Jacobo Timerman
editor jornalístico argentino

León Dujovne
filósofo argentino

	1930		2002	
	Popul. Judia aprox.	*Judeus ‰*	*Popul. Judia aprox.*	*Judeus ‰*
Antilhas holandesas	800	12,2	200	0,9
Argentina	206.000	18,7	395.379	10
Baamas	40	0,7	300	1
Bolívia	100	0,0	500	0,0
Brasil	35.000	0,9	95.125	0,51
Colômbia	1.800	0,2	3.436	0,0
Costa Rica	400	0,8	2.409	0,6
Cuba	9.500	2,6	1.500	0,1
Chile	2.200	0,5	20.900	1,3
Equador	40	0,0	935	0,0
El Salvador	80	0,0	100	0,0
Guatemala	300	0,2	1.172	0,0
Ilhas Vírgens (Estados Unidos)	100	4,5	300	2,6
Jamaica	1.250	1,3	300	0,1
México	16.000	1,0	53.101	0,5
Panamá	750	1,6	10.029	3,3
Paraguai	400	0,5	1.015	0,1
Peru	300	0,0	2.792	0,1
Porto Rico	300	0,2	1.488	0,3
República Dominicana	90	0,0	100	0,0
Suriname	628	4,1	200	0,4
Trinidad e Tobago	100	0,3	1.088	0,1
Uruguai	5.000	2,8	30.743	9
Venezuela	1.000	0,3	23.375	1

emigrantes de comunidades européias específicas). Com o aparecimento da geração jovem nativa, desenvolveu-se um novo tipo de associação, baseado em atividades culturais e esportivas que foram muito populares como expressão da identidade judaica. O aumento do anti-semitismo estimulou o desenvolvimento de organizações regionais ou nacionais para coordenar atividades e constituir representações corporativas diante dos governos; trata-se de corpos filiados ao Congresso Judaico Mundial. Mas a tendência à centralização não diminuiu, até agora, a colorida variedade das organizações comunitárias judaicas.

À medida que as gerações de imigrantes dão lugar às dos nascidos no país, torna-se mais problemático a manutenção da identidade judaica. A forte ênfase na cultura e na educação judaicas, junto com a pressão familiar sobre os filhos para que se casem dentro da comunidade, serviu para conservar essa identidade, assim como a persistência de sentimentos anti-semitas e a existência, em alguns países, de outros grupos com vínculos sociais e culturais próprios. Mas, como em outras partes do mundo, a crescente integração social torna difícil manter uma identidade separada, ainda que contando com os esforços combinados das organizações sionistas. Os primeiros grupos de imigrantes desapareceram através dos casamentos mistos e da conversão, e um destino parecido ameaça muitas das comunidades atuais. As dificuldades políticas e econômicas deram lugar à emigração judia de alguns países. De qualquer maneira, apesar da ausência de estatísticas precisas, parece que a maioria das comunidades mais numerosas (à exceção da Argentina) é quantitativamente estável ou até mostra um modesto crescimento.

A colonização agrícola na Argentina começou durante a grande emigração de Europa oriental. A primeira colônia agrícola, Moisesville (*acima*), foi fundada em 1889, com os auspícios da Alliance Israélite Universelle. Depois, tomaram a iniciativa o barão de Hirsch e sua ICA (Associação de Colonização Judaica), com o objetivo de criar uma região judaica autônoma. O mapa *abaixo* mostra a situação das colônias.

Argentina

Caberia dizer que a Argentina moderna é uma criação da explosão populacional européia do final do século XIX, que em sua necessidade de alimentação barata estimulou o desenvolvimento econômico da Pampa, e ao mesmo tempo proporcionou a mão-de-obra necessária para este desenvolvimento. Ao começar a década de 1850, a população branca era de pouco mais de um milhão, e Buenos Aires tinha apenas 90.000 habitantes. Entre 1857, quando se construiu a primeira estrada de ferro, e 1930, chegaram mais de 6 milhões de imigrantes, quase todos da Europa, e, após a crise política e econômica de 1930 e a Segunda Guerra Mundial, a imigração em grande escala foi retomada durante mais alguns anos. A população atual é de cerca de 28 milhões, e Buenos Aires, com cerca de 10 milhões de habitantes, é uma das maiores cidades do mundo.

A imigração judia, após um começo lento, começou a ser apreciável no final da década de 1880. Entre 1881 e 1900, chegaram cerca de 26.000, e outros 88.000 entre 1901 e 1914. A imigração continuou durante as décadas de 1920 e de 1930, sob restrições cada vez mais severas. O censo de 1947 consignava 250.000 judeus numa população total de quase 16 milhões, e o censo de 1960 registra 276.000 em 20 milhões. Discutiu-se muito a respeito da confiabilidade dessas cifras, e algumas autoridades judias afirmam que a população chega a 400.000 ou 500.000.

A Pampa atraiu muitos imigrantes, sobretudo depois das negociações do Barão de Hirsch com os governos soviético e argentino em 1892 para pôr a imigração judia em planos específicos de colonização. Estabeleceram-se muitas dessas colônias, e em 1925 mais de 30.000 judeus cultivavam um milhão e meio de acres. Mas os projetos tiveram de enfrentar algumas dificuldades, e poucos judeus permaneceram no campo. Dois terços da população judia vivem na capital, e existem importantes comunidades na maioria das cidades principais.

Embora nunca se tenha eliminado completamente a pobreza, os judeus conseguiram um rápido progresso econômico. Eles contribuíram grandemente para a industrialização do país e foram ativos no mundo das finanças e do comércio. Geralmente se situam na classe média e alta, mas, embora alguns tenham chegado a governadores de província, ou a ministros, não tiveram um grande papel no governo do país, que em todo o caso foi muito irregular nos últimos anos.

A Constituição de 1853 garantia liberdade religiosa para todos os habitantes, embora a religião católica continuasse a ser a oficial do país. O anti-semitismo era virtualmente desconhecido, até que os judeus soviéticos caíram vítimas do sentimento antibolchevique dos círculos governantes depois de 1917. Em janeiro de 1919, depois de uma greve geral, alguns judeus foram espancados e roubados diante dos olhos da polícia, cenas que recordavam os episódios mais suaves dos *pogroms* soviéticos. O anti-semitismo se converteu num problema sério na década de 1930, devido aos nazistas alemães, o que levou à criação da DAIA (Delegação de Associações Israelitas Argentinas), organização política representativa que unia judeus asquenazes e sefarditas. A agitação anti-semita aumentou com a chegada de refugiados nazistas depois da guerra, apesar da atitude acolhedora do presidente Perón e da inclusão na Constituição, em 1949, de uma cláusula que condenava explicitamente a discriminação racial. O seqüestro do criminoso de guerra nazista Adolf Eichmann na Argentina, e sua execução em Israel em 1961, provocou uma escalada de ativismo anti-semita que os sucessivos governos não fizeram nada para sufocar, apesar das repetidas declarações de preocupação. Depois do golpe de março de

Direita. A agricultura argentina foi enriquecida com a contribuição das cooperativas agrárias criadas no início com apoio da ICA.

Os *gauchos* judeus (*acima*) foram o tema do primeiro livro escrito em espanhol por um judeu argentino, Alberto Gerchunoff. Embora os ambiciosos projetos da ICA nunca se tenham realizado, as povoações desempenharam um papel importante na absorção dos emigrantes e no desenvolvimento do movimento cooperativo.

Direita. Uma velha fotografia da saída de um colégio. Este tem o nome de I. L. Peretz, famoso escritor iídiche.

1976, houve muitos ataques a judeus ou instituições judaicas, e o número de judeus "desaparecidos" é desproporcional, 20.000 ou mais, embora isso não seja considerado unanimemente um sinal de anti-semitismo oficial. Em 1981, o presidente Viola prometeu acabar com os incidentes anti-semitas, e no ano seguinte seu sucessor, o general Galtieri, expressou as mesmas intenções depois que um cemitério judeu apareceu pintado com suásticas, mas não se tomou nenhuma medida concreta.

Embora existam muitas sinagogas, de todos os tipos imagináveis, surpreende o baixo nível de participação religiosa. Contrariamente à característica de todos os países, nem sequer os dias santíssimos atraem assistentes, e há poucos rabinos no país. Um êxito destacado foi a abertura em 1962 do Seminário Rabínico Latino-americano, associado ao Seminário Teológico dos Estados Unidos. Os graduados do seminário atendem a congregações de diversos países sul-americanos. A maioria dos judeus, no entanto, parece identificar-se mais no plano social do que no religioso ou cultural. A imprensa iídiche, outrora florescente, está quase extinta, e as escolas judaicas cada vez atraem menos alunos e menos apoio financeiro; o conteúdo judaico de seu currículo é amiúde desprezível.

Desde o final do século XX até a primeira década do novo milênio, houve um significativo aumento de judeus argentinos que emigraram para Israel e outros países por causa da situação socioeconômica do país. Em 2005, estimava-se que a população judia se havia reduzido a 185.000 pessoas.

Brasil

Depois da Argentina, o Brasil foi o país que recebeu mais imigração judia na América Latina, e aqui também a Associação de Colonização Judaica estabeleceu colônias agrícolas. Sua extinção foi ainda mais rápida e total que na Argentina. A maioria da população judia brasileira se divide entre duas grandes cidades, São Paulo e Rio de Janeiro. A comunidade de Porto Alegre, menor, se estabeleceu com a chegada dos anteriores agricultores das colônias de Philippson e Quatro Irmãos. A primeira sinagoga do Brasil foi fundada no Norte, em Belém, em 1824, por iniciativa dos imigrantes marroquinos, e outras comunidades marroquinas reduzidas se desenvolveram nas províncias do Norte, no decorrer do século XIX, mas a grande maioria dos judeus brasileiros é de origem asquenaze. A nova capital federal, Brasília, atraiu em princípio uma escassa presença judia, que começou com a embaixada israelense. A imigração judia continua em ritmo moderado.

O Brasil teve tradicionalmente uma atitude tolerante e aberta diante das diferenças étnicas, e os judeus se inseriram bastante bem. Tomaram parte ativa na vida política do país em todos os níveis, e se destacam tanto nas artes e nas ciências quanto no desenvolvimento industrial de vanguarda.

O anti-semitismo quase não existiu, e o Brasil manteve boas relações com Israel. Como na Argentina, existe uma grande variedade de sinagogas (as mais importantes são conservadoras), e numerosos clubes sociais e esportivos judeus.

Direita. São Paulo tem uma importante comunidade judaica integrada por cerca de 50.000 membros, com 20 sinagogas que representam denominações diversas.

Abaixo. O Brasil sempre manteve relações cordiais com Israel. De fato, foi um estadista brasileiro, Oswaldo Aranha, quem presidió a Assembléia Geral das Nações Unidas que em 1947 votou a favor da partilha de Palestina, e da criação de um Estado judeu. Em Tel Aviv, uma rua tem seu nome, enquanto no Rio de Janeiro uma praça recebeu o nome de Chaim Weizmann, primeiro presidente de Israel.

Uruguai

Os outros países sul-americanos têm comunidades judias muito menores. A maior delas se encontra no Uruguai, um país atípico no continente por suas tradições liberais, seu grau de educação e sua população quase totalmente branca. Há total liberdade religiosa e não existe Igreja oficial. Os grupos de imigrantes mais antigos foram assimilados em grande parte, e os judeus não são exceção, mas uma considerável proporção deles são imigrantes de primeira geração, que conservam um forte senso de identidade judaica. Alguns judeus entraram na política, mas estão ausentes dos níveis sociais mais altos, e do exército, que governa o país desde 1973. Houve alguma atividade anti-semita, amiúde associada a células nazistas argentinas, mas em geral os judeus estão bem integrados, e o Uruguai mantém excelentes relações com Israel. No Leste do país se iniciaram alguns projetos agrícolas, mas não tiveram sucesso, e a grande maioria da população judia se concentra na capital, que tem escolas judaicas de diversas filiações, e quatro comunidades religiosas separadas: asquenazes, sefarditas, de fala alemã e húngaros.

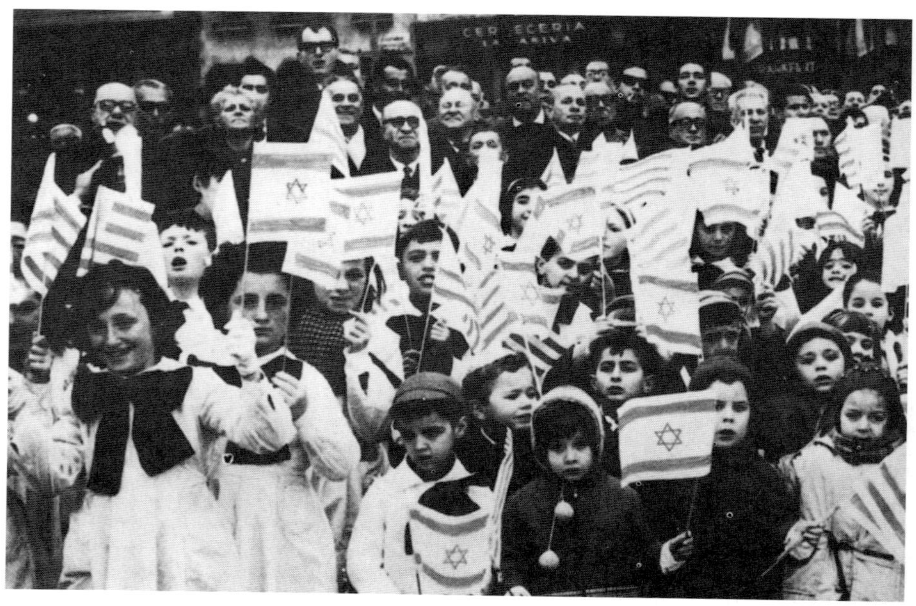

O sionismo tem uma longa e importante história na América do Sul, e os governos da região adquiriram um solidário interesse por Israel. A grande comunidade judaica do Uruguai demonstrou seu firme apoio ao Estado judeu, atestado pelas entusiastas boas-vindas oferecidas ao presidente Shazar em sua visita de 1966 (*direita, centro*) e pelas manifestações de apoio durante o período da Guerra dos Seis Dias, em 1967 (*direita*).

Esquerda. O Brasil, como a Argentina, foi selecionado pela ICA para a criação de povoações agrícolas, mas os resultados tiveram menos sucesso. A colônia de Quatro Irmãos foi fundada em 1909, e foi preciso enfrentar uma série de reveses até que, depois de 50 anos, se decidiu acabar com ela.

Acima. A Grande Sinagoga asquenaze de Caracas. A cidade experimentou um crescimento impressionante depois da guerra, e também sua comunidade judaica se expandiu de maneira considerável. Na atualidade, conta com cerca de 100.000 pessoas. Os sefarditas e os asquenazes têm sinagogas separadas, mas cooperam nas organizações comunitárias e sionistas, e na ajuda dada à grande escola judaica.

Chile

A tempestuosa história de Chile não proporcionou condições adequadas para uma existência judaica segura. A Constituição conservadora de 1833 estabeleceu o catolicismo oficialmente, e só em 1925 se concedeu liberdade religiosa plena para os não-católicos. Os primeiros povoadores judeus se inclinavam a adotar a religião dominante, ou disfarçavam suas associações com nomes evasivos. Eles se compunham de asquenazes argentinos e sefarditas macedônios. Em 1919, o primeiro Congresso de Judeus Chilenos reuniu representantes de ambos os grupos, e também dos "Filhos de Sião", índios judaizantes que afirmavam haver recebido sua religião dos cristãos-novos durante o período colonial. Na década de 1930, houve uma importante afluência de refugiados alemães e húngaros. O anti-semitismo encontrou terreno fértil em Chile, dividido por conflitos internos, e atraiu emigrantes nazistas e árabes. No caos social e econômico dominante sob o governo marxista de Salvador Allende (1970-1973), muitos judeus abandonaram o país, e alguns voltaram ao estabelecer-se o regime mais estável do general Pinochet, cuja censura estrita calou, de passagem, os jornais anti-semitas, até então legais. A assimilação foi forte; o casamento misto alcança 30%. Apesar de tudo, há um grande número de organizações judaicas, sobretudo na capital, onde residem 90% dos judeus chilenos.

Venezuela

As primeiras constituições da Venezuela (1819 e 1821), promulgadas durante as lutas pela independência, estabeleciam a liberdade religiosa, e isso estimulou alguns judeus a emigrar de Curaçao (onde o libertador Simón Bolívar havia encontrado refúgio em lares judeus durante a guerra). As comunidades organizadas se desenvolveram lentamente, e os povoadores acabaram por abandonar o judaísmo, mas deixaram certo número de velhos cemitérios, um dos quais foi restaurado como monumento nacional. Até 1958 se sucederam muitas constituições liberais, interrompidas por fortes ditaduras, que impunham restrições à imigração judaica, mas a Venezuela, o país mais rico da América Latina graças a suas reservas petrolíferas, continuou a atrair os judeus tanto da Europa e do Oriente Médio como de outros países sul-americanos.

Outros países da América do Sul

A Colômbia, o Equador, o Peru, a Bolívia e o Paraguai têm uma história semelhante quanto à população judia, em escala muito menor. Houve um notável contingente de refugiados da Europa nazista, mas muitos só fizeram escala antes de seguir para a Argentina e outros países. Suas concentrações judaicas são atualmente insignificantes, embora restem algumas sinagogas e organizações comunitárias. As Guianas nunca atraíram muita imigração judaica, mas houve alguns imigrantes no século XVII. O Suriname se proclama como a povoação judaica permanente mais antiga do hemisfério ocidental (remonta a 1639); ainda há uma pequena comunidade em Paramaribo, e a sinagoga de Jodensavanne ("Savana dos Judeus") foi restaurada como atração turística.

México

Em 1960, o censo no México registrava 110.750 judeus ("israelitas"), mas este número inclui aderentes de algumas seitas protestantes extremadas, não reconhecidos como judeus. Na ausência de estatísticas mais confiáveis, calcula-se que haja cerca de 35.000 judeus de tipo mais reconhecível, dos quais 20.000 são de origem européia oriental e o restante sefarditas, sírios, alemães, húngaros e norte-americanos. Cada grupo étnico mantém suas próprias instituições comunitárias, mas há algumas organizações maiores, das quais as de maior êxito são as dirigidas às gerações jovens, um clube esportivo com mais de 25.000 sócios e uma rede de escolas. A variedade religiosa vai da comunidade tradicional Aleppo aos conservadores, mas a observância é em geral frouxa. Os judeus, que em sua maioria chegaram ao país entre as duas guerras mundiais, beneficiaram-se da prosperidade econômica dos anos quarenta e cinqüenta, mas sofreram um anti-semitismo retardatário. O governo manteve tradicionalmente boas relações com a comunidade judia e com Israel. Não obstante, em 1982 os judeus expressaram sua preocupação com a situação econômica do país e por certo tom de hostilidade para com Israel, depois da guerra do Líbano.

Uma das curiosidades do México é a presença de diversos grupos de índios ou mestiços que se chamam "israelitas" e praticam alguns ritos judeus. Os israelitas de Venta Prieta (*centro* e *abaixo*) afirmam descender da família Carvajal, alguns de cujos membros acabaram nas fogueiras da Inquisição em 1596.

Curaçao. A congregação Nikveh Israel
A Nikveh Israel foi fundada em 1651, mas a atual sinagoga (esquerda) só foi concluída em 1732. É a sinagoga mais antiga de todas as que funcionam no Novo Mundo, e em 1982 foi comemorado seu 250º aniversário com um serviço oficial (*extrema esquerda*) a que assistiram funcionários do governo holandês.

Acima. Esta pia para lavar as mãos adornava antigamente o pátio da sinagoga de Bridgetown, Barbados. Em 1680, de 405 chefes de família em Bridgetown, 54 eram judeus, mas a comunidade sefardita original sofreu uma brusca diminuição no século XIX, e o último de seus membros morreu em 1934. Durante os anos seguintes, alguns refugiados da Europa nazista estabeleceram uma pequena comunidade asquenaze que ainda existe.

Acima. A sinagoga Emanuel, em Curaçao, fundada em 1864.

Esquerda. De uma população que antes da revolução de 1959 somava 10.000 pessoas, só restam cerca de 1.000 judeus na Cuba de hoje.

Esquerda. Mulher judia em sua casa do Panamá. A fotografia central na parede do fundo é de seu cunhado, um dos vários governadores judeus das Ilhas Virgens.

Repúblicas centro-americanas

As comunidades das seis repúblicas centro-americanas, que no total somam alguns poucos milhares de membros, uniram-se, a partir de 1964, na Federação de Comunidades Judaicas da América Central. Seguindo o modelo de povoação sul-americano, a maior concentração está na Costa Rica, por seu alto padrão de vida e sua maioria populacional branca, enquanto no outro extremo Honduras, Nicarágua e El Salvador, subdesenvolvidos e majoritariamente mestiços, atraíram poucos judeus. Os conflitos políticos e militares também desestimularam o estabelecimento nestes países; a pequena comunidade da Nicarágua abandonou o país após a revolução esquerdista de 1979. A Costa Rica e a Guatemala, em particular, mantiveram relações cordiais com Israel; suas comunidades locais, apesar do anti-semitismo local, experimentaram certa estabilidade. A comunidade do Panamá, predominantemente sefardita, está bem integrada e deu notáveis contribuições para a vida cultural e política do país. Também há alguma presença judia na área do canal.

O Caribe

As Índias Ocidentais têm uma história judaica interessante e variada, que remonta ao século XVII, quando os refugiados da reconquista portuguesa do Brasil se instalaram em diversas ilhas de domínio holandês, inglês ou francês, e também na Cuba espanhola. Desempenharam um papel importante no comércio da região, e ainda hoje se podem ver restos de suas povoações em Curaçao, Barbados e outros pontos. A comunidade de Curaçao tem uma história ininterrupta desde 1651, e os judeus se destacaram nos assuntos islenhos. Mas a maioria das povoações foi menos permanente. Os franceses expulsaram os judeus de suas colônias em 1683, e posteriormente ocorreram muitas agitações. As comunidades, em todo i caso, diminuíram com os altos e baixos que as ilhas sofriam, e as que ainda existem são geralmente resultado da emigração recente dos últimos cem anos, por causa dos transtornos europeus, e ultimamente dos Estados Unidos para suas possessões, Porto Rico e as Ilhas Virgens, e também para as Baamas. Cuba, que tinha uma comunidade reformada norte-americana com sua sinagoga, no princípio do século recebeu emigrantes do Oriente Próximo e depois se transformou num porto intermediário para grande número de judeus da Europa a caminho dos Estados Unidos. As restrições migratórias norte-americanas levaram à constituição de uma considerável comunidade asquenaze durante os anos vinte, que aumentou com a chegada de refugiados da Europa nazista entre 1933 e 1944. Depois da guerra havia mais de 10.000 judeus dispersos por toda a ilha, embora a maioria vivesse em Havana. A partir de começos pobres, conseguiram um bom progresso econômico, e a maioria optou por emigrar para os Estados Unidos após a Revolução de 1959. Os poucos que tinham buscado refúgio, fugindo dos nazistas, no Haiti e na República Dominicana também deixaram estes territórios, e a incerteza política reduziu recentemente a outrora próspera e numerosa comunidade da Jamaica a um punhado de indivíduos.

EUROPA

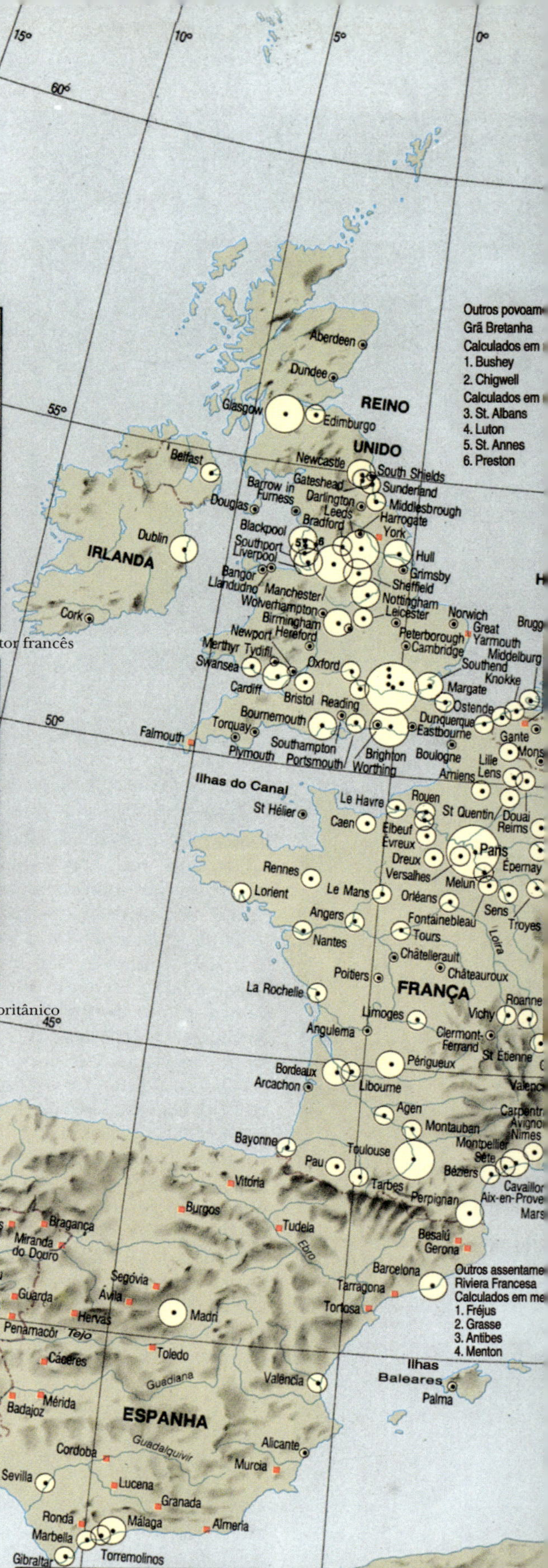

A história dos judeus na Europa moderna é dominada completamente pelo holocausto. Em 1930, a Europa (sem contar a Turquia, que fica na Ásia Menor, e os atuais territórios da União Soviética) abrigava mais de 6,5 milhões de judeus: três milhões na Polônia, cerca de um milhão na Romênia, e várias centenas de milhares, respectivamente, na Hungria, na Tchecoslováquia, na Alemanha, na França e na Grã-Bretanha. Na atualidade, há apenas 1.250.000, e apenas dois países, França e Grã-Bretanha, têm mais de 100.000 habitantes judeus (muitos deles imigrantes não-europeus). O restante ou morreu nos campos de concentração, ou emigrou para outros países.

A devastação da Segunda Guerra Mundial caiu pesadamente sobre os judeus da Europa oriental. De uma população, anterior à guerra, de cinco milhões, só cerca de um milhão sobreviveu às deportações e aos bombardeios. As perdas judias foram completamente desproporcionais devido à política nazista de extermínio e, muito freqüentemente, à hostilidade ou indiferença dos não-judeus locais. A guerra desbaratou a economia da região, e na maioria dos países os judeus tiveram desvantagens na recuperação do pós-guerra, sobretudo quando os comunistas despojaram os últimos remanescentes de classe média. A penúria econômica, a agitação política e o constante anti-semitismo deram lugar a uma emigração em grande escala, de tal modo que apenas a Hungria e a Romênia conservam uma população judia significativa, e certas regiões e cidades que outrora foram alguns dos centros mais densamente povoados por judeus se encontram hoje quase desprovidos desta comunidade. Os países sob influência soviética também tiveram tentativas de integração forçada, controle estatal da religião e isolamento dos principais centros do judaísmo no exterior.

A perda foi duplamente trágica, dado que, além da numerosa população judia da região, também se encontravam nela alguns dos centros culturais mais importantes, que possuíam uma intensa vida religiosa e intelectual com poderosa influência para além de suas fronteiras. Os *yeshivots* e seminários rabínicos, a imprensa escrita e os jornais, as comunidades hassídicas e os grupos sionistas que tanto tinham contribuído para a vida judaica prévia à destruição, foram virtualmente eliminados. Puderam-se conservar ou reconstruir restos da cultura judaica da Europa central e oriental, mas a árvore arrancada pela raiz dificilmente frutificará. Em termos judaicos, a região se transformou em pouco mais que um deserto.

Apenas alguns países que tiveram a sorte de escapar à ocupação dos nazistas emergiram com suas populações judias intactas; de fato, elas até aumentaram pelos refugiados. Mais recentemente, houve uma entrada de sangue novo, do Norte da África e do Oriente Médio, da África do Sul e da América do Sul. Estes novos imigrantes transformaram a comunidade judia da França e criaram uma nova vida judaica na Espanha. Também a Grã-Bretanha recebeu uma afluência variada. Mas na maioria dos países europeus a população judia é pequena e decresce, devido à emigração, à assimilação e ao decréscimo demográfico.

J. Offenbach (1819-1880), compositor francês

Sir J. Epstein (1880-1959), escultor britânico

Sir Joshua Hassan (1915-1997), estadista, Gibraltar

Bruno Kreisky (1911-1990), estadista austríaco

Sarah Bernhardt (1844-1923), atriz francesa

	1930		2002	
	Popul. Judia aprox.	Judeus cada 1.000 habit.	Popul. Judia aprox.	Judeus cada 1.000 habit.
Albânia	200	0,2	15	0,0
Alemanha	565.000	9,1	107.160	1,3
Áustria	250.000	40,0	8.184	1
Bélgica	45.000	5,6	51.821	5
Bulgária	46.000	7,9	2.300	0,3
Rep. Tcheca (Antiga Tchecoslováquia)	357.000	24,2	–	–
Rep. Tcheca	–	–	3.072	0,3
Rep. Eslovaca	–	–	3.041	0,5
Dinamarca	6.000	1,7	7.062	1,3
Espanha	4.000	0,2	48.409	1,2
Finlândia	1.800	0,5	1.110	0,2
França	230.000	5,4	606.561	10
Gibraltar	1.100	50,0	25.000	24
Grécia	73.000	11,7	5.334	0,5
Holanda	157.000	19,8	32.814	2
Hungria	445.000	51,1	60.041	6
Irlanda	3.700	1,2	1.204	0,3
Itália	47.000	1,2	30.213	0,5
Luxemburgo	2.250	7,5	655	1,4
Noruega	1.500	0,5	1.240	0,2
Polônia	3.000.000	96,0	24.999	0,6
Portugal	1.000	0,1	739	0.0
Reino Unido	300.000	6,6	302.207	5
Romênia	900.000	50,0	6.029	0,2
Suécia	6.500	1,0	18.003	2
Croácia (Antiga Iugoslávia)	68.000	4,9	–	–
	–	–	1.798	0,4
Sérbia e Montenegro	–	–	1.732	0,1
Bósnia-Herzegovina	–	–	300	0,1
Eslovênia	–	–	100	0,0

Grã-Bretanha

A geografia e a história colocaram a Grã-Bretanha de certo modo fora da Europa continental, e a experiência judaica ali, por sua vez, foi algo especial. Os judeus foram admitidos tardiamente, mas, quando o foram, desfrutaram das liberdades básicas durante um tempo mais prolongado que em qualquer outro país europeu, e nunca tiveram de enfrentar explosões graves de violência ou uma extensa hostilidade pública. A heterogênea composição da sociedade britânica (tanto em termos étnicos como em termos religiosos) pode ser um dos fatores: os preconceitos, embora costumem aparecer em palavras, raras vezes se institucionalizam numa legislação discriminatória ou se expressam em violência de rua. A existência de igrejas oficiais, que ainda subsiste, inevitavelmente significou a imposição de limitações a outros grupos religiosos, mas a maioria delas foi sendo eliminada a partir do século XIX, e as poucas que sobrevivem têm significado escasso ou nulo.

A Grã-Bretanha parece proporcionar à sua minoria judia um marco próximo do ideal. Muitos judeus podem seguir sua linha ancestral até os povoadores originais dos séculos XVII e XVIII, um vivo testemunho das generosas condições de um país onde se tolera a diversidade religiosa e se aprecia a tradição. O casamento misto levou a alguns abandonos da comunidade, sobretudo entre as classes mais altas, mas há uma tendência crescente dos contraentes não-judeus a converter-se ao judaísmo. Sendo uma das minorias menos importantes e menores, os judeus raras vezes chamaram a atenção da população geral, e os cidadãos judeus se destacaram na política, no comércio, nas artes e nas ciências, enfim, em todos os aspectos da vida nacional.

A antiga posição dominante da Grã-Bretanha nos questões mundiais dotou os líderes judeus de um papel preponderante internacional, como, por exemplo, na proteção dos direitos judaicos no século XIX ou no desenvolvimento inicial do sionismo. Ainda hoje, os judeus ingleses têm uma influência desproporcional nas questões judaicas mundiais com relação à sua força numérica.

Não existem estatísticas oficiais da população judia (a população judia sempre se opôs às perguntas do censo decenal britânico sobre religião ou procedência étnica). Os estudos recentes mais confiáveis estimam a população de 1977 em 354.000 habitantes, o que representa um decréscimo de 56.000 desde 1965. Essa queda é atribuída ao baixo índice de natalidade e à emigração. A maioria, mais dos dois terços, vive em Londres, e o restante se distribui por quase cem cidades.

As bases da atual comunidade se devem aos emigrantes sefarditas e asquenazes, sobretudo da Holanda e da Alemanha, na segunda metade do século XVII. Em meados do século XIX, havia cerca de 30.000 judeus. A emigração maciça da União Soviética fez aumentar o total para 250.000 em 1914. Houve outra corrente importante de refugiados do nazismo nos anos 30, e desde então, já finalizada a guerra, eles continuaram a chegar, ainda que em menor quantidade, da Europa oriental, do Oriente Médio e de outros países.

A regularização do *status* dos judeus teve lugar em geral sem obstáculos, ao longo de um período prolon

Quatro quintos dos judeus britânicos se formaram com a enorme emigração soviética que começou na década de 1880. Os emigrantes tiveram de travar uma dura luta nos barracos, sob uma grande exploração trabalhista. Desprezados pelos judeus bem-sucedidos, nem sequer eram aceitos por seus companheiros trabalhadores. Ante a resistência a que criassem alas judaicas dentro dos sindicatos já estabelecidos, formaram os seus próprios, como, por exemplo, o de Doceiros Judeus (*esquerda*). A maioria dos emigrantes judeus trabalhavam na indústria têxtil. Em 1912, toda a indústria foi paralisada pela greve dos trabalhadores judeus. Com isso, pôs-se fim à exploração e melhorou a relação com o movimento sindical britânico, do qual os judeus vieram depois a tomar parte de pleno direito.

Abaixo. O East End londrino em 1900. Foi neste bairro, longe de onde viviam os judeus na Idade Média, e onde se estabeleceram de início os emigrantes judeus; em 1900, muitas ruas já eram completamente judaicas; na verdade, uma espécie de gueto voluntário. Mas os judeus mais endinheirados já começavam a mudar-se para o elegante West End, e para os subúrbios, e a ativa vida judaica do East End é agora pouco mais que uma lembrança nostálgica.

Esquerda. Há cem anos, Londres era o coração de um grande império, e também o foi para os judeus que viviam no seu território. A rainha Elizabeth II recebe o rabino Ge Klein com motivo da celebração do Dia pela Memória do Holocausto, em 2005.

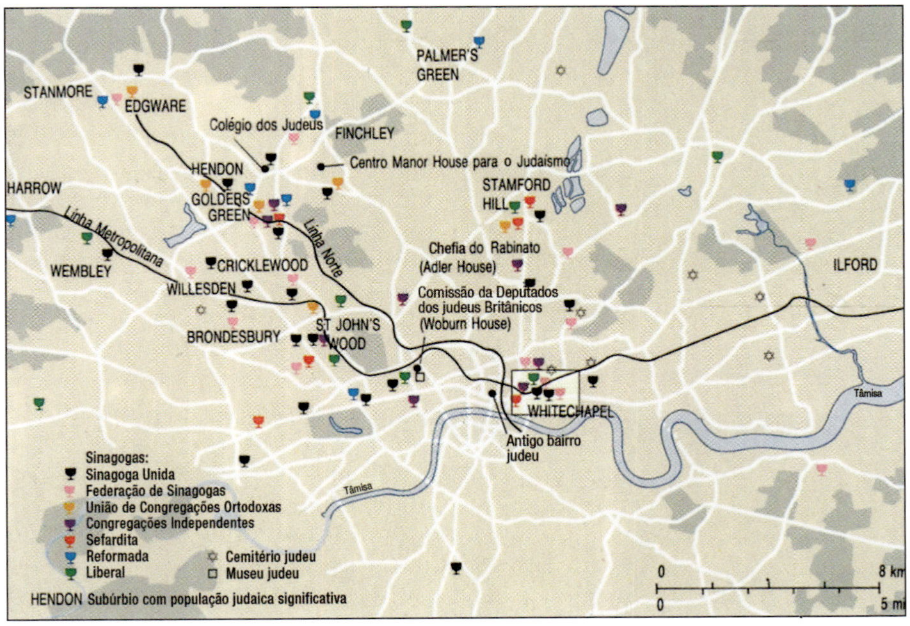

Acima. Este policial judeu é um dos que configuram a pequena mas constante corrente de prosélitos. O judaísmo não sai em busca de conversos.

Acima. O deslocamento para os novos subúrbios pode ser seguido através da distribuição das sinagogas. Em 1900, já havia uma dúzia de sinagogas fora do East End, sobretudo mais para oeste e para norte, embora alguns judeus se mudassem para leste ou para o sul do rio. Depois houve uma tendência muito marcada a se estabelecerem na zona norte ou noroeste de Londres, sobretudo em áreas específicas como Stamford Hill, Golders Green ou (depois) Edgware, que ainda guardam um forte estilo judeu.

gado. Oliver Cromwell deu permissão para o culto público a um pequeno grupo de sefarditas, em 1656, e a licença se manteve após a restauração da monarquia em 1660. As investigações religiosas foram abolidas gradualmente no século XIX, amiúde em resposta a casos particulares, segundo uma modalidade tipicamente britânica. Assim, em 1833 um judeu foi admitido no Colégio de Advogados; outro obteve o cargo de governador civil de Londres em 1835 e de prefeito em 1855. Em 1847, foi eleito o primeiro judeu para o Parlamento, mas não pôde ocupar sua cadeira sem fazer o juramento "sobre a verdadeira fé de um cristão". Seus fiéis eleitores continuaram a votar nele ano após ano, até que em 1858 se chegou a um acordo, e ele por fim ocupou uma cadeira sem jurar. Seu filho foi elevado à dignidade de par (foi o primeiro lorde Rothschild) em 1886. Em 1871, um judeu chegou ao governo, e ao gabinete em 1909. Atualmente, existem poucos obstáculos para os judeus (não está claro se um judeu pode ser presidente da Câmara dos Lordes; o rei tem de ser anglicano). A Câmara dos Comuns eleita em 1983 tinha 28 membros judeus, e eram judeus o ministro do Interior e o da Fazenda; havia 40 pares judeus, 10 deles hereditários. Várias leis parlamentares concedem privilégios especiais aos judeus, reconhecendo suas necessidades e tradições religiosas, incluído o privilégio único de casar-se em casa. Mas não há nenhuma regulamentação sobre a vida judaica em comunidade.

O corpo representativo dos judeus ingleses, a Câmara dos Deputados dos Judeus Britânicos, remonta a 1760, quando os sefarditas nomearam uma delegação para apresentar uma declaração de lealdade ao novo rei. Sua origem efetiva, não obstante, é de 1836, quando recebeu sua primeira constituição. Contava então com 22 deputados procedentes das quatro sinagogas principais de Londres. Atualmente, tem mais de 500 membros, que representam as sinagogas de Londres e das províncias, bem como algumas organizações não-religiosas e comunidades da Commonwealth. Durante muito tempo o corpo se dedicou sobretudo a proteger e promover os direitos políticos e civis dos judeus, e ainda controla a nova legislação e nomeia representações oficiais quando necessário. Mas na década de 1930, quando o anti-semitismo teve uma breve agudização na Grã-Bretanha, com o aparecimento da União Britânica de Fascistas, ela coordenou a luta contra o fascismo, e a defesa comunitária se constituiu em uma de suas principais preocupações. Apoiou decididamente a proibição da incitação ao ódio racial, que, por fim, foi sancionado como um delito punível em 1965, e mantém uma estrita vigilância sobre os atos violentos contra os judeus ou as instituições judaicas. Em 1943, os sionistas, através de uma campanha organizada, conseguiram o controle do corpo, e mantiveram um grande interesse por todas as questões relacionadas com Israel. Mas a força real dessa instituição repousa em sua constituição representativa. É o único foro dos judeus ingleses que reúne delegados de todas as tendências religiosas e políticas, e sobretudo nos últimos anos chegou a ser considerado, de certo modo, como o "corpo governativo" dos judeus ingleses. Também o governo o leva a serio, como porta-voz representativo dos judeus ingleses unidos. Em 1982, o corpo convocou para uma conferência líderes judeus de 13 países da Commonwealth. Na conferência, acordou-se o estabelecimento de um Conselho permanente, com base em Londres, para reforçar os contatos entre os países da comunidade britânica e apoiar as comunidades menores, algumas das quais estão declinando rapidamente.

A dimensão da Commonwealth tem antigas raízes. O rabino principal de Londres é designado oficialmente Rabino-chefe da Commonwealth e antes de 1953 era o Rabino-chefe do Império Britânico. Depois da Primeira Guerra Mundial, o então rabino-chefe empreendeu um longo giro pastoral por sua diocese, que abarcava 42 comunidades. Desde então, a África do Sul abandonou a Commonwealth, o Canadá rejeita a autoridade do rabino-chefe, e a Austrália ameaçou fazer o mesmo. Dentro da Grã-Bretanha, não obstante, o rabino-chefe ainda inspira respeito, sobretudo porque os não-judeus costumam vê-lo como o porta-voz dos judeus religiosos.

De fato, os judeus religiosos ingleses estão profundamente divididos, e muitos devotos não consideram o rabino-chefe como seu representante. O apoio que este recebe procede principalmente da Sinagoga Unida (uma confederação de sinagogas ortodoxas de Londres) e de congregações provinciais simpatizantes. A Sinagoga Unida, o organismo sinagogal mais importante da Grã-Bretanha, com cerca de 35.000 famílias filiadas, foi estabelecida por lei do Parlamento em 1870: é o equivalente da Igreja da Inglaterra, com o rabino-chefe como primado. Os grupos dissidentes que não reconhecem a autoridade dele se situam tanto à esquerda como à direita: à direita, a União de

Britânicos e judeus. Na Grã-Bretanha, como em qualquer outro lugar, os judeus tentam manter a sua própria identidade. Todos os meses de novembro, a Grã-Bretanha recorda os mortos das duas guerras mundiais. A comunidade judaica britânica compartilhou essa perda, mas prefere ter sua própria cerimônia no mesmo lugar, mas uma semana depois (*esquerda*); é uma pungente lembrança de que os judeus também lutaram e morreram pela Grã-Bretanha e, ao mesmo tempo, um símbolo de diferenciação. Entre os judeus ingleses, há também muitas divisões étnicas, sociais e religiosas. Uma sociedade peculiar é a comunidade de Gateshead, no Nordeste da Inglaterra. Pequena, mas escrupulosamente observante, a comunidade procede de um grupo de imigrantes lituanos.

Centro direita. A loja judaica: um foco de vida social. Até o leite é judaico (*abaixo*).

Na Idade Média, os judeus eram propriedade do rei, e lhes era confiado o papel vital de controlar a banca. Uma lembrança disso são as casas medievais judaicas, construídas em pedra por razões de segurança, como esta de Lincoln (*direita*). Mais recentemente também os judeus se destacaram como proeminentes financistas. Os mais famosos de todos são os Rothschilds, que em um gesto impressionante, em 1875, emprestaram ao governo 4 milhões de libras esterlinas para ele adquirir o controle do Canal de Suez. Waddesdon Manor (*abaixo*) é só uma da cadeia de magníficas casas de campo construídas por eles.

Acima. A riqueza dos Rothschild causou uma forte impressão na opinião pública; tornou-se legendária entre os judeus soviéticos, fustigados pela pobreza. A maioria dos judeus não era rica, e muitos viviam com menos que o indispensável. Mas a ajuda mútua sempre foi um traço muito peculiar da comunidade, e era raro que um judeu passasse fome. Aqui se vêem judeus fazendo fila para uma distribuição gratuita no East End de Londres.

Direita. Um centro de jovens sionistas na Irlanda. O sionismo estimula uma maior consciência da identidade judaica e o conhecimento do hebraico.

Abaixo. No século XVIII, os judeus começaram a expandir-se de Londres para os centros provinciais. A elegante sinagoga de Exeter, de 1763, é uma lembrança dessa época.

Centro. Os judeus escoceses têm seu próprio estilo: a Brigada de jovens judeus de Glasgow ensaia como banda de gaitas-de-foles tradicional.

Congregações Hebraicas Ortodoxas (fundada em 1926 por ortodoxos extremistas da Europa central, agora dominada pelos últimos imigrantes hassídicos), e a Federação de Sinagogas (originalmente um amálgama de casas de oração dos imigrantes soviéticos, fundada em 1887); à esquerda, as Sinagogas Reformadas da Grã-Bretanha (cujas origens remontam a 1840) e a União de Sinagogas Liberais e Progressistas (uma associação mais radical criada em 1902). Separada e paralelamente estão os sefarditas, antigos descendentes dos imigrantes europeus e das Índias Ocidentais, cujo número foi aumentado pela chegada recente de judeus de países distantes. Cada grupo tem seus próprios rabinos e porta-vozes.

As diferenças entre as diversas denominações são menos doutrinais que relativas às origens e caracteres. A lealdade a cada grupo é forte, ainda que seja difícil distinguir na prática as diferenças entre a Federação e a Sinagoga Unidas, ou entre as Sinagogas Liberais e as reformadas. Tentaram-se fusões, e existe bastante cooperação prática, mas é difícil morrerem as instituições uma vez oficialmente constituídas.

A única questão doutrinal que continua a produzir um forte impacto é a divina autoridade da Torá, que dominou a separação entre a Reforma e a Ortodoxia no século XIX. Em 1842, este assunto foi mencionado pelo rabino-chefe quando decretou uma interdição da primeira Sinagoga Reformada. Essa foi a primeira e mais prolongada divisão que se produziu entre os judeus ingleses (a divisão entre asquenazes e sefarditas se havia produzido antes e estava já bastante superada). Com o passar do tempo, agravou-se, embora se tenham aceitado reformas moderadas na Sinagoga Unida durante o século XIX. No século XX, os sucessivos rabinos-chefes sublinharam os perigos da "heresia reformista". A razão possivelmente está relacionada com a afluência de tradicionalistas da União Soviética, para os quais até a Sinagoga Unida parece inclinar-se perigosamente para a Reforma. No princípio da década de 1960, deu-se uma fissura que teve muita ressonância na Sinagoga Unida acerca da ortodoxia doutrinal, que esteve a ponto de dar origem a um movimento conservador de estilo norte-americano. Na década de 1980, reavivou-se a agitação anti-reformista entre os líderes ortodoxos. Mas teve pouca repercussão: os judeus ingleses não têm demasiado interesse pela teologia.

O único efeito permanente do cisma dos anos 60 foi o fechamento do Colégio dos Judeus, um seminário rabínico fundado sobre bases ortodoxas modernas em 1855, e com uma importante tradição acadêmica judaica. Condenado a uma ortodoxia sem desvios, fracassou em sua tentativa de atrair os melhores talentos, e agora tem existência meramente nominal. A demanda de rabinos tradicionalistas é satisfeita com os *yeshivahs* de Gateshead, um dos melhores institutos de ensino talmúdico tradicional de todo o mundo. O movimento reformado, sumamente reforçado pelos rabinos europeus refugiados dos anos 30, fundou seu próprio seminário em 1956, com o nome de Colégio Leo Baeck, em homenagem ao líder espiritual dos judeus alemães nos anos do nazismo. Finalmente, obteve o apoio da ala liberal. Formou toda uma geração de rabinos ingleses jovens, dentro de um estilo moderno.

É interessante observar que o Colégio Leo Baeck também atraiu estudantes do continente, muitos dos quais regressaram para atender a suas congregações de origem. Este é um sinal da crescente consciência do novo papel da Grã-Bretanha na Europa, derivado das destruições do holocausto e, até certo ponto, da entrada da Grã-Bretanha na Comunidade Européia. Outro sinal é a Conferência de Rabinos Europeus, um foco ortodoxo com sede em Londres e presidido pelo rabino-chefe britânico. Em geral, não obstante, os judeus ingleses responderam muito lentamente aos desafios da nova Europa.

República da Irlanda

A comunidade judia da Irlanda é estimada em menos de 2.000 pessoas, que se concentram quase totalmente na capital, Dublim. Apesar de ser pequena, e dos sinais de decadência numérica, ela mantém uma escola judaica, várias organizações comunitárias e congregações tradicionalista, ortodoxa e liberal.

França

A experiência dos judeus da França reflete fielmente os impulsos conflituosos que dominaram a França moderna como um todo: a revolução e a tradição, a hospitalidade e a xenofobia, o nacionalismo e a consciência das minorias. O século XIX começou com uma séria tentativa de normalizar a condição dos judeus e acabou com um ultrajante escândalo anti-semita: ambos os acontecimentos revelam grandes doses de idealismo e abismos de intolerância. Nos anos 30, a França aceitou mais refugiados do nazismo que qualquer outro país do mundo, e foi o único que os apoiou com fundos públicos. Poucos anos depois, eles foram entregues aos nazistas com uma aparente indiferença e com uma complacência muito superior ao estritamente necessário. As mesmas atitudes contraditórias se observam nas reações às atrocidades anti-semitas do princípio dos anos 80: manifestações de solidariedade junto à indiferença ou à aberta hostilidade. Quando uma bomba, destinada aos presentes numa sinagoga, matou quatro viandantes, entre os quais um turista israelense, um proeminente político francês mencionou as "quatro vítimas, três das quais eram inocentes franceses".

Um fator dentro desse conjunto de paradoxos é a variada composição da população judia francesa. As antigas comunidades asquenaze e sefardita eram geográfica e culturalmente diferentes, e durante muito tempo mal reconheciam uma identidade comum. Ainda em 1950, um jornal anti-semita atribuía a mútua hostilidade dos políticos René Mayer e Pierre Mendés-France ao velho antagonismo entre asquenazes e sefarditas. No final da década de 30, metade dos judeus franceses era de imigrantes não-assimilados, e boa parte do anti-semitismo dessa época era simplesmente xenofobia: tanto na França ocupada como na de Vichy no começo da década de 1940, os imigrantes eram lançados aos lobos, enquanto se faziam verdadeiros esforços para salvar os judeus franceses. Hoje em dia, metade dos judeus é mais uma vez imigrante, agora do Norte da África, e tende a atrair para si os preconceitos acerca dos estrangeiros em geral e com respeito aos árabes em particular. Mas não se deve descartar a sobrevivência de certo anti-semitismo autenticamente francês, apesar dos esforços de sucessivos governos e de algumas destacadas figuras eclesiásticas o terem combatido. A França foi uma das sementeiras do anti-semitismo clássico, e essa herança morre com lentidão.

A assimilação, aprovada oficialmente, sempre tendeu a tomar uma forma cívica e pública. Os judeus franceses eram orgulhosos de sua cidadania francesa e de sua fidelidade à terra natal; eram muito conscientes das contribuições judaicas à cultura e à política francesas. Essas atitudes sempre tenderam a aumentar a fenda que se abre entre os judeus nativos e os estrangeiros. Aqui os judeus são antes que nada franceses. Não se interessam demasiado pela cultura judaica, e muito menos pelo sionismo, e suas atividades filantrópicas são mais humanitárias e patrióticas que particulares. As escolas que a Alliance Israélite Universelle dirige no Norte da África e no Oriente Médio pretendiam dar às crianças judias uma educação francesa. Nos últimos anos isso mudou. A identidade judaica tomou a iniciativa. Particularmente, entre os jovens existe um forte interesse pela história e pela cultura judaicas, uma sensibilidade para as questões judaicas mundiais e um forte senso de solidariedade com Israel. Há um maior senso de unidade entre os judeus; estão sendo superadas as velhas divisões.

Um imprevisível destino fez da comunidade francesa uma das maiores do mundo judeu atual, e a única do continente europeu com uma vida judaica forte e pujante. Até agora, seu impacto sobre o panorama judeu mais amplo, na Europa ou no mundo inteiro, foi insignificante, mas seu potencial é certamente muito grande.

A população judia na França é calculada atualmente em cerca de 600.000, dos quais mais da metade vive em Paris. Após o desmembramento da antiga União Soviética, ela absorveu muitos judeus daquela região e hoje continua a receber os procedentes do Norte de África.

No momento da Revolução (1789), havia vários milhares de judeus na França, mas apenas algumas centenas viviam em Paris. O restante se concentrava em três regiões afastadas, e cada grupo possuía história e cultura próprias. O grupo mais numeroso era o de asquenazes de fala iídiche, da Alsácia-Lorena, com fortes vínculos alemães. No Sul, os do Comtat Venaissem, nos arredores de Avignon, sobreviveram em guetos sob a autoridade papal com uma cultura medieval sul-européia. Os sefarditas do Sudeste eram prósperos mercadores de origem portuguesa que gradualmente se tinham livrado do jugo do cristianismo e tinham adotado a cultura francesa mais elevada. Com a Revo-

Abaixo. Oitenta mil judeus foram deportados para a morte através do campo de detenção de Drancy, perto de Paris, entre 1942 e 1944. Após a libertação, os sobreviventes fizeram esta solene peregrinação ao lugar, onde todos os anos se realiza um ato memorativo.

Centro, esquerda. Nem sequer os sofrimentos que os judeus compartilharam com todos os franceses durante os anos de pesadelo do nazismo afastaram o espectro do anti-semitismo. "Indignos de fazer parte da nova Europa", *slogan* neonazista pichado num monumento às vítimas do holocausto em um subúrbio parisiense, em 1981.

A violência continua a acossar os judeus na França. Entre as centenas de atentados recentes, destacam-se dois. Em 3 de outubro de 1980, durante uma cerimônia da véspera do Sabbath, uma bomba explodiu nas portas de uma sinagoga repleta, em Paris. Dirigida, sem dúvida, aos assistentes, matou quatro transeuntes. Uma das reações foi uma manifestação, considerada a maior já vista em Paris desde 1945, que reuniu todos os setores da comunidade judaica e numerosos simpatizantes (*fotografia superior*). A faixa que diz *"Renouveau Juif"* pertence ao movimento Renovação Judaica, fundado em 1979 como expressão de identidade judaica e apoio a Israel. O segundo acontecimento foi um ataque armado contra um conhecido restaurante do "gueto" de Paris, na rue des Rosiers, em 9 de agosto de 1982. Seis pessoas morreram, e houve muitos feridos graves. O presidente francês, François Mitterrand, aparece aqui apresentando seus respeitos no primeiro aniversário do atentado. Acompanha-o seu secretário de Estado para a Segurança Pública, cargo criado como resposta ao fato.

A população judia da França se concentra, atualmente, sobretudo em Paris e outras poucas cidades, mas muitas cidades de província se orgulham de possuir sinagogas antigas, lembrança de tempos passados. Em Carpentras (*acima, direita*), a sinagoga data do século XIV e foi restaurada no século XVIII; foi declarada monumento histórico. Recorda os judeus papais do Comtat Venaissin, que subsistiram durante os muitos séculos em que aos judeus era proibido residir nos territórios do rei da França. Os candelabros de sete braços são muito pouco usuais. Nos últimos anos, a emigração norte-africana reanimou as finanças de muitas daquelas languescentes comunidades do Sul da França.

lução, todos adquiriram os mesmos direitos e obrigações de cidadãos, e sob Napoleão I se organizaram em consistórios, comunidades reconhecidas oficialmente sob controle estatal, nas quais os rabinos tinham obrigação de transformar seus fiéis em leais cidadãos franceses. Essa fórmula demonstrou ser eficaz, e com o tempo os judeus se transformaram em franceses (de "religião israelita", enquanto muitos outros se tornaram cristãos), embora perdurassem vestígios de sua identidade anterior e de suas diversas origens. O Consistório Central ficava em Paris, o que lhe conferia uma inevitável posição de domínio demográfico sobre os judeus franceses. Com a separação da Igreja e do Estado em 1905, os consistórios, menos na Alsácia-Lorena, então sob domínio alemão, se transformaram em organizações puramente religiosas, e o Consistório Central se converteu na União de Associações Religiosas Judaicas da França e da Argélia.

Uma corrente contínua de imigrantes da Europa central e oriental elevou a população judia a 350.000 em 1939, 200.000 dos quais não eram de nacionalidade francesa. Os laços entre os franceses judeus e os não-judeus se reforçaram durante o serviço comum na Primeira Guerra Mundial, na qual perderam a vida 6.500 judeus. Um judeu, Léon Blum, chegou a primeiro-ministro, enquanto outros ocuparam cargos no gabinete. Mas também se alistaram judeus estrangeiros, e morreram por seu país de adoção durante a Primeira Grande Guerra, e, quando a guerra estourou de novo em 1939, muitos deles se ofereceram como voluntários.

A derrota de junho de 1940 foi um desastre para toda a França, mas sobretudo para os judeus, cuja existência mesma logo se tornou precária. Em todo o país, empreendeu-se uma campanha anti-semita oficial imediatamente depois do armistício, e em setembro os alemães que ocupavam a região tomaram a primeira de uma série de medidas antijudaicas. Muitos judeus fugiram para o Sul, para a região não-ocupada, mas ali o governo de Vichy havia promulgado uma legislação antijudaica que em alguns aspectos era ainda mais severa que a dos invasores. Em todo o caso, os alemães logo ocuparam todo o país, até o Sudeste, onde os italianos, que tinham ocupado a região anteriormente, tinham protegido muitos fugitivos judeus. Apesar das promessas e dos subterfúgios desesperados, dezenas de milhares de judeus foram deportados, e muitos foram assassinados sumariamente na mesma França. Os que sobreviveram foram despojados, oprimidos e desmoralizados. As tarefas de restauração e reabilitação do pós-guerra foram enormes, e tinha-se de combater os venenosos efeitos tardios da propaganda nazista e superar a deterioração das relações interpessoais imposta pela guerra e pela apropriação dos bens judeus.

De fato, a recuperação foi surpreendentemente boa. Os governos do pós-guerra tomaram as medidas adequadas para apagar o anti-semitismo e absorver contingentes de sobreviventes da Europa oriental. Os graves problemas econômicos da reabilitação se solucionaram em grande parte graças ao Comitê de Distribuição Conjunta. A restituição da propriedade ocasionou tantos problemas, que muitas reivindicações foram simplesmente abandonadas diante da resistência dos colaboracionistas, que formaram associações para proteger seus "direitos". Este assunto fomentou certo sentimento anti-semita, como a propaganda católica sobre a questão da soberania israelense dos

Paris: um encontro de culturas

Abaixo. Paris começou em l'Île de la Cité, e foi ali que viveu a primeira comunidade judaica: a rua central se chamou "Rua da Judiaria" até a Revolução. Depois, após um breve exílio, os judeus tornaram a se estabelecer em ambos os lados do Sena. O distrito que rodeia a rue Pavée era conhecido como "a Velha

Quando, em 1807, Napoleão convocava o Grande Sinédrio que transformou Paris no centro administrativo da comunidade judaica francesa, a cidade abrigava menos de 3.000 judeus. Gradualmente, no curso do século XIX, começaram a chegar judeus, sobretudo da Alsácia e Lorena. Foi una época de assimilação para os judeus parisienses, muitos dos quais se estabeleceram e desenvolveram una vida burguesa. Na religião, desenvolveu-se una decorosa ortodoxia. Foram construídas esplêndidas sinagogas. À consagração da maior sinagoga consistorial assistiram três barões de Rothschild e um membro judeu proeminente do governo, Adolphe Crémieux. Adolphe era um destacado arquiteto da cidade de Paris, e a cidade compartilhou o custo da construção com o consistório.

A primeira parte do século XX foi um período de emigração da Europa oriental. La cidade era particularmente atraente para os intelectuais, e, naturalmente, para artistas como Chaim Soutine, Marc Chagall e muitos outros membros judeus da Escola de Paris.

Após os estragos da ocupação nazista e as deportações, a recuperação foi lenta. Parecia que, como outros brilhantes centros de vida judaica na Europa central e ocidental, Paris estava condenada. Mas inesperadamente se produziu una nova afluência de emigrantes do Norte da África, que trouxeram una vida judaica tão exótica quanto o havia parecido o caráter europeu oriental en sua época.

Paris é hoje o maior e mais vital centro de vida judaica de toda Europa, e a chave disso é a variedade.

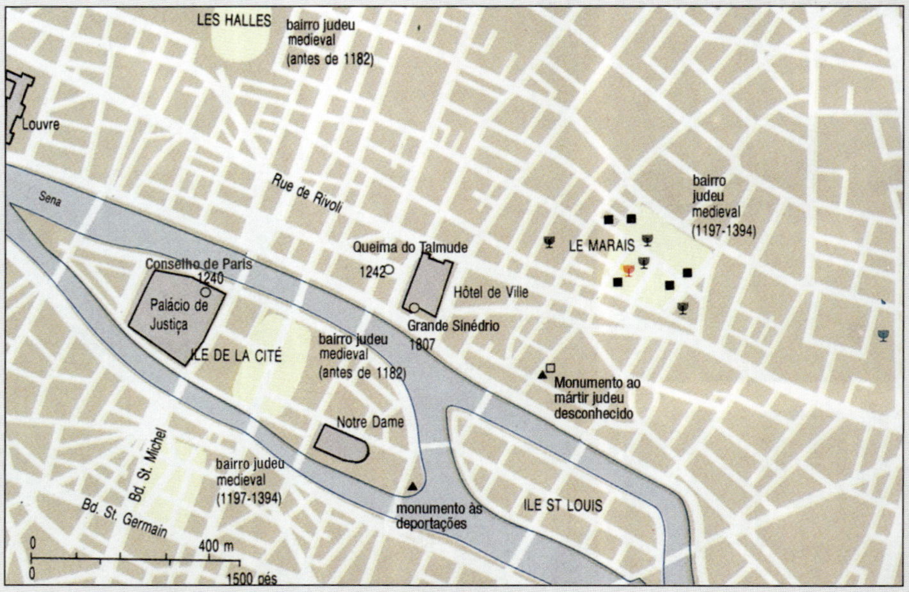

Acima. A sinagoga da rue da Victoire, a maior de Paris e sede do rabino-chefe da França, ergue-se como um monumento ao digno e discreto judaísmo do final do século XIX. A grande construção românica tem ligeiros matizes mouriscos, mas do exterior não há quase nada que revele sua condição de sinagoga.

Canto esquerdo. Belleville foi ocupada brevemente por judeus poloneses, depois da Primeira Guerra Mundial, mas agora se acha em grande parte povoada por árabes, tanto judeus como muçulmanos, que convivem, ao que parece, em harmonia. As lojas e restaurantes do bairro exalam deliciosas fragrâncias tunisianas e marroquinas.

Esquerda. Um *bel hamidrash* na rue des Rosiers, o palpitante coração da Pletzel, onde ainda se mantém a vida tradicional.

Direita. A chegada de judeus do Norte de África revitalizou muitos aspectos da vida judaica. Em 1950, havia apenas cinco açougues kosher em toda Paris; agora há mais de 70.

Judiaria" no século XIII; curiosamente, foi ali que os judeus tornaram a se estabelecer, após uma longa ausência, nos séculos XVIII e XIX. Foi conhecido como a Pletzel ("Pracinha"), e ainda é o centro da vida judaica, embora o árabe quase tenha substituído o iídiche.

Abaixo. Os judeus vivem agora dispersos por toda Paris, e também nos subúrbios, mas o mapa mostra concentrações muito bem definidas, sobretudo na Rive Droite, que se estendem para Montmartre e Belleville, e em menor medida para os bairros elegantes do Oeste.

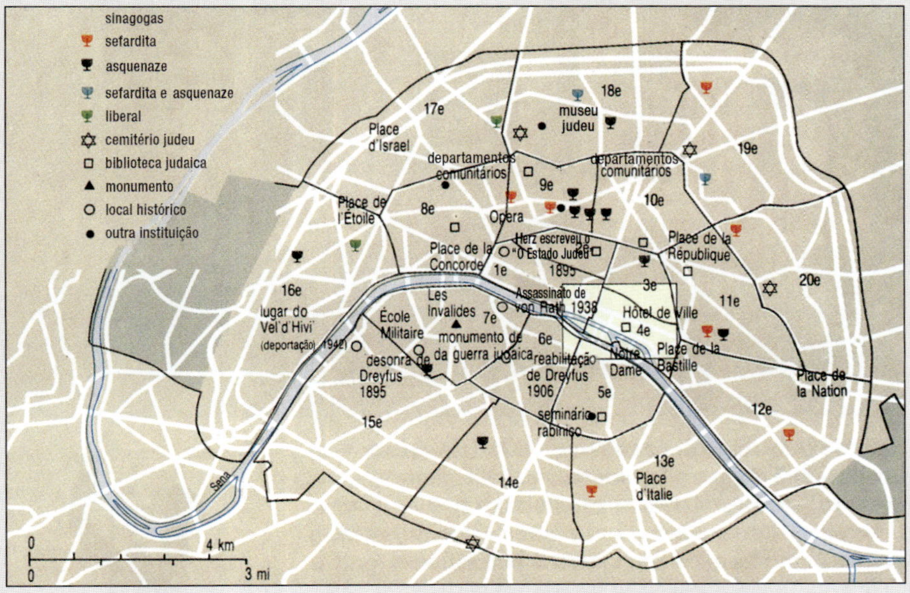

Lugares Santos da Palestina. A vida comunitária judaica era fragmentária e insegura, e durante muito tempo não houve um corpo central para combater essas manifestações de hostilidade. Sob a pressão da ocupação alemã, as principais organizações comunitárias acabaram por unir-se para formar um Comitê Representativo dos Judeus da França (CRIF), do qual faziam parte o Consistório Central, a Organização Sionista, os Judeus Comunistas, o Bund e diversos grupos de ação e de beneficência. Após a libertação, prevaleceu mais uma vez uma força centrífuga, e o conflito entre as diversas facções neutralizou o esforço conjunto. O conflito entre sionistas e comunistas foi o mais evidente, embora nenhum dos dois movimentos recebesse muito apoio dos judeus franceses. Finalmente, o CRIF se revitalizou de certo modo, assim como o Consistório Central, e se criou uma nova organização cultural e de beneficência, a Fundação Social Judaica Unida. Estas continuam a ser as três instituições comunitárias mais importantes dos judeus franceses.

Em meados da década de 1950, a grande afluência de judeus argelinos, tunisianos e marroquinos, junto com o fortalecimento das cordiais relações entre os governos da França e de Israel, produziu uma notável revitalização da vida judaica na França. Os judeus franceses se tornaram mais numerosos e ativos, e também se sentiu mais segura de si. Começou-se a apoiar abertamente Israel, até entre os judeus mais conservadores: já não havia uma luta de lealdades. A confiança recém-recuperada sobreviveu aos ataques que o general De Gaulle dirigiu contra o sionismo, em 1968, ano no qual também se produziu um impressionante ressurgimento da militância entre a juventude judia. Os jovens judeus sustentaram firmemente sua identidade judaica e sua solidariedade para com Israel, e seu entusiasmo e abertura se transmitiram para os mais velhos. A onda de atentados terroristas contra propriedades e instituições comunitárias judaicas em Paris a partir de 1979, que produziu centenas de episódios e algumas mortes, só serviu para aumentar a solidariedade e o compromisso dos judeus franceses. As questões judaicas agora são tratadas amplamente na imprensa, e todos os partidos políticos tentam abertamente conquistar o voto dos judeus. O governo do presidente François Mitterrand, constituído em junho de 1981, incluía vários membros judeus, um deles o vice-presidente da Fundação Social.

O judaísmo francês teve tradicionalmente uma tendência ortodoxa, e o sistema consistorial foi erradicando gradualmente as divisões entre sefarditas e asquenazes, embora nunca se tenha chegado à reunificação formal. Fora do Consistório, surgiram muitas congregações, desde a orientação liberal até a extremadamente tradicionalista. As sinagogas mantiveram uma função puramente religiosa, e o nível cultural e educativo judeu não sobressaiu com relação ao dos grupos de imigração recente. Ultimamente, essa situação sofreu modificações. Junto com uma reafirmação mais positiva da identidade judaica, aumentou a demanda literária, educativa e cultural. Até certo ponto, essa demanda foi atendida pelas sinagogas, mas também o foi de muitas outras maneiras, através de escolas, universidades, círculos de estudos independentes e projetos editoriais.

Paris conta com um seminário rabínico, um dos poucos que restam na Europa, mas continua a escassez de rabinos, em relação com o tamanho da população judia.

Holanda

Na Holanda os nazistas impuseram uma política de extermínio impiedoso, que, apesar de uma memorável resistência, teve notável sucesso. Só sobreviveram às deportações cerca de 25.000 judeus, numa população do pré-guerra que era de mais de 150.000. Uma rápida recuperação econômica e o apoio material e moral do governo, das Igrejas e da população em geral não conseguiram compensar a sensação de perda definitiva, e muitos judeus abandonaram o país, sentindo que já não havia futuro ali para a comunidade. Os que ficaram conseguiram restaurar uma vida judaica notavelmente vital, embora numa escala pateticamente reduzida, auxiliados pela solidariedade da população não-judia. Observa-se uma sensível recuperação da rica herança dos judeus holandeses: várias das antigas sinagogas foram restauradas com fundos públicos, e algumas voltaram a cumprir suas funções. Metade da população reside em Amsterdã, que tem algumas sinagogas (sefarditas e asquenazes, tradicionalistas e liberais), e um notável museu judaico, mas também existem pequenas comunidades em outros lugares. O judaísmo liberal, introduzido primeiramente por refugiados alemães nos anos 30, desfruta de certo sucesso sob a liderança de rabinos formados em Londres, mas a ortodoxia está desaparecendo e a venerável comunidade sefardita praticamente foi eliminada durante o holocausto.

A sombra do holocausto ainda se cierne sobre estes países de glorioso passado judeu e cujo futuro é incerto. O monumento na Weesperplein de Amsterdã (*fotografia superior*) foi erguido em 1947 pelos judeus da cidade, como mostra de gratidão a todos os que os ajudaram durante os horrores do nazismo.

Acima. Em Roterdã, a estátua de Ossip Zadkine *A cidade destruída* evoca o terror e a agonia dos impiedosos bombardeios nazistas de 1940.

Esquerda. A sinagoga da cidade de Luxemburgo foi construída em 1953, para substituir a construção anterior, destruída pelos nazistas.

Bélgica

A Bélgica sempre foi para os judeus menos acolhedora que a Holanda, à qual esteve unida até 1830. Embora na Constituição de 1831 se concedesse a eles liberdade de culto, o sentimento popular sempre foi contrário e não era fácil para um judeu conseguir a cidadania belga. Em conseqüência, muitos judeus, até os nascidos no país, eram considerados estrangeiros. Antes da última guerra, havia 80.000 judeus em Bélgica, e agora se reduziram a menos da metade, quase todos agrupados nas duas cidades principais, Bruxelas e Amberes. O contraste entre ambas as comunidades não podia ser maior. Os judeus de Amberes constituem uma comunidade muito unida e intensamente judaica, de origem européia oriental, de língua iídiche e tradicionalista no campo religioso; eles residem num bairro próprio e se ocupam sobretudo da indústria do diamante. A comunidade de Bruxelas, mais numerosa, também é mais heterogênea quanto à origem e ao caráter, acha-se amplamente assimilada e mostra pouco interesse pela religião e pela cultura judaicas tradicionais. Ambas as comunidades sofreram ataques terroristas nos últimos anos. Em julho de 1980, houve um atentado contra um grupo de colegiais de Amberes; um foi morto e dezessete, feridos. Em outubro de 1981, explodiu uma bomba na frente da sinagoga do bairro dos joalheiros, matando três pessoas e deixando 90 feridos, muitos deles gravemente. Em Bruxelas, alguns homens armados abriram fogo contra a Grande Sinagoga durante o serviço de Ano-Novo em setembro de 1982.

Luxemburgo

Em Luxemburgo, os judeus obtiveram a igualdade de direitos civis depois da Revolução Francesa (1789), e em 1808 se estabeleceu uma pequena comunidade. Em 1890 havia 1.000 judeus, e em 1930 quase 2.000, sumamente dispersos por todas as localidades do Grande Ducado. A partir da guerra, só restam algumas centenas, a maior parte na capital.

Acima. O Ministro de Economia alemão Ludwig Erhard fala durante a reabertura da sinagoga Rashi em Worms, em 1961. Até os nazistas a destruírem durante a *Kristallnacht*, em 9 de novembro de 1938, era esta a sinagoga mais antiga aberta ao culto na Europa, já que sua origem remontava em parte ao ano 1034.

Abaixo. A sinagoga de Lengnau, um dos dois únicos lugares na Suíça onde se permitiu aos judeus viver desde o começo do século XVII até meados do século XIX.

Alemanha

Na Alemanha, os judeus são numericamente insignificantes, mas sua presença tem um valor simbólico no contexto dos esforços para chegar a um acordo com a experiência do nazismo. Após um período de profunda consternação e insegurança, prevaleceu um clima de reconciliação e discussão franca acerca das feridas do passado. Os governos de ambas as repúblicas alemãs condenaram repetidamente o tratamento que os nazistas deram aos judeus, e tomaram medidas para combater o anti-semitismo. Ajudaram na reabilitação dos judeus na Alemanha do pós-guerra, e na memória das vítimas do holocausto. Enquanto o governo alemão ocidental reconheceu alguma responsabilidade diante das vítimas e pagou grandes somas como reparação, o da Alemanha Oriental recusou toda e qualquer responsabilidade pelos fatos, aduzindo que os socialistas alemães, junto com os judeus, também tinham sido vítimas do nazismo. O clero esteve na vanguarda do movimento de reconciliação; atualmente há freqüentes manifestações de amizade judaico-cristã.

Antes da reunificação alemã em 1990, o censo da Alemanha ocidental em 1970 registrava 31.684 judeus. Os membros filiados às 66 comunidades judias chegavam a 28.173 no começo de 1981, mais 405 que no ano anterior, e a 32.319 em 1987. O crescimento se deveu sobretudo à imigração e em pequena medida às conversões, já que o índice de nascimentos (95) era desproporcionam com respeito às mortes (456). A comunidade mais numerosa (6.530) era a de Berlim, seguida por Frankfurt (4.897) e Munique (3.920). O corpo representativo, o Conselho Central dos Judeus na Alemanha, expressou uma profunda preocupação com a proliferação do extremismo antijudaico, em particular da direita política. Os grupos neonazistas foram responsabilizados pelos episódios anti-semitas dos últimos tempos, sobretudo a profanação de cemitérios, e a propaganda antijudaica.

Na Alemanha Oriental, havia apenas oito comunidades, que somavam cerca de 650 membros, metade deles em Berlim. Apesar de na atual Alemanha a tendência da população judia ser a de diminuir pelos mesmos motivos expressos anteriormente, no início do século XXI se encontra entre as dez comunidades judaicas mais numerosas do mundo.

Suíça

Na Suíça, as cifras obtidas do censo unidas às dos suíços que emigraram para Israel dão um número de cerca de 18.000 judeus, embora a filiação à Federação Suíça de Comunidades Judias seja bastante inferior. Isso reflete as prioridades da população judia, que está bem integrada e tem uma alta taxa de casamentos mistos. As comunidades maiores estão em Zurique, na Basiléia e em Genebra, que também abrigam as centrais européias de organizações internacionais judaicas e organismos de beneficência. A maioria das sinagogas do país é ortodoxa ou tradicionalista, mas há congregações liberais em Zurique e Genebra, onde também há uma sinagoga sefardita.

Esquerda. Destroços causados por uma bomba na Bélgica, 1981. Entre 1979 e 1982, houve centenas de ataques à vida e às propriedades judaicas em toda a Europa ocidental. Alguns foram atribuídos a terroristas árabes, mas a maioria foi obra de extremistas políticos locais.

Direita. Esta cerimônia memorativa no campo de concentração de Dachau, perto de Munique, é outro ato recordativo dos horrores passados. Na Alemanha, é imprescindível manter esses testemunhos, devido às fortes pressões que tentam apagar a lembrança das atrocidades nazistas, ou tirar-lhes importância.

Fotografia inferior. Até 1775 não foi permitido a um judeu viver na Suécia; a emancipação só foi conseguida em 1870. Mas os judeus da Suécia gozaram de uma feliz convivência com seus vizinhos: de fato, o problema mais grave foi a excessiva assimilação. Aqui se vê o rei Carlos XVI Gustavo em uma visita a uma sinagoga, com a rainha Sílvia.

Direita. O dissidente soviético Boris Katz chega ao aeroporto de Viena em 1978. Esta cidade foi a porta de saída para os emigrados da União Soviética, e alguns se estabeleceram definitivamente ali.

Áustria

Viena, outrora uma das capitais intelectuais do mundo judeu, reduziu-se a um lago de águas paradas. Em 1934, havia 178.000 judeus na cidade, numa população total de muito menos de dois milhões. Hoje em dia, há apenas alguns poucos milhares, muitos dos quais são emigrantes da Europa oriental e da Ásia central. Nas outras cidades importantes da Áustria, há pequenas comunidades. O anti-semitismo profundamente arraigado faz com que a vida seja incômoda para os judeus deste país, já que de vez em quando estouram ações violentas. Viena foi palco de um ataque terrorista árabe à principal sinagoga, em agosto de 1981, onde perderam a vida duas pessoas. O então chanceler austríaco, Bruno Kreisky, de origem judia, recebeu duras críticas por seu aberto apoio aos ativistas palestinos, e por suas posteriores declarações em que condenava a intransigência israelense para com os árabes palestinos, o que considerava motivo do atentado.

Escandinávia

A Suécia e a Dinamarca contam com a maior população judia da Escandinávia e se encontram entre as poucas comunidades européias que aumentaram no século XX através da imigração. Antes, durante e depois da última guerra, a Suécia recebeu um grande número de refugiados, incluída a quase totalidade da comunidade dinamarquesa, embora muitos deles finalmente tenham partido. Ambos os países, que possuem uma história judaica de mais de 200 anos, deram abrigo aos refugiados poloneses em 1968. Na atualidade, estima-se que haja cerca de 18.000 judeus na Suécia, metade deles em Estocolmo. A maior parte dos judeus dinamarqueses reside em Copenhague. As pequenas comunidades da Noruega e da Finlândia têm suas origens na década de 1850, e também se concentram nas respectivas capitais.

Esquerda. Sepulcro original de um dos judeus vienenses mais célebres, Theodor Herzl. Em 1949, foram exumados seus restos e sepultados de novo, em um santuário nacional de Israel.

Abaixo. Em toda a Espanha restam vestígios da presença judaica no Medievo; nos últimos anos, foram feitas muitas restaurações. Esta magnífica sinagoga, conhecida geralmente pelo seu nome cristão, Santa Maria, a Branca, impressiona qualquer visitante de Toledo, com suas fileiras de colunas e arcos em ferradura que recordam a Grande Mesquita de Córdova.

O ressurgimento da vida judaica na Espanha após séculos de desolação parece quase um milagre. Começou em um grau considerável na década de 1960. Anteriormente, os judeus, como as demais minorias religiosas, levavam uma vida precária, exacerbada pela imagem negativa do judeu na história oficial espanhola.

Esquerda. A rainha Sofia assina o livro de visitas da sinagoga de Madri, em 1976.

Centro. A comunidade de Maiorca foi fundada oficialmente em 1976. Ela deve sua existência à popularidade da ilha como centro de veraneio e lugar de retiro para os estrangeiros.

Esquerda. "Córdova a Maimônides", diz a dedicatória desta estátua, erigida em 1964 em memória de um dos mais célebres filhos da cidade.

Abaixo. Em Portugal, os judeus foram batizados à força em 1497, mas muitos mantiveram vivo seu judaísmo totalmente às ocultas, casando-se entre si e transmitindo de geração em geração as preces e os rituais. Amiúde eram as mulheres quem conduzia as preces e conservava as tradições. Algumas comunidades afastadas de cristãos-novos conseguiram sobreviver, na crença de serem os últimos judeus do mundo, até que foram "descobertos" acidentalmente em 1917.

A Península Ibérica

A Espanha é outra comunidade que cresce. Havia poucos judeus no país antes da proclamação da República em 1931, e eles tinham uma liberdade muito restrita. O governo republicano provisório manifestou sua disposição de receber imigração judia, e a prefeitura de Madri concedeu um terreno para o cemitério da comunidade judaica local. Logo começaram a chegar imigrantes sefarditas do Marrocos e do Oriente Próximo, e asquenazes da Europa central e oriental. A insurreição nacionalista que estourou em 1936 tinha um sentimento oculto antijudaico, mas o general Franco ofereceu refúgio na Espanha a muitos fugitivos do nazismo e, finalmente, em 1967, concedeu às comunidades judias o reconhecimento pleno como associações religiosas. Calcula-se que atualmente haja na Espanha cerca de 12.000 judeus, mais de 3.000 em Madri e outros tantos em Barcelona, além de pequenas comunidades em Málaga e outras cidades. A emigração continua, sobretudo do Marrocos e da América do Sul, e ressurgiu o interesse pela herança cultural dos judeus hispânicos na população geral.

Em Portugal, os judeus têm liberdade de culto desde a queda da monarquia em 1910, mas a comunidade continua pequena. De fato, não há muitos mais judeus em Portugal que em Gibraltar, que, curiosamente, tem uma história judaica significativa que remonta ao século XVIII, e quatro veneráveis sinagogas que ainda funcionam, e que se encontram a poucas centenas de metros umas das outras. Os judeus começaram a instalar-se em Gibraltar depois de este ser tomado pelos ingleses em 1704, e em 1749 foram reconhecidos formalmente seus direitos de residência, num momento em que constituíam um terço da população total do território. Mantiveram-se profundamente orgulhosos de seu patrimônio judaico e fiéis a suas tradições religiosas, participando plenamente da vida da cidade.

Itália

A presença judia na Itália tem uma história ininterrupta de 1.000 anos ou mais, e nos tempos modernos os judeus tomaram parte de todos os aspectos da vida italiana (alguns dos escritores italianos atuais mais conhecidos são judeus). Ainda que sob a pressão nazista o governo fascista tenha introduzido leis raciais e muitos judeus tenham sido deportados durante a guerra, o anti-semitismo não foi intenso na Itália, e grande parte da população judia italiana sobreviveu. Depois da guerra, a Itália deu abrigo temporário a milhares de exilados, que em certo momento chegaram a superar numericamente os judeus nativos; a maioria deles foi para Israel. No final do século XX, houve uma grande afluência de judeus líbios, e muitos judeus soviéticos atravessaram a Itália a caminho de outros países.

A população atual judia da Itália é calculada em mais de 30.000, metade dos quais vive em Roma, com uma segunda comunidade importante em Milão. Uma organização central, a União de Comunidades Judaicas Italianas, coordena as atividades comunitárias. Os judeus italianos são tradicionalmente bem integrados e assimilados, embora a imigração tenha mantido vivas as formas religiosas tradicionais. Os esforços para manter e promover a educação e a cultura judaicas só conseguiram resultados muito pobres. Na década de 1980, vários episódios violentos, incluindo um atentado na sinagoga principal de Roma, provocaram alarme na comunidade judia deste país. Nos primeiros anos do século XXI, apesar da importante imigração de outros países, os judeus registrados em Milão eram 6.000, enquanto tinham sido 8.000 os que se tinham registrado na década de 1960. Estes e outros dados sobre a redução da natalidade mostram uma tendência ao declínio da população judia na Itália.

Direita. As deportações dos judeus de Roma e do Norte italiano durante o período bélico contribuíram para o trauma da derrota e da ocupação alemã no outono de 1943. Embora numericamente fossem inferiores aos dos demais países ocupados pelos nazistas, o impacto foi grande. No curso de seis semanas, foram deportados quase 10.000 judeus para Auschwitz, poucos dos quais sobreviveram. Em outubro de 1963, a Câmara Municipal de Roma assistiu a esta cerimônia no vigésimo aniversário das deportações executadas nesta cidade. A memoração foi feita no Pórtico de Otávia, rua principal do que outrora foi o gueto.

Abaixo. A sinagoga medieval de Sermoneta, no Sul de Roma. Ela foi abandonada quando o papa ordenou a expulsão dos judeus em 1555.

Abaixo, direita. Registro de um matrimônio na sinagoga de Roma.

Direita. A entrada de Garibaldi em Roma em 1870 deu novas forças à comunidade judaica, mas dispersou o superpopuloso gueto da margem do Tibre, como parte do plano de reurbanização. Em lugar das cinco sinagogas antigas, a comunidade optou por uma construção típica e monumental, conforme com a liberdade e dignidade recém-adquiridas. A nova construção foi inaugurada em 1904, e ocupa um lugar destacado, olhando para o rio. Abstendo-se dos estilos mouriscos, então em voga, os arquitetos preferiram um neoclassicismo genuinamente italiano, com traços orientais.

Poucas cidades no mundo podem comparar-se a Veneza quanto à riqueza de monumentos judaicos, com seus dois guetos e cinco destacadas sinagogas contíguas. A palavra "gueto" pode ser de origem veneziana; em todo o caso, foi ali que, em 1516 (*abaixo*), foram confinados pela primeira vez os judeus em um bairro especial, que era fechado de noite. A Grande Sinagoga Alemã (*canto inferior*) no Novo Gueto foi aberta em 1528, mas a que se vê aqui data de uma renovação posterior, no século XVII.

Hungria

O caso da Hungria é excepcional, na medida em que tem ainda uma população judia relativamente numerosa, muito vital, ao menos na capital. De fato, Budapeste é uma das poucas cidades européias que conta com várias sinagogas ativas, vários rabinos, cantores ou açougueiros judeus, e um seminário rabínico próprio.

O censo de 1930 registrava 444.567 judeus na Hungria, numa população total de 8,7 milhões, quer dizer, 5,11%. Mas em Budapeste a proporção era muito maior ainda: 204.371 de um total de um milhão. Cerca da metade dos judeus húngaros foi exterminada durante o holocausto, sobretudo nos meses que se seguiram à ocupação alemã, em março de 1944. Depois da guerra, havia cerca de 110.000 judeus em Budapeste, e apenas cerca de mais 30.000 no restante do país. Calcula-se que mais de 20.000 jovens judeus tenham fugido quando se abriram por um breve período as fronteiras durante a abortada revolta de 1956, mas de outro modo a emigração teria sido praticamente impossível. Em 1975, a população judia era calculada em 100.000, num total de 10,5 milhões, quatro quintos dos quais viviam na capital.

Há rastros da presença judia na Antiguidade romana, mas as bases das povoações judaicas correspondem ao século XIII, quando o rei Béla IV convidou

Os judeus húngaros são os únicos que mantêm uma hierarquia religiosa que ainda se atém firmemente aos princípios do modernismo europeu. O movimento neológico, que começou no final do século XVIII, superou o trauma da era nazista e a dolorosa transição para o domínio comunista, e atualmente exerce uma renovada atração sobre os jovens judeus da Hungria.

Direita. Um funeral em Budapeste. Os rabinos, com o característico traje clerical dos neológicos, levam o caixão.

Abaixo. A ortodoxia tem uma existência muito reduzida, centrada neste pátio atrás da bela, e infelizmente arruinada, sinagoga Kazinczy utca.

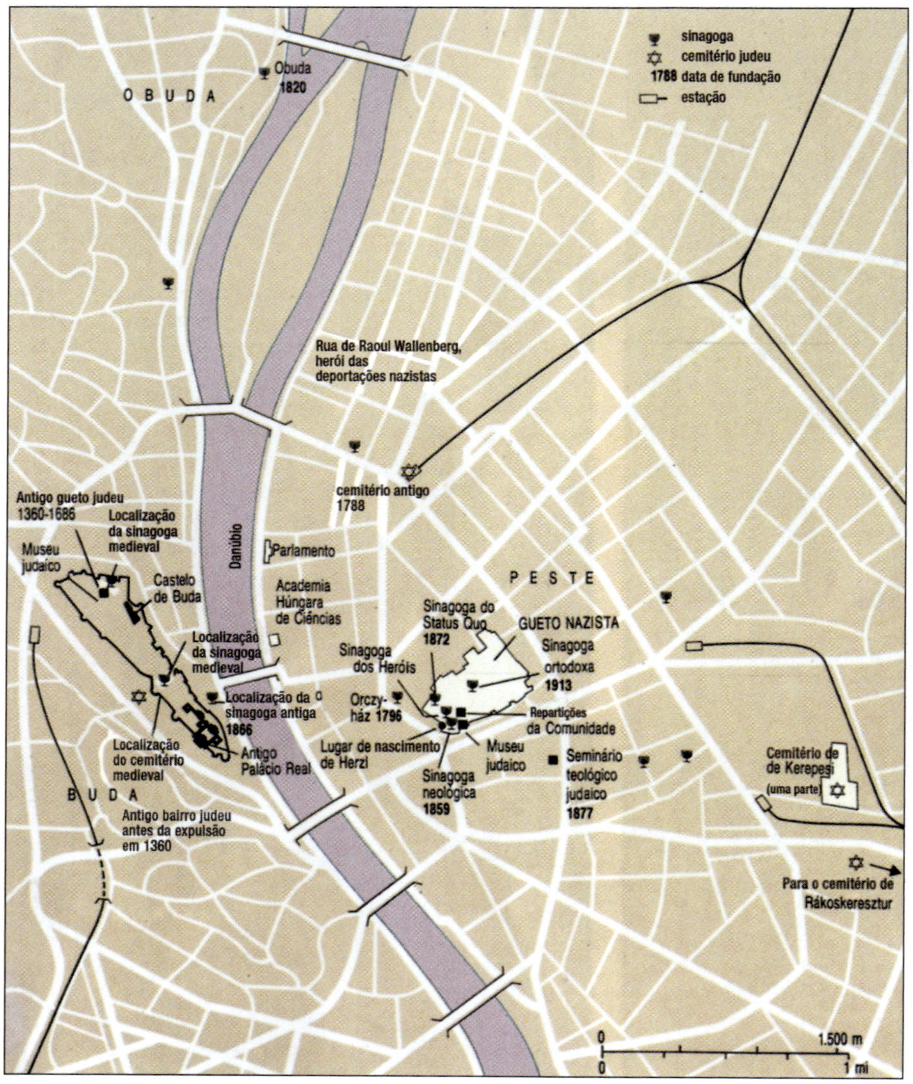

Acima. Principal cemitério judeu de Peste. Ao fundo se vê o monumento memorativo das deportações nazistas, o qual tem gravados os nomes dos que pereceram.

Esquerda. A Budapeste judaica. A comunidade medieval se concentrava dentro do castelo de Buda. Um edito imperial de 1783 permitiu aos judeus estabelecer-se em Peste.

Acima, direita. A sinagoga Dohány utca é uma das mais destacadas construções de Budapeste, e o maior edifício sinagogal da Europa. Construída em 1859 em estilo mourisco, abriga comodamente mais de 3.000 fiéis. A cúpula que se vê atrás pertence à sinagoga dos Heróis, monumento aos mortos da Primeira Guerra Mundial, porque seu pátio foi reservado para ser monumento às vítimas do terror nazista que se acham enterradas ali.

Abaixo, direita. O interior da sinagoga durante um serviço de um dia santo. O oficiante com barba é o doutor László Salgó, rabino-chefe neológico e membro do Parlamento húngaro.

Esquerda. Cerimônia de ordenação no Seminário Teológico judeu, fundado em 1877. Nas últimas décadas, ele ganhou ainda mais importância como centro de formação de rabinos e professores. O decano, professor Alexander Scheiber, dirige-se aqui ao candidato.

pessoas com experiência mercantil a vir para o país, para restaurar a economia depois da invasão mongol. Em épocas modernas, a contribuição dos judeus para o desenvolvimento econômico do país foi formidável. Em 1868, ano seguinte à emancipação, o governo convocou um Congresso Geral Judaico com o fim de regulamentar a estrutura da comunidade. Os judeus estavam profundamente divididos então entre a ortodoxia e o movimento neológico (reformistas moderados). Em 1895 o judaísmo foi reconhecido oficialmente como religião minoritária. Os ortodoxos, ao ver-se consideravelmente superados quanto ao número dentro do Congresso, formaram sua própria organização à parte, enquanto um pequeno número de congregações se negou a unir-se a qualquer dos dois agrupamentos. As três estruturas religiosas subsistiram separadamente até 1950 (a população ortodoxa, residente sobretudo nas províncias, sofreu desproporcionalmente as deportações da guerra). Depois, após várias tentativas de pôr as diversas denominações sob um maior controle estatal, todas se uniram numa organização única. O governo já havia fechado um acordo no final de 1948 com a Junta Central dos Judeus Húngaros, dando-lhes o reconhecimento oficial, liberdade de práticas religiosas e apoio financeiro, em pé de igualdade com as outras religiões; este acordo foi renovado em 1968. Em 1949, foram fechadas as organizações sionistas.

Atualmente, a comunidade judia da Hungria continua a ser a maior da Europa do Leste, sem incluir a Federação Russa. O anti-semitismo, ainda presente em toda a região, faz com que muitos evitem filiar-se, razão por que é provável que a cifra real se aproxime dos 100.000 membros, embora as mortes superem os nascimentos, como ocorre em outros países.

Esquerda. Menachem Begin se dirige ao público numa reunião em uma sinagoga de Bucareste pouco depois de ter sido nomeado primeiro-ministro de Israel em 1977.

Abaixo, esquerda. O doutor Moisés Rosen, chefe dos rabinos da Romênia em uma recordação das mais de 150.000 vítimas das deportações nazistas de mais ao norte de Transilvânia. O doutor Rosen, membro do Parlamento romeno, dirigiu delicadas negociações com o governo em nome da comunidade judaica, e supervisionou a emigração maciça dos judeus romenos, além de conseguir melhorias nas condições de vida judaica para os que permanecem ali.

Acima. As lembranças do holocausto são muito fortes em Praga. Aqui se vê a celebração de preces pelos mortos de Auschwitz.

Direita. A Antiga Sinagoga Nova é a construção mais importante herdada da antiga coletividade judaica de Praga. É propriedade da Comunidade Religiosa Judaica de Praga, e se celebram cultos regularmente nela.

Extrema direita. A sala mortuária românica foi construída no começo deste século, e foi ali que se reuniram as primeiras peças para um museu judeu, antes da guerra. Atualmente, ela abriga uma dilacerante coleção de desenhos e poemas infantis do campo de concentração de Terezin.

Romênia

As mudanças na situação sociopolítica do país após a revolução de 1989 e a emigração contribuíram para a diminuição da população judia da Romênia. No começo do século XXI, a Federação de Comunidades Hebraicas afirmava a existência de 10.800 judeus, embora diversas fontes dêem um número inferior.

Antes da guerra, havia mais de 800.000 judeus na Grande Romênia, incluindo os territórios anexados após a Primeira Guerra Mundial. Foi precisamente nesses territórios, especialmente a Bessarábia, a Bucovina e a Transilvânia, onde as deportações foram mais desastrosas. Os judeus da antiga Romênia atravessaram uma grande provação, se não de todo incólumes (os *pogroms* de Bucareste e Jassy em 1941, quando milhares de judeus foram brutalmente assassinados, ainda são lembrados com horror), pelo menos relativamente intactos. Em 1948, mesmo depois de uma frenética emigração de sobreviventes e dos que regressaram, ainda restavam 350.000, a maior população judia da Europa, depois da União Soviética e da Grã-Bretanha. Durante o período stalinista, impediu-se a emigração, e as organizações comunitárias e políticas judaicas foram fechadas ou postas sob controle comunista. As questões religiosas eram estritamente regulamentadas, e os líderes judeus comunistas atacavam violentamente a religião e o sionismo. Sob o governo de Nicolae Ceausescu, aboliu-se o domínio comunista sobre as estruturas da comunidade, e gradualmente foram ressurgindo as instituições religiosas, educativas e sociais, junto com uma transferência ordenada da maioria da população para Israel. Essa nova política foi habilmente manejada por um rabino principal carismático e politicamente destacado.

Os judeus romenos são majoritariamente asquenazes e ortodoxos, mas há uma reduzida presença sefardita e algumas sinagogas neológicas na Transilvânia de língua húngara. Em 1949, as diferentes congregações de cada população se fundiram, por decreto governamental, numa comunidade única. O anti-semitismo, que era corrente até o fim da monarquia, foi progressivamente erradicado sob o governo comunista.

República Tcheca

No começo do século XXI, estimava-se que a população judia da República Tcheca era de cerca de 3.000, embora a Federação de Comunidades Judias forneça estimativas superiores, em torno dos 5.000. A comunidade principal é de Praga, e o restante vive em localidades pequenas como Brno, Plzen e Olomouc.

O censo de 1930 registrava 350.000 judeus entre a República Tcheca e a Eslováquia, dos quais 191.000 eram de nacionalidade judia. (Este *status* nacional, reconhecido pela Constituição de 1920, foi abolido depois da guerra). Após a libertação, havia 45.000 nos dois territórios, sem contar o território da Pequena Rota do Sul dos Cárpatos, que abrigava cerca de 100.000 judeus em 1939. Daquela população, cerca de dois terços foram emigrando até 1950, e depois, após a invasão soviética de 1968, ocorreram emigrações em pequena escala.

República Eslovaca

A comunidade judia da Eslováquia é calculada em cerca de 3.000 pessoas, a maior parte das quais vive em Bratislava e em Kosice. A comunidade eslovaca é em sua maioria integrada por sobreviventes do holocausto, razão por que a tendência das comunidades era de reduzir-se. No entanto, na atualidade se está dando o retorno à comunidade judaica dos filhos de casamentos mistos. Este incipiente dinamismo se viu refletido na fundação em 1996 do Instituto de Estudos Judaicos de Bratislava. Existem algumas comunidades tradicionalistas na Eslováquia, embora, como na República Tcheca, o judaísmo tenda tradicionalmente à Reforma. As cerimônias religiosas têm lugar em Bratislava e Kosice, e por vezes em alguns outros lugares.

Durante os anos do comunismo, de 1948 a 1989, aqueles que queriam praticar a religião em liberdade iam para Israel ou para os Estados Unidos. A primeira constituição socialista da antiga Tchecoslováquia (1948) proclamava a liberdade religiosa e proibia a incitação ao ódio racial ou religioso. A Igreja Católica se opôs às leis que regulamentavam as instituições religiosas (1949), mas elas foram bem recebidas pelas comunidades judaicas, por considerarem que garantiam a igualdade e a segurança financeira. As propriedades religiosas tinham sido confiscadas, e em alguns casos entregues a comunidades cristãs, enquanto os fundos destinados às congregações judaicas não eram suficientes, e muitas delas desapareceram. Em 1951,

Esquerda. A entrada para Kazimierz, o velho gueto de Cracóvia, 1937. As imagens da Polônia judaica revelam o incrível contraste entre a riqueza do passado e a pobreza do presente. Antes do holocausto, havia 17.000 comunidades, que incluíam desde grandes cidades até pequenas aldeias. Quanto à experiência histórica ou à importância dos monumentos, poucas podem comparar-se a Cracóvia. Atualmente restam poucos judeus, embora ainda se celebrem ofícios na magnífica sinagoga de Rema, que foi restaurada cuidadosamente. A Antiga Sinagoga, uma das mais antigas da Europa, também foi restaurada, e é atualmente um museu judeu. Mas, na verdade, a Polônia inteira é um museu judeu, ou antes, um cemitério abandonado.

Canto inferior. Mãos que se elevam em um gesto de bênção sacerdotal: uma lápide em Sientawa.

Abaixo. Pedras dispersas em um campo, tudo o que resta de uma comunidade rural outrora próspera.

proeminentes membros judeus do partido e do governo foram estigmatizados como "agentes do imperialismo ocidental" e presos. A propaganda soviética se encarregou naqueles anos de explorar os preconceitos anti-semitas, e os líderes judeus foram substituídos.

Polônia

Na Polônia, a comunidade judia é calculada em cerca de 25.000. As principais comunidades se encontram em Varsóvia, Wroclaw e Bielsk. Após a queda do regime comunista, as comunidades judias polonesas tiveram revitalizada sua vida social, cultural e religiosa, aspectos que são organizados pela União de Comunidades Religiosas Judaicas da Polônia, fundada para tais fins em 1993.

Antes da guerra, havia mais de três milhões de judeus na Polônia. No momento da libertação, só restavam 50.000; algumas centenas deles morreram em posteriores explosões de violência antijudaica. Nos anos seguintes, regressaram cerca de 200.000, a maioria da União Soviética, mas em geral voltaram a emigrar, e em 1950 a população era calculada entre 60 e 70.000. De 40 a 50.000 conseguiram permissão para

Abaixo. Um rabino. Varsóvia, 1938. Antes de sua destruição, Varsóvia era uma das capitais culturais judaicas da Europa, e tinha uma vida judaica verdadeiramente destacada. Os livros eram tratados com respeito e veneração. Agora resta pouco, mesmo como monumentos de um passado que morreu.

Direita. Lvov também pertence à história da Polônia, embora a comunidade judaica tenha florescido sob domínio austríaco e atualmente se ache na Ucrânia. Os poloneses sempre viveram à mercê de fronteiras arbitrárias.

Direita, centro. Hanukkah em um *shtibl* polonês. Há poucas esperanças para uma comunidade que envelhece e declina.

Acima. O último açougueiro kosher da Polônia, fotografado em Cracóvia em 1978. Ele abria a açougue uma vez por semana. O último restaurante kosher tinha sido fechado dez anos antes.

Abaixo. Um importante achado. Em 1950, foram desenterrados dois cântaros de leite fechados, na área do antigo gueto de Varsóvia. Continham documentos relativos ao gueto, e tinham sido soldadas antes da histórica sublevação de 1943.

emigrar quando Wladyslaw Gomulka chegou ao poder em 1956, e a maioria dos restantes se foi durante a feroz campanha anti-semita estimulada pelo governo em 1968.

Como em outros países comunistas, as organizações judaicas foram abolidas ou postas sob controle do Partido no final da década de 1940. Os diferentes partidos sionistas foram suprimidos, e o Bund se fundiu com o Partido Unido dos Trabalhadores. Um decreto de 1949, posteriormente incorporado à Constituição de 1952, concedia liberdade religiosa, e então se formou, com o reconhecimento oficial, a União Religiosa, que reunia 63 congregações. Ao mesmo tempo, foi fundada uma União Social e Cultural Judaica, dominada pelos comunistas, para promover a cultura judaica "nacional na forma e socialista no conteúdo". Em geral, o governo comunista se esforçou por eliminar o anti-semitismo que tinha sido endêmico na Polônia, mas houve sérios retrocessos nessa atitude, como os de 1968 e de 1980, em ambos os casos nos marcos de uma crise econômica e de política nacional.

Acima. Uma família em Salônica. No século XIX, era esta uma cidade virtualmente judaica. As minorias não-judias, gregos, turcos e albaneses, fechavam as lojas nas festividades judaicas e muitos até falavam ladino. Em 1930, havia 60 sinagogas em Salônica: hoje em dia, só duas permanecem abertas.

Acima, direita. Pouco resta da outrora esplêndida comunidade judaica que floresceu em Rodes depois de a ilha ter sido conquistada pelos turcos no século XVI. Mas existe uma sinagoga aberta para o culto, uma de apenas uma dúzia em toda a Grécia.

Centro, direita. A sinagoga de Sofia, construída no estilo mourisco-bizantino em moda no século passado. As origens da comunidade judaica de Sofia remontam à Antiguidade romana, mas foi depois da expulsão da Espanha que ela se converteu em um centro judeu florescente, sobretudo sefardita, mas com uma sinagoga asquenaze fundada por refugiados bávaros.

Abaixo. Vista da velha Dubrovnik. Poucos turistas se dão ao trabalho de visitar a atraente e pequena sinagoga, oculta em uma rua lateral do lugar onde outrora viveu a comunidade judaica.

Abaixo, direita. Esta sinagoga restaurada em Zenica, na Bósnia, é atualmente um museu.

O judaísmo polonês é tradicionalista e, dada a renovada vitalidade da comunidade desde 1989 até a atualidade, conta com os serviços religiosos de dois rabinos.

Outros países balcânicos

Nos Bálcãs meridionais, a presença judia tem raízes muito antigas, mas foi notavelmente aumentada sob o domínio otomano pelos refugiados procedentes da Espanha e em menor medida da Europa oriental. Apesar dos séculos de doutrinação antijudaica por parte das Igrejas, a população geral prestou grande apoio aos judeus durante a época nazista, e na Bulgária o número de judeus cresceu ligeiramente durante a guerra. De qualquer modo, houve grandes perdas nas demais regiões, e o mais dramático foi a eliminação da forte comunidade de Salônica, de 60.000 habitantes. No fim da guerra, havia 45.000 judeus na Bulgária, 11.000 na Iugoslávia e igual número na Grécia, enquanto na Albânia havia cerca de duzentos. A divisão da Iugoslávia produziu uma redução da população judia na região, assim como na Albânia, onde a maioria emigrou para Israel a partir de 1991. Na atualidade, a comunidade grega é a mais numerosa da área balcânica.

A URSS E A CEI

Povoamentos judeus
Comunidade principal
Calculada em mais de 100.000
Comunidade importante
Calculada em mais de 10.000
Comunidade considerável
Calculada em mais de 1.000
Comunidade menor
Calculada em menos de 1.000
Sinagoga em funcionamento
Pouca ou nenhuma população judaica, mas com vestígios históricos
Comunidades dispersas
escala 1: 16.500.000
0
400 km
0
300 mi
FEDERAÇÃO RUSSA
COMUNIDADE DOS E
CAZAQUISTÃO
USBEQUISTÃO
TURCOMENISTÃO
QUIRGUISTÃO
TADJIQUISTÃO
UCRÂNIA
BIELORÚSSIA
LITUÂNIA
LETÔNIA
ESTÔNIA
RSFSR
DAVIA
GEÓRGIA
ver mapa no quadro
ARMÊNIA
AZERBAIJÃO
MAR NEGRO
MAR CÁSPIO
MAR DE ARAL
L. Balkhash
L. Ladoga
L. Onega
L. Chudskoye
Murmansk
Petrozavodsk
São Petersburgo
Tallinn
Tartu
Riga
Pskov
Moscu
Kalinin
Jaroslavl
Gorkiy
Kazan
Syktyvkar
Sovetsk
Perm
Sverdlovsk
Chelyabinsk
Ufa
Kuybyshev
Saratov
Orenburg
Omsk
Karaganda
Volgograd
Primorsk
Rostov
Voroshilovgrad
Donetsk
Dnepropetrovsk
Kharkov
Poltava
Zaporozhye
Melitopol
Kerch
Feodosiya
Simferopol
Yalta
Sebastopol
Yevpatoriya
Odessa
Kherson
Nikolayev
Kirovograd
Cherkassy
Kiev
Zhitomir
Chernigov
Gomel
Bryansk
Kursk
Voronezh
Sumi
Tula
Kaluga
Smolensko
Mogilev
Vitebsk
Minsk
Bobruysk
Pinsk
Slonim
Brest
Grodno
Vilnius (Vilna)
Kaunas (Kovno)
Kaliningrad
Krasnodar
Stavropol
Astrakhan
Nalchik
Grozni
Makhachkala
Derbent
Kuba
Khachmas
Baku
Kirovabad
Ierevan
Lenkoran
Ashkhabad
Bukhara
Samarkanda
Tashkent
Chimkent
Leninabad
Kokand
Namangan
Margilan
Andizhan
Fergana
Frunze
Alma At
Dushanbe
Volga
Oka
Don
Ural
Desna
Dnieper
Pripyat
Sukhona
Pechora
Obi
Irtysh
Ishim
Syr Darya
Amu Darya
Kura
Araks

David Oistrakh (1908-1974) e Igor Oistrakh (n. 1931), violinistas

B. Pasternak (1890-1960), escritor

S. Eisenstein (1898-1948), diretor de cinema

Boris Volynov (n. 1934), cosmonauta

M. M. Litvinov, político

Y. L. Levin, rabino em chefe, Moscou

INDEPENDENTES

	1930		2002	
	Pop. judía aprox.	*Judeus ‰*	*Pop. judía aprox.*	*Judeus ‰*
Azerbaijão	31.000	14	7.911	1
Bielo-Rússia	407.000	82	72.103	7
Estônia*	4.500	4	1.818	1,36
Geórgia	31.000	12	7.951	1,7
Latvia (Letônia)*	96.000	52	9.092	3,97
Lituânia*	155.000	56	3.596	1
Moldávia*	–	–	31.187	7
Rússia	589.000	6	717.101	5
Tadjiquistão	–	–	100	0,0
Ucrânia	1.574.000	54	142.276	3
Uzbequistão	38.000	7	17.453	0,6
Armênia	–	–	750	0,2
Cazaquistão	–	–	4.100	0,2
Quirguistão	–	–	926	0,1
Turquemenistão	–	–	495	0,0

*Não pertenciam à URSS em 1930. Assinale-se que as fronteiras de alguns Estados mudaram a partir de 1930.

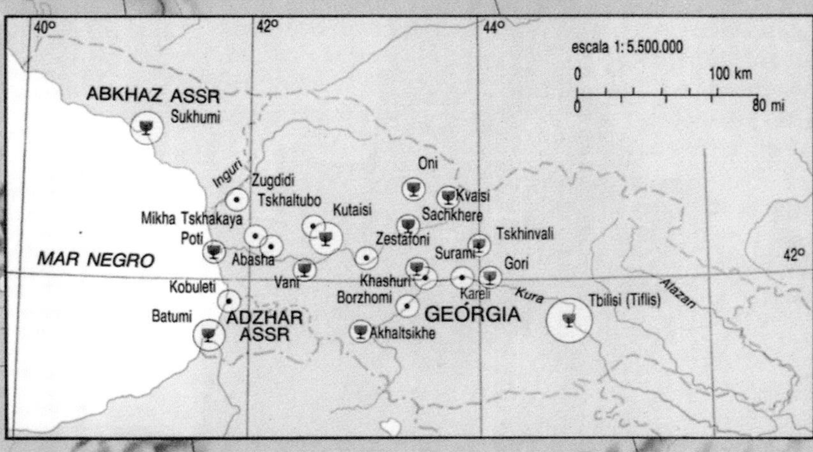

Emigração judia da União Soviética

1948-1970	24.000	1976	14.000
1971	14.000	1977	17.000
1972	31.000	1978	29.000
1973	34.000	1979	50.000
1974	20.000	1980	21.000
1975	13.000	1990-2000	1.400.000

Direita. Os judeus da União Soviética pertencem a diferentes grupos étnicos. Os antepassados deste judeu de Bukhara eram de origem persa, e sua própria língua materna é um dialeto judeu do tadjique, uma língua persa. Na década de 1920 e na de 1930, houve uma pujante literatura em judaico-tadjique, mas ela desapareceu totalmente com a grande perseguição desencadeada em 1938; pode ser considerada a primeira cultura judaico-soviética a ser erradicada.

Apesar das enormes perdas durante a guerra e das consideráveis emigrações durante os anos 60 e 90, a Rússia conta na atualidade com a terceira população mais numerosa do mundo. Durante o Império russo e, depois, nos anos da União Soviética, o judaísmo atravessou épocas muito duras de perseguições e de políticas discriminatórias. Isso levou a que centenas de milhares de judeus se aproveitassem da liberalização da política de emigração entre 1980 e 1990. Se antes da desintegração da URSS a população judia ultrapassava os dois milhões, as maciças idas para Israel, Estados Unidos e Alemanha ocorridas naqueles anos deram como resultado menos 1,4 milhão de judeus.

A localização principal das comunidades judaicas da atual Federação Russa se situa no Sul da Rússia, na Ucrânia, na Armênia e na Geórgia, sendo bastante reduzidas a dos outros Estados da CEI. A Ucrânia se encontra no oitavo lugar dos países com população judia. De fato, os ucranianos constituem o maior grupo de imigrantes dos Estados Unidos dos últimos dez anos. Em geral, a população judia da Comunidade de Estados Independentes (CEI) começou a estabilizar-se devido em parte à melhora da situação econômica e à instabilidade política de Israel.

Todas as mudanças pelos quais atravessaram os judeus desses territórios afetaram a identidade judaica, que ficou fortemente debilitada. Por um lado, o socialismo soviético considerava os judeus como uma nacionalidade, embora paradoxalmente sem território. Por outro lado, após a revolução bolchevique, muitos buscaram a cultura e a educação seculares. Isso contribuiu para que na atualidade a identificação de muitos judeus desses territórios seja principalmente étnica, embora exista um crescente interesse pelas atividades religiosas, devido em parte à fundação de novas sinagogas e escolas judaicas.

Em uma tentativa de reconstituir o judaísmo russo, os países da CEI receberam um considerável apoio econômico por parte de um grande número de organizações religiosas e seculares judaicas. A organização central é a Federação de Comunidades Judaicas da CEI. Dessa maneira, assiste-se a um crescente desenvolvimento das comunidades de diferentes tendências religiosas e à fundação de escolas e sinagogas. Só em Moscou há duas universidades judaicas, além de centros educativos religiosos e seminários.

Apesar dos esforços feitos durante a Revolução por integrar os judeus na sociedade soviética, o anti-semitismo nunca deixou de existir. Os problemas dos judeus soviéticos foram uma grande preocupação dos judeus de Israel e dos ocidentais, em parte por sua dimensão numérica, em parte pela adesão emocional de muitos asquenazes do Leste à terra de seus antepassados. Embora depois da Segunda Guerra Mundial as restrições a cristãos e muçulmanos se tenham reduzido, a perseguição aos judeus continuou. Paradoxalmente, o anti-semitismo reprimido durante a era soviética ressurgiu em quase todos os Estados da CEI.

Os judeus soviéticos pertencem a diversas comunidades étnicas, com uma base histórica, religiosa e lin-

Acima. A sinagoga sefardita de Tíflis (Tbilisi), capital da Geórgia. Os judeus georgianos mantiveram sua identidade e uma forte tradição religiosa. Em 1930, abriu-se na Geórgia um museu judaico, mas pouco depois foi fechado. Suas valiosas coleções atestam as profundas raízes dos judeus na Geórgia.

Esquerda. A sinagoga de Leningrado, terminada em 1893. A cidade, então chamada São Petersburgo, era a capital da Rússia czarista. Os judeus foram chegando à capital muito lentamente, mas no final do século já constituíam uma comunidade sólida e muito bem estabelecida. Embora desde então tenha sido superada por Moscou, ela ainda conta com uma considerável população judaica.

Fotografia superior. Na sinagoga. A galeria das mulheres na grandiosa Sinagoga Central de Moscou, uma das únicas abertas na capital soviética e um foco natural de identificação comunitária. Em geral, os fiéis ainda são pessoas de idade, mas nos últimos anos comparecem à sinagoga cada vez maior número de jovens.

Página seguinte. Serviço na sinagoga de Minsk, capital da Bielo-Rússia. A presença judaica aqui remonta ao século XV, quando Minsk era o centro comercial mais importante da Bielo-Rússia; no século XIX, era uma das comunidades mais numerosas de toda a Rússia. A Grande Sinagoga foi fechada em 1959. Esta pequena casa de prece, de madeira, foi erguida posteriormente nos arredores da cidade.

güística diferente. A imensa maioria, quase 90%, é de asquenazes de origem européia, cuja língua ancestral é o iídiche. Sua origem é a Polônia, grande parte de cujo território foi anexado à União Soviética nos últimos anos do século XVIII e no princípio do século XIX. Sob os czares, os judeus eram proibidos de estender-se para além dos confins do "centro de povoação", mas a partir de 1920 se produziu um considerável movimento para os principais centros urbanos da Rússia e de toda a União Soviética. Outras regiões da Europa oriental (as repúblicas Bálticas, a Bielo-Rússia ocidental, a Moldávia e a Ucrânia ocidental, incluindo a Bucovina setentrional e transcarpaciana) foram anexadas à União Soviética durante ou depois da Segunda Guerra Mundial, e os judeus dessas regiões ocidentais ainda mostram diferenças culturais significativas com relação àqueles cujas famílias viviam no Estado soviético desde o seu começo. Enquanto estes últimos se assimilaram em grande medida à cultura e à sociedade soviéticas, os judeus "ocidentais" mantiveram um alto nível de apego à língua iídiche e às observâncias religiosas tradicionais.

Os outros grupos judeus têm origens mais para leste. Os judeus se estabeleceram em tempos remotos na Geórgia. Sua língua nativa é o georgiano, e eles mantiveram uma cultura religiosa e uma coesão social muito fortes. O censo de 1897 registrava 19.000 judeus na Geórgia; em 1970, havia mais de 55.000, 32.000 dos quais eram nativos e de fala georgiana. Desde então se deu uma considerável emigração para Israel.

Um pouco mais para leste, no Daguestão e no Azerbaijão, vivem os "judeus das montanhas", que tradicionalmente falam um idioma turco chamado tat. Originalmente habitavam aldeias de montanha, mas nas últimas décadas se transferiram para as cidades da região.

Os mais numerosos entre os judeus orientais são os bucarães, que tomam seu nome do antigo canado de Bucara, e cujas origens remontam ao antigo Império persa. Sua língua nativa é o tadzhik, uma forma do persa, e seus principais centros são Samarcanda, Tashkent, Dushanbe e outras cidades do Uzbequistão e do Tadjiquistão. Os bucarães se foram estabelecendo a partir do século passado em Jerusalém, onde formam uma comunidade étnica.

Um quarto grupo, os krimchaks tartarofalantes da Criméia, foram virtualmente aniquilados pelos nazistas.

Os judeus da Europa oriental se encontram distribuídos pelos territórios que constituem os doze Estados da CEI. Uma considerável maioria vive na Federação Russa e na Ucrânia. Também há concentrações importantes na Bielo-Rússia, no Uzbequistão e na Moldávia. São fundamentalmente uma população urbana. Noventa e oito por cento dos judeus vivem em zonas urbanas (comparados com 60% da população total), e por volta de um quarto vive nas três cidades maiores: Moscou, São Petersburgo e Kiev. Também são uma população que envelhece, como ocorre na maior parte das comunidades judias de outros países. O censo de 1970 já mostrava que na Rússia apenas 15,1% dos judeus tinham menos de 20 anos, enquanto 26,4% tinham mais de 60 anos. A taxa de natalidade é muito baixa, mesmo sem contar as perdas devidas aos casamentos mistos e à emigração. Os censos sucessivos dos últimos anos mostram um declínio impressionante e sustentado no número de judeus desses territórios da Europa oriental.

Os judeus sob o czarismo e o comunismo

Sob os czares, os judeus sofreram severas desvantagens. Praticamente não havia judeus no Império russo antes do primeiro desmembramento da Polônia em 1772. Nas décadas seguintes, centenas de milhares ficaram sob domínio russo, mas foram sistematicamente confinados dentro da jurisdição de povoação e tratados com receio e desprezo. As condições de inferioridade, o anti-semitismo, a pobreza e o amontoamento na "jurisdição", e a falta de oportunidades de progresso, criavam uma sensação de frustração e desesperança. A situação se deteriorou mais ainda durante o período reacionário posterior ao assassinato de Alexandre II, em 1881. O governo adotou uma política abertamente antijudaica, e ocorreram selvagens ondas de *pogroms*. Um grande número de judeus emigrou ou se introduziu nos movimentos revolucionários.

A Revolução de fevereiro de 1917 foi recebida com entusiasmo. Uma das primeiras disposições do governo provisório foi abolir todas as restrições legais que pesavam sobre os judeus, que imediatamente despertaram para um frenesi sem precedentes de atividades políticas e culturais. Os partidos sionista, socialista e religioso obtinham adesões maciças. Pela primeira vez parecia não haver obstáculos para o avanço judeu, e para uma esperança real de liberdade total. Ao mesmo tempo, os judeus eram vítimas da guerra civil, de contínuos *pogroms* e da reorganização econômica. Só na Ucrânia foram assassinados 200.000, e centenas de milhares foram despojados de seus lares e bens. Os judeus fugiram então maciçamente da "jurisdição" para as grandes cidades russas. Um grande número aderiu ao Partido Comunista: em 1927, eram o terceiro grupo nacional mais numeroso dentro do partido.

A atitude oficial soviética para com os judeus foi confusa e contraditória. A teoria socialista mantinha um ponto de vista negativo acerca da religião, mas deixava certa margem de alento para as culturas nacionais, como uma medida temporária estritamente subordinada aos objetivos socialistas. Mas os judeus eram uma nação? Stalin, em seu ensaio sobre *O marxismo e a questão nacional*, de 1913, havia respondido negativamente: "Uma nação é uma comunidade estável, desenvolvida historicamente, de língua, território, vida econômica e natureza psicológica, que se manifestam numa comunidade de cultura." Mas os judeus, afirmava, não tinham nada em comum, exceto "sua re-

ligião, sua origem e certos vestígios de caráter nacional". Eles se encontravam então inclinados à assimilação, e as exigências de autonomia eram apenas uma reação a esse processo. Na prática, porém, os judeus eram implicitamente reconhecidos como uma entidade nacional. No princípio de 1918, foi criado um Comissariado para as Questões Nacionais Judaicas (Yevkom), que aboliu as instituições judaicas autônomas e se apossou de seus fundos e propriedades. Ao mesmo tempo, dentro do Partido Comunista foram criadas as Seções Judaicas (Yevsektsii), para levar a efeito uma política partidarista e propagar o comunismo entre os operários judeus. O Yevkom foi dissolvido em 1924, e as Yevsektsii em 1930, mas os judeus continuaram a receber o tratamento de nacionalidade em todas as publicações oficiais. A partir da implantação dos passaportes internos em 1933, os filhos de pais judeus eram identificados como dessa nacionalidade em seus documentos.

Uma das incongruências evidentes na classificação dos judeus como nação era que careciam de território nacional. Os comunistas se opunham fortemente ao sionismo, que tinha sido radicalmente eliminado na década de 1920. Enquanto isso, preparava-se um plano para estabelecer os judeus num território que poderia tornar-se deles. Mikhail Kalinin, presidente do Soviete, que era membro do Geserd (ou Ozet: a "Sociedade para o Restabelecimento dos Judeus Trabalhadores na Terra na União Soviética"), anunciava à Sociedade em 1926: "O povo judeu tem agora pela frente a grande tarefa de proteger sua nacionalidade. Com este propósito, um vasto segmento da população judia deve transformar-se numa população agrícola compacta, de pelo menos várias centenas de milhares de almas." Birobidjão, uma região extensa e parcamente povoada do extremo oriental, nas margens do Rio Amur, que separa a União Soviética da Manchúria, foi selecionada para este projeto. O objetivo era em parte estabelecer povoações numa área fronteiriça vulnerável, para distrair a atenção dos sionistas enquanto se aliviava a situação econômica dos judeus empobrecidos, com a ajuda de contribuições de judeus estrangeiros. O projeto foi bem recebido, mas os resultados práticos foram insatisfatórios. Era difícil persuadir as pessoas a se instalarem voluntariamente no extremo oriental, com a perspectiva de enfrentar tarefas duras num terreno difícil, e com temperaturas invernais de –14ºC. Poucos judeus aceitaram o desafio, e em poucos anos os que se iam eram mais que os que chegavam. Em 1934, quando a região foi oficialmente proclamada "Oblast Autônomo Judeu", Kalinin afirmou que, se se instalassem 100.000 judeus, o governo consideraria a criação de uma República Judaica Soviética. No final do ano seguinte os judeus de Birobidjão nem sequer somavam 14.000, 23% da população total. Esta porcentagem jamais foi superada. Durante a guerra, a região se fechou para os refugiados judeus, e em 1948 foram abolidas as instituições judaicas. O censo de 1970 registrava 11.452 judeus, 6,64% da população total, 172.449 habitantes, do Oblast Autônomo Judeu.

A questão da nacionalidade se tornava mais complexa com a existência de duas tendências opostas na teoria soviética. A União Soviética era um Estado multinacional que reconhecia a existência de mais de 100 nacionalidades. A igualdade das diferentes nacionalidades era expressa e protegida, e o desenvolvimento das culturas nacionais era sancionado e até estimulado.

Ao mesmo tempo, o centralismo do Estado soviético, as exigências da ideologia socialista e a posição dominante dos russos ocasionavam tensões nas esferas políticas, econômicas e culturais. A Declaração dos Direitos dos Povos, promulgada pouco depois da ascensão dos bolcheviques ao poder, em novembro de 1917, proclamava "o livre desenvolvimento das minorias nacionais e dos grupos étnicos", e na década de 1920 foram criadas instituições administrativas e judiciais judaicas, em regiões de grande concentração populacional judia. No censo de 1926, mais de 70% dos judeus reconheciam o iídiche como língua materna, e se fez um sério esforço para estabelecer, escolas, teatros, jornais e editoras em iídiche, como instrumento de sovietização das "massas populares" judaicas. A maioria dessas instituições foi destruída durante a Segunda Guerra Mundial, e as que permaneceram foram fechadas em 1948, no começo da perseguição stalinista da cultura judaica. A partir de 1959, experimentou-se uma tímida flexibilidade: foram publicados alguns livros em iídiche, permitiu-se alguma atividade teatral, e existiam duas publicações regulares: a revista literária mensal *Sovietish Heymland*, fundada em 1961, e um jornal editado em Birobidjão. Não havia escolas nem cursos em iídiche. O uso do idioma sofreu um forte retrocesso. No censo de 1979, apenas 14% dos judeus declaravam o iídiche como língua materna. Nenhuma outra nacionalidade da antiga União Soviética registrava uma porcentagem tão baixa de falantes da língua nacional. A população de falantes de iídiche era notavelmente superior nos grupos de mais idade, e um pouco mais alto nas zonas rurais do que nas urbanas. Significativamente, havia uma porcentagem muito maior de falantes de iídiche nas regiões ocidentais que ficaram sob domínio soviético em conseqüência da guerra. Na Lituânia, 43% dos judeus assinalavam o iídiche como sua língua materna.

As estatísticas sobre o idioma são um índice da assimilação cultural, particularmente entre os judeus cujas famílias viveram na desaparecida União Soviética desde o princípio. A assimilação era, na verdade, um propósito de longo prazo da política soviética, formulado por Stalin num célebre discurso de 1925: as culturas nacionais "devem ter a oportunidade de desenvolver, expandir e revelar todas as suas potencialidades com o fim de estabelecer as condições para sua fusão numa cultura comum única, com um idioma comum único". O próprio anti-semitismo de Stalin, que se tornou evidente nas campanhas contra o nacionalismo judaico e o "cosmopolitismo" dos Anos Negros, entre 1948 e 1953, deixava pouca margem para que a cultura judaica se desenvolvesse ou se expandisse. A partir de sua morte, os judeus não deixaram de ser pressionados para que se deixassem assimilar. Kruschev, em 1956, manifestou a uma delegação parlamentar de socialistas franceses que a ausência de escolas judaicas se devia ao avançado processo de assimilação por parte dos judeus: "Ainda que se criassem escolas judaicas, seriam muito poucos os que as freqüentariam voluntariamente", e acrescentou que o Congresso do partido de 1961 havia feito um chamamento para "apagar as diferenças nacionais... incluindo as idiomáticas". Isso significava inevitavelmente uma maior pressão para conseguir a russificação. Em 1970, quase 80% dos judeus assinalavam o russo como língua materna, e 16% o indicavam como segunda língua. Em 1979, as cifras já eram de 83 e 14%, respectivamente.

A política multinacional soviética teve o efeito de favorecer algumas nacionalidades, estabelecendo cotas

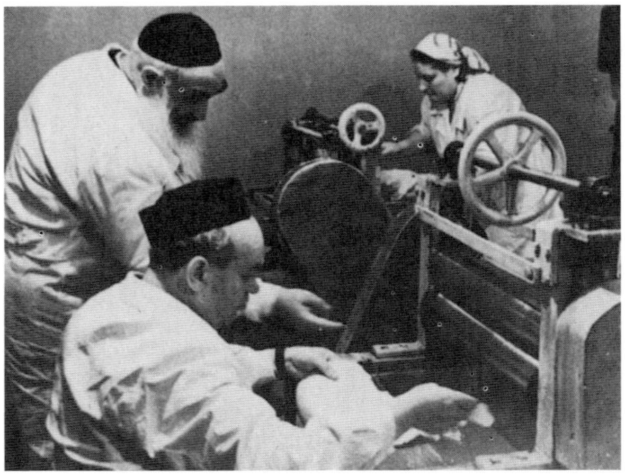

Esquerda. O cozimento do *matzot* para a Páscoa. Os meios para cumprir as observâncias religiosas são limitados e às vezes imprevisíveis. Em 1965, mitigaram-se as restrições para o cozimento do *matzot*, mas em muitos lugares ainda não é fácil obter o necessário para fazê-lo.

Direita. Jacques Chirac, Vladimir Putin e Aleksander Kwasniewski, presidentes em 2005 da França, Rússia e Polônia respectivamente assistiram aos atos comemorativos do 60º aniversário da libertação nazista.

Acima. A questão do anti-semitismo na URSS veio à tona no julgamento contra os escritores Yuli Daniel (*esquerda*) e Andrei Sinyavski em Moscou, em 1966. Ambos, acusados de difamar à União Soviética em livros que haviam saído do país clandestinamente e se haviam difundido no exterior, eram julgados por ter caluniado a União Soviética ao afirmarem que não estava livre de anti-semitismo. Daniel foi condenado a cinco anos de prisão, e Sinyavski, a sete. Ambos se declararam inocentes.

Acima, esquerda. Músicos jovens dão um concerto em 1973, em Birobidzhan, capital da Província Autônoma Judaica (*oblast*) do mesmo nome. Na parede do fundo, vê-se um mapa da província. Fundada em 1920 como uma solução racional para a condição única dos judeus como povo sem território, Birobidzhan nunca conseguiu atrair muita população judaica, e suas escolas e outras instituições, em iídiche, tiveram de ser fechadas. Por fim, muito menos de 1% dos judeus soviéticos vivia ali: Birobidzhan se transformou em um sonho que se desvaneceu.

Esquerda. Este velho cemitério judeu na Ucrânia é uma lembrança dilacerante das profundas raízes judaicas na terra do Leste europeu. Esta era uma povoação rural, como tantas outras na região.

baseadas na força numérica relativa das diferentes populações. Essas disposições funcionaram geralmente contra os interesses dos judeus, os quais tradicionalmente possuíam um alto nível de educação. Em 1970, 46% da população judia empregada na Rússia tinham estudos superiores, contra 6,5% dos empregados soviéticos. Essa preparação acadêmica seria utilizada em 1972 para frear a emigração de judeus para o Ocidente mediante o denominado "imposto do diploma", uma alta taxa que deviam pagar os emigrantes que possuíssem educação superior. Dessa maneira, o governo soviético pretendia frear a fuga de cérebros. Os judeus não foram o único povo que padeceu este tipo de discriminação, mas o padeceram de forma mais severa. Em algumas regiões, a representação dos judeus ficou muito abaixo da pequena porcentagem que lhes corresponderia com relação à população total.

Durante a era comunista, a ausência de judeus em cargos representativos do partido, da hierarquia militar ou do serviço diplomático bem pode ter sido causada por motivos discriminatórios. Na atualidade, no entanto, os judeus contam com personalidades destacadas em todas as áreas, como a medicina, a ciência, a educação ou as artes.

O anti-semitismo e o judaísmo na União Soviética

A questão do anti-semitismo na União Soviética é complexa. Na época pré-revolucionária, era um fenômeno comum; suas origens podem ser remontadas até a luta contra as idéias chamadas "judaizantes", no século XV. Era comum em todos os níveis sociais e estimulado ativamente pela Igreja e pelo governo. O triunfo do bolchevismo contribuiu, na verdade, para aumentar o anti-semitismo popular, já que o destacado compromisso dos judeus com o movimento alimentava o temor de que os judeus se apoderassem da Rússia. Os próprios bolcheviques eram profundamente sensíveis ao problema, e trabalharam conscienciosamente para eliminá-lo. A incitação ao ódio racial ou nacional foi declarada delito punível nos sucessivos códigos penais e constituições, incluindo a Constituição Unificada de 1977, que, repetindo fórmulas anteriores, condena "toda e qualquer defesa de exclusividade racial ou nacional, hostilidade ou desprezo..." Mas o anti-semitismo está ainda muito longe de ter sido erradicado, e mesmo nos âmbitos e publicações oficiais persistem as grosseiras caricaturas dos judeus e do judaísmo, próprias do anti-semitismo clássico.

A propaganda anti-semita, junto com a discriminação de fato contra os judeus, tornou-se mais visível com a renovada campanha anti-sionista posterior à Guerra dos Seis Dias em 1967. Formou-se um forte movimento de protesto judeu, vinculado ao mais amplo movimento pelos direitos humanos e a outros grupos minoritários de pressão. A resposta oficial foi um acentuado aumento das ações policiais contra as atividades judaicas e contra os ativistas, muitos dos quais foram condenados a duras penas de prisão ou ao desterro interno. Ao mesmo tempo, deu-se, durante uma temporada, um aumento inesperado de permissões de emigração dadas a judeus. Apesar dos riscos de dissidência política, de pedidos de visto de saída ou de desenvolvimento de uma atividade cultural não oficial, muitos judeus redescobriram ou reafirmaram sua identidade judaica, e se produziu um extraordinário ressurgimento do interesse pela língua hebraica e pela história judaica.

O judaísmo russo pouco foi afetado por influências ocidentais. Sob os czares, os judeus desfrutavam de uma ampla margem de liberdade religiosa, apesar de haver uma forte polêmica interna contra os supostos efeitos nocivos da religião tradicional e do domínio rabínico. Após a Revolução, institucionalizou-se a atividade anti-religiosa no trabalho das Yevsektsii. As instituições comunitárias tradicionais foram dissolvidas em 1919, e não foram substituídas por outras. Na década de 1920, foram realizados "julgamentos comunitários" que tiveram muita ressonância, contra observâncias e instituições judaicas, e contra a religião em geral. As escolas judaicas primárias e secundárias, e as sinagogas, foram sendo fechadas gradualmente, os rabinos e outros funcionários religiosos foram presos ou deportados, e foram confiscados livros religiosos e objetos de culto. A língua hebraica foi declarada "reacionária", e finalmente proibida no final dos anos 20. Apesar de todas essas medidas repressivas, alguns grupos de judeus, especialmente de seitas hassídicas, continuaram a praticar e ensinar a religião às ocultas, e a Segunda Guerra Mundial deixou sob domínio soviético grandes populações judias que ainda seguiam aderidas ao judaísmo tradicional. Em 1957, empreendeu-se uma vigorosa campanha anti-religiosa, e muitas das sinagogas foram fechadas. No entanto, na região do Cáucaso e nas repúblicas asiáticas, perduraram muitas delas, porque a campanha não foi tão impiedosa como no Oeste.

Após o fim do regime soviético e das subseqüentes emigrações maciças, a população judia se estabilizou. A partir do ano 2000, aumentaram as iniciativas para revitalizar a vida judaica tanto na Rússia como nas outras repúblicas da Comunidade de Estados Independentes. Em poucos anos se estabeleceu uma rede de centros educativos judaicos e quatro universidades. Nas principais cidades, existem sinagogas e rabinos, apesar de os anos de assimilação terem convertido a maioria dos judeus em não-praticantes, e sua aproximação corresponde mais a motivações de índole étnica e cultural do que religiosa. O recente renascimento da consciência judaica fez com que as sinagogas voltassem a ter importância como centros de reunião nas principais cidades. Moscou conta não somente com cinco sinagogas, mas também com o maior centro comunitário da União de Comunidades Judias da CEI. São Petersburgo é uma das comunidades mais ativas da Rússia, e sua Grande Sinagoga Coral é um lugar importante da cultura judaica da cidade.

ÁSIA

No do mundo judeu atual, só há um país asiático de verdadeira importância para o judaísmo, e esse país é Israel. Israel fica na Ásia, mas não é da Ásia. Acha-se isolado pelo deserto e pela hostilidade dos países árabes a leste. Em todo o caso, as costas ocidentais da Ásia fazem parte do mundo mediterrâneo: sempre olharam mais para o Ocidente que para o Oriente, e isso vale também para os judeus da região, os judeus gregos sob domínio romano, os sefarditas que encontraram refúgio no Império otomano ou os modernos israelenses. Mas mesmo na Antiguidade havia populosas comunidades judaicas na Mesopotâmia e no Irã, cuja perspectiva do mundo era muito diferente. Elas mantinham contatos com o mundo ocidental, sobretudo durante o apogeu do islã, quando o Talmude babilônico foi exportado para a costa do Norte da África e até para a Europa, mas suas raízes mais profundas estavam na Ásia, e seus vínculos comerciais se estendiam até a Índia e a Rota da seda para a China. Em épocas mais recentes, também os Sassoons de Bagdá mantiveram um império mercantil com ramificações em Bombaim e Calcutá, Cantão e Hong Kong, Xangai e Yokohama.

Mas as correntes históricas da Ásia se voltaram contra os judeus. As mudanças econômicas e políticas desbancaram a mercadores do Extremo Oriente e provocaram uma maciça emigração dos centros mais povoados do Oriente Próximo. A arremetida nazista na Europa produziu uma penosa mobilização de milhares de refugiados para Xangai e outros refúgios orientais, mas deixaram poucas marcas permanentes, após deslocar-se para climas mais familiares quando as condições o permitiram. O pior de tudo foi o fanatismo muçulmano e o nacionalismo árabe, que quase eliminaram a presença judaica nas terras árabes a partir da criação do Estado de Israel, e recentemente destruíram a última comunidade relevante no Irã.

Na atualidade, nenhum país da Ásia atrai imigração judaica em quantidade apreciável, com a única exceção de Israel, que absorveu centenas de milhares de refugiados asiáticos. Muito poucos países podem oferecer a combinação de segurança política, acolhida aos forasteiros e oportunidades econômicas convenientes que possam atrair populações forâneas.

A maioria das comunidades asiáticas languesceu. Algumas se extinguiram, à exceção da Birmânia, onde foi achada uma comunidade judia que permanecia no anonimato. Afora esse caso singular, a leste do Indo, a Índia já é o único país com mais de 1.000 judeus.

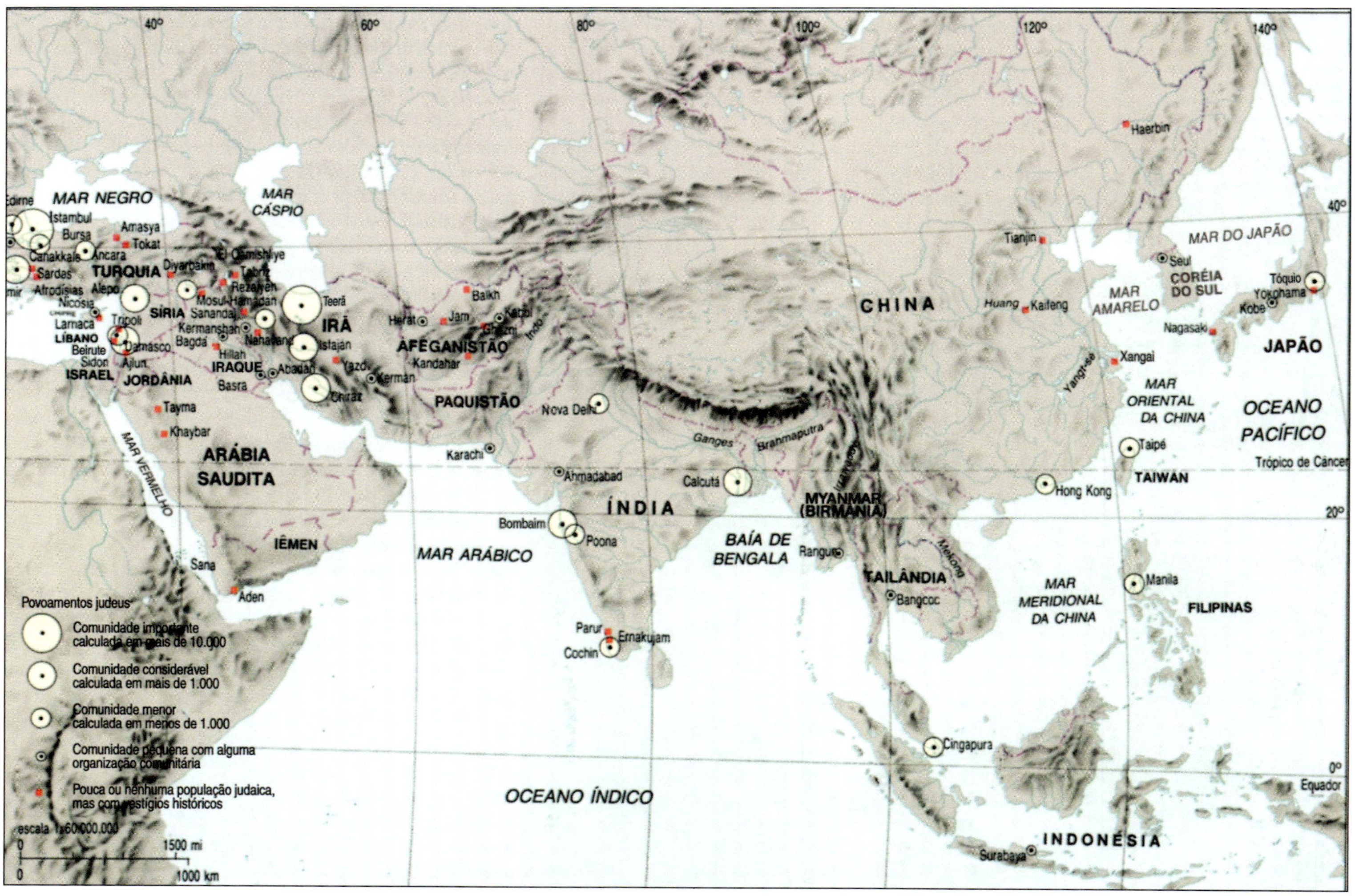

	1930		1990-2003	
	Pop. judaica aprox.	*Judeus ‰*	*Pop. judaica aprox.*	*Judeus ‰*
Áden	4.000	78,4	–	–
Afeganistão	5.000	0,6	1	0,0
Birmânia (Myanmar)	2.000	0,1	3.000	0,0
China	20.000	0,0	1.000	0,0
Chipre	75	0,2	25	0,0
Filipinas	500	0,0	100	0,0
Hong Kong	250	0,0	2.500	0,0
Índia	24.000	0,1	5.401	0,0
Indochina	1.000	0,0	–	–
Indonésia	900	0,0	20	0,0
Iraque	73.000	25,5	100	0,0
Irã	90.000	7,0	20.405	0,3
Israel	175.000	169,1	6.276.883	800
Japão	2.000	0,0	1.002	0,0
Líbano	5.000	5,3	100	0,0
Singapura	500	1,0	300	0,0
Síria	21.000	7,0	100	0,0
Tailândia	–	–	199	0,0
Turquia	80.000	6,0	17.417	0,2
Iêmen	58.000	24,2	200	0,0

Chaim Weizmann (1874-1952), químico e estadista israelense.

Golda Meir (1898-1978), estadista israelense.

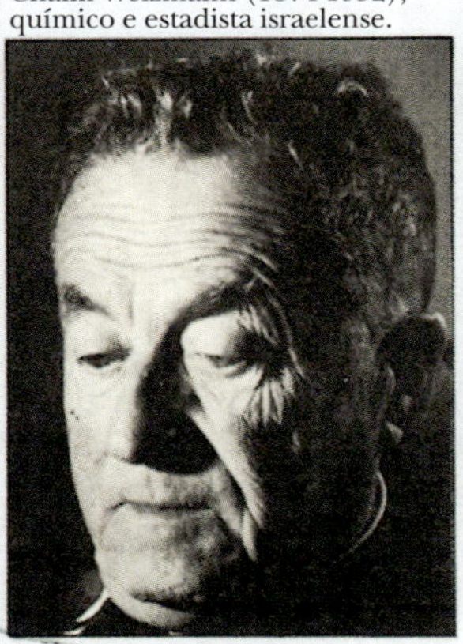
S. Y. Agnon (1888-1970), escritor israelense.

Ruth Prawer Jhabvala (n. 1927), escritora indiana.

Topol (n. 1935), ator israelense.

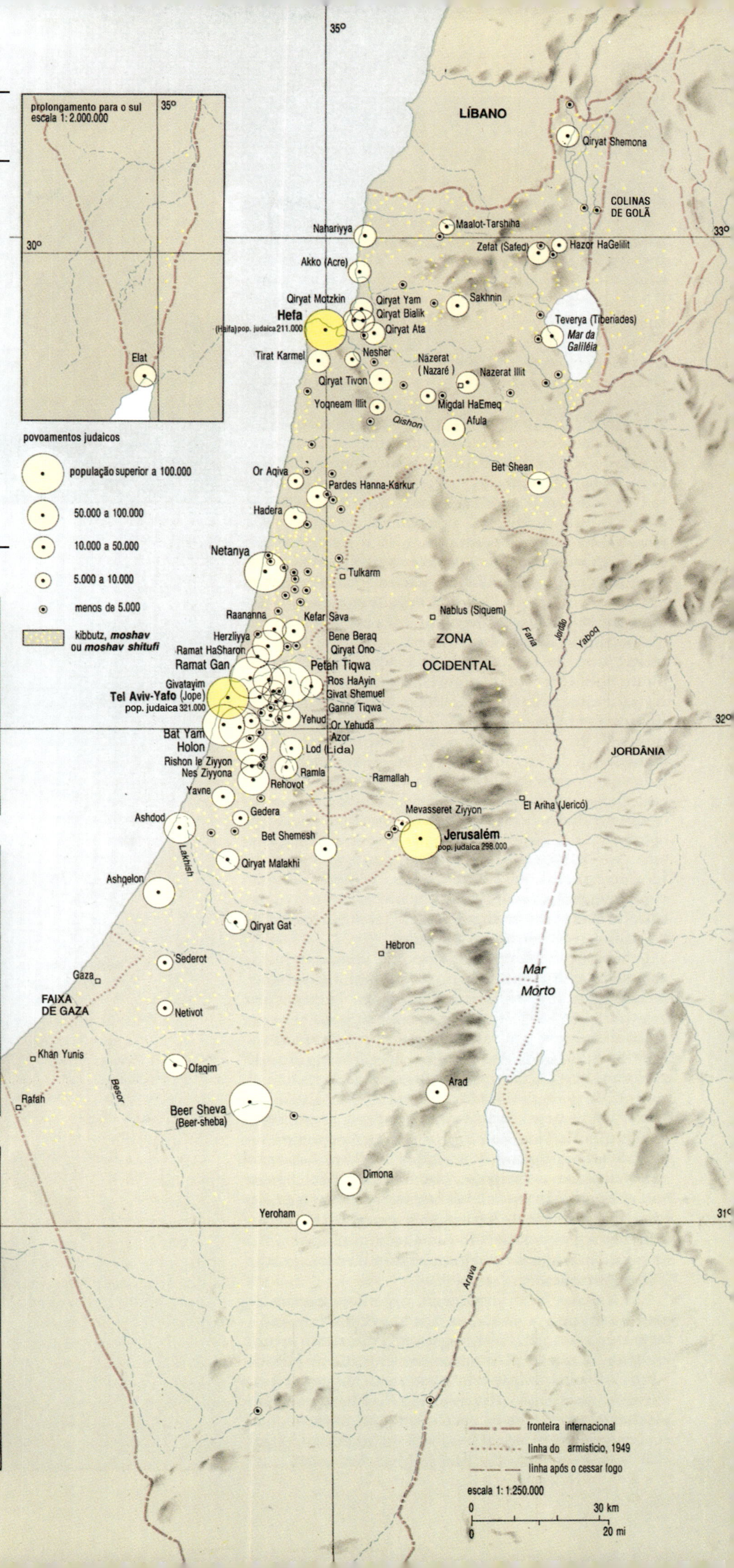

Israel

Israel é um caso único no mundo judeu; não apenas porque sua população é principalmente judia, mas também porque se define a si mesmo como "Estado judeu". Este conceito é novo e em grande medida experimental. As implicações da constituição interna do Estado e de suas relações com o restante do mundo judeu estão muito longe de poder ser definidas. São complexas e estão carregadas de conflitos declarados e potenciais. O estabelecimento do Estado em 1948 foi o cumprimento do sonho sionista, e os judeus o saudaram em todo o mundo como um acontecimento histórico, talvez de características messiânicas. Foi considerado como a restauração do antigo reino de Israel, o fim de 19 séculos de exílio. A afluência de judeus de todo o mundo foi descrita, numa linguagem tipicamente religiosa, como a "reunião dos exilados". Deu esperança e nova vida aos fugitivos judeus de muitas nações e os fundiu numa nova sociedade. Pela primeira vez os judeus tinham um país próprio no qual estabelecer-se livremente e decidir sobre seu próprio destino. Até a maioria dos judeus que não desejavam instalar-se em Israel se sentia orgulhosa de um Estado que se estabeleceu e se mantinha apesar da implacável hostilidade dos Estados árabes vizinhos. Israel se converteu num foco de atenção para todo o mundo judeu, pois oferecia uma segurança sumamente necessária para uma geração que havia passado por um período de grande obscuridade, e conseguiu cativar a imaginação da jovem geração, que buscava uma identidade judaica definida. Mas os problemas do Estado são muitos: a falta de harmonia interna, as constantes disputas fronteiriças com os Estados vizinhos, e a incerteza acerca das relações entre Israel e a diáspora judia, sem contar a crise econômica crônica que atormentou Israel desde a sua criação. A trágica demanda dos refugiados palestinos árabes também amargou a felicidade de um sonho transformado em realidade, e acrescenta mais discórdias tanto dentro como fora de Israel.

Israel criou um novo tipo de identidade judaica, nacionalista, segura de si mesma e predominantemente secular. Os jovens israelenses – também chamados sabras, pelo fruto de um cacto comum, sumarento mas espinhoso – parecem cultivar uma imagem que é o estereótipo do judeu da diáspora: bronzeados, seguros de si mesmos até à arrogância, livres do peso da religião judaica e do anti-semitismo gentio. O contraste é arcaico, e seu simplismo é desmentido pela complexa realidade da vida israelense. Os israelenses procedem de muitas origens, e nem todos se conformam à imagem do pioneiro "macho". Estudos psicológicos revelaram uma profunda ansiedade que subjaz sob a imagem exterior de insolência e temeridade dos sabras, e a figura do soldado israelense conquistador começou a despertar receios, até entre os próprios jovens israelenses.

Os israelenses são justamente orgulhosos de seus êxitos quanto a democracia e direitos humanos, bem-estar social, desenvolvimento agrícola, educação, tecnologia, defesa e muitos outros aspectos, e são os primeiros a admitir que ainda resta muito por fazer. Paradoxalmente, os fracassos mais evidentes se deram na área da religião judaica, dentro da qual Israel continua a depender da herança do passado e dos desenvolvimentos que se produzem no exterior. O Israel moderno não produziu nenhum movimento religioso significativo, e não deu nenhuma contribuição notável para a teologia judaica, nenhuma solução viável para qualquer dos problemas prementes que enfrenta hoje em dia o judaísmo. A visão profética de que "a Torá surgirá do Sião" ainda não se cumpriu, e de fato Israel é a única comunidade judia onde a imagem pública da religião é quase completamente negativa.

O primeiro censo realizado na Palestina, em 1922, registrava 84.000 judeus, 11% da população total de 752.000, enquanto em 1931 havia 175.000 judeus, 17% do total de 1.036.000. Em 1946, havia mais de 600.000 judeus num total de 1.900.000 habitantes. Em 1982, segundo estimativas oficiais, havia 3.354.000 judeus em Israel, numa população total de 4.038.000.

Os judeus de Israel são basicamente uma população de imigrantes, ainda que na atualidade a maioria tenha nascido no país. Eles procedem de todos os cantos do mundo e falam uma variedade de línguas nativas digna de Babel. O Estado tentou conscienciosamente fundi-los numa sociedade única de fala hebraica, processo no qual as escolas, e sobretudo o exército, desempenham um papel muito importante, mas as diferenças étnicas persistem através das gerações e ainda existe uma forte consciência das divisões nacionais e lingüísticas. Os judeus ocidentais, que sempre dominaram o país no âmbito político e no plano econômico, tendem a subestimar os judeus de origem asiática e africana, mas mesmo dentro desses dois grandes grupos existem muitos subgrupos, e segue sendo comum

Teoricamente, Israel é um Estado democrático secular. Na prática, há na vida de Israel traços que não são seculares nem democráticos. Muitos aludem à *Kulturkampf* entre os ativistas religiosos e laicistas. Alguns dos primeiros se negam a reconhecer a autoridade do governo ou do Estado; outros estão empenhados na criação de partidos políticos religiosos que, ainda que muito pequenos, controlam uma considerável margem de poder dado o sistema de governo de coalizão. Os laicistas têm menos poder, seja por não se resignarem a abandonar sua arma fundamental, a razão, seja por não quererem aparecer como perseguidores dos homens devotos. Ocorreram choques por diversos motivos, e o mais surpreendente para um estrangeiro é verificar que um dos motivos foi a arqueologia. Mas em Israel a arqueologia é praticamente um esporte nacional, e encontrar a herança do passado remoto é uma fonte de orgulho e fascinação. Poucas escavações provocaram tanta excitação como as da "Cidade de Davi", ao sul do Monte do Templo, em Jerusalém. Quando já se haviam feito várias escavações com sucesso, difundiu-se o rumor de que elas estavam afetando antigas sepulturas, talvez até as do rei Davi e sua família. Os guardas e policiais levaram horas para dispersar os manifestantes ultradevotos, que lutavam para impedir a suposta profanação de túmulos (*esquerda*). A questão logo desembocou em uma crise nacional, que ameaçou derrubar a coalizão governante. *Acima*. Os laicistas e os arqueólogos protestam contra a interferência nas escavações. O cartaz mostra uma caricatura do rabino-chefe asquenaze de Israel, com as tábuas da lei sentenciando: "Não escavarás. Não pesquisarás. Não conhecerás. Porque Eu sou o Rabinado que te tirou da terra da lei".

Acima: Imigrantes chegando a Israel em 1949. A criação do Estado judeu e o imediato cancelamento das restrições à imigração se transformaram num auxílio milagroso para dezenas de milhares de judeus confinados nos campos de deportados da Europa. Estes haviam perdido suas famílias, seus lares, suas propriedades e, em muitos casos, até a vontade de viver. Finalmente podiam olhar para o futuro como seres humanos e Judeus, "sendo um povo livre em nossa própria terra", como diz a letra do hino nacional, *Hatikvah*.

Direita. A terra israelense tem passado. Em determinado momento, o movimento sionista se viu quase fragmentado por uma dolorosa decisão: fazer pressão para obter um território em Israel, algo que parecia inalcançável, ou buscar um território em outra parte. A corrente dominante insistiu na terra que possuía o nome histórico do povo de Israel, e onde se desenrolara sua história primitiva. O fato dos árabes a estarem ocupando, e destes também terem seu passado ali, não foi levado em conta no momento de entusiasmo inicial.

que os judeus de determinada região ou país se concentrem nos mesmos bairros e ocupações.

Seguindo a tendência mundial, os judeus de Israel costumam concentrar-se nas cidades, mas a política sionista favoreceu as povoações agrárias. Um traço distintivo do campo israelense é o *kibbutz*, uma peculiar forma sionista de povoação coletiva. Os *kibbutzim* desempenharam um papel definitivo tanto na vida militar como política e econômica do país, totalmente desproporcional com seu número e tamanho. Nem todas as povoações agrárias são *kibbutzim*; também há povoações cooperativas (*moshav*), que permitem um grau mais alto de privacidade familiar, e o sistema misto chamado *moshav shitufi*, que combina elementos dos outros dois.

Sempre houve comunidades judias na terra de Israel. Antes do século XX, seu número era reduzido, mas houve algumas ondas significativas de imigração em diferentes momentos, geralmente motivadas pela devoção religiosa. Na década de 1880, começou um novo estilo de imigração, por parte de judeus russos com uma ideologia mais secular. Ambos os grupos, os "antigos *yishuv*" e os "novos *yishuv*", tinham pouco em comum e quase não se mesclaram. No começo do século XX, ambos os grupos eram quase iguais numericamente, mas a segunda e terceira onda de imigração (1903-1914 e 1918-1923) trouxeram um grande número de europeus do Leste, dos quais uma proporção significativa era de sionistas trabalhistas, que compartilhavam a visão de uma nação judia sem classes e com controle de seu próprio destino. Entretanto, o território que tinha sido até então governado pela Turquia caiu em poder da Grã-Bretanha. Os britânicos, na Declaração Balfour, de 1917, comprometiam-se a "estabelecer, na Palestina, um lar nacional para o povo judeu". Este objetivo foi assumido pelo Mandato para Palestina, da Liga das Nações, de 24 de julho de 1922, formalizado em 29 de setembro de 1923, que reconhecia um Organismo judeu para aconselhar e cooperar com a administração em questões relativas ao estabelecimento do Lar Nacional judeu e aos interesses da população judia. O Organismo judeu só se constituiu em 1929. Considerava-se que ele representava os judeus de todo o mundo, mas na verdade estava nas mãos da organização sionista. Os judeus da Palestina tinham uma assembléia eletiva, cujo executivo era o Conselho Nacional. O Organismo e o Conselho constituíram conjuntamente uma espécie de governo na sombra, preparando assim o caminho para a formação de um governo nacional judeu para quando terminasse a administração britânica em 1948. Enquanto isso, deu-se uma quarta onda de imigrantes procedentes da Polônia em 1924-1926, e outra, a quinta, em 1933-1939, da Alemanha nazista e de outros países europeus. O tema da emigração judia se transformou no foco de um conflito entre os sionistas, os britânicos e os árabes. Em condições cada vez mais caóticas, as Nações Unidas votaram em 29 de novembro de 1947 a repartição do território entre judeus e árabes, solução aceita pela maioria dos sionistas, mas rejeitada pelos árabes e pelos britânicos. Em 14 de maio de 1948, os britânicos cederam, e o Conselho Nacional judeu promulgou a Declaração de Independência. Imediatamente, o novo Estado foi invadido por exércitos de cinco Estados árabes: Egito, Transjordânia, Iraque, Síria e Líbano. A Guerra da Independência deixou para Israel o controle de um território maior que o concedido pelo plano de repartição, e

Acima. No *kibbutz*, os jovens ficam sob a responsabilidade da comunidade, para que os pais fiquem livres para trabalhar. *Direita.* Israel pode dar a impressão de ser governado pelos mais velhos, mas na verdade é uma terra de jovens para jovens. As grandes cadeias norte-americanas de *fast-food* adaptaram os cardápios à comida kosher.

Fotografia maior. Nahalal, uma das tentativas iniciais de se fazer uma cidade cooperativa (*moshav*), foi construída em 1921, de acordo com os planos de Richard Kaufmann. O desenho é audacioso, simbólico e sem concessões.

um estado de guerra fria com os vizinhos. Posteriormente, ocorreram batalhas em grande escala, em 1956 (Campanha do Sinai), 1967 (a Guerra dos Seis Dias), 1973 (a Guerra de Yom Kippur) e 1982 (a Ofensiva contra o Líbano). Um passo positivo para a paz foi o tratado de paz com o Egito, firmado em 1979 como resultado da histórica visita do presidente Anwar Sadat a Jerusalém, dois anos antes. Enquanto isso, a imigração judia, que havia alcançado um nível sem precedentes, fez com que a população do território aumentasse de cerca de 30% para cerca de 80%.

O caráter do "Estado judeu"

A Declaração de Independência proclamava o estabelecimento de um "Estado judeu", mas o caráter preciso de tal Estado nunca foi definido formalmente. Os judeus, tanto dentro do Estado como no exterior, sustentavam pontos de vista sumamente diversos. Para muitos, o componente "judeu" era puramente nacional: Israel devia ser um Estado moderno cuja razão de ser era a necessidade de "normalizar" a existência nacional judaica. Para outros, o termo "judeu" implicava necessariamente um compromisso religioso. O conflito ainda não foi resolvido. Teoricamente, Israel é um Estado secular e democrático, em que a liberdade religiosa é garantida para todos, e nele os não-judeus desfrutam dos mesmos direitos civis que os judeus. A realidade freqüentemente está muito longe dessa situação ideal. Vários setores da sociedade têm denunciado agravos durante anos, e ocorreram conflitos graves, que chegaram às vezes à violência e a comoção interna. O principal foco de preocupação foi o lugar reservado à lei judaica tradicional (*halakhah*) no Estado, e a jurisdição dos tribunais rabínicos: um complexo de problemas com ramificações de largo alcance. Mas também se suscitaram questões graves com respeito aos direitos das minorias não-judias, e acerca da condição dos diferentes grupos dentro da população judia. A situação atual apresenta um compromisso instável e reticente entre diversos grupos de interesses, nenhum dos quais está completamente satisfeito com os acordos alcançados.

As relações entre a religião e o Estado são uma questão espinhosa. Não há religião estabelecida, mas o conceito de "Estado judeu", junto com a grande maioria judia, assegura ao judaísmo um lugar de primazia, enquanto as demais religiões ocupam uma posição secundária. A maioria dos judeus de Israel não se define como religiosa, e muitos deles são secularistas militantes, mas a maioria aceita certa medida de tolerância religiosa quanto à observância pública, como, por exemplo, a aplicação oficial do Sabbath como dia de descanso em muitas atividades. Isso é em parte uma concessão à minoria religiosa, e em parte a aceitação de que até um Estado secular judeu devia incorporar algumas características básicas do estilo de vida judeu; mas, por outro lado, revela o desejo de reforçar vínculos com os judeus do exterior, que esperavam ver certas instituições judaicas familiares no Estado judeu. Mas os secularistas são muito sensíveis a qualquer interferência da religião na vida pública, e sobretudo em sua vida privada. Muitos judeus religiosos, por seu lado, crêem que deveria haver maior conteúdo religioso na vida do Estado judeu, sentimento que tem expressão concreta nos partidos políticos religiosos.

O Partido Nacional Religioso (PNR) se formou em 1956 pela fusão de duas facções em Mizraji, a ala religiosa do movimento sionista. Este grupo ocupava entre 10 e 12 cadeiras das 120 do Knesset (Parlamento), até as eleições do Décimo Knesset em 1981, quando o apoio do eleitorado caiu de 9 para 5%, e sua representação, de 12 para 6 cadeiras. O Agudat Israel, fundado na Polônia em 1912, é mais frouxo em seu compromisso com o sionismo, e de fato se manteve afastado do sionismo até 1947. Com sua "ala de trabalhadores", Poalei Agudat Israel, obteve cinco ou seis cadeiras nos

primeiros parlamentos, e em 1981 conquistou quatro. O sistema de representação proporcional permite uma considerável influência dos pequenos partidos, caso estejam preparados para formar uma coalizão de governo. O PNR participou de todos os governos desde a criação do Estado e ocupou importantes ministérios. Em 1977, quando os trabalhistas perderam o poder pela primeira vez, o Agudah também se uniu à coalizão Likud, e os partidos religiosos conseguiram consideráveis concessões do Likud como compensação por sua aliança. Os ministros do PNR conseguiram as pastas dos Assuntos Internos, Polícia, Assuntos Religiosos, Educação e Cultura; o Agudah não aceitou nenhum ministério, por expressa proibição de seus dirigentes políticos (o Conselho de Sábios da Torá), mas obteve outras nomeações importantes. O governo, igualmente, concordou a tomar uma série de medidas específicas tendentes a reforçar a *halakhah* ou a beneficiar o setor religioso dos judeus israelenses. Além de suas atividades políticas, no âmbito parlamentar e local, os partidos religiosos levaram adiante empreendimentos agrários, empresas econômicas e instituições educativas. O PNR patrocina uma universidade, Bar Ilan.

A razão de ser dos partidos religiosos é o perceptível choque de interesses entre os judeus religiosos e os seculares. De fato, muitos judeus religiosos apóiam outros partidos políticos, enquanto alguns judeus ultra-religiosos se abstêm de toda a política israelense. Mais ainda, as atividades dos partidos religiosos se voltam em parte contra o setor da comunidade religiosa que é não-ortodoxo, dado que o Mizraji foi fundado em 1902 em meios tradicionalistas da Europa oriental, enquanto o Agudah foi fundado por centro-europeus ortodoxos, e ambos os grupos se mantiveram firmemente contrários a qualquer reforma religiosa. Um membro do Agudah, em certa ocasião, atirou um livro de orações da Reforma no chão, e depois cuspiu nele, durante um debate no Knesset. Esse conservadorismo religioso pode explicar o porquê de os partidos religiosos não terem pedido publicamente a transformação de Israel num Estado "teocrático", governado pela *kalakhah*; tal mudança levaria inevitavelmente a uma reforma em grande escala da *halakhah*, já que em sua forma atual não se adapta às necessidades de um Estado moderno. Portanto, eles se limitam a fazer esforços para que os judeus praticantes não fiquem em desvantagem, para manter e estender seus privilégios institucionais e para reforçar certos princípios básicos da *halakhah* na vida pública.

Na área legislativa, o primeiro triunfo dos partidos religiosos foi impedir a sanção de uma constituição escrita plenamente para o Estado. Seu êxito de maior alcance foi, não obstante, a extensão da jurisdição dos tribunais rabínicos e a negativa a introduzir o casamento civil e o divórcio. O Mandato teve o efeito de perpetuar o sistema otomano *millet*, sob o qual cada comunidade religiosa, através de seus próprios tribunais, tinha uma virtual autonomia em questões de *status* pessoal. As disposições só se aplicavam aos nativos palestinos, e pertencer a uma comunidade religiosa era um ato voluntário. Uma lei aprovada em 1953 estendia a jurisdição dos tribunais rabínicos em matéria de casamento e divórcio a todos os judeus residentes em Israel, fossem residentes do país ou estrangeiros, religiosos ou ateus. Em conseqüência, em Israel os judeus só podem casar-se com judeus, segundo a definição das autoridades rabínicas; certas uniões são proibidas, por exemplo, um sacerdote hereditário não

pode casar-se com uma divorciada; e até os judeus seculares são obrigados a realizar uma cerimônia de casamento religioso. Não obstante, os casamentos, até os mistos e civis realizados no estrangeiro, são reconhecidos, e muitos casais israelenses aproveitam este recurso para casar-se no exterior. Todas as tentativas de introduzir em Israel o casamento civil foram bloqueadas pelos partidos religiosos.

Outra área na qual os partidos religiosos mantiveram uma estreita vigilância é a da educação religiosa. Este ponto levou à dissolução do primeiro Knesset, em 1951, e foi desde então um tema delicado. A educação em Israel é obrigatória e, no sistema público, gratuita. As escolas Mizraji, que empregavam apenas professores religiosos e davam prioridade aos temas religiosos, passaram a depender do sistema estatal em 1953, mas o partido insistiu em que permanecessem separadas das escolas seculares e conservassem seu conteúdo religioso, que se limitava, no entanto, a 25% do tempo de aula. As escolas Agudah, que ensinavam religião de forma quase exclusiva, optaram por ficar fora do sistema estatal, mas lhes foi concedido um reconhecimento que lhes permitia receber assistência financeira do Estado em troca da introdução de um programa secular aprovado. Um reduzido número de escolas religiosas independentes ficou completamente fora do sistema educativo estatal, com o iídiche como idioma de instrução e quase nenhuma atenção aos temas não-religiosos. Todas as escolas primárias estatais ensinavam os "valores da cultura judaica", sob um programa elaborado pelo Ministério da Educação, incluindo o estudo da Bíblia e da história judaica; mas a eficácia desses cursos é questionada freqüentemente quando são dados por professores não-religiosos ou até anti-religiosos. Após as eleições de 1977, o PNR assumiu pela primeira vez o Ministério da Educação, e o novo ministro prestou cuidadosa atenção a enriquecer o conteúdo religioso do programa nas escolas seculares, mediante a implantação de cursos modernos e atraentes, que incluíam o estudo da Bíblia e a história judaica. Este novo desenvolvimento pode ter efeitos a longo prazo na luta contra uma grande deficiência da educação israelense, ainda que por si mesmo não possa remediar a fenda que a segregação dos escolares "religiosos" e "não-religiosos" abre na sociedade israelense.

Outros temas controversos com respeito aos quais os partidos religiosos tomaram posições muito firmes são a observância sabática, a criação de porcos, a pornografia, o aborto, os estudos em cadáveres e o serviço militar para as mulheres e os estudantes rabinos. Estes grupos protegeram zelosamente os interesses financeiros de seus diferentes campos e são muito ativos, no âmbito do governo local, na promoção dos interesses religiosos.

A política religiosa também se acha comprometida numa questão constitucional fundamental, a definição da identidade judaica dentro do Estado. A Lei do Retorno, aprovada pelo Knesset em 1950, deu forma legal à doutrina sionista ao conferir a todo e qualquer judeu o direito de emigrar para Israel. A Lei de Nacionalidade de 1952 conferia a cidadania israelense automaticamente a qualquer judeu imigrante. Com fins administrativos, o Ministério do Interior tem um registro dos cidadãos judeus, e a nacionalidade, diferente da cidadania e da religião, é registrada nos documentos oficiais de cada residente. A lei não define, em princípio, o termo "judeu". A Lei dos Tribunais Rabínicos de 1953 introduziu de fato um critério de identidade judia, dado que os tribunais judeus, que só têm jurisdição sobre todos os judeus em matéria de casamento e divórcio, são autorizados, e na verdade obrigados, de acordo com sua própria Constituição, a aplicar a definição talmúdica de "judeu", que é todo aquele que tenha nascido de mãe judia ou se tenha convertido de acordo com procedimentos específicos. A definição é contraditória com a concepção nacional do Estado judeu, que tenderia a conferir a condição de judeu a quem quer que se considere judeu ou que sofra discriminação como tal, sem importar se se conforma aos mais estritos critérios talmúdicos. Alguns dos primeiros emigrantes para Israel tinham sido vítimas das leis raciais nazistas, mas não eram verdadeiros judeus segundo a *halakhah*. A definição talmúdica também excluiria muitos emigrantes soviéticos de famílias mistas, bem como as pessoas convertidas sob tribunais rabínicos não-ortodoxos no estrangeiro, cujos procedimentos as autoridades rabínicas de Israel não reconhecem como válidos. Parece paradoxal e injusto que sob a Lei do Retorno se negue acesso a Israel a pessoas em busca de refúgio, que fogem da discriminação antijudaica ou são consideradas judeus por um

Acima, esquerda. Cortejo fúnebre em um *kibbutz*. O *kibbutz* é uma comunidade de vínculos muito estreitos, quase uma família extensa.

Acima. Cerimônia de *Bar mitzvah* em Massada: uma ocasião emocionante para esta solene afirmação do compromisso judeu. O Muro Ocidental de Jerusalém se transformou num lugar popular para a celebração ao ar livre dos ofícios de *Bar mitzvah*. Massada, outro santuário nacional, é a extensão lógica desta idéia, e é até mais atraente para qualquer um que fique sensibilizado pelo tratamento que o judaísmo tradicional dispensa à mulher.

Direita. Celebração vespertina do Dia de Jerusalém. A reunificação de Jerusalém durante a Guerra dos Seis Dias, em 1967, foi um acontecimento que comoveu todos os corações israelenses. Anteriormente, a Jerusalém israelense estava limitada aos subúrbios ocidentais. A Cidade Velha, o coração de Jerusalém, podia ser vista, mas não visitada. De repente, tudo mudou. A Cidade Velha em si continuava parecendo inabordável, cheia de rostos não judeus, mas dentro dela se erguia o muro que sempre simbolizou as velhas aspirações judaicas. Nessa época, o poeta hierosolimitano Yehuda Amihai escreveu: "Voltei a esta cidade em que lugares remotos trazem nomes de pessoas e as rotas possuem números; não os de itinerários de ônibus, mas AD 70, 1917, 500 a.C., 1948. Estes são os caminhos por que verdadeiramente transitamos."

Página seguinte. Jerusalém, vista do leste. Em primeiro plano, o cemitério judeu do Monte das Oliveiras, onde, ao longo de séculos, os judeus vinham ser enterrados, à espera de uma rápida e fácil ressurreição quando o Messias chegar. No centro, ergue-se a Cúpula da Rocha. Esta obra-prima primordial do Islã parece um relicário adornado com pedras preciosas e encerra o cume da colônia onde, segundo se acredita, Abraão ofereceu seu filho único em sacrifício ao Deus único. Certamente este é o ponto em que as três religiões monoteístas se unem para contemplar suas origens comuns.

vasto setor dos judeus do mundo, ou que sejam discriminadas dentro do próprio Estado judeu. Do mesmo modo, seria inconcebível obrigar ou persuadir os tribunais rabínicos a autorizar os casamentos mistos. A idéia de separar formalmente o *status* nacional judeu da identidade judaica religiosa teve de enfrentar uma cerrada oposição por parte dos sionistas seculares, bem como dos membros do *establishment* religioso, e requereria a introdução do casamento civil, ao que se opõem resolutamente os partidos religiosos. O resultado é uma situação de cauteloso compromisso, que causou dificuldades às pessoas e um periódico protesto público. Em um processo célebre de 1958, a um monge carmelita de nascimento judeu e de indiscutíveis convicções sionistas foi negada a cidadania, sob a Lei do Retorno, e a nacionalidade judia. Apelou-se à Corte Suprema da decisão do Ministério do Interior, ainda que sob a *halakhah* o pedido de ser reconhecido como judeu fosse provavelmente válida. A questão do registro já havia precipitado uma crise governamental naquele mesmo ano, e continuou depois a agitação dentro e fora de Israel, e após uma controversa decisão da Suprema Corte em 1968; finalmente o Knesset definiu a palavra "judeu", em 1970, para efeitos da Lei do Retorno, como "toda pessoa nascida de mãe judia, ou convertida ao judaísmo, e que não é membro de outra religião". Essa fórmula foi majoritariamente aceita em Israel e no exterior, mas não pelos secularistas extremistas nem pelos partidos religiosos, que insistiam em acrescentar "segundo a *halakhah*" após as palavras "convertida ao judaísmo". Em 1977, como parte das exigências do PNR e do Agudah por sua participação na coalizão, o primeiro-ministro se comprometeu a "fazer qualquer esforço" para conseguir que a maioria parlamentar modificasse a Lei do Retorno. Esse compromisso causou uma tempestade de protestos, até de parte dos grupos não-ortodoxos dos Estados Unidos, a maioria de cujos membros pertence às sinagogas reformadas ou conservadoras.

Todas as instituições religiosas de Israel estão sob a autoridade do Ministério de Assuntos Religiosos. O Ministério, que quase sem interrupção esteve ocupado por um representante do PNR, dá assistência financeira às instituições religiosas e é responsável pelos tribunais religiosos de várias comunidades. A hierarquia religiosa é integrada por rabinos-chefes, rabinos estatais, conselhos religiosos e tribunais rabínicos. Sob o sistema herdado dos britânicos, e originalmente dos otomanos, há dois rabinos-chefes em Israel, um asquenaze e outro sefardita, e rabinos-chefes locais nas cidades, tendo dois as quatro cidades principais. A eleição dos rabinos-chefes causou muitos problemas, e a existência de dois rabinos provocou conflitos graves e totalmente absurdos. Os rabinos de distrito e outros rabinos locais com cargos oficiais são nomeados nos conselhos religiosos locais, que também se encarregam de pagar suas remunerações, com o visto do rabino-chefe. Os conselhos religiosos, outra herança do período do Mandato, são uma parte efetiva da estrutura do governo local. São nomeados conjuntamente pelo Ministério de Assuntos Religiosos, pela autoridade local e pelo rabinado local, e se encontram completamente sob a influência do PNR. Seus consideráveis fundos provêm do Ministério, das autoridades locais e das taxas por serviços (como a supervisão dos alimentos *kosher*). Os tribunais rabínicos (Batei Din) constam de três juízes (Dayanim) cada um, nomeados formalmente pelo presidente do Estado com a aprovação de ambos os rabinos-chefes. Os cargos são bem remunerados e são muito cobiçados. Há 24 Batei Din, oito deles em Tel Aviv e três em Jerusalém. Existe um tribunal rabínico de apelação (o Bet Din Supremo), encabeçado pelos dois rabinos-chefes nacionais. Os atuais foram membros do Bet Din durante muito tempo, e foram eleitos para seus cargos em março de 1983.

Os rabinos-chefes, os Dayanim e outros rabinos nomeados oficialmente são funcionários estatais, e sua autoridade procede mais do Estado que do consenso da comunidade judia ou de seu poder como líderes espirituais. Alguns rabinos-chefes gozam de respeito generalizado devido a suas qualidades pessoais, mas são exceções; ao contrário, os demais funcionários religiosos atraíram o escárnio público, o que contribuiu para afastar da religião a maioria dos jovens. A imagem do rabinado é antes negativa, sobretudo entre os judeus seculares. Os rabinos dão uma imagem de fazer parte do aparato estatal, o que amiúde desperta sentimentos de irritação ou de aberta hostilidade. Não se trata simplesmente de uma questão de preconceito anticlerical. Os rabinos estatais raras vezes se comprometem com as tarefas pastorais e a instrução religiosa, como fazem os das comunidades da diáspora, e por isso não são tratados com essa mistura de respeito e carinho que se dispensa aos rabinos da diáspora ou aos clérigos cristãos, bem como a algumas figuras religiosas dentro de Israel que permanecem fora do aparato oficial. Tecnicamente, o conceito mesmo de hierarquia rabínica é alheio à lei e à tradição judaicas, e não há base halákhica para o dispositivo político, essencialmente secular, de um rabino-chefe ou de um Bet Din Supremo. A autoridade dos rabinos-chefes não é reconhecida pelos grupos ortodoxos mais extremistas (os antigos yishuv e os Agudah), nem pelos movimentos não-ortodoxos (conservadores e reformados).

O fato é que as sinagogas da diáspora são construídas, mantidas e organizadas pelos seus membros, e com freqüência oferecem uma ampla gama de atividades sociais, educativas e religiosas. As sinagogas ortodoxas de Israel, em contrapartida, não concedem direitos de filiação. Não são centros sociais, mas salas de oração pequenas, de arquitetura anódina, que só são usadas para fins religiosos. São financiadas pelo governo através dos conselhos religiosos locais.

As sinagogas reformadas e conservadoras são um caso diferente. Não são reconhecidas pelo Ministério de Assuntos Religiosos nem recebem o benefício dos fundos do governo. O crescimento do judaísmo não-ortodoxo em Israel foi lento e difícil. Nenhum movimento colaborou no primeiro período do sionismo, e somente durante a crise nazista na Europa um número significativo de judeus reformados e conservadores chegaram ao país. A primeira sinagoga reformada foi aberta em Jaifa em 1935, e a primeira sinagoga conservadora, em Jerusalém, em 1937. Eram pequenas e inofensivas e não impressionaram muito. Os movimentos foram crescendo gradualmente em número, sobretudo através da imigração norte-americana. Os principais seminários dos Estados Unidos, o Colégio União Hebraica (reformado) e o Seminário Teológico Judaico (conservador) abriram filiais em Jerusalém, com suas respectivas sinagogas, que atraem cada vez mais israelenses e visitantes do exterior, e também abriram sinagogas nas principais cidades. Há até um *kibbutz* reformado, Yahel, fundado em 1976. O cresci-

Jerusalém: a Cidade Santa

Jerusalém é o ponto de encontro de séculos e de povos, de esperanças e de sonhos. É uma cidade de contrastes e conflitos, um símbolo de antiguidade e renovação, que pode ser um enigma até para os que viveram ali toda a sua vida. Cidade sagrada de três religiões, seus lugares santos se associam aos nomes de Adão e Abraão, Davi e Salomão, Jesus e Maomé. Para os judeus, sua santidade só pode ser expressa em termos territoriais: é uma abstração, um doloroso anelo, uma chamada à perfeição e à consumação que sempre estão mais além. Durante séculos os judeus viajaram até ali em sua velhice, de terras distantes, para morrer e ser enterrados perto do lugar onde se proclamaria pela primeira vez a redenção. Mas Jerusalém é igualmente a capital de um Estado moderno, com seus edifícios e monumentos públicos, alguns dos quais, como o Yad Vashem, expressam essa relação única entre Jerusalém e o povo judeu. Em cada um de seus cantos, o passado se impõe ao presente, nesta cidade onde, como escreveu um poeta de Jerusalém, "até os mortos têm direitos eleitorais".

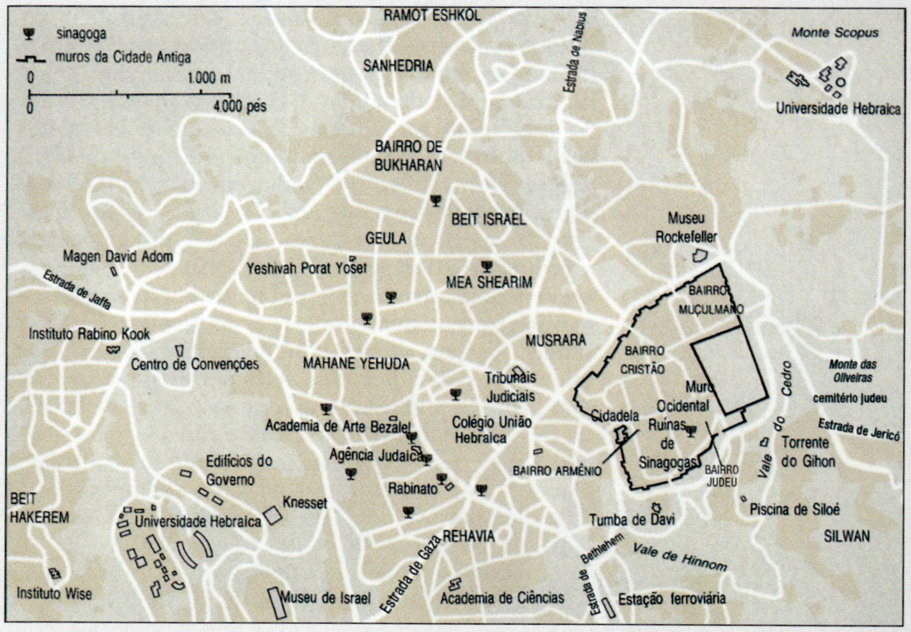

Esquerda. O Knesset (edifício do Parlamento) à noite. Em primeiro plano se ergue o Santuário do Livro, no qual os manuscritos do Mar Morto são exibidos.

Extrema esquerda, centro. Os Edifícios Húngaros, área de Jerusalém construída no século XIX, conservam o ar de um *shtetl* da Europa oriental.

Extrema esquerda, abaixo. Um moinho de vento domina Yemin Moshe, uma das primeiras ampliações judaicas para além dos muros. O nome é uma homenagem a sir Moses Montefiore, que construiu este bairro para aliviar o insalubre congestionamento da Cidade Velha.

Fotografia superior. Jerusalém é uma mistura fascinante entre o velho e do novo. Em primeiro plano, o espaçoso recinto amuralhado que marca o local do Templo de Salomão, Nobre Santuário dos muçulmanos, com duas esplêndidas mesquitas. As escavações adjacentes, à esquerda, trouxeram à luz restos fascinantes da cidade de David. Acima, do outro lado do vale Tyropoeon, se ergue o bairro judeu da Cidade Velha, recentemente restaurado, em cuja direita é possível ver o Santo Sepulcro, coração do bairro cristão. Ao fundo, além dos muros da cidade, começam os modernos edifícios da cidade nova. *Acima:* Vista de Mea Shearim.

mento do judaísmo não-ortodoxo encontrou uma cerrada oposição por parte do *establishment* ortodoxo, que empreendeu vigorosas campanhas contra os movimentos e tentou até eliminar suas atividades com a ameaça de retirar as licenças de fornecimento para os estabelecimentos que servem a suas comunidades. Em determinado momento se sugeriu que os movimentos conservador e reformado deviam aceitar a condição de religiões não-judaicas, e assim conseguir o reconhecimento estatal como o cristianismo e o islã. Em 1976, o Ministério de Assuntos Religiosos revogou a nomeação de um rabino reformado para o Conselho Religioso de Jerusalém, e em 1980 os dois rabinos-chefes de Jerusalém tornaram público um pronunciamento conjunto declarando que não se podia considerar que um fiel que ouvisse o *shofar* numa sinagoga conservadora, nas cerimônias de Ano-Novo, o tivesse feito verdadeiramente, com o que não cumpria com essa obrigação religiosa. Tais ações recebem uma grande publicidade, e contribuíram para aumentar a solidariedade e o apoio a ambos os movimentos, que atualmente crescem com rapidez e estão começando a obter algum sucesso em seus pedidos de ajuda oficial. Em 1981, após uma luta de 10 anos com as autoridades, a comunidade reformada de Tel Aviv obteve permissão municipal para construir a primeira sinagoga reformada e centro comunitário. O primeiro edifício desse tipo em Israel havia sido erguido no ano anterior, em Jaifa.

Os movimentos pretendem um tratamento igual ao dispensado à ortodoxia, seja no reconhecimento oficial, com ajuda financeira estatal e o direito de que seus rabinos possam oficiar os casamentos e fazer parte dos conselhos religiosos, seja com a dissolução do rabinado oficial. A convenção anual da Conferência Central de Rabinos Norte-americanos (reformada), realizada em Jerusalém em 1981, fez um forte chamamento à eliminação do establishment: "Desprovidos do poder arbitrário, todos os rabinos teriam de recorrer à persuasão moral e ao ensino inspirado para alcançar a vasta maioria dos judeus não filiados de Israel... O estado atual do rabinado estabelecido atrofiou todo o impacto espiritual que o judaísmo deveria estar exercendo sobre a sociedade." Os líderes de ambos os movimentos expressaram uma grande preocupação depois das eleições de 1981 com as concessões exigidas pelos partidos religiosos, sobretudo a emenda da Lei do Retorno, que excluiria os conversos conservadores e reformados. Atualmente há 15 sinagogas filiadas ao Movimento para o Judaísmo Progressista em Israel (reformado), membro da União Mundial para o Judaísmo Progressista, com escritórios em Jerusalém, e trinta sinagogas filiadas à Sinagoga Unida de Israel (conservadora), pertencente ao Conselho Mundial de Sinagogas.

No outro extremo, os grupos mais tradicionalistas também ficaram fora do sistema estatal, neste caso por decisão própria. Os judeus dos antigos *yishuv* em sua maior parte se mantiveram afastados do sionismo, opondo-se à criação do Estado judeu. Suas fileiras foram aumentadas após a Segunda Guerra Mundial pelos emigrantes húngaros, obsessivamente tradicionalistas. Eles vivem segregados em suas próprias comunidades, concentrados, sobretudo, no bairro Mea Shearim de Jerusalém. Ali mantêm um modo de vida próprio de gueto antigo e tentam conservar o sistema de autonomia interna que tinham desenvolvido durante o domínio não-judeu. Têm suas próprias escolas e *yeshivot*, e mantêm um alto nível de ensino tradicional judaico. Seu número é reduzido, e seriam uma simples relíquia histórica não fosse por seu exagerado zelo religioso, que amiúde provocou grandes e ressonantes choques com os poderes seculares. Tais incidentes se associam amiúde aos anti-sionistas extremistas Neturei Karta ("Guardiões da Cidade"), mas de fato chegaram a envolver um setor muito mais amplo da população tradicionalista, em diferentes partes do país, que recorreram à lei para fazer respeitar o Shabat e outras observâncias religiosas. Em 1966, um artista muito conhecido morreu quando sua motocicleta arrastou um cabo que bloqueava ilegalmente uma rua de Jerusalém no Shabat, e uma morte similar se deu em Bnei Brak em 1977. Em outras ocasiões, foram apedrejadas ambulâncias que iam atender a casos de emergência, e as turbas atacaram ônibus que estampavam o que se considerava propaganda pornográfica. Também houve violentas manifestações contra centros esportivos, sociais e culturais abertos para ambos os sexos.

As autoridades procuraram tratar tais episódios com cautela, em parte talvez por respeito à sensibilidade religiosa, em parte pelo risco de a dissidência ampliar-se ainda mais no *establishment* religioso. Este risco se transformou em realidade em agosto de 1981, como resultado dos distúrbios ocorridos ao redor das escavações arqueológicas de Jerusalém, num lugar que se supunha abrigava sepulturas judaicas. Após uma longa batalha entre a polícia e os manifestantes, foram pintadas as sepulturas de sionistas proeminentes com suásticas e dizeres ofensivos. A Eda Haredit, organização que reúne todos os grupos tradicionalistas, denunciou a profanação das sepulturas, mas aconselhou que se interrompessem as escavações, exigência que teve o apoio do rabino-chefe asquenaze de Israel. Este apoio oficial pôs em situação difícil o ministro da Educação e Cultura, membro do PNR. Ele solicitou então ao rabino-chefe uma legislação sobre a permissibilidade das escavações. Quando ambos os rabinos-chefes e o Conselho Rabínico Supremo decretaram que as escavações deviam ser suspensas, ele mesmo promulgou uma ordem para que não continuassem. A questão, aparentemente trivial, das escavações gerou uma crise política e constitucional de grande escala, durante a qual a coalizão do governo se viu ameaçada e o PNR entrou em conflito com o rabino-chefe. O Tribunal Supremo e o Ministério da Justiça negaram, cada um por seu lado, o direito do rabinado de promulgar leis acima dos ministros do governo, negativa a que o Conselho Rabínico respondeu com uma declaração na qual afirmava que "a *halakhah* é eterna e não está subordinada a nenhuma autoridade secular". Este incidente revela a instabilidade do compromisso constitucional e as tensões existentes não apenas entre as tendências secular e religiosa, mas também dentro dos próprios setores religiosos.

Comunidades orientais e ocidentais em Israel

Outra área de tensões e conflitos é a relação entre as comunidades judaicas "orientais" e as "ocidentais", reunidas numa só nação sob a égide sionista. Os termos gerais "orientais" e "ocidentais" são de per si enganosos, já que ambos compreendem muitas comunidades diferentes, de origens diversas e até certo ponto coincidentes no plano geográfico e no plano cultural. Mas há um problema real quanto às relações comunitárias, e o termo demasiado genérico "comunidades orientais", referente antes de tudo aos judeus de territórios árabes, incluindo, paradoxalmente, o Ocidente árabe, o Magreb, indica a percepção da raiz do problema de uma perspectiva ocidental. Os termos tradicionais "asquenaze" e "sefardita" também são empregados (em sentido próprio de Israel) para definir os dois agrupamentos.

As comunidades sefardita e asquenaze mantiveram suas respectivas identidades separadas durante todo o domínio otomano, com certo predomínio dos sefarditas. Os rabinos-chefes reconhecidos pelo governo eram os sefarditas, e estes tratavam os sionistas ocidentais recém-chegados com certa condescendência. Os sionistas, por seu lado, chegaram sob a influência do estilo oriental, a ponto de adotar a pronúncia sefardita do hebraico. Mas sob o domínio britânico os ocidentais estavam mais próximos do poder dominante, e, à medida que aumentou a emigração ocidental, foram reduzindo-se a uma minoria insignificante e desconsiderada. Depois de 1948, a tendência demográfica voltou a inverter-se, e os judeus orientais ou seus descendentes são atualmente a maioria da população judia. O grupo do poder, não obstante, continuou solidamente ocidental. Poucos orientais alcançaram cargos de importância nas profissões ou no exército. Os emigrantes orientais se amontoavam nos subúrbios das cidades, em condições econômicas e educacionais de inferioridade com relação aos ocidentais. Nas escolas e no exército, ensinavam os jovens orientais a desprezar sua herança própria, e eles eram educados na cultura ocidental como forma de "absorção". O ressentimento começou a eclodir na década de 1960, e explodiu numa ação política violenta e direta no princípio dos anos 70. O governo trabalhista começou a tomar medidas para remediar a situação, mas as solu-

Israel está constantemente empenhado em alcançar a normalidade, um objetivo fugidio nesta época ainda ameaçada pelos espectros do passado. Os nomes dos campos nazistas, gravados sobre o monumento de Ead Vashem (*fotografia superior*), evocam os terríveis acontecimentos que conduziram à constituição do Estado, e os seis milhões de vítimas, declarados postumamente cidadãos de Israel.
Fiéis reunidos para recitar preces de penitência na praia de Tel Aviv (*acima*), numa visível expressão do poder da religião tradicional arraigada na Terra Santa.
O soldado judeu orando na cidade árabe de Gaza após sua captura na guerra de 1967 (*acima, direita*)

evoca a longa e árdua luta dos judeus para conquistar o direito à cidadania e à liberdade de culto, e o poder de controlar o próprio destino. A imagem também alude, como é óbvio, às conflituosas reclamações de dois povos castigados sobre esta estreita faixa de terra.

ções foram poucas e tardias, e a derrota dos trabalhistas nas eleições de 1977 se deveu em parte à perda dos votos dos orientais, que, sendo o setor mais empobrecido da comunidade, era o que mais sofria o impacto da inflação alta. Um ano depois, Isaac Navon tornou-se o primeiro presidente sefardita de Israel. Sua eleição revela a aceitação oficial de uma parte do problema, mas as dificuldades continuaram e os orientais continuavam a expressar seus protestos com manifestações e até com a formação de partidos políticos étnicos, um dos quais obteve três cadeiras nas eleições de 1981.

Os cidadãos não-judeus de Israel

As relações entre a maioria judia e os não-judeus, sobretudo árabes, se complicaram com o conflito entre os sionistas e os nacionalistas árabes. Uma minoria dos judeus apóia uma política abertamente antiárabe, mas a maioria concorda com as idéias sionistas e tem dificuldade de considerar os não-judeus como israelenses de pleno direito. Os árabes israelenses sofrem, portanto, os mesmos preconceitos que os próprios judeus padeceram em outros países, preconceitos que são reforçados pelo temor de que os árabes possam constituir um perigo para a segurança pública. A maioria dos árabes não se integra nas forças armadas, embora em outros aspectos desfrutem de direitos civis plenos. O Estado financia escolas em idioma árabe, mas o sistema educacional duplo acentua e perpetua as barreiras sociais e culturais.

O Estado dá total liberdade de culto a todas as religiões, e as comunidades religiosas reconhecidas gozam da mesma autonomia interna que a comunidade judia. O proselitismo, porém, é desestimulado fortemente. O Estado também protege os Lugares Santos de todas as religiões e garante o acesso a eles. Foram duramente reprimidos os distúrbios protagonizados pelos fanáticos de todas as religiões. Mas, num país em que a religião está em primeiro plano, e que conta entre seus cidadãos com um número impressionante de confissões diferentes, fez-se muito pouco para alcançar um nível de compreensão interconfessional. Os estudantes judeus não recebem ensino acerca das outras religiões, e até agora só em muito poucas ocasiões formais os israelenses ultrapassaram as barreiras religiosas. Algumas tentativas pioneiras encontraram uma resposta muito limitada e cautelosa.

Israel e a diáspora

Os vínculos entre Israel e os judeus espalhados por todo o mundo são sólidos e formais, embora em muitos aspectos intangíveis e até contraditórios. Sob o Mandato britânico, o papel dos judeus internacionais na construção do Lar Nacional judeu foi reconhecido oficialmente no *status* legal outorgado na Organização Sionista, e a partir de 1930 na sua sucessora, a Organização Judaica (que nominalmente incorporava a representação dos não-sionistas). A política sionista, que implica importantes decisões que dizem respeito à vida dos judeus na Palestina, foi decidida em grande parte fora do território. O resultado foi um conflito constante. Em 1947, quando a independência judaica era uma realidade iminente, os líderes judeus da Palestina afirmaram decididamente seu direito a determinar seu próprio destino. Após a independência, o governo desejava cuidar dos vínculos úteis com a diáspora, enquanto assegurava sua própria autonomia e de fato ampliava sua influência dentro das comunidades judaicas do exterior. Em 1952 o Knesset promulgou uma lei que regulamentava formalmente essas relações:

"O Estado de Israel considera a si mesmo como criação de todo o povo judeu, e suas portas estão abertas, de acordo com suas leis, a todo e qualquer judeu que queira vir para ele como imigrante... O Estado de Israel reconhece a Organização Sionista Mundial como a organização autorizada que continuará a operar no Estado de Israel para o desenvolvimento e estabelecimento do país, para a absorção de imigrantes da diáspora e para a coordenação dentro de Israel das atividades das instituições e organizações que atuem nesses campos. A missão de reunir aos exilados, que é a tarefa central do Estado de Israel e do movimento sionista em nossos dias, requer esforços constantes por parte do povo judeu da diáspora. O Estado de Israel, portanto, espera a cooperação de todos os judeus, como indivíduos e como grupo, para construir o Estado e assistir à emigração das massas populares, e considera necessário para este fim a unidade de todos os setores judaicos..."

Essa fórmula, que impõe exigências ao povo judeu em sua totalidade, e atribui um papel formal, conquanto limitado, dentro do Estado à organização judaica internacional, continuou desde então a regular as relações entre Israel e a diáspora. Em vez de Israel ser uma "colônia" de judeus, o povo judeu se transformou num "reservatório" para o Estado judeu. Os judeus são convocados a dar sua lealdade, apoio financeiro e, por fim, suas próprias pessoas ao Estado, que afirma o direito a intervir em suas questões para promover as atividades sionistas e a coleta de fundos – como no caso da União Soviética – ou fazendo campanhas para conseguir uma mudança de política governamental em prol do reconhecimento do direito dos judeus de emigrar para Israel.

As relações, em geral, foram estáveis e tiveram sucesso. Judeus de todo o mundo sentem satisfação e orgulho da existência de Israel, e compartilharam suas preocupações e seus triunfos. As organizações sionistas, que têm escritórios nos principais centros da diáspora, contribuíram para elevar o nível de consciência judaica e promoveram atividades culturais destinadas especialmente à difusão do conhecimento de Israel e do idioma hebraico. Os judeus responderam com apoio contra todos os ventos e tempestades. Nos últimos anos, não obstante, começaram a aparecer algumas fissuras nessa relação. Expressaram-se mais abertamente as críticas à política israelense. Isso é um corolário da identificação dos judeus com Israel, pois qualquer ação israelense que seja moralmente oprobiosa os afeta, e os ataques violentos de extremistas árabes em comunidades da diáspora contribuíram para dificultar ainda mais as relações. Finalmente, as tensões terão de ser resolvidas, si se quiser evitar a ruptura. Enquanto isso, o sentimento e o próprio interesse se combinam para assegurar a conservação do *status quo* para além dos momentos críticos.

Turquia

Os judeus de Turquia são um pequeno remanescente das comunidades outrora florescentes formadas fundamentalmente pelos refugiados da expulsão espanhola de 1492. A depressão econômica levou a uma emigração em grande escala durante as décadas prévias à Primeira Guerra Mundial, ainda que durante o século XIX se tivessem feito verdadeiros progressos quanto às minorias não-muçulmanas. Apesar da declaração idealista dos sucessivos sultões, o nítido predomínio islâmico implicava que as minorias nunca se achassem completamente seguras. Em 1923, o Tratado de Lausanne, que assentou as bases de um Estado turco secular e moderno, incluía garantias para as minorias, mas a nova ordem apresentava um desafio para a cultura judaica tradicional (pela primeira vez os judeus adotaram o turco como primeiro idioma, e o secularismo foi minando os valores religiosos tradicionais), enquanto a reação islâmica deu lugar, às vezes, a uma forma de sentimento antijudaico. Muitos judeus, no entanto, se identificaram positivamente com o Estado turco e se comprometeram cada vez mais com sua vida econômica e intelectual.

O primeiro censo turco, feito em 1927, registrava uma população de 82.000 judeus, 0,6% da população total. A maioria da população judia (47.000) estava em Istambul, onde representava cerca de 7% da totalidade dos habitantes. Outras comunidades consideráveis eram Esmirna (16.000) e Edirna (6.000). No total, 68% dos judeus viviam na Turquia européia, enquanto outros 27% se distribuíam pelos três vilaietes mais próximos da Turquia asiática. Nos 20 anos seguintes, houve apenas um pequeno declínio, mas após a independência israelense se produziu um êxodo repentino e inesperado: mais de 30.000 judeus abandonaram o país nos dois primeiros anos, e desde então a corrente não se deteve. Calcula-se que na atualidade não restam mais de 20.000 judeus na Turquia, dos quais 18.000 vivem em Istambul.

Iraque

Em os outros países surgidos do domínio otomano após a Primeira Guerra Mundial, as comunidades judias quase desapareceram. Ao começar o Mandato britânico no Iraque em 1920, havia 87.500 judeus (pouco mais de 3% da população); 50.000 viviam em Bagdá, onde constituíam 20% da população total. Outros 15.000 se distribuíam nos povoados pequenos e nas aldeias do Curdistão. A comunidade de Bagdá desfrutava de uma segurança e prosperidade consideráveis, mas a partir da década de 1930 o crescente anti-sionismo e o nacionalismo árabe geraram uma onda de distúrbios periódicos que culminou em 1941 com um selvagem ataque que deixou um saldo de cem judeus mortos. Na época da independência israelense, em 1948, a situação dos judeus do Iraque era já insustentável, e eles emigraram em massa deixando para trás todas as suas posses. Em 1947 devia haver 150.000 judeus; em 1952 restavam cerca de 6.000. A maioria deles saiu do país no começo do período republicano, em 1958. Embora as circunstâncias ainda sejam incertas, o final da era de Sadam abriu uma esperança para o retorno dos judeus iraquianos a seu país.

Esquerda. A imensa maioria dos 20.000 judeus de Turquia vive em Istambul, antiga capital imperial, onde subsistem cerca de 20 sinagogas abertas ao culto. O interior da sinagoga Ahrida, em Balat, outrora o bairro judeu mais importante de Istambul, possui um estilo marcadamente turco, com uma curiosa *tebah* em forma de navio e imponentes candelabros.

Abaixo, esquerda. A montanhosa região do Curdistão, tragicamente dividida entre Turquia, Iraque e Irã, foi o lar de uma minoria judaica até há pouco. Como seus vizinhos cristãos, os judeus falavam aramaico, e apesar de muitos viverem na cidade, havia entre eles numerosos camponeses; de fato, algumas aldeias eram total ou quase completamente judaicas. A confecção de tapetes é uma especialidade das mulheres curdas. Em 1950-1951, praticamente toda a população judaica do Curdistão, cerca de 30.000 pessoas, se mudou para Israel.

Direita. Judeus iemenitas celebram a Páscoa. Os judeus vivem no Iêmen desde a Antiguidade. Ficaram isolados dos principais centros judeus, e por isso desenvolveram muitos costumes próprios, conservando, ao mesmo tempo, algumas tradições e textos escritos que estavam perdidos no resto do mundo. Praticamente todos viviam na pobreza. Em 1949-1950, a maioria da população mudou-se para Israel.

Abaixo. Casamento iemenita em Israel. As mulheres iemenitas são famosas pelos trajes nupciais tradicionais.

Extrema direita. Trajes nupciais muito incomuns dos judeus sírios, fotografados em Nova York.

Síria

Na Síria, a penúria econômica do século XIX, sobretudo como resultado da abertura do canal de Suez, provocou uma emigração em grande escala, a maior parte para a América Latina. Quando o país se tornou independente, durante a Segunda Guerra Mundial, só havia 30.000 judeus, estabelecidos sobretudo em Damasco e Aleppo. O ativismo sionista havia começado na década de 1930, e os distúrbios que ocorreram nos primeiros anos da independência se agravaram depois da Guerra de Independência de Israel. Muitos judeus fugiram da Síria, enquanto os que ficaram no país viviam atemorizados, permanentemente controlados e impossibilitados de viajar. Em 1994, uma operação encoberta do governo israelense conseguiu tirar 1.262 sírios do país. A centena que resta vive em Damasco. Na atualidade, existem medidas para protegê-los, mas eles carecem de direitos políticos.

Líbano

O Líbano é um país de minorias, e os judeus compartilharam a prosperidade comercial de Beirute e também o trágico destino dos últimos anos. O censo de 1944 registrava 5.666 judeus, mas houve uma considerável afluência de refugiados sírios e em 1958 a população judia chegava a 9.000. Não se informou sobre nenhuma violência contra os judeus durante as sucessivas guerras com Israel, nem durante a guerra de aniquilação que se abateu sobre o país a partir de 1975, mas o declínio econômico fez com que muita gente emigrasse, e agora só menos de uma centena de judeus.

Península Arábica

No curso dos primeiros séculos do islã, os judeus foram gradualmente desaparecendo da Península Arábica, salvo do Iêmen, que se achava sob o domínio da dinastia xiita Zaydi. Ali, milhares de judeus ficaram em condições de privação e humilhação indescritíveis, dispersos numa grande quantidade de povoações. No Áden britânico, estavam relativamente melhor, até que em dezembro de 1947 estouraram distúrbios como conseqüência da decisão de dividir a Palestina. Em 1949-1950, a "operação Tapete Mágico" fez o impressionante resgate, por via aérea, de 44.000 iemenitas e 3.000 adenitas. Outros vários milhares abandonaram a região nos anos seguintes, e se crê que agora só restam umas poucas centenas.

Irã

Não existem estatísticas confiáveis sobre os judeus do Irã. Em 1950 se estimava que houvesse cerca de 100.000 numa população total de 16,5 milhões, com uma concentração de 40.000 em Teerã, 15.000 em Shiraz, 10.000 em Isfahan e o restante dividido em povoados e aldeias. Uma grande maioria era pobre e atrasada, vivia em guetos superpovoados, e se encontrava subalimentada e exposta a doenças. Uma minoria (10%) pertencia à classe média, e alguns poucos possuíam fortuna. O nível de educação e de conhecimento judaico era baixo, embora a Alliance Israélite Universelle mantivesse 20 escolas nas grandes cidades, com um total de 7.000 alunos. Os judeus tinham conseguido os direitos civis na Constituição de 1906, e sob o sistema de representação religiosa tinham um deputado no Parlamento. Ainda assim, a hostilidade dos dirigentes religiosos, predominantemente xiitas, limitava as oportunidades de progresso para os judeus.

Desde a revolução islâmica de 1979, a situação dos judeus e de outras minorias se deteriorou consideravelmente. Em 2004, estimava-se que a população judia era de cerca de 25.000 judeus, sendo a maior do Oriente Médio depois de Israel. Embora haja três sinagogas, elas não prestam serviços desde 1994 e não há rabinos no Irã.

Afeganistão

Calcula-se que na década de 1930 houvesse cerca de 5.000 judeus no Afeganistão. Após o assassinato de Nadir Shah, em 1933, os judeus foram submetidos a uma série de medidas repressivas: foram expulsos de povoados e aldeias e concentrados em guetos em Cabul, Herat e Balkh. Foram, igualmente, privados da cidadania, e toda atividade comercial era proibida para eles; não podiam sair do país. Mas muitos fugiram ilegalmente, e a maioria dos que permaneceram abandonou o país no final da década de 1960, quando a emigração voltou a ser permitida. Atualmente ainda existem algumas famílias em Herat e Cabul.

Esquerda. Como os curdos e os iemenitas, os judeus persas conservaram suas próprias tradições, sem a menor influência sefardita. À vista deste cemitério em Pir Bakran, onde os judeus de Isfahan enterravam seus mortos, pode-se inferir até que ponto eles eram persas em sua terra de origem.

Abaixo, esquerda. Ao mundo judeu persa também pertencem os judeus de Bukhara e do Afeganistão.

Abaixo, direita. Os judeus japoneses são apenas um grupo minúsculo entre os judeus do Japão, que são principalmente homens de negócio e profissionais dos Estados Unidos e de outros países, além de alguns judeus soviéticos que vieram da China depois da última guerra.

Direita. Os Bene Israel estão bem integrados à vida indiana, e alguns membros da comunidade alcançaram cargos de destaque no governo e nas forças armadas.

Abaixo. Simchat Torá em Cochim. Segundo o ditado local, "quem nunca viu a Simchat Torá em Cochim, nunca viu a felicidade na vida".

Índia

Quando se fez a partilha da Índia em 1947, calcula-se que houvesse mais de 25.000 judeus no subcontinente, em três grupos diferentes: os Bene Israel, o mais numeroso, com 17.000, os de Cochim, 2.000; e os de Bagdá, 6.000. Os últimos eram relativamente recentes na região, e tinham chegado do Iraque no final do século XVIII. Mercadores e industriais abastados se identificavam com a sociedade britânica e se mantinham separados dos outros dois grupos, os "judeus nativos". Estes últimos tinham uma história muito antiga na Índia, e afirmavam ter chegado de Israel nos tempos bíblicos. Suas verdadeiras origens deram lugar a muitas especulações, mas parece indiscutível que levaram uma vida totalmente afastada, sem contato com os demais até o século XVIII. Os Bene Israel se mantiveram dispersos na costa de Konkan até que nos séculos XVIII e XIX começaram a se transferir para Bombaim, onde prosperaram. As comunidades judaicas de Cochim se estenderam pela costa Malabar, no Sul, sob a proteção do governante indiano local. Ambos os grupos estavam subdivididos em subgrupos, os Brancos e os Negros no caso dos Bene Israel, e Brancos, Pardos e Negros, entre os de Cochim. Até pouco tempo atrás, os subgrupos não se misturavam nem se casavam entre si.

Desde a independência, os três grupos diminuíram em número, por causa da emigração. Em Cochim resta apenas um número reduzido de famílias, em Bombaim vivem cerca de 3.000 judeus, e em toda a Índia talvez cerca de 5.000.

Extremo Oriente

As minúsculas comunidades do Extremo Oriente são, em sua maioria, o que sobrou de empreendimentos comerciais estabelecidas no século passado. Tendo florescido em épocas passadas, resta agora pouco de seu antigo esplendor, com exceção de alguns edifícios imponentes e algumas famílias ou indivíduos sobreviventes. Mas Cingapura, Taiwan e Japão receberam alguns imigrantes, e recentemente novas sinagogas foram construídas em Hong Kong e em Manila.

AUSTRALÁSIA

As origens do povoamento judeu na Austrália remontam ao início do século XIX. As primeiras organizações comunitárias foram fundadas em Sydney, em 1817, e em Melbourne, em 1839. Em 1850, ambas as cidades tinham edifícios sinagogais permanentes, e havia outros em Adelaide, Hobart e Launceston. A febre do ouro deste período atraiu uma importante afluência, e no final de século já haviam sido fundadas congregações em Brisbane, Fremantle, Perth e Kalgoorlie. Os imigrantes, no entanto, foram assimilados rapidamente, e várias dessas primeiras comunidades desapareceram. A emigração foi retomada durante a década de 1930, e tornou-se mais intensa depois da Guerra. Em 1933, havia 27.000 judeus, e em 1971, 60.000. Metade vive em Melbourne, onde a comunidade, originária principalmente da Europa Oriental, manteve o senso de identidade e a adesão ao idioma iídiche e à cultura. Mas a tendência à assimilação continua a ter um efeito negativo sobre a força da comunidade judaica, e, apesar da imigração de vários milhares de judeus provenientes da União Soviética, de Israel e da África do Sul, apenas 62.000 australianos se declararam judeus no censo de 1981.

Os judeus da Austrália desempenharam um papel proeminente na vida pública e foram bem representados na magistratura e nos parlamentos federais e nacionais. O primeiro australiano a comandar um exército, sir John Monash, era judeu, bem como o primeiro governador-geral nativo, sir Isaac Isaacs, na década de 1930. Entre 1978 e 1982, houve um segundo governador-geral judeu, sir Zelmam Cowen.

As diversas origens dos judeus australianos se refletem no caráter das congregações religiosas, que vão dos hassidistas, num extremo, aos liberais, no outro. Existe um notável interesse nos colégios judeus, dos quais havia, em 1980, oito em Melbourne e três em Sydney, além dos que contam com internato. É fácil estabelecer comparações entre Melbourne e Montreal ou Joanesburgo: as três cidades têm uma base européia oriental, originariamente de fala iídiche, e ali sobrevivem as velhas disputas, que ainda se sustentam em inglês, e nas três a força das escolas diurnas, quer dizer, sem internato, reflete em parte a insatisfação com o caráter étnico ou religioso da educação não-laica, mas sobretudo o desejo de perpetuar um senso de identidade judaica, assegurando o desenvolvimento dos vínculos sociais dentro da comunidade desde tenra idade. As escolas diurnas da Austrália têm um bom nível em temas gerais, mas há dificuldades para mantê-lo no que diz respeito à educação especificamente judaica, e, talvez, no final não seja isso o que conta. Com um índice de casamentos mistos de 20% (que sobe para 50% em comunidades menores), existem sérias dúvidas acerca do futuro da comunidade judaica australiana.

O caso da Nova Zelândia é similar ao da Austrália em muitos sentidos, mas em escala muito menor. As origens da comunidade remontam a colonos individuais que chegaram antes da soberania britânica de 1840, e pouco depois começaram a fundar comunidades. Os judeus ajudaram a lançar as bases da prosperidade comercial e industrial do país, e também realizaram um considerável serviço público. Em 1873, sir Julius Vogel se transformou no primeiro judeu praticante a ocupar o cargo de primeiro-ministro do Império Britânico. Mas a comunidade tem dificuldades para manter sua dimensão numérica e busca urgentemente nova imigração para compensar o "desgaste natural". A população judaica se manteve constante nos últimos anos, entre 4.000 e 5.000 pessoas, mas se a imigração não se mantiver é provável que decresça rapidamente.

Acima: General sir John Monash (1865-1931), engenheiro e soldado australiano.

Abaixo, esquerda. A Grande Sinagoga, em Sydney, é a principal congregação dos judeus australianos. O edifício atual foi consagrado em 1878, mas a origem da congregação remonta a 1828. A arquitetura evoca as grandes sinagogas inglesas da época, e em Sydney a ortodoxia inglesa continua dominando.

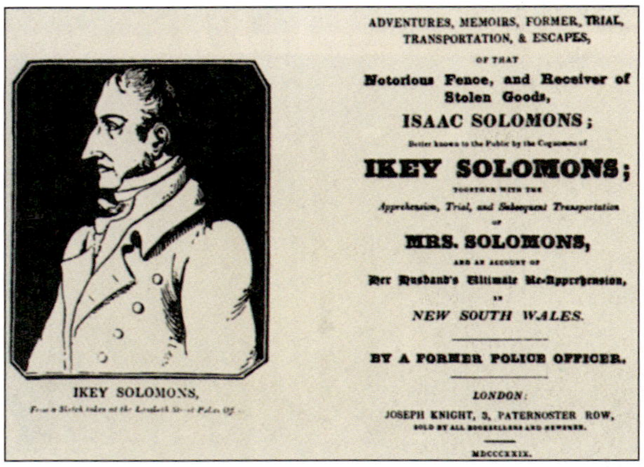

IKEY SOLOMONS,

ADVENTURES, MEMOIRS, FORMER, TRIAL, TRANSPORTATION, & ESCAPES,

OF THAT

Notorious Fence, and Receiver of Stolen Goods,

ISAAC SOLOMONS;

IKEY SOLOMONS;

TOGETHER WITH THE

Apprehension, Trial, and Subsequent Transportation

OF

MRS. SOLOMONS,

NEW SOUTH WALES.

BY A FORMER POLICE OFFICER.

LONDON:

JOSEPH KNIGHT, 3, PATERNOSTER ROW,

MDCCCXXIX.

Esquerda. Os primeiro habitantes judeus da Austrália eram delinqüentes deportados da Grã-Bretanha. Um dos condenados mais conhecidos era Ikey Solomons, que, acredita-se, foi a inspiração para o delinqüente judeu Fagin de *Oliver Twist*, de Dickens.

Abaixo. As principais comunidades da Nova Zelândia estão em Wellington e Auckland. A primeira sinagoga de Wellington foi construída em 1870; em 1977, foi inaugurado um novo centro comunitário, que inclui uma sinagoga ortodoxa.

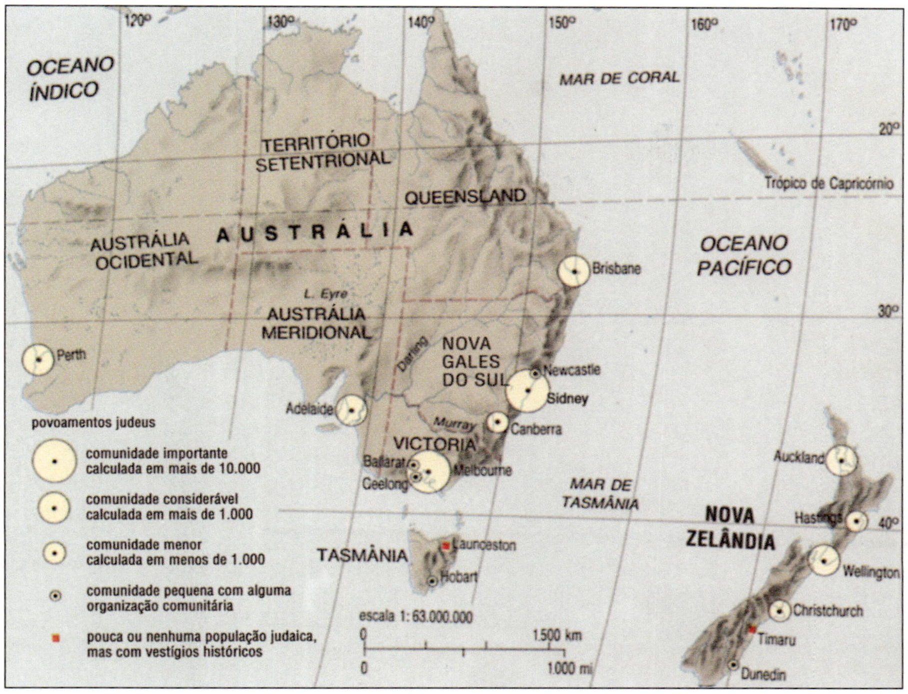

	1930		*1980*	
	Pop. Judaica aprox.	*Judeus ‰*	*Pop. Judaica aprox.*	*Judeus ‰*
Austrália	24.000	3,6	70.000	4,9
Nova Zelândia	2.800	1,8	4.000	1,3

Acima. Sir Julius Vogel (1835-1899), estadista neozelandês.

Acima, esquerda. Sir Zelman Cowen, governador geral da Austrália, 1978-1982.

Esquerda. A imigração é um bastião para uma população que declina por causa das deserções e da emigração. Nos últimos anos, a principal corrente migratória provém da União Soviética, da África do Sul e de Israel. Aqui vemos a imigrante judia soviética número 2.000 sendo recebida no aeroporto de Sydney por representantes da Sociedade de Beneficência judaica.

Abaixo. Alunos de uma escola de Sydney aprendem a celebrar a Simchat Torá. Existem 15 escolas diurnas na Austrália, e calcula-se que elas atendam a 75% das crianças que recebem alguma educação judaica. Isso supõe, sem dúvida, uma salvaguarda vital para o futuro de uma comunidade muito exposta à erosão.

ÁFRICA

A África, como a Ásia, tem uma costa marítima mediterrânea dividida do restante do continente pelo deserto, e é nessa estreita região costeira que os judeus se concentraram desde a mais remota antiguidade até tempos relativamente recentes. O Egito está associado também às origens do povo de Israel. Nos tempos ptolemaicos, já havia judeus na Líbia; sob o Império Romano, eles apareceram nas zonas ocidentais do Norte africano. Com os árabes, essa região foi durante algum tempo o marco de uma florescente cultura judaica; e houve incursões periódicas de refugiados da Espanha e de outros lugares durante a Idade Média e até mais recentemente. Na década de 1930, apesar das ondas emigratórias, havia mais de 400.000 judeus nos países norte-africanos, dos quais três quartos viviam na região sob domínio francês. Desde então o nacionalismo árabe provocou um êxodo maciço, e agora há apenas 20.000 judeus em toda a região, 90% deles no Marrocos.

No Sul do Saara, a história dos judeus está ligada à da colonização européia. Os navegadores judeus contribuíram para o sucesso das primeiras viagens portuguesas de exploração, e os mercadores judeus da Holanda tinham interesses na Companhia Holandesa das Índias Orientais, que introduziu os brancos no Cabo. Os judeus britânicos participaram da exploração econômica da África do Sul, no século XIX, e, quando começaram as migrações maciças de judeus da Europa Oriental, a região atraiu uma grande afluência, sobretudo das repúblicas bálticas, enquanto os judeus de Rodes se estabeleceram, na mesma época, na Rodésia. Com o movimento para o domínio das maiorias negras, e o conseqüente decréscimo da presença branca, as comunidades menores diminuíram de maneira vertiginosa ou simplesmente desapareceram, mas a África do Sul, de população judaica orgulhosa e próspera, ainda constitui um dos centros mais importantes do mundo judeu.

Sir Roy Welensky (1907-1991), político rodesiano

Helen Suzman, (n. 1917), política sulafricana

	1930		*2003*	
	Pobl. judaica aprox.	*Judeus ‰*	*Pobl. judaica aprox.*	*Judeus ‰*
Argélia	110.000	16,5	100	0,0
Egito	66.000	4,8	100	0,0
Etiópia	51.000	6,8	20.000	0,2
Quênia	300	0,1	400	0,0
Marrocos	143.000	23,8	5.236	0,1
África do Sul	85.000	9,4	88.688	2
Tunísia	70.000	29,9	1.813	0,1
Zaire (Rep. Dem. do Congo)	200	0,0	320	0,0
Zâmbia	400	0,3	35	0,0
Zimbábue	2.000	2,0	764	0,0

MAR MEDITERRÂNEO
Túnis
Nabeul
Sousse
Kairouan
Mahdia
Sfax
Djerba
Zarsis
Ben Gardane
Trípoli
Zuwarah
Lebda
Misurata
Gharyan
Meslatah
Giado
Nalut
Sirte
Yahudia
Cyrene
Barzi
Benghazi
Tobruk
Alexandria
Damanhur
Dumyat
El Mahalla el Kubra
Cairo
Mênfis
Helwân
El Fayum
LÍBIA
EGITO
Nilo
Akhmin
Qift
Qus
Tebas
MAR VERMELHO
Assuã
Trópico de Câncer
L. Nasser
povoamento judeu até 1980
comunidade principal: calculada em mais de 100.000
comunidade importante: calculada em mais de 10.000
comunidade considerável: calculada em mais de 1.000
comunidade menor: calculada em menos de 1.000
comunidade pequena com alguma organização comunitária
pouca ou nenhuma população judaica, mas com vestígios históricos
escala 1: 12.000.000
400 km
300 mi
MARROCOS
TUNÍSIA
ARGÉLIA
LÍBIA
EGITO
Trópico de Câncer
Asmera
Gonder
Ambovar
Adis Abeba
ETIÓPIA
0º Equador
REPÚBLICA DEMOCRÁTICA DO CONGO
QUÊNIA
Nairobi
Kinshasa
Lubumbashi
ZÂMBIA
Lusaka
Harare (Salisbury)
Gatooma
ZIMBÁBUE
Que Que
Gwelo
Bulawayo
NAMÍBIA
Windhoek
Trópico de Capricórnio
Ilhas Reunião (França)
St. Denis
ÁFRICA DO SUL
WITWATERSRAND
1 Randfontein
2 Krugersdorp
3 Roodepoort
4 Germiston
5 Kempton Park
6 Boksburg
7 Benoni
8 Brakpan
9 Springs
Limpopo
Trópico de Capricórnio
Pietersburg
Rustenburg
Pretoria
Middelburg
Lichtenburg
Carletonville
Joanesburgo
Potchefstroom
Klerksdorp
Vereeniging
Nigel
Bethal
SUAZILÂNDIA
Kroonstad
Vaal
Bethlehem
Vryheid
Upington
Kimberley
Bloemfontein
Caledon
Orange
LESOTO
Pietermaritzburg
Durban
ÁFRICA DO SUL
Queenstown
Doring
Sondags
East London
Grahamstown
Bellville
Wellington
Worcester
Paarl
Cidade do Cabo
Stellenbosch
Oudtshoorn
George
Uitenhage
Port Elizabeth
escala 1: 14.000.000
400 km
300 mi

Marrocos

De acordo com o censo de 1947, no Marrocos francês havia 203.800 judeus, que representavam 2,3% da população total, e 38,5% dos não-muçulmanos. Outros 25.000 judeus viviam no Marrocos espanhol e na Região Internacional de Tânger. Os judeus marroquinos formavam principalmente uma população urbana, e havia um êxodo contínuo para as cidades, proveniente dos povoados e aldeias. A maior concentração ficava em Casablanca, com 50.000 judeus, em 1945, e 80.000, em 1951. Em Marrakesh, havia 18.000 judeus em 1947, e comunidades consideráveis de 10.000 ou mais judeus nas cidades de Fez, Meknes, Rabat e Tânger. Apesar dos 35 anos de influência francesa, os judeus eram quase completamente alheios à vida política, e a maioria muçulmana os desprezava e os odiava. Pouco depois do estabelecimento de Israel em 1948, começou um êxodo maciço, acelerado por uma série de revoltas antijudaicas nos dois lugares. Dez anos depois, durante o estreitamento de relações entre o Marrocos, já independente, e a Liga Árabe, instaurou-se uma política antijudaica, ao mesmo tempo que a emigração diminuiu, embora os judeus tenham continuado a fugir do país ilegalmente, correndo riscos consideráveis. Depois da ascensão ao trono do rei Hassan II, em 1961, o direito de emigrar foi restabelecido, e cessou a fustigação da comunidade judaica. Em 2004, Marrakesh contava com uma pequena população de cerca de 260 judeus, a maioria com mais de 60 anos. A maior comunidade do país se encontrava em Casablanca, e tinha 3.000 pessoas. No total, a população judaica no país supera os 5.000 habitantes. Estes contam com o apoio da casa real, que manifestou em reiteradas ocasiões o interesse pela segurança da comunidade judia.

O Marrocos possui atualmente a população judaica mais numerosa do mundo árabe, mas é apenas um pálido retrato remanescente das muitas comunidades que existiam em todo o país antes do estabelecimento de Israel. Estas velhas fotografias conservam algo do clima da vida judaica marroquina.

Acima: Uma cena de rua em Marrakesh. Em 1930, havia mais judeus em Marrakesh que em todo o Marrocos atual.

Esquerda. Sinagoga de Asni, nas montanhas próximas a Marrakesh.

Abaixo, esquerda. Este postal reproduz a sinagoga de Argel. O assalto à Grande Sinagoga no Natal de 1960 foi o presságio do fracasso final das condiciones razoáveis para a permanência dos judeus na Argélia, e o estopim da maciça emigração dos judeus argelinos.

Abaixo. Na ilha de Djerba, em Tunis, a vida judaica continua, apesar da emigração, como há séculos.

Direita. Das numerosas sinagogas da ilha, a jóia é a de Ghriba. Segundo a tradição, entre suas paredes fica uma porta do Templo de Jerusalém.

Argélia

Sob o domínio francês, os judeus da Argélia, sobretudo dos distritos do Norte, que administrativamente pertenciam à França, e onde a população judaica estava mais concentrada, os judeus desfrutavam de considerável liberdade. O Decreto de Crêmieux de 1870 declarou-os cidadãos franceses, e eles vieram a desempenhar um papel destacado na vida política local. A cultura francesa arraigou-se fortemente entre eles, embora também gozassem das melhores relações com os muçulmanos que havia no Marrocos. A criação de Israel teve ali pouca repercussão; foi a luta pela independência da França o que liquidou essa antiga comunidade. Divididos num conflito de lealdade entre a França e a Argélia, os judeus se encontraram numa situação impossível, e se uniram ao êxodo precipitado que precedeu a independência em 1962. Cento e quinze mil judeus chegaram à França no transcurso de poucos meses, o que provocou um estado de desconcerto e dificuldades para as comunidades judaicas francesas nos primeiros momentos, porque a partir de então foram notavelmente reforçadas. Dos poucos milhares que restaram, a maioria acabou partindo também, e na atualidade há apenas poucas centenas de judeus em Argel e mais alguns no restante do país.

Esquerda. A festividade de Maimouna é própria dos judeus do norte da África. Celebrada ao final da Páscoa, seu tema é a renovação, a fertilidade, a boa sorte. A Maimouna desfruta de grande popularidade em Israel como expressão da identidade dos judeus norte-africanos.

Canto inferior. A devoção religiosa e o estudo sempre foram características muito fortes do judaísmo norte-africano, assim como a clara adesão à *Cabala*. Homem concentrado em suas preces, na Sinagoga Ghriba, em Djerba.

Tunísia

No começo da década de 1950, a população judia da Tunísia era calculada em 105.000 pessoas, incluindo muitos de nacionalidade francesa. Sessenta por cento viviam na cidade de Túnis e arredores, e havia outras comunidades importantes no Sul do país em condições mais tradicionais, bem como algumas centenas de famílias dispersas. Globalmente, os judeus constituíam um terço da população não-muçulmana. Tinham seu próprio *status* político e seus representantes nos conselhos nacionais e municipais.

Com a Independência de março de 1956, eles adquiriram os mesmos direitos civis e durante algum tempo um judeu foi membro do primeiro gabinete tunisiano, mas, apesar de ordenada transição, a emigração em grande escala começou rapidamente. Estima-se que a população judia atual conte com menos de 2.000 membros. A comunidade judia é a maior minoria do país e o governo assegura liberdade de culto aos judeus e paga o salário do Grande Rabino.

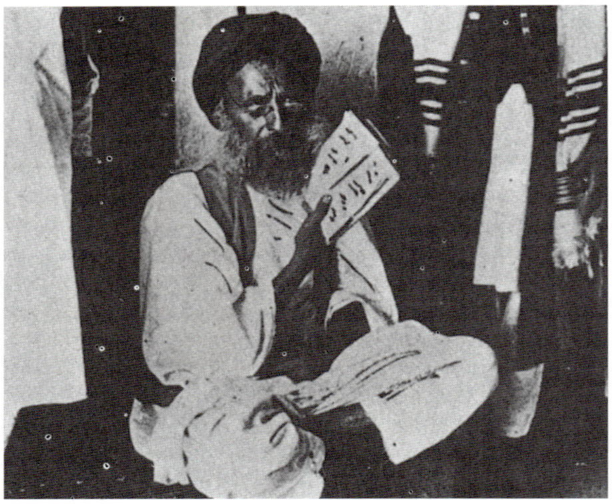

Líbia

O censo líbio de 1931 registrava 24.500 judeus, a maioria deles em Trípoli, um dos centros de vida judaica mais dinâmicos de todo o Norte africano. Havia centros menores em Cirenaica e no Sul do território, onde os judeus que habitavam em grutas despertavam o interesse dos viajantes ocasionais. Vítimas dos fascistas durante a Segunda Guerra Mundial, os judeus sofreram com a indiferença dos britânicos aos ataques dos muçulmanos em Trípoli, em 1945, e depois, após o estabelecimento de Israel, em 1948. Começou então um movimento de emigração, que se transformou numa torrente ao ano seguinte, após a decisão de conceder a independência ao país. No final de 1951, quando a Líbia se transformou numa monarquia independente, restavam apenas alguns milhares de judeus, sobretudo estrangeiros. Muitos deles partiram depois da guerra do Oriente Médio, em 1967, e o restante após a derrocada da monarquia, em 1969.

Egito

No Egito, o censo de 1917 contava cerca de 60.000 judeus, metade dos quais era de estrangeiros, sobretudo emigrantes recentes da Europa e da Palestina. Eles desempenharam um papel importante na vida econômica e política do país. Em 1937, foram abolidos os privilégios concedidos aos estrangeiros, e dez anos depois a legislação que limitava as atividades de cidadãos não-egípcios deteriorou seriamente a base econômica da comunidade judaica: apenas 15% eram egípcios, 20% eram estrangeiros, e o restante, apátridas. A guerra com Israel em 1948 desatou a violência pública e a fustigação oficial, e milhares de judeus tiveram de abandonar o país. A hostilidade aumentou depois da chegada ao poder de Gamal Abdel Nasser, em 1954; após a campanha de Suez em 1956, milhares de judeus viram confiscadas suas posses, e foram obrigados a abandonar o país. As expulsões e a emigração continuaram até 1979, quando se estabeleceu uma paz instável entre o Egito e Israel, e só restavam algumas centenas de judeus no Cairo e em Alexandria. O restabelecimento de laços com Israel devolveu a confiança a esta minúscula comunidade, que em 1982 se integrou ao Congresso Judeu Mundial.

Acima. A imponente sinagoga moderna de Alexandria é uma recordação de gerações anteriores. Em 1900, esta era a maior comunidade do Egito, com 10.000 membros. Até 1917, a população judaica havia mais que duplicado. Muitos dos judeus eram imigrantes abastados, que deram uma importante contribuição para o desenvolvimento do Egito moderno. Mas a Alexandria dessa época já não existe mais.

Acima, esquerda. Sinagoga caraíta no Cairo. Os caraítas viveram no Cairo durante séculos; há 40 anos, depois na aniquilação de seus irmãos na Criméia, a comunidade do Cairo era a maior do mundo. Agora, a maioria se foi, e a impressionante sinagoga é grande demais para os cerca de 40 remanescentes. Os caraítas tiram os sapatos antes de entrar na sinagoga e, ao contrário dos rabinitas, se ajoelham e ficam prostrados durante a oração.

Esquerda. Um postal antigo mostra um artesão de cobre em Port Said. Já na Antiguidade havia artesãos de cobre judeus no Egito; estes tinham o seu próprio setor na grande sinagoga de Alexandria.

Canto esquerdo. Escriba judeu, uma das vítimas da violência antijudaica em Trípoli, em 1945. Incapazes de confiar na proteção do exército britânico, os judeus organizaram sua própria defesa, mas, como as condições de vida se tornaram insuportáveis, até 1951 a maioria dos judeus da Líbia havia emigrado.

Esquerda. A declaração de paz entre Egito e Israel em 1977, depois de quase 30 anos de guerra, inaugurou uma nova era para os poucos judeus que permaneciam ali. Aqui vemos a delegação israelense visitando a sinagoga de Alexandria.

Abaixo. Os falashas ou Beta Israel da Etiópia sempre foram agricultores, por tradição, e viveram dispersos, em sua maior parte, em numerosas aldeias. Sua língua litúrgica é o Ge'ez (etíope antigo), e a religião combina elementos bíblicos e africanos. Durante séculos viveram isolados do mundo judeu; só recentemente os contatos foram restabelecidos e muitos falashas emigraram para Israel.

Etiópia

A Etiópia tinha, até o golpe militar de 1974, pequenas comunidades de judeus adenitas nas cidades de Addis Abeba e Asmera. Também havia alguns milhares de falashas, judeus nativos dispersos em grande número de aldeias na província de Gondar, no Noroeste do país, perto da fronteira com o Sudão. Comunidade pobre e isolada, os falashas sofreram com freqüência os preconceitos de seus vizinhos, as leis arbitrárias de seus governantes, e a pregação de missionários cristãos europeus. Seu *status* de judeus foi objeto de muitas controvérsias, o que os impediu de receber apoio incondicional dos organismos internacionais de beneficência que, no entanto, tinham ajudado outras comunidades remotas. Não obstante, em 1975 lhes foram dadas algumas ajudas educativas e materiais depois de o rabino-chefe sefardita determinar que eram verdadeiros judeus e o Parlamento judeu declará-los elegíveis para a cidadania israelense segundo a Lei do Retorno. Em 1984, a impressionante "Operação Moisés", levada a cabo por Israel, resgatou mais de 15.000 falashas de uma Etiópia assolada pela fome e pela pobreza. Em 1991, a maioria dos judeus etíopes, cerca de 20.000, foi transportada secretamente de avião para Israel.

África do Sul

Em 1910, quando as antigas colônias autogovernadas do Cabo da Boa Esperança, de Natal, do Transvaal e da Colônia do Rio Orange se uniram para formar a União Sul-africana, havia cerca de 46.000 judeus entre a população. A maioria deles era de emigrantes recentes. As primeiras congregações no Cabo se tinham estabelecido na Cidade do Cabo e Grahamstown na década de 1840, quando chegaram à região emigrantes da Grã-Bretanha e da Alemanha. Alguns se aventuraram a penetrar nas regiões interiores não-desenvolvidas. A abertura de campos de diamantes ao redor de Kimberley e de minas de ouro no Witwatersrand havia transformado a estrutura das povoações brancas e deu um grande impulso à emigração européia precisamente quando os judeus oprimidos e empobrecidos do Leste europeu buscavam novas oportunidades em outras terras. A emigração judia da Grã-Bretanha e da Europa ocidental tinha sido contínua, mas a da Europa oriental logo a superou, sobretudo com a chegada de lituanos. Entre 1880 e 1910, chegaram cerca de 40.000 emigrantes judeus, e se estabeleceu a estrutura básica da atual rede de comunidades, com centros importantes em Johannesburgo e Pretória no Transvaal, Bloemfontein no Estado Livre de Orange, Durban em Natal e Cidade do Cabo e Port Elizabeth no Cabo. Havia algumas linhas de pequenas comunidades que cruzavam o Witwatersrand e ao longo da costa meridional, e mercadores judeus isolados em quase todas as localidades.

Os censos sul-africanos proporcionam informação confiável e reveladora acerca do desenvolvimento da população judia. Em 1926, quase 72.000 sul-africanos se declararam judeus de religião, 4,28% da população branca, que somava 1,68 milhão de pessoas. Mas 93% dos judeus viviam em zonas urbanas, contra 58% da população em geral, e em Johannesburgo, que tinha cerca de 25.000 judeus, constituíam 15% da população branca. Havia 11.000 judeus na Cidade do Cabo e mais de 1.000 em Durban, Pretória, Port Elizabeth, Bloemfontein e Benoni.

Em 1960, o ano do plebiscito que decidiu por pequena margem o estabelecimento da república, havia quase 115.000 judeus (3,62% dos brancos), dos quais 113.000 viviam em zonas urbanas. Havia 57.800 em Johannesburgo, 22.700 na Cidade do Cabo e 3.000 ou mais em Durban, Pretória e Port Elizabeth. Era significativo então que a grande maioria fosse sul-africana nativa, enquanto em 1926 a maioria era ainda de emigrantes. Isso reflete a virtual suspensão da emigração judia a partir da Segunda Guerra Mundial. É obvio que houve alguns emigrantes, sobretudo de Israel e da Grã-Bretanha. A partir de 1960, houve uma emigração bidirecional em pequena escala da África Central e sobretudo de Israel (calcula-se que em 1982 houvesse entre 15.000 e 30.000 residentes israelenses permanentes).

O caráter nitidamente multiétnico da sociedade sul-africana constituiu uma comunidade judaica que está muito bem integrada no setor branco, e que mantém uma forte identidade própria. O iídiche dos primeiros emigrantes da Europa oriental foi substituído pelo inglês como primeiro idioma, embora, seguindo uma tendência geral, se tenha incrementado o uso do africâner nos últimos anos. Houve alguns escritores judeus em africâner, mas as maiores contribuições dos judeus para a cultura sul-africana foram em idioma inglês. O forte caráter calvinista dos primeiros povoadores holandeses deixava pouco espaço para outras manifestações religiosas, mas com as reformas constitucionais da Holanda e a consolidação da supremacia britânica, no começo do século XIX, se introduziu no Cabo uma atitude mais tolerante. Os questionários sobre religião para ingressar na administração se mantiveram em Transvaal até a antiga república ficar sob jurisdição britânica em 1902. A partir de então, todos os cidadãos judeus desfrutaram de completa igualdade civil e liberdade religiosa.

O anti-semitismo se tornou patente em alguns setores durante o período nazista, e durante algum tempo se manifestou na política oficial do Partido Nacional, mas em 1948, quando o partido ganhou as eleições gerais, a "questão judaica" foi eliminada formalmente do programa, e declarou-se uma política de igualdade e não-discriminação para todos os setores da população branca. O anti-semitismo continuou a propagar-se entre os grupos de africânderes direitistas, mas em geral o governo atuou com firmeza para eliminar o extremismo.

Os judeus participam plenamente da vida cívica e política do país em todos os níveis. Muitos chegaram a ser prefeitos ou reapresentaram diferentes partidos políticos nos conselhos provinciais e no Parlamento Nacional. Os judeus também participaram do desenvolvimento econômico da África do Sul, no comércio, nas minas e em outras indústrias, e só numa proporção muito menor na agricultura. Alguns judeus se destacaram especialmente no desenvolvimento da mineração, na qual se baseia a riqueza sul-africana, e em empresas comerciais de grande envergadura. Outros se distinguiram em profissões acadêmicas, em medicina e na cultura.

O judaísmo sul-africano reflete a origem principalmente lituana da comunidade e também as tradicionais conexões britânicas. O legado lituano é ainda perceptível no respeito aos acadêmicos do judaísmo e no predomínio de congregações ortodoxas, junto com a ausência das formas mais obscurantistas do tradicionalismo polonês. Não obstante, existe pouco interesse pela religião como tal, e as numerosas sinagogas são mais um meio de expressão formal de uma identidade do que um sinal de vitalidade espiritual. O judaísmo reformado se introduziu na década de 1930 e afirma que conta com grande adesão, mas sempre teve a vigorosa oposição do setor ortodoxo, e os conflitos ameaçaram com freqüência dividir até as instituições comunitárias não-religiosas. Em 1980, foi aberta uma sinagoga sefardita na Cidade do Cabo, como conseqüência da emigração do Zimbábue e do Zaire, e em 1982 se estabeleceu uma congregação conservadora em Johannesburgo.

Os judeus sul-africanos desenvolveram uma multiplicidade de organizações comunitárias, que representam uma ampla variedade de objetivos, mas com um característico interesse pelas atividades filantrópicas e pela educação. Há uma extensa rede de escolas (a primeira foi fundada em Johannesburgo em 1948), nas quais se integram os estudos judeus com um programa completo de educação secular. Estima-se que essas instituições recebem um terço das crianças judias em idade escolar.

O corpo representativo de toda a comunidade é a Comissão Sul-africana de Deputados, que toma o nome de sua homônima britânica, e cumpre funções similares. A Federação Sionista Sul-africana também ocupa uma posição central na estrutura das instituições comunitárias. Ambos os corpos representam um grande número de elementos diversos e trabalham em estreita colaboração. O sionismo foi tradicionalmente forte na África do Sul. Controla um impressionante fluxo de ajuda financeira e de trabalho pessoal, e há uma estreita vinculação entre os judeus sul-africanos e Israel; os emigrantes sul-africanos deram uma importante contribuição para a vida do país. Ao contrário, os emigrantes israelenses na África do Sul, tal como em outros países, contribuíram muito pouco para a vida comunitária judaica. A causa sionista recebeu a solidariedade e o apoio da África do Sul e de seus sucessivos governos. Jan Smuts era membro do gabinete britânico que promulgou a Declaração

Os judeus da África do Sul são, em sua imensa maioria, descendentes dos colonizadores procedentes do leste europeu, sobretudo da Lituânia, que chegaram nas últimas décadas do século XIX, quando a abertura das minas de ouro do Transvaal atraiu um fluxo migratório repentino para esta região, até então não desenvolvida. A história das comunidades judaicas de Johannesburgo e seus satélites está intimamente ligada à história dessas populações. Os judeus estão entre os primeiros colonizadores, e contribuíram sobremaneira para a vida econômica, cívica e cultural.

Esquerda. Membros de uma família judaica posam em frente à casa e ao ateliê fotográfico de sua propriedade, em Germiston, c. 1920. A comunidade judaica nasceu com a fundação da cidade, em 1896.

Centro, esquerda. Quitanda judia em Johannesburgo, onde a vida judaica também remonta à fundação da cidade, em 1896.

Abaixo. Os símbolos judeus se destacam nas vestimentas cerimoniais desta seita religiosa zulu.

Balfour, e um sionista de toda a vida. Um dos últimos atos de seu governo, em maio de 1948, foi dar um reconhecimento *de facto* ao recém-proclamado Estado de Israel. O governo nacionalista continuou essa política de amizade, e reconheceu Israel *de jure* quando foi admitido nas Nações Unidas em 1949. Os dois países mantiveram relações cordiais desde então, apesar da adesão de Israel à condenação internacional à política racial da África do Sul, condenação que em certo momento produziu tensões entre o governo sul-africano e a minoria judia.

Os judeus da África do Sul sempre deram passos muito cautelosos na questão racial. Instintivamente moderados em política, negaram-se explicitamente a dar uma opinião formal em questões não relacionadas diretamente com seus próprios direitos e liberdades, embora alguns judeus tenham tido um papel proeminente na oposição ao *apartheid*, e o Setor Reformado em particular tenha realizado alguns trabalhos de beneficência com a comunidade negra. Não obstante, em 1980 a Comissão de Deputados tomou uma posição mais aberta, com uma resolução na qual instava todos os envolvidos, "em particular todos os membros de nossa própria comunidade, a cooperar para assegurar a eliminação final de toda e qualquer discriminação injusta baseada na raça, no credo ou na cor".

Dadas as divisões raciais existentes na África do Sul, não é surpreendente que o judaísmo tenha tido pouca repercussão entre a população negra. Em Soweto, há uma comunidade judaica negra, dirigida por um rabino africano que tinha sido testemunha da fé religiosa dos sobreviventes poloneses do holocausto, mas ela é considerada uma espécie de curiosidade, enquanto se vê com ceticismo uma tribo do Transvaal setentrional, os lembas, que afirmam ser de origem judaica.

O futuro dos judeus sul-africanos está evidentemente ligado ao futuro da população branca em seu conjunto. Ao contrário de muitas outras, esta sólida comunidade não está ameaçada pela assimilação, mas sim pelo espectro de uma possível ruptura do *status* econômico e político no qual baseia sua existência, destino que já viveram outras comunidades do continente.

Esquerda. Festa ao ar livre para ajudar Israel. O movimento sionista alcançou um êxito extraordinário na África do Sul, criando um importante foco de identificação com a comunidade judaica e patrocinando muitos projetos importantes em Israel. Os laços com Israel são reforçados pela migração em ambas as direções.

Direita. Emissora de radio hassídica, em Johannesburgo. A variedade da vida religiosa vai do hassidismo à Reforma, mas a modalidade predominante sempre foi a ortodoxia de estilo britânico, junto com um firme respeito pelo conhecimento religioso tradicional.

Outros países africanos

As comunidades da África Central nunca foram muito numerosas, e a maioria desapareceu. Na Rodésia, havia certa afluência de judeus, vindos sobretudo da África do Sul, na década de 1880, e logo se formaram congregações em Bulawayo (1894), Salisbury (1895) e Gwelo (1901). A emigração aumentou de forma sustentada a população judia, e em 1953, quando se criou a Federação da Rodésia e da Niasalândia, também se fundaram congregações em Que Que e Gatooma, bem como em Lusaka e em diversos centros do cinturão de cobre da Rodésia setentrional. A Niasalândia não recebeu nunca mais que um punhado de emigrantes judeus. Todas essas comunidades floresceram durante a existência da Federação, que por algum tempo teve um primeiro-ministro judeu, sir Roy Welensky. Depois de sua dissolução em 1963, as comunidades da Rodésia do Norte (Zâmbia) começaram a declinar, e atualmente só restam algumas famílias em Lusaka. Os judeus da Rodésia do Sul somavam 7.000 em 1960, com uma forte rede de instituições comunitárias, mas o boicote econômico e a incerteza quanto ao futuro político ocasionou uma considerável emigração na década de 1970, e na época da independência da República do Zimbábue, em 1980, restavam menos de 2.000 judeus. No Zaire, restam poucos vestígios das oito comunidades que existiam antes da independência, com uma população de 2.500 judeus.

A população judia do Quênia remonta a 1903, quando o governo britânico ofereceu à Organização Sionista um território para o estabelecimento de uma povoação autônoma judaica. A proposta foi rejeitada, mas não sem causar profundas divisões dentro das fileiras do movimento sionista. Alguns judeus se estabeleceram no território, e começou uma limitada afluência de refugiados do nazismo. A atual comunidade de Nairóbi é muito pequena e é formada principalmente por israelenses.

Algumas outras capitais africanas têm exíguos grupos de diplomatas e homens de negócios, que se encontram socialmente para celebrar as festas importantes, mas carecem de bases permanentes.

GLOSSÁRIO

Nota: No atlas são usadas as abreviaturas a.C. e d.C. Este é o uso mais comum, mas os judeus preferem usar a.EC e d.EC (antes da Era Cristã e depois da Era Cristã), que têm uma conotação menos cristológica.

arca da aliança (Ver **aron ha-kodesh**).

aron ha-kodesh (hebr. "arca santa"). Refere-se originalmente à arca bíblica da aliança, a caixa que continha as duas tábuas de pedra dadas por Deus a Moisés no Sinai. Atualmente o termo designa o lugar em que repousa a Torá dentro da sinagoga.

Asquenaze (de *Ashkenaz*, nome bíblico [Gên. 10:3] identificado com a Alemanha). Judeus de origem alemã ou polonesa.

bar mitzvah (aramaico e hebr. "filho do mandamento"). Usualmente, a cerimônia de admissão de um rapaz à comunidade cultural adulta, ocorre aos treze anos de idade. No sentido estrito, o termo é aplicado ao próprio rapaz, ou a qualquer homem judeu adulto, sujeito ao rigor integral dos mandamentos.

bat mitzvah (hebr. "filha do mandamento"). Equivalente feminino do **bar mitzvah:** as mulheres são consideradas tecnicamente adultas aos doze anos.

bet hamidrash (hebr. "casa de estudo"). Sala ou edifício dedicado ao estudo da Torá. Devido ao alto prestígio que o judaísmo rabínico concede ao estudo, o bet hamidrash é considerado tradicionalmente mais sagrado que uma **sinagoga**.

brit milá (hebr. "aliança de circuncisão"). Corte do prepúcio, considerado um signo simbólico da aliança entre Deus e Israel. Um mohel realiza a operação nos meninos de uma semana de vida, e também nos convertido adultos.

Cabala (hebr. "tradição"). Sistema teosófico que atingiu um apogeu de criatividade na Espanha do século XIII com a redação do *Zohar* e outro no século XVI em Safed (Zefat no Israel moderno), na escola de Isaac Luria. Essencialmente esotérica, a *cabala* exerceu uma considerável influência, particularmente sobre o cristianismo renascentista, o hassidismo e o judaísmo popular do norte da África e do Iêmen.

Caraísmo (do hebr. *kara* "leiam [a escrita]"). Movimento religioso que rejeita a tradição rabínica e baseia seu ensinamento apenas sobre a escrita.

chametz (hebr. "fermento"). tecnicamente, massa feita de farinha e água, que é deixada repousando até que azede. A lei bíblica proíbe que ela seja usada durante a Páscoa ou na oferenda de comida no Templo. Eliminar o chametz, na forma que for, do lar, é uma parte essencial da preparação para a Páscoa.

Chanuká (hebr. "dedicação"). Festividade de inverno que comemora a reconsagração do Templo de Jerusalém por Judas Macabeu em 25 de Kislev, no ano 165 a.C. Dura oito dias e é celebrada acendendo lâmpadas ou velas.

chavurá (hebr.). Pequena associação religiosa.

cherem (hebr. "anátema"). A forma mais extrema e solene de interdição ou exclusão de um indivíduo da comunidade. Como resultado da desintegração da estrutura comunitária medieval o cherem tornou-se praticamente inoperante, e hoje raramente se recorre a ele.

chupá (hebr. "dossel"). Dossel ou pálio (símbolo da câmara nupcial) sob o qual ocorre a cerimônia nupcial. Por extensão, o termo pode significar simplesmente "casamento".

conversos. Esta palavra, que conserva sua forma espanhola em todos os idiomas, designa especificamente os judeus convertidos ao cristianismo como resultado da perseguição dos séculos XIV e XV.

Dia da Expiação ou do Perdão (ver **Yom Kippur**).

diáspora (do grego "dispersão"). Termo coletivo que inclui todas as comunidades judaicas fora da terra de Israel. A diáspora tem uma categoria distinta da de Israel na lei e no ritual judaicos, que remonta à Antigüidade. Atualmente o conceito de diáspora adquiriu uma grande importância no pensamento sionista.

emancipação. Liberação das restrições cívicas. A emancipação dos judeus foi um assunto político intimamente relacionado com a luta pela liberdade religiosa e pela separação de poderes entre a Igreja e o Estado.

escudo de Davi (hebr. *magen David*). Hexagrama ou estrela de seis pontas, que desde o século XVII tornou-se um emblema ou símbolo judaico típico. Relaciona-se particularmente com a organização sionista, e também foi adotado pelos nazistas como insígnia amarela para humilhar os judeus.

etnarca (do grego "governante da nação"). Título usado pelos reis hasmoneus e mais tarde pelos governantes hereditários dos judeus sob a dominação romana (também chamados de "patriarcas").

etrog (hebr. "cidra"). Uma das quatro especiarias associadas à festividade de **Sukkot**. A cidra é um símbolo recorrente em lápides e outros restos judeus antigos. (Ver **lulav**.)

exilarca. Chefe hereditário da comunidade judaica da Babilônia.

gaon (hebr. "eminência"). Título que designava especificamente os chefes das escolas talmúdicas maiores no Oriente Médio entre os séculos VI e XII. De modo mais genérico aplica-se a qualquer acadêmico destacado.

gnosticismo (do grego *gnosis* "conhecimento [esotérico]"). Movimento religioso complexo que, ultrapassando as fronteiras do judaísmo e do cristianismo institucionais, exerceu um papel determinante no desenvolvimento da ortodoxia judaica e cristã nos primeiros séculos, e influiu sobre a evolução da **Kabbalah** na Idade Média.

guenizá (hebr. "depósito"). Lugar onde são guardados textos e objetos fora de uso, ou considerados demasiado sagrados para serem destruídos. O guenizá mais famoso é o da sinagoga do antigo Cairo, mas na Idade Média praticamente todas as sinagogas tinham o seu (ver págs. 18-19).

gueto. Área murada onde os judeus eram obrigados a morar em algumas cidades européias antes da emancipação. O termo deriva de um bairro de Veneza destinado a esse fim em 1516. Hoje é aplicado a qualquer distrito urbano onde resida uma comunidade minoritária, mesmo que por vontade própria.

haftará (hebr. "conclusão"). Leitura dos livros proféticos da Bíblia, depois da leitura da Torá no shabbat ou do culto festivo matinal.

Hagadá (hebr. "narração"). Ritual estabelecido para a recitação do xodo do Egito e seu significado perene na refeição em família da véspera da Páscoa.

halaca (hebr. "regulamentação"). Parte da religião e do pensamento judaicos relativa às normas de vida, jurídicas ou éticas.

Hassidismo (do hebr. hassid, "piedoso"). Movimento de renovação religiosa que surgiu na Polônia durante o século XVIII. Seus adeptos se chamam "hassidim". O termo em si tem uma história muito mais antiga: existiu um movimento hassídico durante o período hasmoneu, e outro floresceu na Alemanha durante o século XIII.

Hassidismo Lubavitch. Conhecido também como Hassidismo Habab. Ramo do **hassidismo** caracterizado pela crença no esforço intelectual como elemento importante na devoção religiosa e pela atenção dedicada à Tanya, obra de Shneour Zalman de Lyady, Rússia, fundador da dinastia Lubavitch. A sede do *Rebbe Lubavitch* é atualmente Nova Iorque, mas a seita mantém missões ativas em várias partes do mundo.

havdalá (hebr. "diferenciação"). Prece que é recitada ao final dos shabbats ou festividades, para marcar a diferença entre o sagrado e o profano.

holocausto (do grego "oferenda queimada totalmente"). Este termo, que originalmente designava um sacrifício que o fogo consumia inteiramente, é usado hoje para referir-se ao massacre de cerca de seis milhões de judeus executada pelos nazistas e por seus colaboradores.

ieshivá (pl. *yeshivot*) (hebr.). Academia de ensino, particularmente dedicada ao estudo do Talmude, embora alguns *yeshivot* tenham um programa muito mais amplo. O termo também é aplicado hoje em dia aos institutos de educação judaicos.

iídiche. Dialeto alemão medieval que se tornou a língua dos asquenazes na Europa Oriental, de onde se difundiu para muitas partes do mundo.

Israel. Nome alternativo do patriarca bíblico Jacó, que em hebraico designa todo o povo judeu ou um indivíduo desse povo (ou "israelita"). Nesse sentido é usado teologicamente tanto pelos judeus quanto pelos cristãos (pela Igreja cristã quanto pelo "Novo Israel"). O nome do moderno Estado de Israel deriva da antiga expressão "terra de Israel".

Judaísmo Liberal. Este termo é praticamente sinônimo de **Judaísmo Reformado**, e é usado, sobretudo, na Europa Ocidental. No Reino Unido designa a ala mais radical do movimento reformado.

Judaísmo Ortodoxo. A mais conservadora das tendências modernas do judaísmo. O termo, tomado do cristianismo, é aplicado por extensão às formas estritamente tradicionalistas do judaísmo (também conhecidas como "ultra-ortodoxas").

Judaísmo Reformado. Movimento religioso surgido na Alemanha no século XIX, que tenta adaptar a tradição judaica às condições da vida moderna. No Reino Unido o termo é aplicado à ala mais tradicional do movimento, em contraste com o ramo Liberal, mais radical.

kehila (hebr. "congregação"). Num sentido tradicional, a comunidade judaica autônoma do sistema medieval.

ketubá (hebr. "documento"). Documento legal que registra um casamento e os deveres contraídos pelo noivo em relação à noiva.

kibbutz (hebr.). Sistema de vida coletivo em Israel.

kiddush (hebr. "santificação"). Prece cantada, no lar ou na sinagoga, sobre uma taça de vinho, nos shabbats e festividades.

kosher (adj.) ou kasher (hebr. "apropriado"). "Ritualmente aceitável": o termo aplica-se, sobretudo, à comida preparada segundo as regras dietéticas, ou aos açougueiros e lojas de alimentos que vendem estes artigos.

Kristallnacht (alemão). A "noite dos vidros quebrados" (9-10 de novembro de 1938), quando foram destruídas centenas de sinagogas alemãs num ataque organizado dos nazistas contra bens judaicos.

ladino. Língua espanhola dos judeus sefarditas.

libelo de Hóstia. Calúnia medieval cristã segundo a qual os judeus profanavam a hóstia consagrada, considerada o Corpo de Cristo. O libelo freqüentemente era acompanhado ou seguido de violência física contra os judeus.

libelo de sangue. Acusação de que os judeus usavam sangue humano na preparação do *matzot* (ver **matzá**). Relaciona-se em particular com o cristianismo medieval (o primeiro ocorreu em Norwich, em 1144), mas tinha antigas raízes egípcias, e também foi conhecido em tempos modernos, estendendo-se da Europa ao Império Otomano muçulmano, e até mesmo às Américas. O libelo de sangue foi muitas vezes utilizado como pretexto para atacar fisicamente os judeus.

lulav (hebr.). No sentido estrito, um ramo de palmeira, mas habitualmente inclui todo o galho, que consiste em um ramo de palmeira, dois raminhos de salgueiro e três raminhos de mirto, que junto com o *etrog* formam as "quatro especiarias" usadas no ritual da festividade de **Sukkot.**

marranos. Termo pejorativo aplicado aos judeus espanhóis e portugueses convertidos à força ao cristianismo, e também os seus descendentes, muitos dos quais mantiveram em segredo suas crenças e rituais judaicos.

matzá (pl. *matzot*) (hebr.). Pão sem fermento, em especial o que é consumido na festa da Páscoa.

melamed (hebr.). Mestre de crianças.

mellah (árabe). Bairro judeu nas cidades marroquinas.

menorá (hebr. "candelabro"). Candelabro de sete braços que se encontrava no Templo de Jerusalém, e que se tornou um dos símbolos judaicos mais conhecidos. Sua forma copia, freqüentemente, a do candelabro de oito braços que era usado no **Chanuká.**

mezuzá (hebr. "umbral de porta"). Pequeno rolo de pergaminho com dois textos bíblico inscritos, dentro de uma caixinha, colocada sobre os umbrais das portas dos lares judeus.

misnagdim. (hebr. "oponentes"). Opositores do movimento hassídico na Europa Oriental.

Mizrahi. Ala religiosa da organização sionista.

mohel. Pessoa que realiza a operação de **brit milá**.

moshav (hebr.). Assentamento cooperativo em Israel.

Movimento Neológico. Movimento religioso reformista moderado, da Hungria.

parokhet (pl. *parokhot*) (hebr.). Cortina que pende diante da arca nas sinagogas asquenazes.

Páscoa (hebr. *pessach*). Festividade de primavera que comemora a libertação dos escravos hebreus e o êxodo do Egito. A festa dura uma semana e começa com uma complicada refeição ritual (*seder*) na qual se narra a história do êxodo e se comenta o tema da libertação.

peot (hebr. "esquinas"). Mechas de cabelo que os judeus tradicionalistas de origem polonesa ou iemenita deixam crescer nos lados da cabeça.

Pessach (ver **Páscoa**).

pogrom (russo). Ataque repentino e não provocado. Aplicou-se originalmente aos que ocorreram contra os assentamentos judeus que se estendiam por toda Rússia nas últimas décadas de governo czarista, mas foi usado, por extensão, para designar qualquer ataque violento a uma comunidade judaica.

Purim (hebr. "os fados"). Festividade que comemora a liberação dos judeus, no Império Persa, da conspiração genocida de Haman, tal como é contada no livro bíblico de Ester. As comunidades locais e até mesmo algumas famílias instituíram seus próprios *Purim* para celebrar a salvação de desastres iminentes.

rabino (hebr. *rabbi*). Originalmente, título de um sábio autorizado a tomar decisões acerca da lei judaica; no judaísmo moderno o termo tende a ser aplicado ao ministro da religião judaica.

Reconstrucionismo. Movimento religioso originado nos Estados Unidos que combina uma teologia natural com uma concepção do judaísmo como civilização que supõe uma validade religiosa própria.

Sabatarianismo. Movimento messiânico, assim chamado devido a Shabbetai Zvi, que se expandiu por toda Europa e pelo Oriente Próximo no século XVII, e finalmente se diluiu em feudos sectários locais e caças a bruxas.

Seder. (Ver **Páscoa**).

Sefarditas (do hebr. *Sefarad* "Espanha"). Judeus de origem espanhola e portuguesa, em contraste com os asquenazes. Em Israel são chamados assim todos os judeus de origem não asquenaze.

Segundo Templo, Período do. Grande período de formação da religião e da cultura judaicas, entre o exílio na Babilônia no século VI a.C., e a destruição do Segundo Templo, em 70 d.C.

Shofar (hebr.). Chifre de carneiro que é tocado durante o culto religioso do Ano Novo e ao término do **Yom Kippur.** Em Israel também é tocado nos atos públicos solenes e para anunciar o começo do shabbat em comunidades religiosas.

shtetl (iídiche "pequena aldeia"). Assentamento judaico na Europa Oriental; atualmente se denomina assim todo o mundo perdido da comunidade judaica daquela região.

shtibl (iídiche "casita"). Pequena casa de oração dos judeus asquenazes, em particular os hassidim.

Simchá Torá (hebr. "júbilo da Torá"). Festividade que marca o fim do ciclo anual de leituras da Torá. De origem medieval tardia, chegou a constituir-se firmemente como uma celebração jubilosa, com uma procissão levando os rolos da Torá, dentro da sinagoga e até pelas ruas.

sinagoga (do grego *synag¯og¯e*, "assembléia"). Sala ou edifício para o culto comunitário, que atualmente costuma oferecer instalações para outras atividades, como a educação e as reuniões sociais. O termo também pode designar a congregação num sentido abstrato, mas a frase "a Sinagoga" como sinônimo de "comunidade judaica" ou de "judaísmo" (por analogia com "a Igreja") está limitado ao uso cristão.

sinédrio (do grego *Synhedrion*, "conselho, concílio"). Nome de diversas corporações judiciais e deliberantes na Antigüidade, retomado pela assembléia rabínica reunida em Paris em 1807 para aderir às reformas napoleônicas.

Sionismo. Movimento surgido na Europa do século XIX, com o objetivo de levar os judeus ao território de Israel.

Sukkot (hebr. "tendas" ou "tabernáculos"). Festividade de outono que é celebrado construindo uma *sucá,* cabana adornada com galhos e frutas, e na sinagoga, agitando as "quatro especiarias" (ver **lulav**, **etrog**).

talit (hebr.). Estola com borlas, usada tradicionalmente apenas pelos homens judeus adultos durante as preces matinais e outras celebrações religiosas. Costumam ser de lã branca com listras negras, ou de seda branca com listras azuis.

Talmude (hebr. "ensinamento"). Compilação literária escrita em hebraico e aramaico, que reúne os debates e discussões dos antigos rabinos acerca de uma vasta gama de questões, e que existe sob duas formas de compilação: o Talmude Babilônico e o Talmude Palestino. O Talmude tornou-se a pedra de toque do judaísmo rabínico, e sua autoridade sofreu ataques dos caraítas, dos cristãos e dos judeus reformados. Ainda hoje constitui a base da instrução nas *yeshivot.*

tebá (hebr. "caixa, cofre"). Nome sefardita do estrado de madeira, na sinagoga, onde se situa o atril. Os asquenazes a chamam de *bimá.*

tefilin (hebr.). Amuletos que levam textos bíblicos escritos sobre pergaminho e guardados em duas pequenas caixas de couro, com tiras de couro presas a elas. São usados durante as orações matinais semanais, uma sobre a testa e a outra no braço.

templo. Sinagoga. Este uso do termo está limitado ao **judaísmo reformado**.

Torá (hebr. "instrução"). Num sentido amplo, ensinamento judaico tradicional ou revelado, que às vezes se divide em "Torá escrita" (contida na Bíblia) e "Torá oral" (contida no **Talmude** e em outras compilações não bíblicas). Mais especificamente, os cinco livros de Moisés (o Pentateuco), ou o rolo sobre o qual se escrevem para o uso na sinagoga. A errônea tradução "Lei", de origem antiga, tornou-se corrente. A frase "da Torá autêntica" é usada por alguns judeus tradicionalistas para denominar sua própria forma de judaísmo, em contraste com outras tendências religiosas e secularistas.

Yom Kippur (hebr. "Dia da Expiação"). O jejum mais solene do calendário judaico, e o clímax do tempo penitencial que começa no final do verão.

zadik (hebr. "justo"). Líder hassídico (chamado também *rebbe*), cuja autoridade emana de poderes carismáticos ou de uma sucessão dinástica.

Zohar (hebr. "esplendor"). Texto clássico da **Cabala**. Compilação anônima de diversos elementos, seu núcleo consiste num comentário místico da **Torá,** escrito em aramaico por Moisés de Leon no final do século XIII.

LISTA DE ILUSTRAÇÕES

Abreviaturas: ac = acima, ace = acima esquerda, acd = acima direita, c = centro, ab = abaixo, etc.
Todas as plantas foram realizadas por John Brennan, Oxford.

Folha de guarda Typus Chorographicus, Celebrium Locorum in Regno Iudae et Israhel, de Abraham Ortelius, 1586: Bodleian Library, Oxford.

página

BIBLIOGRAFIA

A bibliografia acerca dos judeus é extensíssima, e qualquer bibliografia breve é necessariamente muito seletiva. As observações a seguir não pretendem ser completas nem exaustivas. São incluídas para os leitores do Atlas que desejem ampliar algum dos temas esboçados nas páginas precedentes. A seleção limita-se a obras completas em inglês, havendo dado preferência, sempre que possível, a obras recentes. Muitas das obras possuem suas próprias sugestões para outras leituras; as que possuem uma bibliografia particularmente útil levam a abreviação (bibl.)

Como referência geral, a *Enciclopaedia Judaica* (16 vols.; Jerusalém, 1971-1972) constitui uma fonte informativa inestimável, com um excelente índice computadorizado no volume 1. Quase sempre proporcionará uma resposta rápida e satisfatória a certas dúvidas, mas seu alcance é irregular e a obra inteira está semeada de erros e deformações. Os suplementos anuais acrescentam alguma informação útil e atualizações. Para temas mais atemporais, a antiga *Jewish Encyclopaedia* (12 vols.; Nova Iorque e Londres, 1906-1907) continua sendo uma obra de consulta útil.

Primeira parte: Fundamentos históricos

Os judeus e sua história
Sobre historiografia judaica, *ver* S. W. Baron, *History and Jewish Historians* (Filadélfia, Pensilvânia, 1964). Para Josefo e suas obras o tratado mais recente é *Josephus*, de T. Rajak (Londres, 1983). A primeira história moderna dos judeus em toda sua extensão foi escrita no começo do século XVIII pelo protestante francês Jacques Basnage *(Histoire des juifs...*, 7 vols. Haia, 1706-1711; um vol. trad. inglesa de T. Taylor, para *History of the Jews...*, Londres, 1707); durante os séculos XVIII e XIX foi copiada ou imitada outros autores cristãos. O primeiro esforço comparável de um escritor judeu, I. M. Jost (*Geschichte der Israeliten seit der Zeit der Maccabäer bis auf unsere Tage*, 10 vols., Berlim, 1820-1847), logo foi superado pela impressionante história de H. Graetz *(Geschichte der Juden von der ältesten Zeiten bis auf die Gegenwart*, 11 vols., Leipzig, 1855-1876; trad. inglesa de B. Löwy e cols. 6 vols., Filadélfia, Pens. 1891-1898, e reedições), que conserva algum valor, embora muito desatualizado. A versão inglesa carece de notas e apêndices, elemento vital da edição alemã original. S. M. Dubnow não conseguiu melhorar Graetz; existe numa tradução regular de M. Spiegel (*History of the Jews*, 5 vols. New Brunswick, N. J., 1967). A *Social and Religious History of the Jews*, de S. W. Baron (2ª ed. Nova Iorque e Filadélfia, Pens., 1952; 18 vols. até a (data) é uma síntese magistral, que conta com uma vasta gama de fontes e é rica em conceituações interpretativas, mas se limita quase exclusivamente aos assuntos mencionados no título. Entre as histórias mais compendiadas, de fácil leitura e confiáveis encontram-se as de C. Roth (*A Short History of the Jewish People*, Londres, 1962) e S. Grayzel (*History of the Jews*, 2ª ed. Filadélfia, Pens., 1668). Há algumas reflexões interessantes sobre das atitudes judaicas diante da história e do impacto do passado no apresente em *The Jew and his History*, de L. Kochan (Londres, 1977) e em Zakhor: *Jewish History and Jewish Memory*, de E. H. Yerushalmi (Washington, D. C., 1983).

Os judeus no mundo antigo
O encontro entre judeus e gregos é sucintamente apresentado em *Alien Wisdom*, de A. D. Momigliano (Cambridge, 1975). Para um tratamento mais amplo ver *Hellenistic Civilization and the Jews* (trad. S. Applebaum), de V. Tcherikover (2º ed.: Filadélfia, Pens. e Jerusalém, 1961). Existe uma resenha excelente do começo do período romano em E. Schürer (trad. inglesa rev. e editada por G. Vermes e F. Millar), *The History of the Jewish People in the Age of Jesus Christ* (175 B.C.A.D. 135) (2 vols.; Edimburgo, 1973, 1979). Para a Palestina, a história chega até a conquista árabe em M. Avi-Yonah, *The Jews of Palestine* (Oxford, 1976). A história da diáspora romana está ainda por ser escrita, e na verdade a maior parte dos dados são escassos; mas, para Roma é possível ver H. J. Leon, *The Jews of Ancient Rome* (Filadélfia, Pens., 1960). A escassez de referências escritas destaca o trabalho dos arqueólogos. Sardes é um caso importante: G.M.A. Hanfmann, *Sardis from Pre-history to Roman Times* (Cambridge, Mass. 1983) Dura é outro: C.H. Kraeling, *The Synagogue* (New Haven, Conn., 1956; reed. Nova Iorque, 1979). Virtualmente a única história da diáspora oriental em inglês é a de J. Neusner, *A History of the Jews in Babylonia* (5 vols.; Leiden, 1965-1970).

O cristianismo e os judeus
Para a história das primeiras relações entre judeus e cristianismo o livro mais completo continua sendo J. Parkes, *The Conflict of the Church and the Synagogue* (Londres, 1934), que abrange o período compreendido entre o começo do cristianismo e o século VII. Não há um tratado em inglês que desenvolva com persistência o período posterior, mas para o Ocidente é possível ver J. Parkes, *The Jew in the Medieval Community* (Londres, 1938), e E. A. Synan, *The Popes and the Jews in the Middle Age* (Nova Iorque, 1965), e para o Leste A. Sharf, *Bizantine Jewry* (Londres, 1971). J. Trachtenberg. *The Devil and the Jews* (2ª ed.: Nova Iorque 1966), é um estudo do aspecto mais horripilante do antijudaísmo cristão, enquanto J. R. Marcus, *The Jew in the Medieval World* (Cincinnati, OH, 1938), é uma coleção muito útil de documentos originais traduzidos. Entre os diversos livros dedicados a países individuais, merece uma menção especial E. Baer (trad. L. Schoffman), *A History of the Jew in Christian Spain* (2 vols.: Filadélfia, Pens., 1961-1966). Para o Renascimento italiano ver C. Roth, *The Jews in the Renaissance* (Filadélfia, Pens., 1959), e M. A. Shulvass (trad. E. I. Kose), *The Jews in the World of the Renaissance* (Leiden e Chicago, III., 1973).

O islã os judeus
O melhor estudo do "Pacto de Omar" é A. S. Tritton, *The Caliphs and their Non-Muslim Subjects* (Londres, 1930; reed. Londres, 1970). Para uma pesquisa excelente da experiência judaica sob a dominação árabe ver N. A. Stilman, *The Jews of Arab Lands* (Filadélfia, Pens. 1979): obra lúcida, confiável e com uma rica documentação na versão inglesa. As descobertas da Guenizá de Cairo começaram a gerar uma considerável literatura sobre a vida judaica na Idade Média árabe. S. D.Goitein, *A Mediterranean Society* (4 vols. Berkley e Los Angeles, Calif., 1967-), é uma leitura fundamental a este respeito. Uma obra breve de Goitein, *Jews and Arabs* (3ª ed.; Nova Iorque, 1974), também é valiosa. Outro estudo importante é W. J. Fischel, *Jews in the Economic and Political Life of Medieval Islam* (Londres, 1937). Para Espanha dispomos de um detalhado estudo de E. Ashtor (trad. A. e J. M. Klein), *The Jew of Moslem Spain* (2 vols.; Filadélfia, Pens., 1973).

Na periferia
Para China, ver W. C. White, *Chinese Jews* (2ª ed.; Toronto, 1966), D. D. Lellie, *The survival of the Chinese Jews* (Leiden, 1972), M. Pollak, Mandarins, *Jews and Missionaries* (Filadélfia, Pens. 1980). Não há nenhum trabalho recente confiável sobre a história dos judeus da Índia, mas é possível ver H. S. Kehimkar, *The History of the Bene Israel of India* (Tel Aviv, 1937). Sobre os falashas (Beta Israel) da Etiópia ver Kessler, *The Falashas* (Londres, 1982), e sobre os kazares D. M. Dunlop. *The History of the Jewish Khazars* (Princeton, N. J., 1954).

A diáspora sefardita
Curiosamente, não existe em inglês obra alguma dedicada à expulsão dos judeus de Espanha e sua reinstalação no império otomano. Para a experiência otomana posterior, ver B. Braude e B. Lewis, *Christians and Jews in the Ottoman Empire* (2 vols.; Nova Iorque, 1982). Sobre a dispersão portuguesa é possível ver C. Roth, *A History of the Marranos* (Filadélfia, Pens., 1932). Sua obra biográfica *The House of the Nasi* (2 vols.; Filadélfia, Pens., 1948), traça um retrato vívido do período das expulsões.

A diáspora asquenaze
A History of the Jews in Russia and Poland de S. M. Dubnow (trad. I. Friedländer) (3 vols.; Filadélfia, Pens., 1916-1920), não foi realmente superada. Para uma relação da cultura polonesa judaica em seu apogeu ver M. A. Shulvass, *Jewish Culture in Eastern Europe: The Classical Period* (Nova Iorque, 1975). As origens do judaísmo asquenaze são estudadas com algum detalhe em I. A. Agus, *The Heroic Age of Franco-German Jewry* (Nova Iorque, 1969), e para a remigração dos judeus poloneses para o oeste nos séculos XVII e XVIII ver M. A. Shulvass, *From East to West* (Detroit, Mich., 1971).

No mundo moderno
J. Katz, *Out of the Ghetto* (Cambridge, Mass., 1973) é uma bela evocação das bases históricas, que pode ser completada com um bom número de estudos biográficos: C. Roth, *A Life of Menasseh Ben Israel, Rabbi, Printer and Diplomat* (Filadélfia, Pens., 1934), A. Altman, *Moses Mendelssohn* (Londres, 1973), I. Berlin, *The Life and Opinions of Moses Hess* (Cambridge, 1959). *A History of Modern Jewry*, de R. Mahler, 1780-1815 (Londres e Nova Iorque, 1971), é um estudo detalhado de 35 anos cruciais. Para os acontecimentos de França, ver também S. Schwartzfuchs, *Napoleon, the Jews and the Sanhedrin* (Madison, N. J., 1980), e sobre a emancipação em geral J. Jehouda, *The Five Stages of Jewish Emancipation* (New Brunswick, N.J., 1966), e A. G. Duker e M. Ben Horin (eds.), *Emancipation and Counter-Emancipation* (Nova Iorque, 1974), uma antologia com extensa bibliografia.

Os últimos 150 anos
Para uma relação geral ver S. Gryzel, *A History of the Contemporary Jews* (Filadélfia, Pens., 1960), I. Elbogen, *A Century of Jewish Life* (Filadélfia, Pens., 1966), H. Sachar, *The Course of Modern Jewish History* (Londres, 1958). Para uma introdução ao tema do anti-semitismo é possível consultar J. Parkes, *Antisemitism* (Londres, 1963), e para estudos mais especializados O. Tal (trad. N. Jacobs), *Christians and Jews in Germany* (Ithaca, N. E. e Londres, 1975), e S. Wilson, *Ideology and Experience: Anti-Semitism in France at the Time of the Dreyfus Affair* (Rutherford, N. J., 1982) (bibl.). Não existem trabalhos sobre as grandes migrações em geral, mas que diz respeito aos emigrantes judeus em Nova Iorque é possível ver M. Rischin, *The Promised City* (Cambridge, Mass, 1962), e também I. Howe, *World of Our Fathers* (Boston, Mass., 1976; título da ed. inglesa: *The Immigrant Jews of New York*, Londres, 1976). Há dois estudos biográficos recentes da destacada figura do Barão Maurice de Hirsch: K. Grunwald, *Turkenhirsch* (Nova Iorque, 1966), e S. J. Lee, *Moses of the New World* (Nova Iorque, 1970). Sobre o compromisso judeu com o socialismo ver N. Levin, *Jewish Socialist Movements*, 1871-1917 (Londres, 1978), R. Wistrich, *Socialism and the Jews* (Nova Iorque, 1982), e J. Frankel, *Prophecy and Politics* (Cambridge, 1982). Uma introdução apropriada à história do sionismo é W. Laqueur, *A History of Zionism* (Nova Iorque e Londres, 1972), e para mais detalhes acerca dos primeiros anos podem ser consultados os dois livros de D. Vital, *The Origins of Zionism* (Oxford, 1975) e *Zionism: The Formative Years* (Oxford, 1982). Para a história posterior ver L. Stein, *The Balfour Declaration* (Londres, 1961), C. Sykes, *Cross Roads to Israel* (Londres, 1965), E. Bauer, *From Diplomacy to Resistance* (Filadélfia, Pens., 1970), e o enfoque muito pessoal de M. Begin (trad. S. Katz), *The Revolt* (Londres, 1951), Z. Sharef capta vividamente o momento do estabelecimento do Estado judeu em *Tree Days* (trad. J. L. Meltzer; Londres, 1962). Os interessados em obter conclusões através de documentos originais sobre da luta pela conquista de Israel pueden consultar as coleções de W. Laqueur, *The Israel/Arab Reader* (Londres, 1969), e W. Khalidi, *From Haven to Conquest* (Beirut, 1971). E para descrições detalhadas das principais guerras israelenses ver D. Kurzman, *Genesis*, 1948(Londres, 1972). D. Kimche v. D. Bawly, *The Sandstorm: The Arab-Israeli War Of1967* (Londres, 1968), e C. Herzog, *The War of Atonement* (Londres, 1975).
Há muitos livros que tratam em geral e em detalhe do Holocausto. É melhor começar por um dos mais gerais: L. S. Dawidowicz, *The War against the Jews, 1933-1945* (Londres, 1977), G. Reitlinger, *The Final Solution* (Londres, 1953), ou N. Levin, *The Holocaust* (Nova Iorque, 1965). Existe um detalhado *Atlas of the Holocaust* de M. Gilbert (Londres, 1982).

Segunda parte: Fundamentos culturais

A identidade judaica
Uma abordagem à pergunta: "Quem são os judeus?" é a de A. E. Mourant e cols. *The Genetics of the Jews* (Oxford, 1978). Outra é a coleção de respostas aos casamentos mistos: B. Litwin (compilador) e S. B. Hoenig (ed.), *Jewish Identity* (Nova Iorque, 1965). Outra mais se pode encontrar em obras tais como A. Leon, *The Jewish Question: a Marxist Interpretation* (México D. F. 1950), ou I. Deutscher, *The non-Jewish Jew* (Oxford, 1968), S. N. Herman, *Jewish Identity* (Beverly Hills, Calif. e Londres, 1977), é um estudo técnico de um psicólogo social. Sobre da crise de identidade judaica na Alemanha ver, para o período do Iluminismo, M. A. Meyer, *The Origins of the Modern Jew* (Detroit, Mich., 1967), e para um período mais recente P. Gay, *Freud, Jews and Other Germans* (Oxford, 1979). O problema está bem ilustrado na coleção de documentos de P. R. Mendes Flohr e J. Recharz, *The Jew in the Modern World* (Nova Iorque e Oxford, 1980). Sobre o desafio de Israel ver S. N. Herman, *Israelits and Jews* (Nova Iorque, 1970), e D. V. Segré, *A Crise of Identity-Israel and Zionism* (Oxford, 1980). Sobre a identidade judaica na União Soviética: A. Voronel e V. Yakhot (ed.), *Jewishness Rediscovered* (Nova Iorque, 1974). E para uma abordagem teológica, consulte D. Marmur, *Beyond Survival* (Londres, 1982).

A vida judaica
Para uma introdução à vida judaica medieval ver I. Abrahams, *Jewish Life in the Middle Age* (2ª ed.; Londres, 1932, e sobre a *shtetl* européia oriental M. Zborowski e E. Herzog, *Life is with People* (Nova Iorque, 1962). Para uma pesquisa concisa sobre os dilemas e desenvolvimentos contemporâneos, ver S. Sharot, *Judaism: a Sociology* (Newton Abbot, 1976). Há muitos livros sobre a família e a vida cotidiana, dos quais convém mencionar os seguintes: G. S. Rosenthal (ed.), *The Jewish Family in a Changing World* (Nova Iorque, 1970), B. Schlesinger, *The Jewish Family* (Toronto, 1971) (bibl.), H. Schauss, *The Life time of a Jew*

(Nova Iorque, 1950), J. Fried, *Jews and Divorce* (Nova Iorque 1968), S. E. Freedman, *The Book of Kashruth* (Nova Iorque, 1970), e para aqueles que se interessem por fazer uma experiência prática, J. Grossinger, *The Art of Jewish Cooking* (Nova Iorque, 1958). A morte é, claro, um aspecto da vida; ver M. Lamm, *The Jewish Way in Death and Mourning* (Nova Iorque, 1969).

A religião judaica
A obra clássica em inglês sobre teologia judaica é a K. Kohler: *Jewish Theology* (Nova Iorque, 1918). Para uma visão moderna e imparcial, ver L. Jacobs, *A Jewish Theology* (Londres, 1974) (bibl.). L. Baeck (trad. V. Grubenweiser e L. Pearl, rev. I. Howe); *the Essence of Judaism* (Nova Iorque, 1948), é um estudo valioso, embora um tanto desatualizado; para uma interpretação mais moderna ver W. Herberg, *Judaism and Modern Man* (Filadélfia, Pens., 1951). A comparação entre judaísmo, cristianismo e islã é explorada historicamente (para os primeiros séculos) em *Children of Abraham* de F. E. Peters (Princeton, N. J., 1982), e teologicamente em *Trialogue between Jew, Christian and Muslim* de I. Maybaum (Londres, 1973) e *Happiness outside the State* (Stocksfield, Northumberland, 1980).
Uma introdução básica à história do judaísmo é *The Story of Judaism* de B. J. Bamberger (3ª ed.; Nova Iorque 1970). Para uma relação lúcida e original do judaísmo primitivo nos períodos gregos e persa ver M. E. Stone, *Scriptures, Sects and Visions* (Filadélfia, Pens., 1980). A introdução mais extensa e confiável ao período romano continua sendo a de G. F. Moore, *Judaism in the First Centuries of the Christian Era* (3 vols.; Cambridge, Mass., 1927-1930). Sobre filosofia é possível ver J. Guttmann, *Philosophies of Judaism* (Filadélfia, Pens., 1964), e sobre a tradição mística dois livros de G. G. Sholem: *Major Trends in Jewish Mysticism* (3ª ed.; Nova Iorque, 1954, Londres, 1955) e *On the Kabbalah and its Symbolism* (trad. R. Mannheim; Nova Iorque, 1965); sore a religião popular J. Trachtenberg, *Jewish Magic and Superstition* (Nova Iorque, 1939), e sobre o messianismo A. H. Silver, *A History of Messianic Speculation in Israel* (Nova Iorque, 1927). Sobre Shabbetai Zvi há um estudo importante de G. G. Scholem (trad. R. J. Z. Werblowsky), *Sabbatai Sevi* (2 vols.; Princeton, N. J., 1973). Entre os muitos livros sobre hassidismo merecem ser mencionados os de M. Buber, por exemplo *Origin and Meaning of Hasidism* (trad. M. Friedman, Nova Iorque, 1960), e também L. Jacobs, *Hasidic Prayer* (Londres, 1973).
O desenvolvimento dos movimentos modernistas no século XIX é tratado com algum detalhe em D. Philipson, *The Reform Movement in Judaism* (2 ed.: Nova Iorque, 1931); há um trabalho mais breve e atualizado em J. L. Blau, *Modern Varieties of Judaism* (Nova Iorque, 1966). Sobre os primeiros desenvolvimentos da ortodoxia ver H. Schwab (trad. I. R. Birnbaum), *The History of Orthodox Jewish in Germany* (Londres 1951). Sobre o conservadorismo ver M. Sklare, *Conservative Judaism* (Nova Iorque, 1955), e M. Davis, *The Emergence of Conservative Judaism* (Filadélfia, Pens., 1963), e sobre o judaísmo nos Estados Unidos N. Glazer, *American Judaism* (Chicago, Ill., 1957). *Judaism as a Civilization* de M. M. Kaplan, (Nova Iorque, 1934), além de ser um dos documentos fundacionais do reconstrucionismo, apresenta um completo e rigoroso comentário das outras correntes principais. Para uma rara exposição de uma corrente nova e interessante, é possível consultar L. Lilker, *Kibbutz Judaism* (Darby, Pens., 1982).
Por último uma introdução ao culto judaico pode ser encontrada em A. Z. Idelsohn, *Jewish Liturgy and its Development* (Nova Iorque, 1932), e J. J. Petuchowski, *Understanding Jewish Prayer* (Nova Iorque, 1972).

Língua e literatura
Hebraico: Para um estudo histórico da língua ver E. E. Kutscher. *A History of the Hebrew Language* (Jerusalém e Leiden, 1982), e sobre Ben Yehuda e o renascimento moderno do hebraico, J. Fellman, *The Revival of a Classical Tongue* (Haia e Paris, 1973) (bibl.). Existe um guia autodidata para o alfabeto de J. S. Greenspan, *Hebrew Calligraphy* (Nova Iorque, 1981). Para uma introdução da literatura hebraica ver E. Silberschlag, *From Renaissance to Renaissance* (2 vols.; Nova Iorque, 1973-1977); S. Halkin, *Modern Hebrew Literature* (Nova Iorque 1950) ou *Major Trends in Modern Hebrew Literature* (Nova Iorque 1970). T. Carmi (ed.), *The Penguin Book of Hebrew Verse* (Harmonds-worth, 1981), é uma antologia preparada por um destacado poeta hebreu que cobre de um modo excelente em profundidade e extensão a poesia hebraica ao longo de cerca de 3.000 anos de história.
Iídiche: Para informação geral ver M. Weinreich, *History of the Yiddish Language* (Chicago, Ill., 1980), e S. Liptzin, *History of Yiddish Literature* (Nova Iorque, 1972). *The Brothers Singer* de C. Sinclair (Nova Iorque, 1982) é uma obra esplêndida sobre uma interessante família de escritores em iídiche.
Literatura judaica: M. Waxman, *A History of Jewish Literature* (5 vols.: Nova Iorque, 1960): é um livro de consulta mais que uma história para ser lida como tal, possui abundante informação sobre escritores judeus e sua obra em vários idiomas, e quanto à literatura hebraica complementa eficazmente os livros de Silberschlag e Halkin já mencionados, com a atenção posta no período moderno. Não é fácil hoje em dia definir a extensão do que se entende como "literatura judaica", e muitos escritores judeus se encontram mergulhados numa crise de identidade, explorada por A. Gottmann, em *The Jewish Writher in America* (Nova Iorque, 1971). O mesmo tema foi estudado mais recentemente, e sobre um espectro mais amplo de autores e línguas, em M. Baumgarten, *City Scriptures* (Cambridge, Mass., 1983). Existe uma excelente antologia de poesia judaica traduzida de muitos idiomas: H. Schwartz e A. Rudolf (eds.), *Voices within the Ark* (Nova Iorque, 1981).

O impacto do holocausto
A literatura sobre o holocausto é vastíssima. A maioria ocupa-se do testemunho e descrição dos acontecimentos, ao mesmo tempo que rende homenagem e às vítimas, mas até mesmo o estudos históricos tendem a incluir, pelo menos implicitamente, algumas reflexões sobre o modo como o passado deveria influir no apresente. E. Bauer, *The Holocaust in Historical Perspective* (Londres, 1978), é uma contribuição importante de um historiador que se tornou um especialista no tema. Também se encontram interessantes reflexões históricas em G. M. Kren e L. Rapport, *The Holocaust and the Crise of Human Behaviour* (Londres e Nova Iorque, 1981), um estudo conjunto de um historiador e um psicólogo, E. Fleischner (ed.), *Auschwitz: Beginning of a New Era?* (Nova Iorque, 1977), e em H. Arendt, *Eichmann in Jerusalem* (Nova Iorque, 1963), livro que desatou uma ardente controvérsia, devido a suas afirmações acerca da passividade judaica diante da "Solução Final". *The Faith and Doubt of Holocaust Survivors* de R. R. Brenner (Nova Iorque e Londres, 1990), é uma pesquisa quantitativa das reações objetivas, que proporciona uma base fática para estudar os efeitos do holocausto sobre aqueles que o padeceram e sobreviveram a ele.
No domínio teológico as obras de maior influência são: R. Rubenstein, *After Auschwitz* (Indianápolis, Ind., 1966), I. Maybaum, *The Face of God after Auschwitz* (Amsterdã, 1965), e E. Berkovits, *Faith after the Holocaust* (Nova Iorque, 1973). Quanto ao impacto do holocausto sobre o pensamento judeu ver também A. A. Cohen (ed.) *Arguments and Doctrines* (Filadélfia, Pens., 1970), e S. T. Katz, *Post-Holocaust Dialogues* (Nova Iorque, 1983). E por seu impacto sobre as atitudes cristãs em relação ao judaísmo ver A. R. Eckardt, *Elder and Younger Brothers* (Nova Iorque, 1967), A. T. Davies, *Antisemitism and the Christian Mind* (Nova Iorque, 1969).
Uma das abordagens ao holocausto é através da arte: J. Blatter e S. Molton, *Art of the Holocaust* (Londres, 1982). Outra é através da literatura: *Out of the Whirlwind* de A. H. Friedlander (ed.) (Nova Iorque, 1968), é uma antologia da literatura escrita durante o holocausto. Mas também há uma extensa produção de ficção posterior ao holocausto, que inclui implicações mais amplas dos acontecimentos, como os romances de E. Wiesel, por exemplo, *Night* (trad. S. Rodway; Nova Iorque, 1960). Para um enfoque israelense ver A. Oz (trad. N. de Lange), *Touch the Water, Touch the Wind* (Nova Iorque, 1947). Esta experiência judaica também penetrou no vocabulário comum de uma literatura mais popular: um exemplo relevante é D. M. Thomas, *The White Hotel* (Londres e Nova Iorque, 1981).

O sionismo
Alguns livros sobre a história do sionismo já foram mencionados na Primeira parte desta bibliografia; é possível ver também "Israel" na Terceira parte, mais adiante. Entre outros estudos históricos, centrados nas raízes do sionismo e suas implicações mais amplas para o mundo judeu, convém citar: M. Gilbert, *Exile and Return* (Londres, 1978), S. Avineri, *The Making of Modern Zionism* (Nova Iorque, 1981), e B. Halpern, *The Idea of the Jewish State* (2ª ed.; Cambridge, Mass., 1960). *The Zionist Idea* de A. Hertzberg (Nova Iorque, 1960), inclui uma excelente apresentação do tema assim como uma ilustrativa seleção de leituras. Os fundadores do sionismo podem ser estudados através de suas biografias e seus escritos, abordagem que também revela muito sobre os fundamentos históricos gerais do movimento e suas raízes psicológicas. A biografia de Herzl mais estimulante e atraente é A. Elon, Herzl (Londres, 1975). Seu romance *Old-New Land* foi traducida por L. Levensohn (Nova Iorque, 1960), e seus diários (editados por R. Patai) por H. Zohn (5 vols.; Nova Iorque Londres, 1960). Para a vida de Ahad Ha'am ver L. Simon, *Ahad Ha'am* (Filadélfia, Pens. 1960), e para traduções selecionadas de seus escritos H. Kohn (ed.), *Nationalism and the Jewish Ethic* (Nova Iorque, 1962). Entre os numerosos volumes de memórias pessoais são particularmente reveladores os seguintes: C. Weizman, *Trial and Error* (Nova Iorque e Londres, 1949; ed. ilustrada, Londres, 1950), Vicount Samuel, *Memoirs,* (Londres 1945), S. Wise, *Autobiography* (Nova Iorque, 1951), S. Brodetsky, *Memoirs* (Londres, 1960), M. Pearlman, *Ben Gurion Looks Back* (Londres, 1965), N. Goldmann (trad. H. Sebba), *Memories* (Nova Iorque, 1969).

Terceira parte: O mundo judaico atual

Perfil do mundo judaico
O primeiro estudo sociológico e estatisticamente sério do mundo judaico em inglês foi o de A. Ruppin: *The Jews in the Modern World* (Londres, 1934). Ainda vale a pena ser lido, embora o enfoque se mostre claramente datado, e descreva um mundo que já não existe. Não há um estudo comparável do mundo judeu contemporâneo, mas estão sendo elaborados trabalhos bastante completos quanto a estatísticas e tendências demográficas da população judaica na Division of Jewish Demography and Statistics of the Institute of Contemporary Jewry in Jerusalem, que periodicamente publica análises e resenhas bibliográficas. Para estimativas recentes sobre a população judaica mundial e suas tendências ver R. Bachi, *Population Trends of World Jewry* (Jerusalém, 1976), e U. O. Schmelz, *World Jewish Population: Estimates and Projections* (Jerusalém, 1981). O *American Jewish Year Book,* publicado anualmente pelo American Jewish Committee (Nova Iorque) e a Jewish Publication Society of America (Filadélfia, Pens.), publica estatísticas populacionais atualizadas assim como artigos informativos sobre diversas comunidades do mundo judaico. O World Jewish Congress patrocinou uma breve série de proveitosas pesquisas sobre várias comunidades judaicas do mundo. A primeira delas, de S. Federbusch (ed.), *World Jewry Today* (Nova Iorque e Londres, 1959), inclui uma lista exaustiva das comunidades com cifras estimativas, uma breve história e listas de instituições e publicações nacionais e locais. Uma edição atualizada seria de grande utilidade; lamentavelmente a última edição, intitulada *Jewish Communities of the World* (Londres, 1971), é um tanto breve e notavelmente desatualizada.

América do Norte
Estados Unidos: Para a última informação estatística, ver o *American Jewish Year Book,* já mencionado. Para uma história geral da experiência judaica na América do Norte ver R. Learsi, *The Jews in America* (2ª ed.; Nova Iorque, 1972), ou H. L. Feingold, *Zion in America* (Nova Iorque, 1974) (bibl.). Para o período primitivo há uma antologia fascinante editada por J. L. Blau e S. W. Baron: *The Jews of the United States 1790-1840: a Documentary History* (3 vols.; Nova Iorque e Filadélfia, Pens., 1963). Para uma abordagem biográfica do sucesso da primeira emigração e sua contribuição à vida norte-americana mencionemos os livros, de fácil leitura, de S. Birmingham, *Our Crowd. the Great Jewish Families of New York* (Nova Iorque, 1967) e *The Grandees: America's Sephardic Elite* (Nova Iorque, 1971). A história do American Jewish Committee se desarrolla em N. W. Cohen, *Not Free to Desist* (Filadélfia, Pens., 1972). Se encontram abundantes estudos da vida e a sociedade judaica norte-americana. Para estudos mais recentes ver M. Sklare (ed.), *Understanding American Jewry* (Nova Iorque 1982) e B. Martin (ed.), *Movements and Issues in American Judaism: an Analysis and Source book of Developments since 1945* (Westport, Conn., 1978) (bibl.). J. L. Blau, *Judaism in America* (Chicago, Ill., 1976), é um estudo histórico conciso. D. Sidorski (ed.). *The Future of the Jewish Community in America* (Nova Iorque, 1973), é um perfil comunitário muito interessante da comunidade, e *Unorthodox Judaism* de N. Nirsky. (Columbus, OH, 1978), é uma boa introdução às incertezas e paradoxos da vida judaica norte-americana contemporânea. Para estudos de grupos específicos é possível ver S. Poll. *The Hasidic Community of Williamsburg* (Nova Iorque, 1962), H. M. Brotz, *The Black Jews of Harlem* (Nova Iorque, 1970), e *Synagoga Life* de S. C. Heilman (Chicago, III, 1976), um estudo sociológico de uma comunidade ortodoxa.
Canadá: *The Jewish Community of Canada* de S. E. Rosenberg (2 vols.; Toronto e Montreal, 1970-1971), é um retrato esplendidamente ilustrado da comunidade e de sua história. Para uma informação histórica da imigração judaica e suas conquistas ver J. Kage, *With Faith and Thanksgiving* (Montreal, 1962), e S. Belkin, *Through Narrow Gates* (Montreal, 1966), e para estatísticas e pesquisas demográficas é possível consultar as diversas publicações do Canadian Jewish Congress. O clima da vida judaica canadense pode ser apreciado nos romances de Mordecai Richler (p. ex., *The apprenticeship of Dubby Kravitz*, Londres, 1969; St. Urbain's Horseman, Londres, 1971), e em N. Levine, *Canada Made Me* (Londres, 1959)

América Latina
Por razões óbvias o leitor inglês tem menos bibliografia sobre a América Latina que sobre a América do Norte, mas nos últimos anos apareceram alguns estudos proveitosos, citemos: J. Beller, *Jews in Latin America* (Nova Iorque, 1969), M. H. Sable, *Latin American Jewry: a Research Guide* (Cincinnati, OH, 1978), J. L. Elkin, *Jews of the Latin American Republics* (Chapel Hill, N. C. 1980) (bibl.). Para o período colonial ver S. B. Liebman, *The Jews in New Spain* (Coral Gables, Fla., 1970), e A. Wiznitzer *Jews in Colonial Brazil* (Nova Iorque, 1960). Para a Argentina dispomos de um estudo geral, R. Wisbrot, *The Jews of Argentina from the Inquisition to Perón* (Filadélfia, Pens., 1979), assim como um estudo detalhado de uma colônia agrícola, M. D. Winsberg, *Colônia Barão Hirsch* (Gainesville, Fla. 1964), e uma tradução (de P. de Pereda) da obra clássica de A. Gerchunoff, *Los gauchos judíos* (seu original espanhol tem numerosas edições argentinas). Para México ve I. T. Lerner, *Mexican Jewry in the Land of the Aztecs* (3ª ed. México, 1973), e para o Suriname, R. Cohn (ed.), *The Jewish National in Surinam* (Amsterdã, 1982). I. S. e S. A. Emmanuel, *History of the Jews of the Netherlands Antilles* (2 vols.; Cincinnati, OH, 1970), inclui tudo o que se pode querer saber sobre esta fascinante comunidade.

Europa
Reino Unido: Para uma boa história geral ver C. Roth, *A History of the Jews in England* (3ª ed.; Oxford, 1964), que, no entanto, estuda a história apenas até 1858. O período da emancipação política foi revisado recentemente em M. C. N. Salbstein, *The Emancipation of the Jews in Britain* (Londres, 1983). Sobre o período de emigração em massa anterior à Primeira Guerra Mundial ver L. P. Gartner, *The Jewish Immigrant in England* (2º ed.; Londres, 1973) (bibl.), e sobre questões mais específicas B. Gainer, *The Alien Invasion: the Origins of the Aliens Act of 1905* (Londres, 1972), e W. L. Fishman, *East End Radicals* (Londres, 1975). J. Gould e S. Esh (eds.), *Jewish Life in Modern Britain* (Londres, 1964), apresenta os resultados de um interessante simpósio celebrado em 1962. Uma convenção semelhante foi realizada 15 anos depois, e os resultados, publicados em S. L. e V. D. Lipman (eds.), *Jewish Life in Britain 1962-1977* (Munique, 1981), proporcionam uma comparação informativa. Ver também H. Pollins, *Economic History of the Jews in England* (Londres, 1982), V. D. Lipman, *Social History of the Jews in England 1850-1950* (Londres 1954), e para um informe muito fácil de ler, sobre as principais instituições dos judeus ingleses C. Bermant, *Troubled Eden* (Londres, 1969). Para a outra ilha, ver L. Hyman, *The Jews of Ireland from the Earliest Times to the Year 1910* (Londres e Jerusalém, 1972).
França: Trabalhos sobre o período de Napoleão e sobre o caso Dreyfus já foram mencionados na primeira parte; acerca do desenvolvimento das instituições judaicas francesas no século XIX há uma obra muito sólida de P. Cohen Albert, *The Modernization of French Jewry* (Hannover, N. H., 1977), O período crucial posterior a Dreyfus é estudado em P. Hyman, *From Dreyfus to Vichy* (Nova Iorque, 1979) (bibl.), e há um valioso estudo sobre os judeus de Paris na década de trinta de D. H. Weinberg, *A Community on Trial* (Chicago, III., e Londres, 1977). Para a Segunda Guerra Mundial ver M. R. Marrus e R. O. Paxton, *Vichy France and the Jews* (Nova Iorque, 1981), e para um informe sobre a comunidade atual, D. Schnapper (trad. A. Goldhammer), *Jewish Identities in France* (Chicago, III., 1983).
Alemanha: Para uma pesquisa acessível sobre a história judaica alemã ver M. Lowenthal, *The Jews of Germany* (Filadélfia, Pens., 1936 e Londres, 1939), que acaba nos anos sombrios anteriores à grande hecatombe. Outro estudo apaixonado do mesmo período, J. R. Marcus, *The Rise and the Destiny of the German Jew*, foi reeditado com um *Post Mortem* do autor (Nova Iorque, 1973). Um trabalho mais tardio da última fase da história da pré-destruição da comunidade judaica alemã é o de D. L. Niewyk, *The Jews in Weimar Germany* (Baton Rouge, A., 1980) (bibl.). Há dois livros altamente evocativos acerca da Alemanha posterior à destruição, nos quais os sobreviventes (judeus e não judeus) falam pessoalmente: L. Katcher, *Post Mortem* (Londres, 1968), e K. Geshon, *Postscript* (Londres, 1969).
Áustria: Para uma visão geral, ver J. Frankel (ed.), *The Jews of Austria* (2ª ed., Londres, 1970) (bibl.), e sobre a imigração do pós-guerra F. Wilder-Okladek, *The Return Movement of Jews to Austria* (Haia, 1969).
Dinamarca: L. Yahil (trad. M. Gradel), *The Rescue of Danish Jewry* (Filadélfia, Pens., 1969), inclui um quadro histórico dos judeus da Dinamarca. Há esboços interessantes da vida judaica dinamarquesa nas memórias do rabino principal M. Melchior, *A Rabbi Remembers* (Londres 1968).
Espanha: F. Torroba Bernaldo de Quirós, *The Spanish Jews* (Madri, sem data), é muito desconexo e fantasioso, mas rico em detalhes e traça a história até nossos dias. Sobre a luta pela liberdade religiosa ver C. C. Aronsfeld, *The Ghosts of 1492* (Nova Iorque, 1979).
Itália: Para uma história geral ver C. Roth, *The History of the Jews in Italy* (Filadélfia, Pens., 1946), e sobre o período mais recente H. S. Hughes, *Prisioners of Hope* (Englewood Cliffs, N. J., 1983). Para um estudo político do período fascista é possível ver M. Michaelis, *Mussolini and the Jews* (Oxford, 1978).
Europa Oriental: Para o período entre as duas guerras ver B. Vago e G. L. Mosse, *Jews and Non-Jews in Eastern Europe 1918-1945* (New Brunswick, N. J. e Jerusalém, 1974), e E. Mendelsohn, *The Jews of East Central Europe between the World Wars* (Bloomington, Ind. 1983), e sobre a situação do pós-guerra P. Meyer e cols., *The Jews in the Soviet Satellites* (Syracuse, N. E., 1953). Ver também P. Lendvai, *Antisemitism in Eastern Europe* (Londres, 1971).
Hungria: R. L. Braham (ed.), *Hungarian Jewish Studies* (Nova Iorque, 1966), é uma coletânea útil de ensaios que pode servir como introdução à história da comunidade judaica húngara, W. O. McCagg Jr., *Jewish Nobles and Geniuses in Modern Hungary* (Boulder, Colo., 1972), que apesar de seu título, ocupa-se do século XIX. Oferece uma fascinante impressão das extraordinárias contribuições judaicas à vida húngara. Sobre as deportações nazistas e seu contexto ver N. Katzburg, *Hungary and the Jews, 1920-1943* (Tel Aviv, 1981).
Romênia: Dois livros merecem ser mencionados, ambos um tanto antigos: S. W. Baron, *The Jews in Roumania* (Filadélfia, Pens., 1930), e I. Cohen, *The Jews in Rumania* (Londres, 1938).
Checoslováquia: Há uma valiosa coleção de estudos históricos intitulada *The Jews of Czechoslavakia* (Filadélfia, Pens., e Nova Iorque, 1968). *The Prague Ghetto*, com texto de J. Lion e fotografias de J. Lukas (trad. J. Layton; Londres sem data), é uma evocação maravilhosamente lúcida dessa notável relíquia do mundo judeu.
Polônia: Para a história da comunidade judaica polonesa entre as duas guerras mundiais ver H. M. Rabinowicz, *The Legacy of Polish Jewry* (Nova Iorque, 1965) (bibl.); C. S. Heller, *On the Edge of Destruction* (Nova Iorque, 1977); e J. Marcus, *Social and Political History of the Jews in Poland, 1919-1939* (Berlim, 1983) (bibl.). Para o período da Segunda Guerra Mundial ver A. Melezin, *Particulars about the Demographic Processes among the Jewish Population of the Towns: Lodz, Cracow, Lublin, during the Occupation Period 1939-1945* (Lodz, 1946), e o relevante trabalho de um participante no levante do gueto de Varsóvia, E. Gutman, *The Jews of Warsaw, 1939-1943* (trad. I. Friedman; Brighton, 1983). Sobre o êxodo de judeus em 1968 ver J. Banas (trad. T. Szafar, de L. Kochan), *The Scapegoals* (Londres, 1979). Há vários ensaios fotográficos relevantes sobre a vida judaica polonesa: L. Dobroszycki e B. Kirshenblatt-Gimblett, *Image before my Eyes: a Photographic History of Jewish Life in Poland, 1864-1939* (Nova Iorque, 1977); E, Vinecour (texto) e C. Fishman (fotos), *Polish Jews: the Final Chapter* (Nova Iorque, 1977); M. Fuks e cols., *Polish Jewry: History and Culture* (Varsóvia, 1982).
Pequenas comunidades balcânicas: Sobre a Bulgária, ver V. Tamir, *Bulgaria and her Jews* (Nova Iorque, 1979); sobre Iugoslávia, J. P., Freidenreich, *The Jews of Yugoslavia* (Filadélfia, Pens., 1979) (bibl.). Não há nenhuma obra geral sobre os judeus da Grécia, porém há detalhes históricos interessantes em estudos locais tais como P. Argenti, *The Religious Minorities of Chios* (Cambridge, 1971), e M. D. Angel, *The Jews of Rhodes* (Nova Iorque, 1978).

A URSS e a CEI
Para uma visão geral da história russa judaica ver S. W. Baron, *The Russian Jew under Tsars and Soviets* (2ª ed.; Nova Iorque 1976), e para uma importante coleção de abonados ensaios sobre o período soviético L. Kochan (ed.), *The Jews in Soviet Russia since 1917* (3ª ed.; Oxford, 1978). Os *Yevsektsii* foram estudados em Z. E. Gitelman, *Jewish Nationality and Soviet Politics* (Princeton, N. J., 1972). Sobre as torturas da era estalinista ver E. A. Gilboa (trad. E. Schachter), *The Black Years of Soviet Jewry, 1939-1953* (Boston, Mass., 1971), assim como as memórias pessoais das vítimas, tais como I. Emiot, *The Birobidzhan Affair: a Yiddish Writer in Siberia* (trad. M. Rosenfeld; Filadélfia, Pens., 1982), N. Mandelstam, *Hope against Hope* (trad. M. Hayaward; Londres, 1971) *e Hope Abandoned* (trad. M. Hayward; Londres, 1974), ou E. S. Ginzburg, *Into the Whirlwind* (trad. I. Boland; Londres, 1981). O movimento migratório da década de 70 foi estudado do exterior em C. Shindler, *Exit Visa* (Londres, 1978), e de dentro em M. Azbel, *Refusenik* (Londres, 1981). Uma informação detalhada da situação contemporânea, incluindo copiosas tabelas estatísticas, pode ser encontrada em T. E. Sawyer, *The Jewish Minority in the Soviet Union* (Boulder, Colo. e Folkestone, 1979). Sobre aspectos específicos da vida judaica ver E. Schulman, *A History of Jewish Education in the Soviet Union* (Nova Iorque, 1971), e J. Rothemberg, *The Jewish Religion in the Soviet Union* (Nova Iorque, 1971).

Ásia
Israel: Para informação estatística atualizada, ver *Statistical Abstrats of Israel*, publicação anual do Central Bureau of Statistics de Jerusalém. Dois livros descrevem a história de Israel desde o começo do movimento sionista até a Guerra do Yom Kippur: H. M. Sachar, *A History of Israel* (Oxford, 1977), e N. Lucas, *The Modern History of Israel* (Londres, 1974); o primeiro é de leitura mais acessível, o segundo é mais crítico, e ambos possuem excelentes bibliografias. W. Frankel, *Israel Observed* (Londres, 1980), é um trabalho sumamente útil e interessante das diversas instituições estatais. Para uma penetrante evocação do matiz da sociedade israelense e seu contexto histórico ver A. Elon, *The Israelis: Founders and Sons* (Londres, 1971), e para uma descrição meramente sociológica S. N. Eisenstadt, *Israeli Society* (Londres, 1967). Para informação detalhada sobre as instituições políticas e jurídicas ver L. Fein, *Politics in Israel* (Boston, Mass., 1967), E. Freudenheim, *Gobernment in Israel* (Nova Iorque, 1967), H. E. Baker, *The Legal System of Israel* (Jerusalém, 1968). H. R. Penniman (ed.), *Israel at the Polls.* (Nova Iorque, 1979), é um relevante estudo sobre as eleições para o Knesset em 1977. Há vários trabalhos sobre a emigração judaica para Israel; ver R. Patai, *Israel between East and West* (Filadélfia, Pens., 1953), M. Sicron, *Immigration to Israel 1948-1953* (Jerusalém, 1957), H. M. Sachar, *Aliyah* (Cleveland. OH, 1961). Um excelente estudo sobre a população de Israel com muitas tabelas e projeções para o futuro, é o de D. Friedlander e C. Goldscheider, *The Population of Israel* (Nova Iorque, 1979). Sobre os problemas da religião judaica no Estado judeu ver E. Marmorstein, *Heaven at Bay* (Oxford, 1969), E. Birnbaum, *The Politics of Compromise* (Rutherford, N. J. 1970), S. Z. Abramov, *Perpetual Dilemma* (Nova Iorque, 1976). Sobre as minorias não judias S. Jiryis, *The Arabs in Israel 1948-1966* (Beirute, 1968), J. M. Landau, *The Arabs in Israel* (Oxford, 1969), S. P. Colbi, *Christianity in the Holy Land Past and Present* (Tel Aviv, 1969), e W. Zander, *Israel and the Holy Places of Christendom* (Londres, 1971). E sobre Israel, no contexto mais amplo do mundo judaico, M. Davis (ed.), *World Jewry and the State of Israel* (Nova Iorque, 1977).
Outros países de Ásia: Sobre o Oriente Médio em geral, ver J. Lestschinsky, *Jews in Moslem Lands* (Nova Iorque, 1946), S. Landshut, *Jewish Communities in the Muslim Countries of the Middle East* (Londres, 1950), e H. J. Cohen (trad. Z. e L. Alizi), *The Jews of the Middle East 1860-1972* (Jerusalém, 1973). D. S. Sassoon, *A History of the Jews in Baghdad* (Letchworth, 1949), inclui um capítulo sobre os judeus de Bagdá no Extremo Oriente, para o qual também se pode consultar C. Roth, *The Sassoon Dynasty* (Londres, 1941). Ver também H. Dicker, *Wanderers and Settlers in the Far East* (Nova Iorque, 1962), centrado na China e no Japão. L. D. Loeb, Outcaste: *Jewish Life in Southern Iran* (Nova Iorque, 1977), é um estudo antropológico dos judeus no Chiraz moderno. Sobre os Bene Israel de Mumbai ver S. Strizower, *The Children of Israel* (Oxford, 1971).

Australásia
Sobre a história dos judeus na Austrália ver C. A. Price, *Jewish Settlers in Australia* (Canberra, 1964), e I. Getzler, *Neither Toleration Nor Favour: The Australian Chapter of Jewish Emancipation* (Melbourne, 1970), e sobre a sociedade judaica australiana P. E. Medding, *From Assimilation to Group Survival* (Melbourne, 1968) (bibl.), e P. E. Medding (ed.) *Jews in Australian Society* (Melbourne, 1973). Para Nova Zelândia ver L. M. Goldman, *The History of the Jews in New Zealand* (Wellington, 1958).

África
Sobre os judeus do Norte da África ver A. Chouraqui (trad. M. M. Bernet), *Between East and West* (Filadélfia, Pens., 1968), e para um estudo histórico mais sólido H. Z. Hirschberg, *A History of the Jews in North Africa* (2 vols.; Leiden, 1972-1981). J. M. Landau, *Jews in Nineteenth-Century Egypt* (Nova Iorque e Londres, 1969), é um estudo excelente, mais da metade dele dedicado a documentos. Sobre a África do Sul ver G. Saram e L. Hotz (eds.) *The Jews in South Africa* (Cidade do Cabo, 1955), que estuda o período anterior a 1910, M. Gitlin, *The Vision Amazing* (Joanesburgo, 1950), e G. Shimoni, *Jews and Zionism: the South African Experience 1910-1967* (Cidade do Cabo, 1980).

ÍNDICE ANALÍTICO